河南省高等学校哲学社会科学优秀著作资助项目
河南省高等学校哲学社会科学应用研究重大项目(2022-YYZD-25)资助

公民道德责任研究

陈思坤 著

河南大学出版社
·郑州·

图书在版编目(CIP)数据

公民道德责任研究 / 陈思坤著. -- 郑州：河南大学出版社，2023.4

ISBN 978-7-5649-5451-2

Ⅰ.①公… Ⅱ.①陈… Ⅲ.①公民教育-社会公德教育-研究-中国 Ⅳ.①D648.3

中国国家版本馆 CIP 数据核字(2023)第 076707 号

公民道德责任研究
GONGMIN DAODE ZEREN YANJIU

策划统筹	杨国安　谌洪波
责任编辑	张雪彩
责任校对	林方丽
封面设计	陈盛杰

出　版	河南大学出版社
	地址：郑州市郑东新区商务外环中华大厦2401号　邮编：450046
	电话：0371-86059715（高等教育与职业教育分公司）网址：hupress.henu.edu.cn
	0371-86059701（营销部）
排　版	河南大学出版社设计排版中心
印　刷	广东虎彩云印刷有限公司
版　次	2023年4月第1版　　　　印次　2023年4月第1次印刷
开　本	710 mm×1010 mm　1/16　印张　25.25
字　数	455千字　　　　　　　　定价　68.00元

（本书如有印装质量问题，请与河南大学出版社营销部联系调换。）

目 录

绪 论 ·· 1
  一、问题的提出 ·· 3
  二、研究现状 ·· 6

第一章 公民道德与责任的逻辑关系 ························· 25
第一节 公民既是道德主体也是责任主体 ················· 25
  一、公民是道德的主体彰显出人的理性意识 ············· 26
  二、公民是责任的主体体现出人的主人公地位 ·········· 29
第二节 道德与责任既相互依托又互为条件 ············· 33
  一、道德是履行责任的内在动力 ····························· 33
  二、公民履行责任源于人的道德自律 ······················· 36

第二章 公民道德责任的内涵与实质 ························· 40
第一节 公民道德责任的基本内涵 ·························· 40
  一、道德责任是公民对分内之责的道义担当 ············· 41
  二、道德责任是公民对社会规范的自觉遵循 ············· 44
  三、道德责任是公民对行为后果的自愿承担 ············· 47
第二节 公民道德责任的实质要义 ·························· 51
  一、道德责任是发展人的本质的内在需要 ················ 51
  二、道德责任是实现人的全面发展的根本保障 ·········· 55

第三章 公民道德责任的特征及范畴 ························· 59
第一节 公民道德责任的主要特征 ·························· 60

一、民族性特征 …………………………………………………… 60
　　二、时代性特征 …………………………………………………… 64
　　三、双向性特征 …………………………………………………… 67
　　四、自律性特征 …………………………………………………… 70
　　五、层次性特征 …………………………………………………… 74
　　六、实践性特征 …………………………………………………… 78
　第二节　公民道德责任的领域范畴 ………………………………… 81
　　一、公民在政治领域的道德责任 ………………………………… 82
　　二、公民在经济领域的道德责任 ………………………………… 85
　　三、公民在文化领域的道德责任 ………………………………… 89
　　四、公民在社会领域的道德责任 ………………………………… 94
　　五、公民在生态文明领域的道德责任 …………………………… 99

第四章　公民道德责任的生成机理与实践要素 …………………… 106
　第一节　公民道德责任的生成机理 ………………………………… 106
　　一、公民的道德责任认知 ………………………………………… 107
　　二、公民的道德责任情感 ………………………………………… 110
　　三、公民的道德责任意志 ………………………………………… 114
　　四、公民的道德责任行为 ………………………………………… 118
　　五、公民的道德责任信仰 ………………………………………… 121
　第二节　公民道德责任的实践要素 ………………………………… 125
　　一、公民的自由是履行道德责任的前提 ………………………… 126
　　二、公民的平等是道德责任履行的基础 ………………………… 130
　　三、公民的权利是道德责任履行的保障 ………………………… 134
　　四、公民的义务是道德责任的外在动因 ………………………… 136

第五章　公民道德责任的理论渊源 …………………………………… 140
　第一节　中国传统文化蕴含着丰富的责任伦理资源 ……………… 142
　　一、提出以"仁""义"为核心的道德责任观 ………………… 142
　　二、阐明以明"礼"知"耻"为底线的道德修养观 …………… 146
　　三、注重以"和""合"为价值取向的人与社会和谐观 ……… 151
　　四、提倡"重民""富民"的人本主义德治理念 ……………… 156
　　五、倡导"天下为公"和"匹夫有责"的爱国情怀 …………… 162

第二节 "责任伦理"为公民道德建设提供了有益借鉴 ······ 168
　一、责任即出于对规律的尊重而产生的必要行为 ······ 169
　二、责任伦理主张人应顾及自身行为的后果 ······ 174

第三节 中国特色社会主义理论体系为公民道德建设指明了方向 ······ 182
　一、邓小平理论把培养"四有"新人作为战略任务 ······ 182
　二、"三个代表"重要思想强调要坚持德治与法治并举 ······ 188
　三、科学发展观以实现人的全面协调发展为根本归宿 ······ 194

第四节 习近平新时代中国特色社会主义思想为新时代道德建设提供了根本遵循 ······ 201
　一、确立了新时代公民道德建设的任务和使命 ······ 202
　二、提倡创新、协调、绿色、开放、共享"新发展理念" ······ 208
　三、坚持人民至上和以人民为中心的治国理念 ······ 215
　四、提出构建人类命运共同体的全球治理方案 ······ 220

第六章 公民道德责任的体系建构 ······ 226

第一节 公民对自我的应尽责任 ······ 227
　一、关爱生命之责 ······ 227
　二、维护尊严之责 ······ 230
　三、全面发展之责 ······ 235

第二节 公民对他人的应尽责任 ······ 241
　一、诚信做人之责 ······ 242
　二、友善待人之责 ······ 246

第三节 公民对家庭的应尽责任 ······ 252
　一、建设家庭美德之责 ······ 253
　二、承担家庭教育之责 ······ 259
　三、传承家风建设之责 ······ 263

第四节 公民对社会的应尽责任 ······ 273
　一、爱岗敬业之责 ······ 273
　二、遵守公德之责 ······ 279
　三、回馈社会之责 ······ 284

第五节 公民对国家的应尽责任 ······ 289
　一、爱国奉献之责 ······ 289
　二、民主参与之责 ······ 293

第六节 公民对人类的应尽责任 ... 297
一、以命运与共推动人类进步为己任 ... 298
二、以共建共享生态文明为己任 ... 303

第七章 公民道德责任教育面临的挑战和实施原则 ... 310

第一节 新时代公民责任教育面临新形势新任务 ... 310
一、百年未有之大变局为公民责任教育带来新挑战 ... 311
二、道德治理能力现代化对公民责任素质提出新要求 ... 315
三、提升公民的担当意识是新时代道德建设的重要任务 ... 320

第二节 加强和改进公民责任教育的实施原则 ... 324
一、坚持以人为本的原则 ... 324
二、坚持循序渐进的原则 ... 328
三、坚持尊重差异的原则 ... 331
四、坚持寓教于情的原则 ... 335
五、坚持教育与实践相统一 ... 339

第八章 公民责任担当能力的培养策略 ... 343

第一节 提升公民知行合一的责任意识 ... 344
一、以增强自律意识为责任教育的重点 ... 344
二、以砥砺意志信念为责任教育的核心 ... 347
三、以提升担当能力为责任教育的旨归 ... 350

第二节 以社会主义核心价值观引领公民的责任实践 ... 353
一、使核心价值观成为公民崇德向善的基本遵循 ... 354
二、把核心价值观作为公民道德责任的目标导向 ... 358

第三节 完善道德责任治理和奖惩机制 ... 364
一、实现道德规范他律和公民责任自律的统一 ... 365
二、形成内容连贯和层次分明的责任教育体系 ... 370
三、规范公民在网络空间的道德责任行为 ... 375

结　语 ... 381

参考文献 ... 385

后　记 ... 395

绪　论

责任是应用伦理学的核心范畴。德国古典哲学家康德认为，伦理学的基本问题在于说明"责任"。责任具有丰富的伦理内涵，涵盖了道德责任的价值目标、理想信念、行为规范、情感体验、履行方式、后果问责等。

责任不仅是人类生存发展的普遍规范，更是一种道德品质。"责任"既包括社会对个体的要求，即个体的外在责任，也包括个体对自我的要求，即个体的内在责任。从一定意义上讲，个体的外在责任是道德上的他律，个体的内在责任则是道德上的自律。道德自律性包含道德责任的自觉意识，并自愿把责任看作自己行为的内在动机，如果能够承担责任而不去履行责任，就应当对行为及其结果负责。

道德责任本质上是社会关系的范畴，是人之为人的内在规定。道德责任伴随着每个生命的始终，贯穿在人类全部行为和活动之中，责任是一个人一生的精神支柱，它又是一个人一生的主导原则。人的社会属性赋予人的责任以现实的主体性。责任是个体对于社会关系的主观意识或心理反映，即对"他人—自我"价值链条的价值判断和行为倾向。道德责任的承担体现着人区别于动物的理性尊严和主体地位。从责任对象的关系来看，包括对自己、对他人、对家庭、对社会、对国家、对人类以及对整个生态环境的责任，是一个推己及人、逐步扩展的行为实践过程。只有对自己负责，彼此负责，才能推进社会健康发展。

公民的道德责任，体现在个体与现实生活的各种利益关系中，应当践行道德规范并付诸道德行为，并勇于对自己行为后果的善恶进行承担。公民的责任与公民义务互为统一,与公民权利相互对应,与公民自由密不可分。公民身份正是集责、权、利于一身的统一体。公民道德责任包括政治生活领域内的道德责任、经济生活领域内的道德责任、文化生活领域内的道德责任、社会生活领域内的道德责任等相关范畴。道德责任依靠的是公民道德情感和道德自律;而法律义务则带有强制性和约束性,依据的是法律规定。政治领域内的道德责任、经济领域内的道德责任、文化领域内的道德责任、社会领域内的道德责任分别与公民的政治权利、经济权利、文化权利、参与权利相对应,是公民在政治、经济、文化、社会日常生活中的应尽之责。

公民责任根植于一定社会、一定阶级和阶层中,体现出鲜明的民族性、时代性、双向性、自律性、应当性以及层次性特征。公民责任的履行过程中,蕴含着责任意识、责任情感、责任品质、责任行为等。责任与人的主体性本质密切关联,是个体在长期社会化过程中形成的与责任相关的动机、情感、价值观、效能感、信念、意志等个性特征,以及在日常生活中的责任行为和责任能力。

公民的道德责任有着丰富的理论渊源。20世纪下半叶以来,公民责任意识的培养问题成为全球共识性的理论问题。联合国教科文组织早在1972年的《学会生存——教育世界的今天和明天》报告中就提出,教育发展的方向之一就是使每个人承担起包括道德责任在内的一切责任,因为人类发展的目的在于使每一个人、每一个家庭和社会的成员、每一个公民都要承担不同的责任。

培育当代公民的责任伦理精神是一项系统工程。从责任意识生成的规律来看,承担责任的意识是一个从责任主体认知,到责任情感升华,到责任信仰确立,再到责任行为实施的动态过程;从责任本身的层次性来看,道德责任是一个由对自身生命和行为负责,到对家庭成员负责,到对他人和社会负责,到对国家和民族负责,再到对自然和人类负责的逐步深化过程。

公民责任意识关乎社会主义事业接班人和责任公民的培养问题。责任公民的培养基础在教育,关键在自律,核心在实践。只有使公民认知、明晰、理解和判断"应负有哪些责任""为何应当履行或承担责任""如何对行为及其后果负责"等,才能促使公民知情意行的相互转化,养成主动承担责任、自觉履行责任的行为习惯。

一、问题的提出

公民身份的历史演进中始终蕴含着责任与权利的统一,公民既是权利的承载者,更是责任的承担者。公民责任是在人与人、人与社会、人与自然之间的相互关系中形成的一种最基本、最普遍的伦理规范,既规定着处于一定社会关系中的人应担当与其社会角色相应的对自己、对家庭、对他人、对社会、对国家、对民族、对人类等方面的职责和义务,又蕴含着现实生活中每一个具体的人应履行与其公民身份相应的道德、法律、政治等方面的分内应作为之事及对行为后果的承担。公民责任的担当不仅关涉过去、现在,而且关系到人类的未来;不仅关乎人本身的全面自由发展,而且关系到人与社会、人与自然的和谐可持续发展。

随着经济全球化和人类命运共同体、健康共同体、环境共同体、交往共同体、全球发展共同体等的构建与广泛认同,公民责任意识的培养问题也成为全球共识性的现实课题,世界上许多国家和地区都把培养勇于担当的责任公民作为教育的基本宗旨和重要目标。如美国颁布了《公民教育大纲》,提出了"责任公民"的概念,其主要内涵是指要承认他人享有法律上规定的各种权利的责任,遵守各种规则、信守诺言的责任等,美国《品格教育宣言》把尊重(Respect)和责任(Responsibility)视为公民的核心价值观,1994年《美国教育法》把培养能够承担公民责任的毕业生作为公民教育的基本目标。2000年英国确立的中小学国家课程中,把培养学生成为有责任心和关爱心的公民作为公民教育课程的根本要求。日本把责任品格和民族精神塑造等列入公民教育的重要内容,明确规定:"教育必须以陶冶人格为目标,培养出和平国家和社会的建设者,爱好真理与正义、尊重个人价值、注重劳动和责任、充满独立自主精神的身心健康的国民。"① 德国在《联邦德国教育总法》中规定,学校的德育目标是"培养学生在一个自由、民主和福利的法律社会中,对自己的行为有责任感"②,包括对涉及他人、社会及自然环境的行为的责任心。澳大利亚将公民教育渗透于社会科学课程中,着重培养"负责任的公民"。新加坡把中国儒家

---

① 瞿葆奎.教育学文集·日本教育改革[M].北京:人民教育出版社,1991:51.
② 国家教育发展研究中心组.发达国家教育改革的动向与趋势[M].北京:人民教育出版社,1996:323.

伦理教育与公民教育结合起来,注重构建道德教育网络,培养公民成为有社会责任感的能对自己、家庭、邻居、国家尽自己义务的"合格公民"。韩国则重视爱国心和公德心的培养,把塑造公民的完美品格作为教育目标,等等。可见,各国都把责任教育放在重要位置,并把学校作为公民教育的重要阵地,根据青少年身心发育特点、社会经历的不同阶段,采取不同的教育方法,实施不同的教育内容。

公民的责任担当问题也引起了世界性教育组织的密切关注,联合国教科文组织早在1972年的《学会生存——教育世界的今天和明天》报告中就提出,教育发展的方向之一就是使每个人承担起包括道德责任在内的一切责任,因为"人类发展的目的在于使人日趋完善,使他的人格丰富多彩,表达方式复杂多样;使他作为一个人,作为一个家庭和社会的成员,作为一个公民和生产者、技术发明者和有创造性的理想家,来承担不同的责任"[①]。而培养责任公民的重要基础性工作就是开展公民意识教育,"尽管教育并非解决所有社会弊端的灵丹妙药,但教育却常是我们战胜挑战取得平等持续发展的有效途径"[②]。1998年,联合国教科文组织在世界高等教育大会上进一步强调,教育的使命和职责首要任务是培养合格的毕业生和满足人类各方面活动需要的负责公民。

近年来,责任公民的培养问题也引起我国党和政府的高度重视。《公民道德建设实施纲要》中强调要"引导每个公民自觉履行宪法和法律规定的各项义务,积极承担自己应尽的社会责任"[③]。中共中央颁布的《关于进一步加强和改进未成年人思想道德建设的若干意见》中强调要使社会主义公民"正确认识自己的社会责任"。党的十七大报告中强调要"加强公民意识教育,树立社会主义民主法治、自由平等、公平正义理念"[④]。《国家中长期教育改革和发展规划纲要(2010—2020年)》把公民意识教育纳入未来国家教育发展的战略

---

① 联合国教科文组织国际教育发展委员会.学会生存:教育世界的今天和明天[M].北京:教育科学出版社,1996:2.
② 联合国教科文组织国际教育发展委员会.学会生存:教育世界的今天和明天[M].北京:教育科学出版社,1996:6.
③ 公民道德建设实施纲要[M].北京:人民出版社,2001:3.
④ 胡锦涛.高举中国特色社会主义伟大旗帜为夺取全面建设小康社会新胜利而奋斗:在中国共产党第十七次全国代表大会上的报告[N].人民日报,2007-10-25(1).

目标和战略主题之中,明确提出要"加强公民意识教育,树立社会主义民主法治、自由平等、公平正义理念,培养社会主义合格公民"。十八大报告中提出要进一步"推进公民道德建设工程,弘扬真善美、贬斥假恶丑,引导人们自觉履行法定义务、社会责任、家庭责任,营造劳动光荣、创造伟大的社会氛围,培育知荣辱、讲正气、作奉献、促和谐的良好风尚"[①]。十八大以来,以习近平同志为核心的党中央高度重视公民道德建设,立根塑魂、正本清源,作出一系列重要部署,推动思想道德建设取得显著成效。中国特色社会主义和中国梦深入人心,践行社会主义核心价值观、传承中华优秀传统文化的自觉性不断提升,爱国主义、集体主义、社会主义思想广为弘扬,崇尚英雄、尊重模范、学习先进成为风尚,民族自信心、自豪感大大增强。但也不容忽视的是,由于西方价值观对意识形态的渗透、不良思想文化的侵蚀和网络有害信息的影响,加上市场经济规则、社会治理体系不够健全,道德建设领域不平衡、不充分的问题依然凸显,部分自由职业者、外来务工人员等社会群体的道德发展状况相对滞后,一些地方和领域存在不同程度的道德失范现象,拜金主义、享乐主义、个人至上观念甚嚣尘上,一些社会成员道德观念缺失,是非、善恶、美丑不分,见利忘义、损人利己、造假欺诈、不讲信用现象久治不绝,突破公序良俗底线、妨害人民幸福生活、伤害国家尊严和民族感情的事件时有发生。解决这些顽瘴痼疾突出问题是道德建设的基点,只有标本兼治、精准施策,推动公民道德建设与时代同频发展,才能形成适应新时代要求的思想观念、价值理念、道德风尚和理想信念。

随着新时代公民道德建设进入新阶段,实现中华民族伟大复兴迈入关键时期,世界正经历百年未有之大变局,国际环境日趋复杂,各种不稳定和不确定性叠加,针对社会主要矛盾、人民生活追求发生的深刻变化,习近平新时代中国特色社会主义思想着眼于提高人民思想觉悟、道德水准、文明素养和社会文明程度,从统筹国内国际两个大局、"五位一体"总体布局和"四个全面"战略布局的高度,对全面贯彻新发展理念、构建新发展格局和深入实施公民道德建设工程作出前瞻性思考、全局性谋划、整体性推进。为加强全社会的思想道

---

① 胡锦涛.坚定不移沿着中国特色社会主义道路前进 为全面建成小康社会而奋斗:在中国共产党第十八次全国代表大会上的报告[N].人民日报,2012-11-18(3).

德建设,激发人民形成善良的道德意愿和道德情感,培育正确的道德判断和道德责任,引导公民追求讲道德、尊道德、守道德的美好生活,2019年10月中共中央、国务院印发实施的《新时代公民道德建设实施纲要》在全面总结近年来道德建设的经验和成绩、准确把握道德领域存在的不足和问题、科学分析新时代道德建设新要求的基础上,指明公民道德建设的总体要求、重点任务、深化道德教育引导、推动道德实践养成、抓好网络空间道德建设、发挥制度保障作用以及加强组织领导等清晰路径,从而为凝聚全体人民的价值共识,提升公民的道德责任素质指明了方向。

加强公民道德建设是一项长期而紧迫、艰巨而复杂的任务。面对公民道德建设面临的新机遇、新挑战和新任务、新要求,深入研究以习近平新时代中国特色社会主义思想武装人民、培根铸魂和增强道路自信、理论自信、制度自信、文化自信的有效方式途径,探讨如何把筑牢理想信念之基、培育"人尽己责"的伦理精神、践行社会主义核心价值观、弘扬传统美德和时代精神作为责任教育的重要任务,引导人们明晰自身应担当的责任,自觉地履行责任和自愿地承担责任,从而培养造就可堪民族复兴大任的责任公民,这既是新时代公民道德建设的根本目标,也是关乎中国特色社会主义公民教育"为谁培养人、培养什么样的人、如何培养人"的紧迫性课题。

二、研究现状

(一) 国外研究现状

西方关于责任问题的研究由来已久,公民责任思想的萌芽可以追溯到古希腊城邦及古罗马时期。亚里士多德把公民德性看作责任履行的基础,认为"德性既然是关于情感和行为的,那么,对于那些自愿行为就应该称赞或责备,对于那些非自愿的就应该宽恕,有时候甚至应该怜悯。……这对立法者进行嘉奖和处罚时也有用处"①。他提出"如果一个人在某种意义上对他的品质负有责任,他也在某种意义上要自己对其善的观念负有责任。如果一个人对自己的善观念不负有责任,就没有人对他所做的恶负有责任"②。古罗马思想家

---

① 亚里士多德.尼各马科伦理学[M].苗力田,译.北京:中国社会科学出版社,1990:41.
② 亚里士多德.尼各马科伦理学[M].廖申白,译.北京:商务印书馆,2003:75.

西塞罗(Marcus Tullius Cicero)在其《论责任》中提出任何一种生活都不可能没有责任,"关于道德责任这个问题所传下来的教诲似乎具有最广泛的实际用途……因为生活中一切有德之事均由履行这种责任而出,而一切无行之事皆因忽视这种责任所致"①。

中世纪时期,自然论者认为,每个人的责任来源于自然上帝之"自然"或人性之"自然",人作为宇宙中有理性的存在者,必须自觉遵从自然规律,因为履行好应尽责任是自然法则的要求,而如果放弃这些责任则是违背自然的。18世纪末期,随着人类实践的不断进步,责任的内涵在法律概念的基础上逐步拓展,成为囊括法律约束和道德规范在内的丰富理论体系。

现代意义上的公民责任则是随着欧美民族国家的建立、资本主义经济的发展、启蒙运动后欧美思想的大解放以及民族国家和教会争夺教育权的斗争而兴起和发展起来的一种伦理思想,并伴随着公民平等、自由、民主和权利的逐步扩大而日臻丰富和完善。

1. 公民道德责任的内涵研究

道德责任一直都是责任研究的核心主题之一。德国古典哲学的创始人康德(Immanuel Kant)奠定了道德责任论的基础,他认为,"每一个在道德上有价值的人,都要有所承担;不负任何责任的东西,不是人而是物"②。责任是人之为人的基本特征,是一切道德行为的评价标准,是人的善良意志的集中体现,从这个意义上说,责任不仅是一种应然,而且是一种必然。"责任概念的核心是我能回答'为何那样做'的问题,并且能给予一个答案。"③人的行为只有在动机上"出于责任",而不是"合乎责任",才具有道德价值,因为"一种行为只有是出于责任,以责任为动机,才有道德价值。仅仅是其结果合乎责任、与责任的戒律相符合,而以爱好和其他什么个人目的为动机的行为,则无多大道德价值,甚至于完全没有道德价值"④。为此,康德按照责任对象及其约束程度对现实生活中的责任进行了分类:"一是按照责任对象的不同,将责任划分为对自己的责任和对他人的责任;二是按责任约束程度的不同,将责任划分为完

---

① 西塞罗.论责任[M].徐奕春,译.北京:商务印书馆,1998:91.
② 康德.道德形而上学原理[M].苗力田,译.上海:上海人民出版社,2002:6.
③ 康德.道德形而上学原理[M].苗力田,译.上海:上海人民出版社,2002:9.
④ 康德.道德形而上学原理[M].苗力田,译.上海:上海人民出版社,2002:8.

全的责任和不完全的责任。这样相互搭配便形成责任的四种形式,即对自己的完全责任,对自己的不完全责任;对他人的完全责任,对他人的不完全责任。"①康德极力强调人应该为自己的行为可预见的后果担负起完全的责任。

当代德国美德伦理学家汉斯·伦克(Hans Lenk)就责任概念、类型、性质以及技术的责任伦理等问题进行了系统分析。他在《应用伦理学导论——责任与良心》一书中探究了良知伦理与责任伦理的关系,将责任视为一个包含多种因素和关系的复杂结构,认为责任概念至少包含5项要素,即(1)某人:行为主体,责任主体;(2)为了某事:行为对象(任何物或事件或任务)及行为后果;(3)对谁负责:谁是责任的主管和评判与仲裁机构、监管单位;(4)根据什么标准;(5)在什么范围内,即行为与责任领域。"第一层是行为(结果)责任,第二层是任务和角色责任,第三层是普遍的道德责任,第四层是法律责任。"②汉斯·伦克认为,道德比法律更细腻、更敏感,人们完全可以在没有法律过失的情况下,甚至是在特别守法的情况下,仍可能有道德上的过失感,因此,在责任承担问题上必须明确区分内在的责任与外在的责任,即职业道德与技术伦理,区分不同层次、不同类型的责任形式。他强调在科技发展的技术伦理时代,人的责任不仅是一种消极性的事后责任追究,而且"代表着一种事先责任,以未来要做的事情为导向,是一种积极性的行为指导"③,因为"人的价值在于对其他生命以及依赖于他的生命负责——并且明智地对待技术力量"④。

美国哲学家鲁卡斯(J. R. Lucas)则在其著作《责任》中认为责任概念的核心是人与人之间对责任判断标准的认同性和共识性,即当他人提出"你为什么要这样做?"的疑问时,作出理由充分并让询问者可接受的明确应答,旨在强调如果一个人不能合理地回答为何做某事,那么就必须为此行为切实负起责任。⑤ 美国哲学家约尔·范伯格(Joel Feinberg)则提出"指向性责任"的概念,强调一个人的美德是负责任的首要因素,判断行为者是否负责任的核心在于行为者的自身品质,因此,为了实现和保护人的权利,要求人们必须履行相应

---

① 康德.道德形而上学原理[M].苗力田,译.上海:上海人民出版社,2002:9.
② LENK H. Macht und Machbarkeit der Technik[M]. Stuttgart: Philipp Reclamjun, 1994:121.
③ LENK H. Macht und Machbarkeit der Technik[M]. Stuttgart: Philipp Reclamjun, 1994:76.
④ LENK H. Macht und Machbarkeit der Technik[M]. Stuttgart: Philipp Reclamjun, 1994:144.
⑤ LUCAS J R. Responsibility[M]. New York: Oxford University Press Inc., 1993:5.

的义务和承担应尽责任,他认为"如果你违反义务的行为与侵害他人权利有关,那么该行为就是一项指向性错误,并且由于侵害权利和违反义务此时是同一项错误,那么这种责任就是指向性责任"①。

德国杜塞尔多夫大学哲学研究所教授底特·本巴赫尔认为,责任分为"事后责任"与"事前责任"。"事后责任"是作为对某一过去行为"负责"的责任,常常归因于为某一过去行为或行为结果负责的责任主体,而"事前责任"则是作为将来关心某人某事的道德性责任,归因总是针对某种所期望的事情,总是以阻止不希望出现的事情发生为目标。说一个人在事前或事后负有责任,这涉及哲学中的一些老话题,包括自由意志、积极和消极的责任、团结是否原则上受个人或群体契约之限制等问题。一个社会中责任的分配,是一个利己主义和利他主义相互矛盾运动的复杂变化过程。②

美国当代伦理学家威廉·史维克(William Schweiker)在《责任与基督教伦理》中认为"以前所有的道德责任理论可以归为三种类型:行为者的(agential)、社会的(social)和对话式的(dialogical)"③。行为者理论认为人不仅是社会实践的主体,而且是自身行为的主体,因此,个体必须对自身的行为及其后果负责。社会责任理论认为,任何个体都处于特定的社会关系中,并在社会关系中扮演着特定的社会角色,而一定的角色也都赋予人特定的社会责任,因此,人的社会角色是认定和评判责任的基本前提及依据。对话式理论则认为,人作为道德主体是通过与其他个体的交流来认知和承担责任的,因而应根据每个人是如何回应他人的责任要求来判断其行为主体的道德价值。斯特劳森(Peter Frederick Strwson)认为:"我们可以把道德责任理解为一种社会技能,按照这种路径,当社会成员被社会视作一位负责任的行动者时,他们在对他人的反应中赋予一种情感或态度的特性,比如,感激、怨恨、爱、尊重、原谅。"④史维克在评价道德责任理论三种类型时指出,"行为者的责任理论集中于行为者/行为关系,通常由于过分强调个人自律而忽视社会角色责任的重要性;社

---

① FEINBERG J. "In Defense of Moral Rights", in his Freedom and Fulfillment[M]. Princeton: Princeton University Press, 1994:204.
② 本巴赫尔.责任的哲学基础[J].易小明,聂文军,译.齐鲁学刊,2005(4):127-133.
③ SCHWEIKER W. Responsibility and Christian Ethics[M]. Cambridge: Cambridge University Press, 1999:40.
④ FISCHER J M. Recent Work on Moral Responsibility[J]. Ethics, 1999, 110(10):93-139.

会角色的责任理论集中于社会实践,通常不能深入探讨作为个体的内在生活;对话式责任理论集中于自我/他人遭遇,通常把责任问题归结为个人的应答"①。也就是说,这些理论都没有充分阐明道德责任的主题,基于此,他主张要把行为者的、社会的和对话式的三种道德责任理论整合,建立一种整体的、综合的道德责任理论。

2. 公民道德责任的情感动机研究

20世纪下半叶以来,西方学者把公民责任意识纳入心理学的研究范畴,一些心理学家通过探究公民在履行责任过程中心理层面的责任认知、责任情感、责任行为、责任动机等问题,来阐释责任的行为取向及道德价值。

德国心理学研究员奥哈根(Auhagen)运用心理学探讨了日常生活中责任情境的构成要素、特点及其相互关系,在分析和总结有关责任研究成果时提出:"责任究竟是什么?是一个伦理学范畴、一种社会规范、一个由个体形成的社会建构?还是一种道德行为的特征、一种态度、一种先天倾向、一种行为的动机或导向?责任是一种单一的、整体的结构,还是若干'责任'的联合体?……对于这些问题的答案是:它完全依赖于人们的研究视角和追求的目标。"②她认为,责任作为一种人对生活情境、社会角色等的内心体验过程,涉及责任认知、情感体验、行为动机、价值目标等诸多要素,而责任行为的实施则依赖于特定的责任情境。

美国托马斯·斯坎伦(Thomas Scanlon)在《何为道德:道德的动机和道德的多样性》中认为,道德动机问题可以表达如下:一个行动道德上是错误的事实本身,何以能够给人们提供避免采取该行动的充分理由?回答这个问题包含对两个问题的回答。第一是道德的重要性问题,即我们为什么应该在乎道德要求。第二是道德的优先性问题,即当道德的理由(或价值)和其他的理由(或价值)发生冲突时,道德的理由何以具有优先性。非自利契约论认为,一个人如果看不到道德理由的力量,这不仅表明了他对其他人的态度,而且这种态度还会影响到其他人对他的看法以及和他的关系,乃至影响到他的整个生

---

① SCHWEIKER W. Responsibility and Christian Ethics[M]. Cambridge: Cambridge University Press, 1999:104-105.
② AUHAGEN A E, BIERHOFF W. Responsibility: The many faces of a social phenomenon[M]. Routledge, 2001:181.

活,这就是道德的重要性。可能和道德发生冲突的其他价值(如友情)本身就包含了道德的要求,因此,当冲突发生时,道德理由始终压倒其他的价值或理由。①

美国当代伦理学家雅克·蒂洛(Jacques Paul Thiroux)在《伦理学:理论与实践》一书中认为道德产生于人类的需要和愿望,建立在人的情感和理性的基础之上,"道德起源于人类的需要,由于认识到以合作和有意义的方式生活在一起的重大价值,所以人们依靠生活经验和理性,制定了一套社会生活中共同遵守与维护的行为准则"②。为了在生活中取得尽可能充足的友谊、爱情、幸福、自由、和平、创造力和稳定,人们以合作的、有效的方式共同生活,遵循一定的规则、规范而行动。按道德的应用范围不同,蒂洛把道德分为四个主要方面,即处理人类与超自然的存在物的关系的宗教道德、处理人类与大自然的关系的自然道德、处理个人与其自身关系的个体道德、处理人与人之间关系的社会道德,其中社会道德是最为重要的方面。他倡导以生命价值、善良、公正、诚实、个人自由等五条道德原则为基础构建人道主义伦理学体系,并专门讨论了"人为什么要有道德"的问题,"人为什么要有道德这个问题,一般能够像这样满意地予以回答:坚守道德原则,能使人们尽可能生活得和平、幸福、充满创造性和富有意义"③。他认为任何有意义的切实可行的道德体系须具备五大特征:一是应建立在理性的基础上,但又不是没有感情的;二是应具有极强的逻辑性和一贯性,但又不是不可改变的;三是必须具有普遍性,又能有效地运用于个别人和特殊情况;四是应易于教授和传播;五是能够解决人与人之间、责任与义务之间的所有冲突。④

美国伦理学家理查德·布兰特(Richard B. Brandt)从探讨人的责任行为的内在动机性入手,主张构建适应现代社会生活的多元道德原则体系。布兰特认为,道德责任问题的核心就是责任主体与社会关系的问题,因为每个人都在特定的社会关系中扮演着一定的角色,角色本身就蕴含着相关的责任,如果社会成员不去履行各种特定的角色所赋予的应尽责任,也就难以享受相应的

---

① 斯坎伦.何为道德:道德的动机和道德的多样性[J].陈真,译.江海学刊,2005(3):22-28.
② 蒂洛.伦理学:理论与实践[M].孟庆时,程立显,等译.北京:北京大学出版社,1985:30.
③ 蒂洛.伦理学:理论与实践[M].孟庆时,程立显,等译.北京:北京大学出版社,1985:30.
④ 蒂洛.伦理学:理论与实践[M].孟庆时,程立显,等译.北京:北京大学出版社,1985:135-166.

权利。布兰特在其《道德功利主义和权利》中指出:"对一个社会而言,一种道德或道德原则,当且仅当在权衡接受或保持任何其他道德原则和其后果时,它们不带来更大可期望的功利,这种道德或道德原则就是最可欲的。"①因为人都是有理性的,每个社会成员"多多少少受到与他合理选择的道德系统之戒律相适应的东西的驱动"②,公民在共同制定了合乎社会秩序的道德原则之后,能够自觉主动地去遵循这一原则,将其作为自己的行为规范。同时,道德原则只有具备了存在的合理性基础,才能确保公民对原则的遵守和责任的履行,可见,"一种具有多条道德规则并经过合理选择的系统才是可能的,它以最大限度地实现福利为目的,因而是完全有理性的人可能支持的那种道德体系"③。人的理性还体现在,一旦人们的行为违反道德规范时,人们既会有内疚感,也会同时受到社会的谴责,当主张人为其行为应负道德责任时,自然涵盖了赞赏尽责与责备失责的正当性导向。基于此,布兰特主张构建一种能给社会整体带来利益、促使社会成员与人合作的灵活道德原则体系,以便激发组织或社会系统内的全体成员产生遵守道德原则、履行应尽责任的强烈动机。

3. 公民责任伦理的应用研究

"责任伦理"最早是由德国思想家马克斯·韦伯(Max Weber)提出的命题。1919年韦伯在慕尼黑大学所作的题为"作为职业的政治"演讲中,依据对社会历史及当代人价值处境的深入分析,将伦理区分为"责任伦理"与"信任伦理"两种不同的伦理精神,认为后者的价值根据在于行为者的目的、动机和意图,人们通常依次评价自己的行为,拒绝对行为的后果承担责任;责任伦理则关注行为后果的价值和意义,强调人应当对自己的行为承担责任,理性而审慎地行动,二者分别承载着不同的价值立场。④ 如果说传统伦理是"信念伦理",那么当代伦理则以"责任伦理"为主线,责任伦理强调承担行为后果的价值在于"我应当做",而不是"要我必须做"。也就是说,人应该无条件地对自身行为及其后果负责,正如马克斯·韦伯所说:"一个成熟的人(无论年龄大

---

① BRANDT B. Morality Utilitarianism and Rights[M]. Cambridge: Cambridge University press, 1992: 198.
② BRANDT B. A Theory of the Good and the Right[M]. Oxford: Clarendon press, 1979:187.
③ BRANDT B. A Theory of the Good and the Right[M]. Oxford: Clarendon press, 1979:286.
④ 韦伯.学术与政治[M].冯克利,译.北京:生活·读书·新知三联书店,1998:116.

小),他意识到了自己行为后果的责任,真正发自内心地感受着这一责任,然后他遵照责任伦理采取行动。"①可见,责任伦理是从伦理学的视角来对人的行为及其后果进行道德评判、价值指引,以此说明人要对其行为及其后果担当相应的责任,实现应有的道德价值。

近年来,北美、欧洲伦理学界相继出版了许多关于责任问题的研究成果,如美国著名哲学家约尔·范伯格(Joel Feinberg)的《责任理论》,特里·库帕(Terry Cooper)的《行政伦理学:实现行政责任的途径》,意大利思想家马志尼(Giuseppe Mazzini)的《论人的责任》,美国心理学家约翰·马丁·费舍(John Martin Fischer)和马克·拉维扎(Mar Ravizza)合著的《责任与控制——一种道德责任理论》,德国著名哲学家汉斯·昆(Hans Küng)的《全球责任:寻找新的世界伦理》等。

德裔美籍著名伦理学家汉斯·约纳斯(Hans Jonas)在《责任之原理》中,论证了技术时代的责任和伦理问题,指出"当代伦理学的核心问题就是责任问题",进一步丰富和发展了责任伦理学。他从自然本体论和科技伦理观出发,忧心忡忡地提醒人们警惕因科技发展无休止地征服自然背后的各种道德危机,认为责任关系到整个人类的前途和命运,保全人类持续存在就相当于"责任的绝对命令",是当代人不可推卸的责任,"决不可以拿整个人类的存在去冒险"②。责任固然首先是人对人的责任,但其依据是人对自然的责任,自然不再仅仅是责任的对象,而是责任基础本身;责任不仅立足于此时此地人对人的责任,还要包括人对自然以及未来的人的责任。汉斯·约纳斯指出,"对生命的肯定"是"所有价值的基本价值",是生命"本身的原善",因此,责任伦理的基本原则是"敬畏生命","人的'第一命令'是'不去'毁灭大自然所提供的人类得以生存的东西"③。这条原则并不是将人类置于万物的主宰者的地位,恰恰相反,人类仅仅是拥有理性、意志、道德的地球的看护者,为了人类更好地生存和社会生活的有序进行,人类要有一种维护生命的共同体一代一代相蔓

---

① 韦伯.学术与政治[M].冯克利,译.北京:生活·读书·新知三联书店,1998:116.
② JONAS H. The Imperative of Responsibility: In Search of an Ethics for the Technological Age[M]. Chicago: University of Chicago Press, 1985:16.
③ JONAS H. The Imperative of Responsibility: In Search of an Ethics for the Technological Age[M]. Chicago: University of Chicago Press, 1985:63.

延的责任感,这应该成为"无条件的命令律"①。

美国哲学家保罗·泰勒(Paul Warren Taylor)在其著作《尊重自然:一种环境伦理学理论》中倡导尊重生命的伦理观,一切生命都是神圣的,没有高低贵贱之分,主张人必须敬畏生命,因为人是地球生命共同体的普通成员,保存地球生态系统的整体性源于相互从属性,每个有机体作为生命都具有内在目的指向,而人在生态系统中并不占据绝对的优势地位;提出生物中心主义的自然观,所有生物都具有同样的价值并享有同样的权利,强调人类应尊重自然、关怀所有生物的生命并给予所有生物以道德关心,从而构建起一套尊重自然的伦理规则和完整的生物中心主义理论体系。②

约翰·马丁·费舍和马克·拉维扎从心理、理性和形而上学层面建构一种与现代民主社会相适应的"道德责任归因理论框架"③,通过论证"作为"和"懈怠"之间在道德责任负责和免责条件上的"不对称性论点"④,提出"一个人对已有的'作为'承担道德责任是无条件的,并不需要以拥有可供选择的行为可能性为先决条件;而对'不作为'承担道德责任,则必须以拥有可供选择的行为可能性为先决条件"⑤。强调道德责任是以"指导控制"为基础的,将指导控制作为行动、疏漏和后果的归因方法,认为考量行为人是否应当为其"作为"或"懈怠"承担相应的道德责任,"必须考虑到行为当事人是否拥有对其行为的控制权利和能力",因为对个体"作为"或"懈怠"而言的道德责任,与行为者对自己的某种身体动作的控制密切相关,"拥有事实性的因果关系控制是构成在道德上对'作为'及其后果负责的充分条件,而对'懈怠'承担道德责任却要以拥有管制性的因果关系控制为先决条件"⑥。他在其《责任与控制——一种道德责任理论》一书中认为"人与其他生物之间的一个重大区别在于,只有人才能对他们所做的事负起道德上的责任"⑦,进而从道德责任概念入手,以

---

① JONAS H. The Imperative of Responsibility: In Search of an Ethics for the Technological Age[M]. Chicago: University of Chicago Press, 1985:129.
② 泰勒.尊重自然:一种环境伦理学理论[M].雷毅,等,译.北京:首都师范大学出版社,2010.
③ FISCHER J M, RAVIZZA M. Responsibility and Inevitability[J]. Ethics101, January 1991:271.
④ FISCHER J M, RAVIZZA M. Responsibility and Inevitability[J]. Ethics101, January 1991:261.
⑤ FISCHER J M, RAVIZZA M. Responsibility and Inevitability[J]. Ethics101, January 1991:265.
⑥ FISCHER J M, RAVIZZA M. Responsibility and Inevitability[J]. Ethics101, January 1991:276.
⑦ 费舍,拉维扎.责任与控制:一种道德责任理论[M].杨韶刚,译.北京:华夏出版社,2003:1.

历史与现实的关联性视角,对个体行动、疏漏、后果及情绪所负道德责任进行研究和探讨,以半相容论的独特视角打破了以往学者认为自由意志与责任必然联系在一起的思路,认为道德责任建立在我们以某种方式表达自我而非给世界造成任何差异的能力上,道德责任不仅是行为者的心理状态结构和倾向的内部特征,也是行为者的经历及其与外界的联系功能,强调个体履行道德责任的"可作为原则",即"如果一个人本来能够实施某一行为,但实际上却并未实施该行为,那么他就应当对未能实施该行为承担道德责任"①。

责任伦理支撑的现代社会,以有责任感的个体存在为前提。人作为自己行为的主体,理应为自身行为的后果承担责任。责任伦理存在的合理依据,在于人类对当代实践及其后果的深刻反思。正如英国社会学家齐格蒙特·鲍曼(Zygmunt Bauman)在其《后现代伦理学》中提出"我们的时代是一个强烈地感受到了道德模糊性的时代,这个时代给我们提供了以前从未享受过的选择自由,同时也把我们抛入了一种以前从未如此令人烦恼的不确定状态。我们怀念我们能够信任和依赖的向导,以便能够从肩上卸下一些为选择所负的责任,但似乎没有这样的权威强大到给我们所追求的信任"②。在当代社会中,由于人与自然、人与社会的依存关系日益密切,人的发展既以自然界提供的物质条件为前提,也以社会秩序的良性运转为保障,因此,对现代公民来说,"承担责任与其说是社会调整和个人教育的结果,不如说它构建了萌生社会调整和个人教育的原初场景,社会调整和个人教育以此为参照,试图重新框定和管理它"③。

纵观西方公民责任学说的产生、形成和发展历程,学术界始终把责任作为维护民主政治、规定约束人的言行的思想道德及伦理规范的基础,研究的范围领域不断拓展,从法律责任到道德责任,从消极责任到积极责任,从公民角色责任到公民社会责任,从人对人的责任到人对自然、人对社会以及人对未来的伦理责任,从行为者的事前责任认知到事后责任承担,从权利公民到责任公民的培养等等,责任的内涵逐步深化,业已形成完整的公民责任伦理思想体系,从而为我们开展公民责任承当的研究和实践提供了丰富的理论素材和研究

---

① FISCHER J M, RAVIZZA M. Responsibility and Inevitability[J]. Ethics101, January 1991:277.
② 鲍曼.后现代伦理学[M].张成岗,译.南京:江苏人民出版社,2003:24.
③ 鲍曼.生活在碎片之中:论后现代道德[M].郁建兴,等译.上海:学林出版社,2002:1.

基础。

(二)国内研究现状

近年来,我国对公民责任问题的研究方兴未艾。伴随着公民社会的兴起,学界普遍意识到现代意义上的责任公民不仅是和谐社会建设的基本目标,还是推动现代化进程的重要因素。为此,在对国外相关责任伦理思想进行介绍、分析、诠释的基础上,针对中国特色社会主义的历史和现实,围绕责任的概念和内涵、责任伦理的价值和特征、责任意识的培养、责任公民的塑造等问题进行了积极有益的探索,研究成果主要集中在如下三个方面。

1. 关于责任与道德责任内涵的厘定

《伦理学大辞典》认为"道德责任作为伦理学的一个基本范畴,是指人们对自己行为的善或恶、是或非所应承担的责任"[1],并阐释了善恶观在道德责任中的意义,认为只有主体对善恶达成基本共识才能合理界定道德责任。

谢军博士在其著作《责任论》中将"责任"概念界定为:"由一个人的资格(作为人的资格或作为角色的资格)和能力所赋予的,并与此相适应的完成某些任务以及承担相应后果的法律的和道德的要求。"[2]认为"责任的含义应至少包含两个方面:一是指分内应做的事,即我们日常所讲的'应尽的责任';二是指没有做好分内应做的事而必须承担的过失或责罚,也就是我们通常所讲的'应追究的责任'"[3]。

郭金鸿博士在其著作《道德责任论》中,以道德责任的人性基础理论为前提,遵循从抽象到具体、从一般到个别、从理论到实践的叙述逻辑,结合伦理学、心理学和政治学、经济学等有关理论和方法,在梳理中外伦理史上的道德责任思想基础之上,分析了道德责任的内涵、类型和主要特征,把道德责任看作一个集美德、制度和规范于一体的、"必为"和"应为"相统一的多层次综合范畴,主张应加强责任制度建设和责任美德培育,尽快构建以道德责任为核心的公民道德体系。[4]

田秀云、白臣教授在《当代社会责任伦理》著作中把道德责任界定为:"道

---

[1] 宋希仁,等.伦理学大辞典[M].长春:吉林人民出版社,1989:1048.
[2] 谢军.责任论[M].上海:上海人民出版社,2007:28.
[3] 谢军.责任论[M].上海:上海人民出版社,2007:28.
[4] 郭金鸿.道德责任论[M].北京:人民出版社,2008:12.

德责任是指道德主体基于人的本质、由一定的社会关系规定的应当履行的自觉责任和道德义务,他侧重道义责任。道德责任的形成有赖于主体意志对外在的客观要求的主观认同,即对道德应当的责任自觉,道德责任具有个体性、内在性、主观性、应然性和自觉性。"①

虞法和朱菁教授在其《道德责任的四重根》中认为,对道德责任的分析与考察是当代哲学的一个重要课题。相较于在道德责任哲学问题上的广泛探讨,对道德责任概念本身的厘清和辨析显得不够深入。提出道德责任概念的四重根,即因果、义务、能力和能动性这四个与道德责任归属密切相关的维度,认为从这四个维度来理解道德责任的归属和性质,可以更好地厘清关于道德责任观念的日常多样性与应得性之间的逻辑关联,避免将道德责任的不同含义和理解相互混淆,从而有助于更深入地审视关于道德责任作为应得性的基本理解,有利于进一步处理有关道德责任面临的诸多哲学难题。②

曹凤月博士在《解读"道德责任"》一文中从理论和历史的角度,对道德责任内涵、道德责任归因、道德责任的条件、道德责任的冲突等问题进行了分析和探讨,把道德责任视为主观性与客观性的统一,客观性体现为特定伦理关系中的职责和任务,而主观性则体现为对职责、任务的认知意识。曹凤月认为道德责任是人在社会交往中与他人、社会之间关系的规定,既有客观的要求又有主观的意识,既有他律又有自律,整个道德责任的实现是一个主观与客观、自律与他律、内在与外在的相互结合与相互转化的过程,并把道德责任界定为:理性人在社会生活中产生并形成的人和人之间主动调节、合理对待的一些规定。这些来自社会关系又伴随着主观认同的规定成为道德责任的内容。③

邹贵波在其《道德责任:内涵、特征及体系建构》一文中提出,道德责任是指具有独立行为能力的道德主体以社会客观道德价值为评价标准,履行对他者(包括人、事、物)的责任,并愿意承担由此带来的后果。道德责任具有范围的广泛性与有限性、目标的现实性与理想性、实现的自律性与强制性等特征。道德责任作为道德本然与实然的同一、伦理世界与生活世界的统一、个体走向道德完善的必然通道,其逻辑体系由公民对自我、他人、家庭、社会、国家、人类

---

① 田秀云,白臣.当代社会责任伦理[M].北京:人民出版社,2008:3.
② 虞法,朱菁.道德责任的四重根[J].中国高校社会科学,2017(4):86-97.
③ 曹凤月.解读"道德责任"[J].道德与文明,2007(2):84-87.

的应尽责任构成;构筑道德的社会与道德的人,需要道德责任从伦理规范走向伦理精神,最终化归伦理实践。①

宋晔把责任视为个体道德品质的基础,认为责任既为公民道德的形成与发展提供了强大的内驱力,也为公民融入社会提供了前提条件。②吴威威博士则把公民道德责任定义为"公民由其公民资格所赋予的并得到内心认同的对国家、对社会、对他人的道德义务和道德使命以及对他自身行为后果的善恶的承当"③,而江娅在其《论个人道德责任的根据》一文中认为评判个人道德责任的标准应当包含以下四个方面的内容:(1)是否出于意愿。只有那些出于行为者的意愿和自觉选择的行为才具有道德价值,人也只对这种行为负有道德责任。对于那些行为者虽然没有受到强迫,但不存在其他选择之可能性的行为,人不能对其行为负道德责任。(2)是否存在不可控因素。对那些由不可控因素导致的行为,我们也不必担负道德责任。(3)是不是行为的始因。当行为的始因是行为者自身时,尽管后面发生的行为是由不可控因素造成的,你也要为行为负道德责任。换句话说,如果一个后果有害的行为,是行为者的过错在先,不可控因素在后,那么行为者也必须为其行为后果担负道德责任。(4)是否导致严重后果。当我们考虑不可控因素的时候,事实上就是在考虑行为的后果对道德责任归属的影响。在生活中,源于同样原因的两个行为,由于行为导致的后果不同,道德责任的归属也就不同。为此,只有当我们从这四个方面考察一个人的行为时,我们才能够比较全面而公正的评价——人在何种情况下、在多大程度上对自己的行为负有何种道德责任。④

2. 关于责任伦理及价值的诠释

程东峰教授在其著作《责任伦理导论》中提出以"角色"作为责任伦理的起点,角色同责任紧密相连,角色解除了责任也就不存在了;角色贯穿责任伦理研究的始终,角色的终极关怀表现为生命活力的激活和对人生最高价值的追求。程东峰认为责任伦理是面向未来、面向世界、面向高科技时代的伦理,也是人类摆脱蒙昧、进入世俗化社会的伦理,并对责任伦理的基本内涵、原则、

---

① 邹贵波.道德责任:内涵、特征及体系建构[J].湖南广播电视大学学报,2021(2):44-49.
② 宋晔.责任生成的道德内涵及其实现机制[J].南京师大学报(社会科学版),2003(4):89-95.
③ 吴威威.论公民道德责任在公民道德建设中的重要作用[J].探索,2005(1):150-153.
④ 江娅.论个人道德责任的根据[J].哲学动态,2010(2):49-54.

范畴、类型以及当代社会的责任伦理建设等问题进行了多维探讨。①

田秀云、白臣教授在《当代社会责任伦理》中对责任伦理及当代价值、责任伦理的理论基础、公共行政责任伦理、企业责任伦理、网络社会责任伦理、学术责任伦理、大众传媒责任伦理、环境责任伦理、公民公共责任伦理的内涵与特征等进行了系统分析,认为"责任伦理是人类社会实践过程中,通过对自身存在价值的关护上升至对人类存在整体价值的尊重而产生的一种对人类生存与发展的理性忧思,以及对人类未来生存发展的一种反思和总结,是人类对自身行为所应负之责的伦理思考,并赋予人类自身行为以伦理价值"②。当代社会责任伦理的价值在于,能够提升人们的责任感和内在品格、彰显人的尊严和人性的回归、引导人们理性思考和审慎行为、建构新的责任意识和伦理精神。③

甘绍平在著作《应用伦理学前沿问题研究》中探讨了应用伦理学内涵、特点与基本范畴,对医学伦理、生态伦理、责任伦理、政治伦理等社会现实问题进行了深入研究和实证剖析,阐释了从非人类中心主义到人类中心主义所带来的伦理冲突与道德悖论,认为"不伤害"是应用伦理学最核心的价值原则,主张现代科技时代,责任伦理的应用价值体现在关注"远距离的伦理"和"整体性伦理"。④

程立涛等在《论责任伦理的社会价值》一文中提出,责任伦理以事先的积极预见为要求,关注后果对于行为评价的意义,认为重塑当代社会的责任伦理精神,有助于提升人的责任感和道义担当,培育当代社会需要的理想人格,启迪人们理性而审慎地行动,从而实现人与自然、人与社会的和谐发展。⑤

陈思坤在《责任伦理:现代公民社会的价值诉求》一文中提出,在构建社会主义和谐社会的进程中,倡导以"尽己之责"等为基本内涵的责任伦理精神有着重要的现实意义。新时期,应大力培育公民关爱生命、关心他人、遵守公德、参与公共生活、回馈社会、爱国奉献、保护生态文明的责任伦理精神,着力

---

① 程东峰.责任伦理导论[M].北京:人民出版社,2010.
② 田秀云,白臣.当代社会责任伦理[M].北京:人民出版社,2008:55.
③ 田秀云,白臣.当代社会责任伦理[M].北京:人民出版社,2008:27-36.
④ 甘绍平.应用伦理学前沿问题研究[M].南昌:江西人民出版社,2002.
⑤ 程立涛,崔秀荣.论责任伦理的社会价值[J].石家庄学院学报,2007(4):13-17.

加强公民责任伦理教育,构建"各尽其责"的伦理文化,完善尽责与失责的奖惩机制,推进社会主义公民道德建设。①

喻丰、许丽颖在《道德责任归因中的变与不变》中认为,道德责任这一概念虽然较为复杂,但其核心在于事件的道德重要性及其后果。他们通过对人们在实际生活中作出道德责任归因的心理过程进行探讨,发现其存在变与不变的两面性:一方面,对道德责任归因的探讨始终无法绕过与人性相关的话题,这构成了道德责任归因过程中相对稳定的不变性;另一方面,在实际的归因过程中,各种具体的情境因素如直觉与深思、抽象与具体、远与近也会对人们的道德责任归因产生影响,这则构成了道德责任归因过程的可变性。② 而王群会、龚群在《道德责任归因中的自主性问题》一文中则认为,道德责任一直是伦理学研究的关键问题之一,传统或经典的道德责任理论将当事人的道德责任奠基于人的自主性概念之上,"自主性"由此成为道德责任问题的核心概念。③ 这些研究成果中,责任伦理的价值内涵得到不断的拓展和丰富,为开展公民责任伦理建设的深层次问题研究奠定了基础。

3. 关于道德责任意识的生成机理探讨

陈菲博士在《论道德责任生成的主客观依据》一文中认为,道德责任具有主体性和自律性,它反映了责任主体与责任客体间的一种客观伦理关系,这种伦理关系的生成,需要具备一定的条件。从客观方面来说,作为责任主体与客体的人,都处在一定社会关系之中并从事现实社会实践活动,是道德责任生成的现实场域;从主观方面来说,责任主体的意志自由及其责任能力是其能否自觉履行自身义务并对行为后果进行承担的主观条件。④

梁修德博士在《道德责任实现的自律机制》中阐明,道德责任的实现要依赖于道德责任主体内在的各种要素之间相互影响和相互作用而产生的方式和过程,这就是道德责任实现的自律机制。自律性决定着道德责任的实现不仅需要道德责任主体具备一定道德责任意识和道德责任能力等潜在条件,还要依赖于道德责任主体的道德责任感、耻感和良心等自律机制的推动、监督和调

---

① 陈思坤.责任伦理:现代公民社会的价值诉求[J].南昌大学学报(人文社会科学版),2009(1):32-38.
② 喻丰,许丽颖.道德责任归因中的变与不变[J].武汉科技大学学报(社会科学版),2019(1):53-60.
③ 王群会,龚群.道德责任归因中的自主性问题[J].天津社会科学,2009(4):43-46.
④ 陈菲.论道德责任生成的主客观依据[J].学校党建与思想教育,2018(3):12-14.

控自我道德行为,确保道德责任的履行和实现。其中,对道德法则的敬重是道德责任实现的情感机制,对"耻"的畏惧和"成为一个人"的追求是道德责任实现的动力机制,良心对主体道德行为的审察、监督和"道德法庭"审理是道德责任实现的监督调控机制。①

田广兰、李兰芬教授在其《论现代社会道德责任之基础》一文中认为,高科技时代的责任必然在时间上向前延伸和空间上向外拓展。所以,进入现代社会,人们应该承担的责任不是变少了,而是更多了。而权利诉求的强化和道德责任的弱化则是现代社会的两大特征。由于责任主体的"不知道""不能够"和"不愿意"造成了"责任感不充分"的生存困境,而要求人们承诺并践行道德责任须辨明其来源和基础,从理论上确证其必要性和正当性。现代社会的道德责任主要源自三个方面:第一,哲学基础,"人类中心主义"的实践催生了人类爱护自然的生态责任;第二,技术基础,现代技术对人、自然和未来的可能风险对人提出了宏大、复杂的远距离责任;第三,政治基础,现代公民身份要求个体是负责任的公民,政府是负责任的政府。这相互交织的三个方面构成了现代社会道德责任的基础。②

蒋洋洋在《道德认知与道德情感交互作用初论》中认为,个体道德品质的形成和发展是一个纷繁复杂的过程,需要经历知、情、意、行等不同的阶段,道德品质形成和发展的过程当中受到多种因素的影响。道德认知和道德情感是构成道德品质的主要因素和重要环节,二者在道德品质的形成过程当中是交互作用的关系。其中,道德认知是道德情感的基础和起点,道德情感对道德认知具有一定的指向、强化、激励作用;道德认知和情感在内容和形式上交互融合,在生成机制上互依共存,在功能作用上相互影响。

刘飞在《道德记忆与道德责任关系辨析》中提出,道德记忆是人类运用记忆能力将自身的道德生活进行选择性刻写而形成的记忆形式,道德责任主要是指道德主体在道德方面承担的责任,是道德向人类提出的责任要求;道德记忆是主体自愿主动承担一定道德责任的必要条件,道德责任是主体刻写道德记忆的重要前提和基本内容。辨析道德记忆与道德责任关系,为正确看待传

---

① 梁修德.道德责任实现的自律机制[J].井冈山大学学报(社会科学版),2015(5):36-41.
② 田广兰,李兰芬.论现代社会道德责任之基础[J].上海师范大学学报(哲学社会科学版),2020(2):36-43.

统道德文化提供有益视角,为增强文化自信提供有益借鉴,为当前社会道德建设提供有益参考。①

4. 关于公民责任意识的培养策略研究

蓝维教授等所著的《公民教育:理论、历史与实践探索》一书中从公民概念的梳理和界定开始,分析了对"公民"的公民教育(教育对象)和培养"公民"的公民教育(教育目标)的关系,认为公民教育是社会通过培养使公民成为依法享有权利和履行义务的责权主体,成为在政治、经济及社会生活中有效能成员的过程。在直面我国公民教育发展的社会背景、实践要素和现实问题的前提下,系统梳理了公民教育与基础教育、全民教育、素质教育和终身教育的关系,提出构建我国学校公民教育体系的基本构想,为推进我国公民教育实践提供了系统的理论支持。②

杨畅博士在《"权利公民"与"责任公民"——两种公民身份的澄明与较量》一文中通过个体性与自由——"权利公民"内在生成的学理渊源、人性与需要——"责任公民"塑造与呈现的历史进路、谎言抑或神话——两种公民身份理论的辩难等方面论证分析,认为不同的公民个体通过自身所担负的责任和所享有的权利来确认其在政治共同体中的地位,而不同的政治共同体在其立法中对公民的权利和责任的规定总是有所偏重,因而,分别形成了以责任和美德为主旋律,以及以权利和个体自由为基调的两种相互对立、相互较量的公民身份传统。例如,以霍布斯、洛克、马歇尔等为代表的"权利公民"论者强调公民的"权利"身份,而以亚里士多德、马基雅维利等为代表的"责任公民"论者更关注公民的"责任"身份,二者以各自的理论为据点,站在不同的时代遥相争论,围绕权利、自由、责任、义务、自治、公共性、法治与德性等议题展开了一场历时久远的争论与较量;时至今日,这两种公民身份理论的追随者们仍在以注释、改造和重构的方式持续着这场论争,试图通过各自的方式寻求有益于人的自由而全面的发展,以及有利于社会持续进步的模式。③

金生鈜教授在《公民的伦理身份及其养成》中提出,公民是积极参与公共

---

① 刘飞.道德记忆与道德责任关系辨析[J].南昌师范学院学报(社会科学版),2019(1):45-48.
② 蓝维,等.公民教育:理论、历史与实践探索[M].北京:人民出版社,2007.
③ 杨畅."权利公民"与"责任公民":两种公民身份的澄明与较量[J].大连理工大学学报(社会科学版),2013(1):95-99.

实践、具有公共理性、承担公共伦理义务、促进公共福祉的道德主体,其根本特征是具有公共认同、公共理性、公共风范等构成的公共精神。政治是公民合作的实践体系,其目的是追求公共福祉,政治通过法治与制度实践,提升公民养能;教育通过学校生活形式,培育公民的公共精神,只有培养伦理型公民,才能把人的健全发展与社会的良好建构统合起来。为此,当代教育需要走出对个人谋取市场化利益的工具性职能训练,在制度、目标、内容、结构的全方位改革中转向公民精神的培育。①

杜早华和曾建平教授在《论需要的三个层面与人的道德责任》一文中提出,道德责任根源于人的需要,但人们对自身需要的认知与态度不同,决定了其对道德或道德责任的理解与态度也就不同。当人们的需要还处于一种自在层面时,道德对其还只是一种外在责任,人们倾向于对道德责任宿命式地被动承担;当人们的需要达到主体自为层面时,主体的自为需要与道德责任之间作为一对明显的矛盾进入人们的意识,使人因而可能有意地背离道德或放弃对道德责任的担当。只有当人们对自身的需要达到一种自在自为的意识时,"一旦人们将道德提升为自身的内在需要,主动将他人、社会乃至整个世界都作为与'我'相互内在的目的性对象来予以关爱和促进,就不仅把道德作为一种外在规范的强制性规则予以遵守,而且将道德作为一种内在与'我'的利他性责任,从而将道德责任自由自觉地承担起来"②。

李保强教授提出,责任即某一角色需要做好的分内的事情。实现人的社会化,需要培养和增强其道德责任感,解决现实的社会问题要求强化责任意识,促进社会发展和进步理当重视责任教育。在新的历史条件下,开展责任教育,应坚持以主体发展性德育观为指导、坚持为公民提供选择并参与活动的机会、坚持责任教育的层次性和渐进性;应有意识地开发和利用公民自身的主体价值,彰显公民的主动精神,让公民在民主参与中生成负责态度、在督导强化中形成负责精神、在情感体验中养成负责行为习惯。③

由郑州大学公民教育研究中心编著的系列"公民素质教育研究丛书"中,从公民的思想道德、法律、社会能力、健康、科学文化、经济等六个方面对公民

---

① 金生鈜.公民的伦理身份及其养成[J].北京大学教育评论,2014(2):73-87.
② 杜早华,曾建平.论需要的三个层面与人的道德责任[J].伦理学研究,2018(3):34-39.
③ 李保强.从道德哲学看责任和公民责任教育[J].齐鲁学刊,2007(6):141-145.

素质及能力教育进行了系统研究,其中《公民社会能力素质研究》提出公民要具备自我认知能力、社会认知能力、社会适应能力;《公民政治素质研究》提出公民要积极政治参与,并要具备一定政治知识与政治技能;《公民思想道德素质研究》提出公民要培养民主、法治、竞争等意识与能力。此外,国内还有一些学者从心理学视角进行责任研究,且大多限于道德教育层面,如学生责任感培养、青少年责任意识教育、公民道德责任现状等。

综观国内外有关研究成果,对公民责任的基础理论研究呈现出内容不断深化、范围得以拓展的趋势。在我国改革开放不断深入、社会主义市场经济日益完善、人们的价值观念趋向多元、公民责任意识有所淡化的时代背景下,亟须澄清人们关于道德责任教育问题的各种质疑和误解,在理论研究上明晰公民"应当"承担什么责任、如何提升责任担当意识以及如何培养责任公民等现实性课题,从而为构建有中国特色的公民责任伦理体系提供理论参考。

基于此,"在微观层面上,我们需要从理论上说明,公民应如何相对应于他们自己的身份,使他们的权利和义务保持平衡,以及公民可采取何种行为和态度"[①]。在新的历史条件下,研究如何借鉴和吸收责任伦理的相关理论成果,通过系统分析、鉴别和比较研究,分析社会主义公民责任的本质内涵,阐明应有的道德责任理念,增强责任意识培育的说服力,凸显责任伦理思想的"实践维度",把社会对公民责任的具体要求和个体的责任伦理精神培育结合起来,把公民的责任意识的培养与社会主义核心价值观的培育有机统一起来,这既是本文研究的逻辑与现实起点,也是本文研究的重点和难点。

---

① 雅诺斯基.公民与文明社会[M].柯雄,译.沈阳:辽宁教育出版社,2000:6-7.

第一章
公民道德与责任的逻辑关系

"公民"是指具有一国国籍,并依据宪法或法律规定,享有权利和承担应尽责任的人。公民既是权利与责任的统一体,也是国家得以存在的根基。而道德和责任都属于伦理学的核心范畴,"道德"是指"依靠社会舆论和人的内心信念来维持和调整人们相互关系的行为规范总和"①。而责任是对承担一定角色的人所应当担负的任务、职责、使命等方面的规定,包括三个方面的含义:"其一,使人担当起某种职务和职责;其二,分内应做之事;其三,做不好分内应该做的事,因而应承担的过失。"②也就是说,"应当做什么与对行为后果的评价构成了道德责任概念的两个方面"③,责任既包括分内应该做好的事,强调人应履行职责、尽到责任,也涵盖如果没有做好自己的工作,就应承担其行为的不利后果或强制性义务,如追究责任、承担责任等。

第一节 公民既是道德主体也是责任主体

马克思主义认为,"人始终是主体"④,主体性是人的根本特征,是人在认识并改造自然、社会和自身的过程中所表现出来的自主性和创造性。人不仅是物质生活的主体,也是政治生活、精神生活、道德生活乃至整个社会生活的

---

① 辞海编辑委员会.辞海(中)[M].上海:上海辞书出版社,1990:2775.
② 汉语大词典简编委员会.汉语大词典简编[M].北京:汉语大词典出版社,1998:2456.
③ 高兆明.存在与自由:伦理学引论[M].南京:南京师范大学出版社,2004:377.
④ 马克思,恩格斯.马克思恩格斯全集(第3卷)[M].北京:人民出版社,2002:130.

主体,因而也是合法享有权利并履行相应责任的主体。主体意识是个体对自己主体地位和独特存在的自我意识,是对自己作为一个人在生理上、精神上和情感上的需要的认识,以及对自己的独特人格和尊严、权利和责任意识的觉醒。现代公民不仅是遵守道德的主体,而且是履行责任的主体。

一、公民是道德的主体彰显出人的理性意识

人区别于动物的显著标志在于人是理性的存在者,能够通过自身立法,既使人与人之间建立起和谐有序的社会关系,也促使社会成员在道德要求下做出理性的判断和行为选择,从而成为有德之人。尤其在现代文明社会中,公民的主体意识和道德素质得以显著提升,一方面,人在"任何时候都必须被当作目的"①,而不应当作生产的工具或手段。如果每个个体都能够自觉遵守社会的道德要求和道德规范,自觉履行自身的道德义务,自觉维系他人和自身利益的统一,那么,人类社会就会朝着和谐、有序的方向发展。另一方面,人成为遵守道德规范的主体,人的道德情感促使人审视自己的行为是否合乎规范,道德责任的生成不仅仅要依赖于客观的物质条件,同时还需具备一定的主体条件——责任主体的道德责任能力,道德责任的践行和实现实质上是道德主体的责任能力在现实生活中的展现。"道德情感是主体把握世界的一种特殊方式,是在一定的利益关系基础上,通过主体对世界的体验和对自身情绪的认识、控制而形成的一种高级感情。"②

1. 公民的理性促使人在行为选择中遵循道德规范

人的理性和道德性是人的本质属性。作为理性的存在者,人具有意志自律的能力,通过意志自律达到道德完善。如西塞罗所说:"理性的力量甚至改变了自然的命运,共同的语言和密切相关的生活把所有的人联系在了一起——这是自然的功劳所致,但理性却使人们更加注重了博学与抚养下一代的责任意识。自然与理性糅合一起,使人类在部落群居、公共聚会中不断地提升着自己的生存取向,又从提升的生存取向中制定相应的责任目标。"③不仅如此,"自然和理性还把人类的这种和谐的美从感性世界延伸到精神世界,它

---

① 康德.道德形而上学原理[M].苗力田,译.上海:上海人民出版社,2002:50.
② 姚新中.道德活动论[M].北京:中国人民大学出版社,1990:165.
③ 西塞罗.友谊责任论[M].林蔚真,译.北京:光明日报出版社,2006:65.

让人意识到道德的美和法规秩序在人们日常的言行中所占有的重要性,因而自然和理性就会显得异常地谨慎,它督促人们:为了延长和谐的美的生命力,不去做那些不合时宜或猥琐的事情,同时还要在思想和行为上有效地杜绝做那些虚妄的事情。"①

对于一个理性行动者来说,只有理解并认同道德的本质,才会将内心基于人道主义关怀的道德动机付诸行动,自觉遵循道德的基本原则和主要规范。正如康德认为,每一个行动者都是潜在的道德行动者,这是由于人作为理性存在者,对道德具有一种先验的关注与兴趣,理性是自然法的源泉,纯粹理性提供了自由意志的法则。也就是说,人的理性和意志之间的关系是先天的,自由意志只遵从理性知识,依据对于善和恶的认知和洞察而努力追求善。这意味着,人并不一定需要有外在的强制力,一个理性的存在者并不受道德法则的约束,而是能够认识到自身本性能根据道德法则来行动的"定言命令",而且使这一法则成为自由意志的原则。"意志拥有自由,可以选择最能使我们自己感到愉悦的事情,除了其理性所给予的自然法则之外不需要其他法则,且在决定自己的意念的过程中保存自己的理性;纯粹理性自身在命令我们,一个纯粹的理性自由意志能够选择通过道德法则决定自身的行动,'自由的行动'具有道德上的必要性。"②

道德是人类社会发展中为促进人与人之间的关系和谐、满足人类共同生活的需要和推动社会不断进步,而形成的用以辨别是非曲直的标准。如果说社会关系的形成是道德赖以产生的客观条件的话,那么人类自我意识的形成与发展则是道德产生的主观条件,道德产生所需要的主客观条件共同统一于生产实践中,劳动创造了人本身,也是人类道德起源的第一个历史前提,人们在生产与交往实践中为了加强联系、互助合作,而建立其互惠互利、约定俗成的道德规范与行为准则,本质是让人人向善、社会和谐并维护共同体的利益。正如哈贝马斯所说:"规范告诉我们的是,应当做什么;价值告诉我们的则是,什么值得去做。获得承认的规范,对每一个接受者都具有同等约束力,没有什么例外可言;而价值表达的则是善的优先性,也就是说,这些善值得一定的团

---

① 西塞罗.友谊责任论[M].林蔚真,译.北京:光明日报出版社,2006:67.
② 克勒梅 H F.道德义务如何可能?:历史语境下的康德"自律原则"[J].钱康,译.复旦学报(社会科学版),2018(3):18-27.

体去追求。"①

2. 公民的理性激发人以道德至善为终极目标

道德成为人之为人的基本条件。② 人作为理性的自由存在者,以追求道德至善为终极目的。许慎在《说文解字》中有言:"德,外得于人,内得于己也。"中国传统文化本质上是一种道德文化,把个人的道德修养和人格完善作为立身之本,把伦理道德建设提高到立国之基的高度,从儒家文化倡导的人应具备仁、义、礼、智、信五种品德,到主张通过格物、致知、正心、诚意、修身、齐家、治国、平天下来锤炼道德品质,无不体现着道德对人的教化与德治功能。道德促使人们逐步完善道德人格和提升精神境界,形成遵循社会规范的行为动机,在利己和利他的相互统一中调整人与人之间、人与社会之间的关系臻于和谐。德性既有理性层面的要求,还有道德品质和行为能力层面的要求,正如斯宾诺莎所说:"遵循德性而行不是别的,即是以理性为指导而行动、生活、保持自己的存在,而且这样做是建立在寻求自己的利益基础上的。"③

道德作为人的行为准则,是以善与恶、对与错、是与非、正义与非正义等道德标准来评定与规范人的各种行为,并依靠人们的内心信念、传统习惯和社会舆论等调整人和人之间、人和社会之间关系的行为准则。简言之,"道德是以评价善恶的方式调整人与人、人与社会之间相互关系的标准、原则和规范的总和"④。道德中的"道"是人关于世界的看法,强调社会对个体的外在规范,而"德"则是指人的德性、品行,侧重于个体对社会规范的心理认同和内化。"道德以引导提升的方式,规范于人的行为之前,是抑制人的不良行为的内心防线,重在'自律'。对于人们的道德失范问题、精神空虚问题、理想信念动摇问题等,需要通过道德教育来解决。"⑤

任何道德规范只有体现在公民的具体责任行为中,才能真正起到调节人与人之间关系的作用。由于人与人之间不可避免地要发生各种矛盾,就需要通过社会舆论、风俗习惯、内心信念等特有形式,以善恶标准去调节、指导和纠

---

① 哈贝马斯.包容他者[M].曹卫东,译.上海:上海人民出版社,2002:66.
② 崔平.道德经验批判[M].上海:上海文化出版社,2006:193.
③ 斯宾诺莎.伦理学[M].贺麟,译.北京:商务印书馆,1983:173.
④ 蓝维,等.德育学科教学心理学[M].北京:人民出版社,2004:38.
⑤ 崔永学.公民道德教育的若干问题研究[J].教育评论,2012(3):78-80.

正人的行为。"道德的根本关系是人与人、人与群体之间的利益关系,这种利益关系只有通过活动和交往才能体现出来,而基于这种利益关系所要求的责任、义务也只能通过活动才能产生。"①尤其是在现代文明社会中,道德不仅要引导人们正确地认识社会道德生活的准则,并以此规范自己的行为,而且还教化人们勇于承担对家庭、对他人、对社会、对国家应负的责任和应尽的义务。"道德所以为道德,在于不仅是思想认识,而更是行为的规范。道德决不能徒托于空言,而必须是见之于实际行动。"②道德规范和我们遵循它们的理性之间有一种实践上必然的联系,而一旦个体对这种必然性有了深切的认识和承诺之后,就会把行为自律作为完善道德人格的实践必然性。

二、公民是责任的主体体现出人的主人公地位

责任是人之为人的本质规定,任何责任也都是人的责任,唯有现实生活中的人才是责任的主体。"主体性是公民作为主体谋求自由、独立的自我意识,即获得法律、社会认可并尊重的权利能力资格。"③人的主体地位体现在人能清醒地认识到,只有对自己负责,彼此负责,才能推进社会健康发展,进而敢于担当责任,完成历史所赋予的崇高使命。正如程东峰教授所说:"责任和责任意识是人之为人的根本标志,责任是人的本质,责任和责任意识亦是理性人的根本标志。"④

1. 公民的责任担当确立了在国家社会中的主体地位

道德责任是指具有一定自由和能力的行为主体基于一定的道德认识,以社会客观道德价值为评价标准,履行一定社会赋予的对他人、社会和自然的尊重、关爱及道义职责,以及对自我行为所导致的有利于或有害于他人和社会的行为后果承担相应的责任。"责任所包含的道德强制力和道德理性,是所有道德规范中最多的,也是社会的道德要求和个人的道德信念结合得最紧密的。从这个意义上说,是处于最高层次的道德规范。"⑤归根结底,道德责任是社会

---

① 戚万学.活动道德教育论[M].天津:南开大学出版社,1994:119.
② 张岱年.中国伦理思想研究[M].南京:江苏教育出版社,2009:161.
③ 彭诚信.主体性与私权制度研究:以财产、契约的历史考察为基础[M].北京:中国人民大学出版社,2005:101.
④ 程东峰.责任伦理导论[M].北京:人民出版社,2010:98.
⑤ 罗国杰.伦理学[M].北京:人民出版社,1989:187.

道德要求和道德规范在个人身上的具体化,是人类社会维持良好秩序和保证有效运行的内在需求。

每个生活在社会中的个体总是处于各种错综复杂的社会关系之中,因而总是扮演着多重角色。所谓角色责任是与一个人的社会角色如影随形的责任,是社会中的个体从自己所扮演的角色、所承担的任务以及所认可的协议中被赋予的责任。如汉斯·约纳斯认为,责任就是一个自由的行为主体能够对自己的行为本身负责,他提出:"对于人的理念来说,根本的是责任能力。人是我们所知的能承担责任的唯一存在者,承担责任是人类存在的突出而有决定性的特征。责任能力不仅是人的本质,而且具有一种作为我们责任的最终对象的存在的价值性。生而为人,就决定了他具有责任能力,人本身是人必须负责任的本体论基础。"[①]责任伦理学的基本要求就在于,人应预测科技发展对人类、自然和未来造成的各种可能的后果,从而使人的责任扩展到自然界乃至整个地球生物圈。

公民身份体现了个人与国家之间的一种法定关系,表明国家政治生活的主体不是没有任何政治权利的臣民,而是积极参与公共生活并承担责任的公民。"公民身份指该社会成员的特定地位,其内涵包括了各种权利、法律与社会责任,并坚持平等、正义与自治的价值。"[②]从道德层面来看,"公民身份是透过个人在公共生活中的理性、德性之言行而创造的道德身份,蕴含着按照公共价值而行动的伦理精神,是在政治共同体中共同合作、营造良序社会、促进公共福祉的主体身份"[③]。公民身份既充分彰显着人的主体意识的真正觉醒,又成为现代国家和民主社会各个领域的主体,就像卢梭所说:"我们都只不过是在成为公民之后,才真正开始变成人的。"[④]

主体性是全面发展的人的根本特征,是人在认识并改造自然、社会和自身的过程中所表现出来的自主性和创造性,"公民的主体性主要是指公民在自己的对象性活动中所具有并表现出来的特性,例如自主、自为、自律等,归根到底

---

① JONAS H. Philosophische Untersuchungen and metaphysische Vermutungen. Insel Verlag Frankfurtam Main und Leipzig, 1992:30.
② 佛克.公民身份[M].黄俊龙,译.台北:巨流图书公司,2003:9.
③ 金生鈜.公民的伦理身份及其养成[J].北京大学教育评论,2014(2):73-87.
④ 卢梭.社会契约论[M].何兆武,译.北京:商务印书馆,1996:196.

是活动者的权利和责任的体现。"①主体作用的发挥不仅是人和社会发展的根本动力,而且是实现人的全面发展的重要条件。如马克思所说:"政治解放一方面把人变成市民社会成员,变成利己、独立的个人;另一方面把人变成公民,变成法人。"②正是主体意识驱使公民主动认知责任关系,自觉地承担责任,如康德所说:"虽然在责任概念上,我们感到对规律的服从,然而我们同时还是认为那些尽到了自己一切责任的人,在某种意义上是崇高的和有尊严的"③因为,"责任应该是一切行为的实践必然性。所以,它适用于一切有理性的东西,正是由于这样缘故,它才成为对一切人类意志都有效的规律"④。

2. 公民只有承担责任才能实现自己的正当权益

在现代民主国家中,"公民资格"的意义在于规范公民个体的合法权利和责任,如德国哲学家沃格尔在其著作《公民权的边界》中提出:"公民被看作是处在一个由权利和义务交织而成的网络当中,通过这一网络,他们产生了特定的期待,形成了自己的生活。迫使他们认识到,自己行动的可能性部分以他人帮助形成网络为基础,同时,他人也依赖于这种网络。"⑤即一个国家或政治共同体在赋予其成员公民身份的同时,也"赋予了个人责任和权力,义务和权利,限制和自由"⑥,因为"公民身份是一个人在一民族国家中,在特定平等水平上,具有一定普遍性权利与责任的被动及主动的成员身份"⑦。而任何一项权利必有相应的责任,"在民主的权利系统中,一项权利总是意味着或者说伴随着他人承担的密切相关的义务和责任,为此必须在国家的支持下利用承担责任来促进和保护权利"⑧。换句话说,公民只有积极自觉地履行责任,才能更充分地享受权利,"每个社会成员只有行使了公民责任和义务,才算是一个真正的公民"⑨。

---

① 姜涌.公民的主体意识[J].山东大学学报(社会科学版),2003(3):91-94.
② 马克思,恩格斯.马克思恩格斯全集(第1卷)[M].北京:人民出版社,1995:443.
③ 康德.道德形而上学原理[M].苗力田,译.上海:上海人民出版社,2002:93.
④ 康德.道德形而上学原理[M].苗力田,译.上海:上海人民出版社,2002:77.
⑤ VOGEL U, MORAN M. The Frontiers of Citizenship[M]. Basingstoke and London: Macmillan, 1991:87.
⑥ 凯利 J M.西方法律思想简史[M].王笑红,译.北京:法律出版社,2002:104.
⑦ 雅诺斯基.公民与文明社会[M].柯雄,译.沈阳:辽宁教育出版社,2000:11.
⑧ 雅诺斯基.公民与文明社会[M].柯雄,译.沈阳:辽宁教育出版社,2000:67.
⑨ 徐贲.知识分子:我的思想和我们的行为[M].上海:华东师范大学出版社,2005:75.

公民权利与公民责任之间是相互补充的关系,二者共同构成当代公民资格的两个基本要素。一方面,人的权利的实现与维护,要以人们对责任的履行为前提,没有基本义务的履行,就没有人的权利的真正维护与实现。人的权利实际上有道德权利和法律权利两大基本要素,其中道德权利彰显出人的权利合道德性特征,而法律权利则体现出现实社会生活的合法性特征。可以说,没有道德责任的履行,就没有权利的真正维护与实现。"道德权利的重要性就在于肯定人的地位的重要性,使得我们能够成为自己生活的主人,将道德意义赋予个体的生活,并由此担负起相应的道德责任。"①另一方面,"如果说公民身份是意味着捍卫权利,那就不能忽视相应的公民责任。"②早在古罗马时期西塞罗就主张,每个公民都应该积极为国家和社会尽自己的一份责任,因为公民不是为自己而生,国家赋予公民应尽的责任。"我们生下来并非只是为了自己,我们的国家、我们的朋友都有权要求我们尽一份儿责任。"③西塞罗认为,责任可以分为普通的责任和绝对的责任,"绝对的"责任也可以叫作"义"——一切合乎"义"的责任都定义为"绝对的"责任,而"普通的"责任只是关于可以提出某种适当理由的行为的责任而已。④

因为每一个人作为人都是平等的,"完全平等的原则在任何适当的社会伦理学中都是有其地位的"⑤,每个人拥有同样的权利,也就有同样的责任去尊重他人的权利。道德责任作为一种内在的自律与外在的约束相结合的本真之善,是善良意志与道德理性实现耦合的内在动力,道德责任分为角色责任和权利性责任,角色与道德责任互为表里、相伴相生,人们选择角色也就选择了责任,当角色责任和权利性义务发生冲突时,对角色责任的履行应以遵从权利性责任为首要原则。如美国学者朱迪斯·汤姆森认为:"正是由于遵守道德要求是个人的自愿选择,个人才需要承担相应的道德责任。把主体作为权利人之地位的重要性凸显出来,权利不仅等于对他人的限制——使得他人承担一项相关的责任,而且这个限制必须是指向权利人的,否则就不是权利问题。"⑥

---

① 陈景辉.法律权利的性质:它与道德权利必然相关吗?[J].浙江社会科学,2018(10):4-12.
② 雅诺斯基.公民与文明社会[M].柯雄,译.沈阳:辽宁教育出版社,2000:67.
③ 西塞罗.西塞罗三论:老年、友谊、责任[M].徐奕春,译.北京:商务印书馆,1998:99.
④ 西塞罗.西塞罗三论:老年、友谊、责任[M].徐奕春,译.北京:商务印书馆,1998:93.
⑤ 范伯格 J.自由、权利和社会正义[M].王守昌,译.贵州:贵州人民出版社,1998:159.
⑥ THOMSOM J J. The Realm of Rights. Cambridge, Mass: Harvard University Press, 1990:77.

第二节　道德与责任既相互依托又互为条件

道德和责任具有天然的联系,密不可分,既互为条件,又相互促进,共同作用于人的道德信念和道德行为中。德国哲学家汉斯·约纳斯认为,责任有三个必要条件:第一,因果力量即行为影响世界;第二,这种行为由行为主体控制;第三,在一定的程度上,行为主体能够预见行为的结果。① 这三个方面实际上阐明了道德责任蕴含的责任主体、责任对象、责任行为,"这意味着责任主体对自身拥有的能力负责,能够也应该对要做的事负责,该责任是内化于自身的,是义务上的道德责任"②。当现实社会道德规范成为人的一种发自内心的强烈责任感时,道德责任就固化为一种自觉自愿的道德信念。

一、道德是履行责任的内在动力

一个人只有具备了高尚的道德,才能尽自己一切能力和手段履行应尽的责任。"道德规范从他律到自律转换,在社会层面上,它是通过责任和义务系统来充实和实现的,是对'应当'的认同,对'责任'的承诺。"③从某种意义上讲,道德体现在公民自觉去履行责任,正如黑格尔所说:"道德之所以是道德,全在于具有知道自己履行了责任这样一种意识。"④

1. 公民有道德才会自觉担当责任

作为一种道德品质,责任和道德一样,其本质上"是人类的不假思索的利他主义的行为习惯"⑤。亚里士多德在《尼各马可伦理学》中探讨德性与责任行为的关系时认为,公民德性是尽责(履行责任)和问责(追究责任)的根据,因为"德性既然是关于情感和行为的,那么,对于那些自愿行为就应该称赞或责备,对于那些非自愿的就应该宽恕,有时候甚至应该怜悯。所以,在研究德

---

① JONAS H. The Imperative of Responsibility In Search of an Ethics for the Technological Age[M]. Chicago: University of Chicago Press, 1985:90.
② JONAS H. The Imperative of Responsibility In Search of an Ethics for the Technological Age[M]. Chicago: University of Chicago Press, 1985:92.
③ 陈根法.心灵的秩序:道德哲学理论与实践[M].上海:复旦大学出版社,1998:19.
④ 黑格尔.精神现象学(下卷)[M].贺麟,王玖兴,译.北京:商务印书馆,1983:157.
⑤ 黎鸣.道德的沦陷[M].北京:中国社会出版社,2004:206.

性的时候应对两者加以区别"①。即使对于某些不是出于个人自愿的行为,也不能简单地把被迫做某事作为免责的理由。"如果一个人在某种意义上对他的品质负有责任,他也在某种意义上要自己对其善的观念负有责任。如果一个人对自己的善观念不负有责任,就没有人对他所做的恶负有责任。"②当代美国伦理学家费舍尔指出:"如果一个人本来能够实施某一行为,但实际上却并未实施该行为,那么,他就应当对未能实施该行为承担道德责任。"③

公民的道德是履行责任的基础。道德建立在人类理性与情感中的同质性基础上,之所以把所有的人都作为道德对象来规范和尊重,是基于每个人都属于人类大家庭的一员,因而都普遍享有人的尊严与权利。"这一尊严是每个人都拥有的,与其性别、肤色和社会角色等等无关,这样该尊严便造就了道德和法律上的平等,基于这一平等,法律面前谁也不可以受到优待或歧视。根据这一点,我们虽然生而不平等,但却是作为同等价值的、因而是同等权利的存在;也就是说,我们在认可存在着的自然差异的情况下,赋予了我们以平等的权利,而这些自然差异是不可以作为差别得以估价的。"④正是为了维护每位个体的基本权益而自觉建构起一种合乎人性的道德尺度,形成普遍和同等适用的行为规范及价值准则,才能够在拥有理性的主体间得到理解、认可和遵循。可以说,伦理基本原则是普遍性的,并同等适用于所有的人,而责任既是人的社会属性的内在要求,也是体现人的道德行为价值的约束机制,当人们意识到社会是由个体与个体相互依赖、相互依存而结成的社会有机体时,为了维护社会秩序的稳定和正确处理个人利益与他人利益以及社会整体利益的关系,就产生了彼此相互同情、关爱互助的道德责任需求及行为向善趋同。所有追求仁慈、友爱、善良的道德行为,都基于其对人类幸福带来益处而博得赞许和善意,正如休谟所言"我们可以观察到,在对任何一个人道的和慈善的人表示称赞时,有一个因素从没有不能充分加以坚持,这就是,那个人的交往和善行给社会带来的幸福和满足"⑤。道德与责任相互作用和互为依托,从而为人们过

---

① 亚里士多德.尼各马可伦理学[M].苗力田,译.北京:中国社会科学出版社,1990:41.
② 亚里士多德.尼各马可伦理学[M].廖申白,译.北京:商务印书馆,2003:75.
③ FISCHER J M, RAVIZZA M. Responsibility and Inevitability[J]. Ethics 101, January 1991:277.
④ Annemarie Pieper: Perspektiven der Angewandten Ethik[J]. Helmut Reinalter (Hg.): Ethik in Zeiten der Globalisierung, Wien 2007:100.
⑤ 休谟.道德原则研究[M].曾晓平,译.北京:商务印书馆,2001:30.

上有尊严、幸福美好的生活和推动人类文明意识的提升奠定了坚实基础。

和谐安定的现代文明社会不仅依赖于社会制度的正义,而且依赖于公民的道德品质与责任态度。"公共生活的伦理性不仅要求公民在这一公共结构中对促进公共福祉本身具有道德义务的承担,而且要求公民在公共交往中具有公共德性。"①社会实践召唤公民的理性行动,激励人们遵守社会公德和拓展公共精神,公共生活是砥砺人的道德品格的重要方式和造就健全人格的根本途径。"如果一个人有着较为强烈的道德需要,那么,他会主动承担各种角色责任和自然责任,并认为牺牲个人利益、为他人为社会奉献是应该的、崇高的、光荣的,从而心情愉快;而没有这种道德需要的人,则难以自觉履行'应当的'道德责任,其不是主动反思自我行为来认同社会道德调控,不断提高自身的自我约束、自我控制能力,反而会竭尽全力逃避,为自己寻求推卸责任的理由,最终使得责任主体被虚化、责任内容被抽空、责任关系被撕裂。"②

2. 公民的道德是承担责任的精神力量

马克思主义指出,人的认识来源于实践,因为"人们自觉地或是不自觉地,归根到底总是从他们阶级地位所依据的实际关系中——从他们生产和交换的经济关系中,获得自己的伦理观念"③。道德意识作为对客观道德现象的主观反映,其形成和发展是由社会物质条件决定的,并随着社会历史的发展而不断变化。人的任何一种意识包括感觉、知觉、表象等感性认识和概念、判断、推理等理性认识,都是社会存在的反映,依赖于社会存在。"人们的观念、观点和概念,一句话,人们的意识,随着人们的生活条件、人们的社会关系、人们的社会存在的改变而改变。"④

道德行为必然意味着对责任的承担,如弗洛姆所言:"美德就是人对自身的存在负责任,恶就是削弱人的力量,罪恶就是人对自己不负责任。"道德作为一种主体品质或属性,首先是对拥有这一品质、属性的主体起作用,假如一个人仅仅具有仁爱、知耻、守法、诚实等美德,当然算得上好人。还必须具备自我权利意识、公共生活的参与意识、正义感等,正是这些品质,把一个好公民与一

---

① 金生鈜.公民的伦理身份及其养成[J].北京大学教育评论,2014(2):73-87.
② 郭金鸿.道德责任论[M].北京:人民出版社,2008:234.
③ 马克思,恩格斯.马克思恩格斯选集(第3卷)[M].北京:人民出版社,1995:434.
④ 马克思,恩格斯.马克思恩格斯选集(第1卷)[M].北京:人民出版社,1995:270.

般意义的好人区别开来。"如果我们把道德、美德作一稍加宽泛的理解,把凡是能够促使人——既包括自我,也包括他人——避免作恶的品质都视为道德或美德,那么,我们就没有理由把自我权利意识等排斥在道德、美德之外。"①

人的道德品质提升能够为承担责任提供强大的精神动力。正如康德所言:"每一个在道德上有价值的人,都要有所承担,不负任何责任的东西,不是人而是物。"②弗兰克·梯利认为,"人尽责并不是因为他生来就有道德,人变得有道德则是因为他尽责"③。由于道德能够使一个人在追求自己的生活目的的过程中拥有善,使他能够在困惑和迷乱中清醒地知道自己将要做什么,自己有什么样的目的,自己信守的道德标准是什么。在追求美好生活中,德性的践行是必要的,因为德性使人从当下的存在情态向可能的生活目的超越,从现实的人性向明确生活的本真目的后的人性转化。④

特别是现代社会文明程度越来越高,人们在市场经济发展中责任行为选择的自由度越来越大时,愈发凸显出公民道德的重要性。"当社会已形成具有必然性的道德要求,使主体能够根据这种要求选择行为时;当摆在主体面前的几种可能选择,包含了主体所应选择的行为可能时,也就是说当主体所应选择的行为具有现实可能性时;当主体具有或可以具有认识和选择具有必然性行为的能力时,主体应当对自己的行为选择负有道德责任。"⑤

二、公民履行责任源于人的道德自律

公民责任可以分为外在责任和内在责任,其中,外在责任是社会对公民角色责任的规定,属于道德上的他律,"在这种外在要求下所尽的道德责任是一种功能性的消极责任,是一种低水平,具有强制性、必为性的道德责任,与主体的道德认知水平关系不大,这时道德责任是以一种外在规范制约着主体"⑥。而内在责任属于道德上的自律,只有当公民在感知、领悟、接受并内化自身应尽的道德责任之后,才会自觉、主动地承担应尽责任。

---

① 贾新奇.论自我范导的道德与相互范导的道德[J].理论月刊,2005(7):146-148.
② 康德.道德形而上学原理[M].苗力田,译.上海:上海人民出版社,2002:6.
③ 梯利.伦理学导论[M].何意,译.桂林:广西师范大学出版社,2001:219.
④ 金生鈜.德性与教化[M].长沙:湖南大学出版社,2003:30.
⑤ 高兆明.存在与自由:伦理学引论[M].南京:南京师范大学出版社,2004:377.
⑥ 郭金鸿.道德责任论[M].北京:人民出版社,2008:90.

1. 责任自律意识是公民道德人格的核心要素

道德的基础在于人的自律性,自律性意味着公民把遵循道德准则和履行道德责任作为一种自觉、自愿和自为的行为选择。之所以把道德责任建立在自由意志的基础之上,是因为自由意志是人区别于动物的本质所在,"我们是否具有自由意志,以及我们是否能够为行动负责,决定着我们对待人的态度和方式,既包括是否把人当作可以自我负责的人来看待,也包括可否对他人的行为作出适当的评价,无论是褒扬与奖励,还是谴责与惩罚"①。正如美国当代哲学家彼得·范·因瓦根(Peter van Inwagen)提出:"没有自由意志就没有道德责任;如果道德责任存在,那么某人就要为他所做或没有做某事负道德责任;为所做或没有做某事负道德责任,就是至少能够采取不同的行动——任何可能的不同行动;能够采取不同的行动就是拥有自由意志。如果道德责任存在,某人就具有自由意志。如果任何人都不具有自由意志,道德责任也就不存在了。"②不是自由意志决定道德选择,而是道德准则决定自由意志,根据这种观点,自由意志乃是道德责任的必要条件和充分条件。

人们运用道德规范来调节各种利益关系,彰显出人的责任自律。道德自律是责任行为的实施保障,真正的"责任自律"是一种现实而自觉的行为,康德指出:"归根到底,责任的必要性、约束性和强制性,责任的先天性和客观性,崇高和尊严,这一切的一切都来自规律,自律是责任的基础。正因为它以绝对纯洁、毫无利己之心、完全普遍、对一切有理性东西有效的、先天的道德规律为基础,所以责任才具有必要性、强制性,才成为一切道德价值的源泉。"③个体之所以要对自己所做的某事或实施的某种行为负有道德责任,是因为这种行为不仅是自愿的,而且行为者能够进行审慎的思考,并能够自己做出自由的选择。"意志的自律构成全部道德法则的唯一原理,也构成遵守这些法则的全部责任的唯一原理。"④也就是说,个体是有自由的,并且应该对自己的行为负责。由于"责任使绝对命令对每个理性存在者都有相同的约束力,每一个理性

---

① 徐向东.自由意志与道德责任[M].南京:江苏人民出版社,2006:15-16.
② INWAGEN P V. An Essay on Free Will[M]. Oxford: Clarendon Press, 1983:162.
③ 康德.道德形而上学原理[M].苗力田,译.上海:上海人民出版社,2002:12.
④ 康德.康德文集[M].郑保华,主编.北京:改革出版社,1997:164.

存在者都服从相同的道德律,而这个规律事实上就是意志自由地确立的"①。正因如此,"一个出于责任的行为,意志应该完全摆脱一切所受的影响,摆脱意志的对象,所以,客观上只有规律,主观上只有对这种实践规律的纯粹尊重,也就是准则,才能规定意志,才能使自己服从这规律,抑制自己的全部爱好"②。相反,如果人的行为不是自由选择的结果,而是受到了他人的支配,仅仅依靠外在的强制力量去做出行动,那就没必要对行为的后果负责。

2. 勇于承担责任才能实现人的道德价值

从某种意义上说,是否具有责任感是衡量一个人道德发展水平的重要尺度,有责任的人才是道德的人。"道德责任的承担是人的主体性的标志,是人的尊严的标志。一个人,只有在他获得道德主体地位和成为自己命运主宰的时候,才能自觉地履行自己的道德责任,才能自觉地去追求成为一个有道德的人"③,正如黑格尔所说"责任是一切道德价值的泉源"④。

道德责任是道德情感与道德理性共同作用的结果。康德认为,责任就是出于对道德法则的敬重而产生的行为必要性,只有出于理性的行为才具有内在约束性,"只有出于责任的行为才具有道德价值"⑤。也就是说,判断行为是否具有道德价值的唯一标准,就是衡量一下某种行为的动机是否完全出于负责任的目的,"责任是出于对规律或法律尊重的行为必然性"⑥。由于"人类行为在道德上的善良,并不因为出于直接爱好,更不是出于利己之心,而是因为出于责任"⑦,因此,任何行为只有从履行责任出发,才具有真正的道德价值,"行动的一切道德性建立在其出于责任和出于对法则的敬重的必然性上,而不是建立在出于对这些行动会产生的东西的喜爱和好感的那种必然性上"⑧。只要承认人是理性的存在和自由意志的自律性,就要承认人的道德责任。这种责任是人的自我立法和一切道德行为的真正源泉。为此,"人们对道德行为

---

① 康德.康德文集[M].郑保华,主编.北京:改革出版社,1997:96.
② 康德.道德形而上学原理[M].苗力田,译.上海:上海人民出版社,2002:50.
③ 郭金鸿.道德责任论[M].北京:人民出版社,2008:317.
④ 黑格尔.精神现象学(下卷)[M].贺麟,王玖兴,译.北京:商务印书馆,1983:157.
⑤ 康德.道德形而上学原理[M].苗力田,译.上海:上海人民出版社,2002:50.
⑥ 康德.道德形而上学原理[M].苗力田,译.上海:上海人民出版社,2002:131.
⑦ 康德.道德形而上学原理[M].苗力田,译.上海:上海人民出版社,2002:128.
⑧ 康德.实践理性批判[M].邓晓芒,译.北京:人民出版社,2003:112.

的选择就应该慎之又慎,要对自己的行为负责。无论是行善还是作恶,只要是自己选择的行为,自己就具有不可推诿的责任"①。

道德责任的主体在承担和履行道德责任的过程中,必然需要调动和借助诸如情感、意志和信念等非理性的因素,"由于善良行为的动机存在于情感之中,所以我们必须说道德上的善良行为是出于尊重规律的行为,正是这种对规律的尊重,才赋予它以独有的无条件的价值"②。道德责任是道德理性与道德规约的高度统一,是社会的道德要求和个人的道德信念的密切结合。而人们在面对"道德两难问题"抉择时,就需要具有强烈的道德责任感、责任意志和信念,以促使其自觉践行自身的道德责任,按照社会的道德要求行事。因此,公民应无条件地遵守道德准则,"合乎意志自律性的行为,是许可的,不合乎意志自律性的行为,是不许可的"③。

---

① 唐凯麟.伦理学纲要[M].长沙:湖南人民出版社,1985:257.
② 康德.道德形而上学原理[M].苗力田,译.上海:上海人民出版社,2002:131.
③ 康德.道德形而上学原理[M].苗力田,译.上海:上海人民出版社,2002:93.

第二章
公民道德责任的内涵与实质

道德责任是一个蕴含着丰富内涵的复杂概念。《朗文当代高级英语辞典》中将道德责任解释为:(1)一种尽责的状态或者品质;(2)一种责任感或可信赖性;(3)对某事的责任担当意识;(4)按照道德规范自行负责地做某事。①《中国伦理学百科全书》指出:"道德责任是从道德上意识到的对他人、对社会的道德义务和道德使命,道德责任本质上是对外在的道德义务的内心认同。"②可见,道德责任蕴含着三个方面的含义,一是公民内心认同的对他人、对家庭、对社会、对国家、对自然等应尽的职责和使命;二是由公民资格所赋予对分内应尽责任的自觉担当;三是"指人们对自己行为的过失及其不良后果在道义上所承担的责任"③。

第一节 公民道德责任的基本内涵

公民的道德责任,是处于社会关系之中的主体基于一定的道德所应该做的事或者应该履行的义务,即"个体在各种利益关系中,应当践履的道德行为和对行为后果的善恶的承担"④。道德责任是一个涵盖道德责任的价值目标、

---

① 英国培生教育出版有限公司.朗文当代高级英语辞典[M].北京:外语教学与研究出版社,2004:1206.
② 罗国杰.中国伦理学百科全书[M].长春:吉林人民出版社,1993:341-342.
③ 金炳华.马克思主义哲学大辞典[M].上海:上海辞书出版社,2003:665.
④ 赵文静.试论责任和责任教育[J].山东教育科研,2000(10):15-17.

信念理想、存在形式、践履行为、实现方式、现实功能以及情感体验等诸多内容的概念,单就公民个体道德责任内涵而言,既包括公民对自己所扮演社会角色的职责的认知(即明晰责任),也包括公民对分内应尽义务的承担(即践履责任),还包括公民对自身行为善恶后果的道义担当(即追究责任)。这就要求公民具有强烈的责任感,将享受权利与承担责任协调统一起来。

一、道德责任是公民对分内之责的道义担当

责任伴随着人类社会的出现而出现,有社会就有责任。一个人的存在最先表现为自然生命的存在,有生命个体的存在是人类社会存在和发展的基础。正如马克思、恩格斯所说:"全部人类历史的第一个前提无疑是有生命的个体的存在。因此,第一个需要确认的事实就是这些人的肉体组织以及由此产生的个人对其他自然的关系。"[①]人的自然生命的存在就是责任存在的前提条件,没有生命的存在也就无责任可言。随着人类社会交往方式的演化和活动领域不断扩大以及社会关系日趋复杂,责任的内涵、范畴和领域不断拓展,任何道德主体只有认识自身的道德责任之所在,才可能自觉主动地担当自身的道德责任。《中国伦理学百科全书》将道德责任定义为:"道德责任是从道德上意识到的对他人、对社会的道德义务道德使命。"[②]道德责任作为一种社会规范是对角色责任的一种规定性,同时又体现出主体道德意识和行为选择的自觉性,可见,道德责任的履行与约束一直具有他律与自律双重性质。

1. 责任产生于人的现实生活需要

道德责任起源于人的现实条件、需要和关系,建立在人的实践活动的基础上。生活在一定的社会关系中的人,总是从自己的各种具体需要出发去从事各种活动,这种需要只有通过人与客观世界的物质交换以及人与人之间的相互联系才能得到满足。人的社会性决定了人的生存与价值实现离不开社会关系与社会发展,"人对自身的关系只有通过他对他人的关系,才成为对他来说是对象性的、现实的关系"[③]。换言之,人的个体性只有依赖群体才能获得相对的独立性。人总是作为特定共同体或联合体的成员而存在。

---

① 马克思,恩格斯.马克思恩格斯选集(第1卷)[M].北京:人民出版社,1995:67.
② 罗国杰.中国伦理学百科全书[M].长春:吉林人民出版社,1993:342.
③ 马克思,恩格斯.马克思恩格斯选集(第1卷)[M].北京:人民出版社,1995:59.

马克思从人的社会性出发指出:"作为确定的人,现实的人,你就有规定,就有使命,就有任务。至于你是否认识到这一点,那都是无所谓的,这种使命是由于你的需要及其与现存世界的联系而产生的。"①人们在现实生活中建立起相互联系、相互依存的关系,使得人与人之间相互承担责任成为必要。这种合作、互助与利他的关系最终结果是利己、利群、利社会,不仅是人的社会性存在的体现,也是个人道德行为的内驱力和推动力。"在现实世界中,个人有许多需要,正因为如此,他们已经有了某种职责和某种任务,至于他们也在观念中把这一点当作自己的职责,这在一开始还是无关紧要的。显然,由于个人都是具有意识的,他们对于自己的经验生活所赋予他们的这种职责也会形成一种观念。"②

2. 人的角色与责任密不可分

责任最初是他人和社会对每个社会成员的"分"内应做之事的规定性,"分"即角色,实际上是角色责任。责任总是与人的角色如影随形,不同的责任,来自不同的角色,而每一种角色往往都意味着一种责任,必然会产生相应的道德要求。现实社会中,每个人都扮演着特定的社会角色,必然承担着与其社会角色相应的责任。公民被看作是处在一个由权利和义务交织而成的网络当中。通过这一网络,他们产生了特定的期待,形成了自己的生活。通过这样一种方式,相互社会形塑了社会成员的生活,迫使他们认识到,自己行动的可能性部分以他人帮助形成网络为基础,同时,他人也依赖于这种网络。

一个人在社会中扮演角色的数量多少不同,责任承担的范围和程度也就不同。早在古希腊时期,柏拉图就在其《理想国》中依据人的天性之不同,将城邦公民分为统治者、武士和生产者,由于各自的社会角色不同,因而他们所担负的道德责任也是不一样的。统治者、武士和生产者,分别应有智慧、勇敢和节制的德性,其中,治国者应有智慧之德,以担当统治者,其职能是依靠智慧理性地管理国家;武士应有勇敢之德,以担当卫国者,其职能是依靠勇敢来保家卫国;而生产者则应有节制之德,其职能是节制欲望、安分守己和辛勤劳作。柏拉图主张,这三个阶层的公民必须严格履行其天赋的职能,各居其位,各司

---

① 马克思,恩格斯.马克思恩格斯全集(第3卷)[M].北京:人民出版社,2002:329.
② 马克思,恩格斯.马克思恩格斯全集(第3卷)[M].北京:人民出版社,2002:326.

其职,互不代劳,才能使一个国家成为正义的国家。"正义不是外在的约束,而是内在的德性,并且只有内在的德性才是最重要的德性"①,"正义就是只做自己的事而不兼别人的事"②,城邦的正义则是"城邦中统治者应该具备的智慧、卫国者应该具备的勇气、劳动工商者应该具备的节制,以及这几大社会群体和相应德性的协调"③。亚里士多德认为,人的德性在于灵魂的德性,即灵魂的有序和健康,公民的正义是灵魂内部各个元素的分工合作,"德性分为两种:一种是理智德性,如智慧、谅解和明智;另一种是伦理德性,如慷慨、节制和勇敢。理智德性是由教导培养而生成的,因此需要时间和经验;伦理德性则是因风俗习惯而养成的"④。因为"全体公民无例外地,每个人天赋适合做什么,就应该给他什么任务,以便大家各就各业,一个人就是一个人而不是多个人,于是整个城邦成为统一的一个而不是分裂的多个"⑤。这种身份角色模式,随着近代契约论思想的产生和现代公民社会的发展而日益完善和健全起来,正如美国哲学家怀特里(C. H. Whiteley)曾指出,责任既是他人期待或要求"我"去做的事,也是"我"对他人期待的应答或承诺去做的事,在这种意义上,宣称在一种特定情形下一个人的义务是什么,就是在考虑了所有条件以后对一个人应该做什么给出一个决定性的建议。

当我们认为一个人在道德上对某些事件负有责任时,我们往往是在确认其在该事件中所扮演的重要角色,可以说,角色越重要,责任也就越大;人的角色越多,责任也就越多,如家庭责任、职业责任、社会责任、国家责任等。而在家庭伦理关系中,父母对子女的养育之责、子女对老人的赡养之责以及夫妻之间的互敬互爱忠诚之责;在职业领域内,从业者的敬业、乐业和遵循职业道德之责;在公共生活领域内的诚实守信、遵纪守法、遵守公德之责;在国家政治生活中的公民维护权利、履行应尽义务之责和民主参与之责等等;公民无论扮演何种角色,只有履行与角色要求相对应的责任,才能融入社会,因为社会是个体间的连接,是人以及人与人关系的综合体,个体则是"关系网络中的一个交

---

① 柏拉图.理想国[M].郭斌和,张竹明,译.北京:商务印书馆,1986:172.
② 柏拉图.理想国[M].郭斌和,张竹明,译.北京:商务印书馆,1986:58.
③ 柏拉图.理想国[M].郭斌和,张竹明,译.北京:商务印书馆,1986:174.
④ 亚里士多德.尼各马科伦理学[M].廖申白,译.北京:商务印书馆,2003:35.
⑤ 柏拉图.理想国[M].郭斌和,张竹明,译.北京:商务印书馆,1986:138.

汇点"①。

二、道德责任是公民对社会规范的自觉遵循

人作为社会存在的根本特征,就在于人的行为总是和一定时代的社会需求联系在一起,并受着特定的社会规定所约束。如马克思主义所说:"一切以往的道德论归根到底都是当时的社会经济状况的产物。"②道德责任作为一种社会外在规范对个体或群体提出的必为要求,建立在公民之间相互达成契约并履行承诺的基础上,是"人们在一定的社会关系中所应该选择的道德行为和对社会及他人所承担的道德义务"③。道德责任外显为道德共同体的行为规范,反映社会成员为追求和维护共同利益而形成的价值诉求,并以此影响和约束着公民的思想与行为价值取向。

1. 对道德规范的认同是责任担当的基础

人既是理性的存在者,又是感性的存在者,如果没有敬重道德法则的情感,也就难以有主动担当道德责任的实践必然性。道德责任作为一种社会对个体行为规范的"应当"必为性要求,并不是任何责任主体都能自觉认同并主动去履责的,因为人的自由意志使人自行决定要做一个自律的行动者还是一个他律的行动者,既可以选择按照道德的准则而行动,也可以选择按照非道德的准则而行动。而且,是否承担责任还受主体条件的限制,如自身素养与道德能力是否具备承担责任的条件等。休谟在分析人性论的时候指出,高度自觉的道德责任知识包括两方面的内容:"一是对道德主体自身所肩负的道德责任'是什么'的明确认知和判断,二是对自身道德责任的主体必然性和合理性根据(即'为什么')的深刻体认。"④

只有基于对责任的认同才可能产生真正的道德行为。道德主体既要明晰在一定的道德情景中"需要做什么"的问题,从而为道德行为指明方向,又要认识到道德责任行为的正当性问题,对"作为道德主体的'我'来说,为什么应

---

① 格里芬.后现代精神[M].王成兵,译.北京:中央编译出版社,1998.
② 马克思,恩格斯.马克思恩格斯选集(第3卷)[M].北京:人民出版社,1995:435.
③ 中国大百科全书总编辑委员会.中国大百科全书(哲学卷)[M].北京:中国大百科全书出版社,1987:131.
④ 休谟.人性论[M].关文运,译.北京:商务印书馆,1980:508.

当履行或承当如此道德责任"①这一问题做出合理性回答,从而达到道德责任的应然性与行为结果的实然性的有机统一。而对一个清楚认知自己应承担的道德责任的人来说,则不会追问为什么必须付诸道德行为这一问题。约翰·费舍指出:"我们可以把道德责任理解为一种社会技能,按照这种路径,当社会成员被社会视作一位负责任的行动者时,他们在对他人的回应中赋予一种情感或态度的特性,比如,感激、怨恨、爱、尊重、原谅等。"②柏拉图认为,真正的知识就是关于人本身及其行为善恶的知识,也即善的理念,"善的理念是最大的知识问题,因为它是知识和认识中的真理的原因,关于正义等的知识只有从它演绎出来才是有益的"③。

公民道德责任的自律性,往往建立在道德规范的他律性基础上。每个人在道德责任的承担过程中,最初并不能形成和确立"我应当这样做"的自律意识,而是社会道德规范、法律制度等"你必须这样做"的强制力量发挥作用的结果。美国伦理学家斯蒂芬·达沃尔(Stephen Darwall)提出:哲学家通常将"规范的"一词应用于任何诸如此类的事情,这些事情蕴含做事的或持有某种态度或感受的理由(如规范的理由),这些理由是支持某些道德行为或态度的理由。"道德义务是我们作为一个互相负责的道德共同体的成员相互间提出的合法要求,总是蕴含道德共同体成员相互间的责任。"④正是社会道德规范的他律促使个体在责任行为的抉择中遵循社会所提倡的准则,触及敬重规则的责任情感,进而产生一种理性命令式的道德动机,"形成特定的道德习惯,滋生出某种特定的道德情感体验,最终升华为主动的道德选择"⑤,从而实现责任他律向责任自律的过渡。

2. 道德责任本质上是自觉选择和履职的过程

公民承担何种道德责任以及能否担负应尽责任,既与行为主体自身的自由和能力等密切相关,又与道德主体外在的社会环境和文化传统密不可分。马克思指出:"人类始终只提出自己能够解决的任务,因为只要仔细考察就可

---

① 休谟.人性论[M].关文运,译.北京:商务印书馆,1980:509.
② FISCHER J M. Recent Work on Moral Responsibility[J]. Ethics, 1999(10):93-139.
③ 柏拉图.理想国[M].郭斌和,张竹明,译.北京:商务印书馆,1986:260.
④ 达沃尔.道德义务的规范性[J].陈真,译.江海学刊,2011(5):22-27.
⑤ 郭金鸿.道德责任论[M].北京:人民出版社,2008:62.

以发现,任务本身,只有在解决它的物质条件已经存在或者至少在生成过程中的时候,才会产生。"①社会生活从根本上说就是一个各种道德主体相互履行责任的关系,"这意味着公民是积极参与共同生活合作、具有公共理性、承担公共道德义务、促进公共利益的人"②。共同生活中,公民通过思想、言说和行动,既有了追求德性卓越和提升个人品质的空间舞台,又有了参与促进公共善和公共福祉的公共领域。"因为任何一种生活,无论是公共的还是私人的,事业的还是家庭的,所作所为只关系到个人的还是牵涉他人的,都不可能没有其道德责任,生活中一切有德之事均由履行这种责任而出,而一切无德之事皆因忽视这种责任所致。"③事实上,人类社会之所以能够形成和发展,其前提条件就是身在其中的每个人都应该并且能够承担相应的责任,"人不仅要对自己是怎样的人负责,并且应把自己的责任完全担负起来。当我们说人对自己负责时,我们并不是指他仅仅对自己的个性负责,而是对所有的人负责"④。在一定意义上说,"公共生活形成了人的卓越品格的实践过程和发展过程"⑤。

　　道德责任不仅需要外源性的强制,更需要内源性的自律,是通过强制督促和自觉自愿的形式来实现的,既是责任主体通过对社会道德准则把握认知基础上的行为自觉,也是在履行道德责任过程中的自我调节与行为控制。一句话,就是个体依据自身判断而自觉自愿地承担和履责的过程。正如康德将道德责任作为德性的本源,把意志自由与自律作为道德责任的前提基础,主张人"按照自由的理念而行动"和"从自主到自律"的责任原则。康德所强调的"道德责任"包括三个方面的内容——自我立法的概念(自律)、敬重的情感以及自由法则所决定的自由意志。⑥ 道德责任的第一前提是自由意志的存在,没有意志自由就无从谈及道德责任问题,意志的自由包含着自行决定是要做一个自律的行动者还是一个他律的行动者,采取某一特定行动的责任感,并非强制派生的,而是行为主体内在产生的。当然,如果道德主体的行为不是自愿,

---

① 马克思,恩格斯.马克思恩格斯选集(第2卷)[M].北京:人民出版社,1995:33.
② 罗尔斯.政治自由主义[M].万俊人,译.南京:译林出版社,2000:19.
③ 西塞罗.西塞罗三论:老年、友谊、责任[M].徐奕春,译.北京:商务印书馆,1998:91.
④ 萨特.存在主义是一种人道主义[M].周煦良,汤永宽,译.上海:上海译文出版社,2005:8.
⑤ 阿伦特.人的条件[M].竺乾威,等,译.上海:上海人民出版社,1999:207.
⑥ 克勒梅 H F.道德义务如何可能?:历史语境下的康德"自律原则"[J].钱康,译.复旦学报(社会科学版),2018(3):18-27.

甚至不是在自由选择条件下进行的,那么行为主体就可以不用承担相应后果的责任。

三、道德责任是公民对行为后果的自愿承担

道德责任意味着公民如果没有履行应尽的职责,就应承担不利后果,应当受到责备、处罚及追究责任等。责任除表示应尽义务之外,还"表示过错、谴责;表示处罚、后果"①,实际上是对某种行为后果的负担,是一种应当的承担,如果不履行或没有尽到自己的义务,就应承担相应的后果,即"由于没有做好分内应做的事,因而应承担的过失"②。也就是说,"如果一个行为是一种道德义务,那么它就是我们道德上有责任去做的事情,并且如果我们不能遵守它,又没有不能遵守它的充足理由,我们理所当然应当受到谴责"③。

1. 道德责任蕴含着对承担分内应尽职责的道德要求

道德责任贯穿于主体道德生活之中,这些道德责任或是主体必须继续承担的,或是主体尚未完成的,或是过去赋予主体所应有的。"道德责任所包含的道德的内在的强制力和道德理性,相对于其他道德规范而言,是最集中、最强大和最多的,也是社会的道德要求和个人的道德信念结合得最紧密的。"④如柏格森所认为的"职责:我们应该把它看作人们之间的约束,首先是我们对我们自己的约束"⑤。西塞罗将责任分为两大类,即"普通的"责任和"绝对的"责任,其中"普通的"责任是可以提出某种适当理由的行为责任,主要是指符合功利的行为责任;而"绝对的"责任则是指一切符合"道义"或"德行"的责任,如公正、仁慈等。在西塞罗看来,"我们生下来除了为自己,还应该为我们的祖国和朋友尽一份责任"⑥。例如,慈善不仅是一种由德行衍生而来的道德责任,而且是一种合乎"义"的绝对道德责任,因此就成为公民必须履行的道德义务。为此,在每一次履行绝对道德责任时,应保持一种对场合和对象等问题进行认真考虑的行为习惯,"以便成为善于预测责任的人,能够通过增减准

---

① 冯军.刑事责任论[M].北京:群众出版社,1995:15.
② 中国社会科学院语言研究所.现代汉语小词典[M].北京:商务印书馆,1980:687.
③ 达沃尔.道德义务的规范性[J].陈真,译.江海学刊,2011(5):22-27.
④ 罗国杰.中国伦理学百科全书(伦理学原理卷)[M].长春:吉林人民出版社,1993:341-342.
⑤ 周辅成.西方著名伦理学家评传[M].上海:上海人民出版社,1987:706.
⑥ 西塞罗.西塞罗三论:老年、友谊、责任[M].徐奕春,译.北京:商务印书馆,1998:99.

确地平衡责任收益和付出,确实弄清楚每个人应尽多大的责任"①。

既然责任是个人在社会中得以生存的必要条件,也是一个人应承担的与自己的地位、角色、权利相对应的对他人和社会的职责,那么,人就应当对自己的各种行为活动负责。正如康德认为,道德是解决人的行为的"应当"以求得善的问题,主体出于责任的行为是基于对社会关系的维持与推进人际和谐,因此,责任行为是可以从道德上来衡量的,在道德价值上显现出两种标准,区分为具有道德价值的行为和不具有道德价值的行为,"一个出于责任的行为,其道德价值不取决于它所要实现的意图,而取决于它所被规定的准则。从而,它不依赖于行为对象的实现,而依赖于行为所遵循的意愿原则,与任何欲望对象无关"②。当人类理性表现为纯粹理性时,人为自然立法;表现为实践理性时,则人为自己立法,以严苛的道德自律付诸道德行为。"如若责任是一个概念,具有内容,并且对我们的行为实际上起着立法作用,那么,这种作用就只能用定言命令,而不能用假言命令来表示。"③这种定言命令又称为绝对命令,是人在社会生活中应承担的道德义务,人的一切实践活动都是在现实生活中自由意志选择的结果,为此必须对自己的行为后果负责,这种"定言命令包含着全部责任原则"④,意味着道德责任是必然的、无条件的,具有不可推卸性和强制性。没有任何人被视为达到他人目的的手段,或当作这样的手段来使用,但每个人都是自己的唯一目的。

2. 道德责任涵盖对不履行分内应尽义务的后果承担

道德责任具有明确的导向性和外在强制性,直接规范着个体的行为方式。美国伦理学家特里·库帕认为,客观责任是来自法律、组织以及社会对应于从事公共管理活动者的合理期待,属于一种外界控制。这种外界控制的主要形式就是伦理准则,它代表了通过组织和职业联系而施加在个人身上的价值观,与从外部强加的可能事物相关。"客观责任具有两种形式:第一是职责,表现为对他人负责;第二是义务,表现为对事情负责。二者的关系为,义务是根本,

---

① 西塞罗.西塞罗三论:老年、友谊、责任[M].徐奕春,译.北京:商务印书馆,1998:113.
② 康德.道德形而上学原理[M].苗力田,译.上海:上海人民出版社,2002:49.
③ 康德.道德形而上学原理[M].苗力田,译.上海:上海人民出版社,2002:76.
④ 康德.道德形而上学原理[M].苗力田,译.上海:上海人民出版社,2002:16.

职责是确保义务在等级制结构中得以实现的手段。"①由于任何道德责任都不可能也没必要对个体的每一行为提出具体规范,这就需要个体依据道德信念、心理反应和行为价值取向,对其肩负的道德责任做出决断,使其责任行为与社会成员共同遵循的行为规则相符合、相一致。所谓"道德责任态度",实际上是一般道德态度在事关"道德责任"时的具体体现,自觉践履应承担的道德责任。在现实的社会生活中,"认真负责"的道德责任态度和"不负责"的道德责任态度必然导致两种行为结果:认真负责的道德责任态度体现为责任主体忠实地践履"分内应做之事",且毫不推诿地承当起因未做"分内应做之事"而带来的道德后果;而"不负责"的道德责任意识,则表现为对"分内应做之事"采取敷衍塞责的态度,不认真对待自身应负的责任,逃避或推诿因未尽责而造成的道德过失。

道德责任不仅体现着主体对于应尽职责的认知、判断和行为取向,而且蕴含着责任主体对于自身行为后果的承担(包括谴责、惩罚等)。从责任的道德评判来看,既是对承担道德义务行为的激励与肯定,也是对不负责任行为的惩罚与纠正。道德责任的履行过程中,分为事前、事中和事后三个层面——在行为实施之前,责任是一种职责,负责任意味着具有高度的义务感和使命感,行为主体明确所追求的目标;在行为实施过程中,责任表现为主动履责或自觉接受监督;在行为实施之后,责任是一种道德评判并对不当行为承担后果。事前责任不仅要求主体以负责任的态度去体认应尽职责,而且要做出符合道德要求的责任行为,换言之,"事前责任要求行动者积极实施应该实施的行为,该行为因为符合目的正当性而被认为是值得追求的"②。事前责任的归因总是针对某种所期望的事情,以阻止不希望出现的事情发生为目标。而"事后责任是这样一种责任:认为某人应对其某一行为负责,这一行为的不良后果就是由他过去的过错或失职而造成的"③。事后责任常常归因于为某一过去行为或行为结果负责的责任主体,"事后责任总是对已出错的某事负责,它或者是对被认为本身是坏的一个行为负责,或者是对被评价为具有消极后果的某一行为

---

① 库珀.行政伦理学:实现行政责任的途径[M].张秀琴,译.北京:中国人民大学出版社,2001:11.
② 本巴赫尔.责任的哲学基础[J].易小明,聂文军,译.齐鲁学刊,2005(4):127-133.
③ 本巴赫尔.责任的哲学基础[J].易小明,聂文军,译.齐鲁学刊,2005(4):127-133.

负责"①。

　　道德行为的自发性与自觉性集中反映着个体责任素质的高低。对于个人"课以责任,因此也就预设了人具有采取理性行动的能力,而课以责任的目的则在于使他们的行动比他们在不具责任的情况下更具有理性"②。认为一个人在道德上对某些事件负有责任时,不仅仅是在确认其在该事件的因果链中所扮演的重要角色,而且是在判断个体的道德品质、道德行为和责任态度是值得赞扬抑或予以责备。郭金鸿指出:"所谓责任就是由一个人或一个团体的资格(包括作为人的资格和作为某种特定角色的资格)所赋予的,并从事与此相适应的某些活动、完成某些任务以及承担相应后果的要求,也就是对他人、社会、团体组织的应答,以及作出或没有作出合理回应所应得的赞赏或责罚。"③

　　因没有做好分内应该做的事而受到惩罚,并不是责任的根本之处,其根本之处在于更好地实现自由等价值追求。"责任原则不是建立在这样一个观念上:即认为惩罚主要是报复和恐吓。相反,责任原则被看成是为了自由本身。"④道德责任虽然是公共利益对个人的要求,但只有通过个人内在良心的认同和自愿的履行才能实现,否则就不具有实际约束力,因此,道德责任以尊重人的自由为前提,如卢梭所说:"只有道德的自由才使人真正成为自己的主人;只有这样,人才可以告别原初的冲动,服从自己所规定的法律,这才是自由。"⑤恩格斯在讨论道德自律问题时明确提出:"如果不谈所谓自由意志、人的责任能力、必然和自由的关系等问题,就不能很好地议论道德和法的问题。"⑥

　　综上所述,道德责任的内涵十分丰富,不仅依附于角色中,而且是一个人应承担的与自己身份、权利相应的分内应做之事。从责任的来源看,主要包括源于自然法和血缘关系的自然责任、源于法律对公民义务规定的法定责任、源于国家和社会道德规范的道德责任以及源于民族文化传统约定俗成的习俗等。从责任实施对象来看,主要包括谁负责、对谁负责和负什么责等方面,责

---

① 本巴赫尔.责任的哲学基础[J].易小明,聂文军,译.齐鲁学刊,2005(4):127-133.
② 哈耶克.自由秩序原理[M].邓正来,译.北京:生活·读书·新知三联书店,1997:90.
③ 郭金鸿.道德责任论[M].北京:人民出版社,2008:41.
④ 罗尔斯.正义论[M].何怀宏,等译.北京:中国社会科学出版社,2009:231.
⑤ 卢梭.卢梭全集(第4卷)[M].李平沤,译.北京:商务印书馆,2012:36.
⑥ 马克思,恩格斯.马克思恩格斯选集(第3卷)[M].北京:人民出版社,1995:454.

任主体涵盖公民的责任、政党的责任、政府的责任、国家的责任、集体的责任等。

从个体的责任层次来看，蕴含着对自己的责任、对他人和家庭的责任、对社会和公共生活负责、对国家和民族的责任以及对人类和生态文明负责等，是一个推己及人、逐步递进的多层次含义。从公民的责任行为来判断，则主要从个体是否明晰责任、能否履行责任和是否勇于承担责任等方面加以界定，是明晰责任、履行责任和担当责任的有机统一。认识责任、明确责任、强调责任并追究责任，都是让人在维持或者构建社会关系的过程中形成和保持这种实践所必需的理性，并为之付出相应的努力。如果人人都能够履行自己应尽的责任和义务，各尽本分，在义与利的冲突面前做出正确抉择，那么人与人之间的友好、融洽的关系就能得以维持，社会的和谐就能实现。

第二节 公民道德责任的实质要义

道德责任是由人的社会属性所决定的，本质上是处在一定社会关系中的社会成员自觉意识到的义务。道德责任是具有一定自由和能力的行为主体，以社会客观道德价值为评价标准，履行一定社会赋予的对他人、社会和自然的使命，以及对于自我行为所导致的后果承担相应的责任。由于人构建和维持社会关系的目的在于人自身，马克思主义、恩格斯指出："应当避免重新把'社会'当作抽象的东西同个体对立起来。个体是社会存在物，因此，他的生命表现，即使不采取共同的、同其他人一起完成的生命表现这种直接形式，也是社会生活的表现和确证。"[1]因此，所有的责任都应该是从人自身出发的，都是对于人的责任。不论维持社会关系的责任，还是构建社会关系的责任，都是作为实践者的人基于其理性对于自己所作出的规定，都是通过人的行为来实现的。

一、道德责任是发展人的本质的内在需要

马克思主义揭示了人的存在与社会类存在不可分割的关系，指出人的最根本的特性在于人的社会性，人的本质是在社会生活和社会实践尤其是生产

---

[1] 马克思,恩格斯.马克思恩格斯全集(第42卷)[M].北京:人民出版社,2017:122-123.

实践中形成的,"人的本质不是单个人所固有的抽象物。在其现实性上,它是一切社会关系的总和"①。责任根源于人的社会关系中,人之所以要对自己、对他人、对社会、对自然承担相应的责任,是基于人在实践活动过程中的相互交往、相互依存和相互依赖关系,马克思、恩格斯强调"作为确定的人,现实的人,你就有规定,就有使命,就有任务","这个任务是由于你的需要及其与现存世界的联系而产生的"②。

1. 人的社会属性促使人承担道德责任

马克思主义伦理学把道德看作人的社会规定性的题中应有之义,把道德责任的担当视为个人实现人生价值的根本途径。个体的存在和发展是以社会为必要形式和基础的,社会关系为个人的生存发展提供了必要的条件和空间,"一个人的发展,取决于和他直接或间接进行交往的其他一切人的发展"③。随着生产力和社会分工的发展,由于共同活动的需要,生活在一定社会关系中的人,都与他人发生着一定的关系,进行着一定的交往。尤其是人类现实利益需要的不断拓展促使社会交往活动的范围日益扩大,人与人、人与社会之间的联系更加密切,个人必须广泛地参与社会生活的各个领域、各个层次的交往,形成丰富的社会关系,以便使"每一个人的自由发展成为一切人的自由发展的条件"④。这就客观要求置身于社会关系中的每个人都应该并且能够承担相应的责任,才能满足个人利益和实现社会的和谐稳定。"一个社会成员从伙伴成员那里要求对其权利给予尊重,同时,也就有责任承认并且尽可能履行与那些人的权利相关的义务,这一义务由实践理性原则来决定。一个社会成员若要求伙伴成员尊重其权利,但又不尊重他人的权利,就不是同等情况同样对待。"⑤

道德责任产生于人的交往实践中,是处于社会关系之中的主体基于一定的道德所应该做的事或应该履行的义务,道德所规定的责任充分体现着人的社会关系本质。马克思指出:"(1)每个人只有作为另一个人的手段才能达到

---

① 马克思,恩格斯.马克思恩格斯选集(第1卷)[M].北京:人民出版社,1995:18.
② 马克思,恩格斯.马克思恩格斯全集(第3卷)[M].北京:人民出版社,2002:329.
③ 马克思,恩格斯.马克思恩格斯选集(第3卷)[M].北京:人民出版社,1995:515.
④ 马克思,恩格斯.马克思恩格斯选集(第1卷)[M].北京:人民出版社,1995:273.
⑤ 沈宗灵,黄相森.西方人权学说(下)[M].成都:四川人民出版社,1994:215.

自己的目的;(2)每个人只有作为自我目的(自我的存在)才能成为另一个人的手段(为他的存在);(3)每个人是手段同时又是目的,而且只有成为手段才能达到自己的目的,只有把自己当作自我目的才能成为手段。"①社会关系的性质决定着责任的性质,如果社会关系发生了变化,责任的性质就会随之发生变化。如唐凯麟所说:"人作为社会的产物,作为有一定需要而推动起来从事一定社会实践的人,他必须把道德的需要纳入他的本质的规定之中。人的道德需要,既是人的多层次需要中的一种高级需要之一,是人作为一种有理性的社会动物的精神规定,又是人的行为的规定。"②

人人担当责任是社会得以良性发展的动力和基础。"从人本身及其需要上看,道德是属于人的精神世界的一个层次,任何人都有道德伦理上的需要。"③每个人都必须处理好个人与他人、个人与集体、个人与社会的利益关系,相互承担各自应尽的道德责任和义务,才能获得充分的生存发展的条件。正如魏英敏所言:"人类之所以需要道德,是因为道德具有帮助人更好地认识社会现实,调节人我关系、群己关系,激励人不断向上,使人能够得到自由的、全面的、和谐的发展等多种功能;是因为道德能够丰富、充实人的内心世界,使人性发扬光大,人格完善高尚,使人变得更美好,生活得更幸福。"④鉴于社会对责任主体的道德要求,不可能对每一场合的每一具体行为都作出详尽的规定,而主要是以倡导符合社会发展要求的道德理想、道德观念、道德原则、道德规范,引导人们明大德、守公德、严私德。为此,每位个体的道德责任意味着,行为者理性的目的远比经验性的目的有价值,因为在行为选择时必须决定是否愿意尽自己的义务还是以自我为中心,是否愿意把人们当作目的自身来尊重。道德责任是为了达到生活更美好、人们更幸福的目的,通过契约的形式组成社会,带来人们相互间的完美结合,离开了社会,就不会有据以评价责任的价值尺度。

2. 道德责任丰富了人的社会关系本质

责任来源于人的本质,是人的社会属性的要求。"现实的个人"总是处在

---

① 马克思,恩格斯.马克思恩格斯全集(第46卷)[M].北京:人民出版社,2003:196.
② 唐凯麟.试论道德价值的生成[C]//首届中国公民道德论坛.北京:学习出版社,2001:149.
③ 魏英敏.新伦理学教程[M].北京:北京大学出版社,2003:136.
④ 魏英敏.新伦理学教程[M].北京:北京大学出版社,2003:136.

一定的物质生产条件下和特定的社会关系中,从自己的各种具体需要出发去从事各种活动,"人是一个特殊的个体,并且正是他的特殊性使他成为一个个体,成为一个现实的、单个的社会存在物"①。人的存在是自然存在、社会存在和精神存在的统一,"人也只有在自己的类存在中,只有作为人们,才能是人格的现实理念。"②只有在人与人的现实社会交往中——人才能被理解为活生生的具体的人。社会关系构建起个体之间的道德责任关联,既驱使社会成员提升责任意识,把自觉履行责任作为文明的生活方式,又"在共同的日常生活中形成最起码的交往规则、行为习惯,正是这些交往规则与行为习惯,使得类本身得以存在下去"③。社会成员对道德要求的普遍遵守,是通过履行主体责任来展现自身力量的,"道德责任的产生是由于人类的需要,由于认识到以合作的和有意义的方式共同生活的重要性。坚守道德原则,能使人们尽可能生活得和平、幸福、充满创造性和富有意义"④。

人的社会属性要求人应当具有利他性,利己行为是人的自然属性的需要,而利他行为则是人的社会属性的要求。马克思明确指出:"人对自身的任何关系,只有通过人对他人的关系,才能得到实现和表现。"⑤社会关系本质上是主体之间的责任关系,处于交往关系中的主体相互承认和尊重对方基础上,主动地去认知责任关系,自觉地实践责任,完成主体间的责任互动,展现自身的本质力量。由此可见,人的生存与发展需要是道德产生的诱因,而责任规范则是在调节人与人之间相互关系的过程中逐步确立的,"道德只能在人类的生产实践中产生,因应其生存境况而产生,是为了生活的秩序而存在,规范从属于生存需要"⑥。

公民的主体性与责任性是相辅相成、互为一致的,责任产生于社会关系中的相互承诺,责任行为"是一种特殊的社会选择,是人在一定的道德意识的支配下,根据某种道德标准,在不同的价值准则或善恶冲突之间所做出的自觉自

---

① 马克思,恩格斯.马克思恩格斯全集(第42卷)[M].北京:人民出版社,2017:123.
② 马克思,恩格斯.马克思恩格斯全集(第1卷)[M].北京:人民出版社,1995:277.
③ 高兆明.伦理学理论与方法[M].北京:人民出版社,2005:19.
④ 蒂洛.伦理学:理论与实践[M].孟庆时,等译.北京:北京大学出版社,1985:30.
⑤ 马克思,恩格斯.马克思恩格斯选集(第1卷)[M].北京:人民出版社,1995:48.
⑥ 高国希.道德哲学[M].上海:复旦大学出版社,2005:72.

愿的抉择"①。当一个人为他者负责的时候,责任担当的主体性意识得以确立起来,成为有责任感、有道德、有能力负责的行为主体。"道德责任的形成有赖于主体意志对外在的客观要求的主观认同,即对道德应当的责任自觉,道德责任具有个体性、内在性、主观性、应然性和自觉性特征。"②只有当道义责任转化为人格自律的内在要求时,才能真正成为道德主体自觉意识到的责任,付诸符合规范性和社会性的道德实践,从而使相互承担责任成为维持社会有序运行的保障。

二、道德责任是实现人的全面发展的根本保障

马克思主义认为,"发展"是人区别于动物的自然生存本能的所特有的实现自身价值的活动,人的全面发展是指每一个人和全体社会成员的智力和体力、自然能力和社会能力、潜在能力和现实能力等,在社会生产过程中尽可能获得多方面的、充分的、自由的发展。人类不仅担负起自觉、自愿、自主地发展自由个性和多方面能力的责任,而且成为改造自然、推动社会历史发展的主体,以自己的意识、思维支配自己的行动。积极履行道德责任,既是实现人的全面发展的前提和基础,又是实现人的自由发展的方式与手段。

1. 人的个性潜能发展离不开道德责任的履行

人是实践活动的主体,也是履行道德责任的主体。无论是人的能力的充分发展,还是人的个性的自由发展,都离不开对自我责任和社会责任的履行。人的个性的自由发展是人的全面发展的最高标准。人的个性自由发展,是指人的生理的、心理的和社会特性等各个方面的潜能,能够按照自己的意愿、兴趣和社会的需要得到充分开发,人的独立自主性、积极性、主动性和创造性得以最大限度地发挥,人的独特个性发展越充分,社会化程度也就越高。

社会发展旨在实现个体从自然状态向社会状态转变,并最终实现人的全面发展和价值提升,劳动实践提升着人的能力、改变着人本身,劳动过程就是人的能力在特定环境中对特定对象的外化和实现,劳动的结果是人的本质力量的公开展示。"那些发展着自己的物质生产和物质交往关系的人们,在改变

---

① 罗国杰.伦理学[M].北京:人民出版社,1989:344.
② 田秀云,白臣.当代社会责任伦理[M].北京:人民出版社,2008:3.

自己的这个现实的同时,也改变着自己的思维和思维的产物。"①这里所说的思维改变指人们认识到人与人、人与社会之间关系的重要性,并由个人意识逐步上升为关切人类命运的社会意识。"人的思维是否具有客观的真理性,这不是一个理论的问题,而是一个实践的问题。人应该在实践中证明自己思维的真理性,即自己思维的现实性和力量,亦即自己思维的此岸性。"②个性的道德品性和行为操守必然是以个体的心智、行为及其综合实践的形式表现的,"如果这个人的生活条件使他只能牺牲其他一切特性而单方面地发展某一种特性,如果生活条件只提供给他发展这一种特性的材料和时间,那么这个人就不能超出单方面的、畸形的发展。任何道德说教在这里都不能有所帮助"③。人与人之间需要在共同体中建立伙伴关系,实现利己与利他、个人发展与社会发展的有机统一,正是在这个意义上,人们在履行道德责任的过程中,个性潜能得以自由发展,人的观念、道德和精神不断升华,一切天赋得到全面发展,"个人才获得全面发展其才能的手段"④,"能够实现自己的充分的、不再受限制的自主活动,这种自主活动就是对生产力总和的占有以及由此而来的才能总和的发挥"⑤。

道德责任是人们行为的一种社会特征,是借助伦理规范来调节和指导社会生活的一种普遍性要求,体现出人类理性掌握现实世界的实践精神。"道德作为一种最广泛和最普遍的人与人之间的关系同样也是社会关系的重要组成部分,它从一个侧面、一个层次上反映和确证着人的本质。所以,人是不能没有道德的。"⑥道德内化的过程,也就是社会道德意识、道德规范和道德主体之间的关系互动过程,使人的道德修养和责任情感得以生成和变化。"人的德性就是一种使人成为善良,并获得其优秀成果的品质,它比行为更能判断一个人的品格。"⑦任何一种道德原则和规范,都无法教给人们在具体场景下的道德选择方案,只是教给人们一种生活的原则与态度,只能给人们提供一种对人

---

① 马克思,恩格斯.马克思恩格斯文集(第1卷)[M].北京:人民出版社,2009:525.
② 马克思,恩格斯.马克思恩格斯文集(第1卷)[M].北京:人民出版社,2009:500.
③ 马克思,恩格斯.马克思恩格斯全集(第3卷)[M].北京:人民出版社,2002:295.
④ 马克思,恩格斯.马克思恩格斯选集(第1卷)[M].北京:人民出版社,1995:119.
⑤ 马克思,恩格斯.马克思恩格斯选集(第1卷)[M].北京:人民出版社,1995:129.
⑥ 魏英敏.新伦理学教程[M].北京:北京大学出版社,2003:136.
⑦ 亚里士多德.尼各马科伦理学[M].苗力田,译.北京:中国人民大学出版社,2003:32.

类、社会、生命、存在的负责精神,"具体情境中的道德行为究竟应该如何选择,须当事人根据这种生活原则与生活态度,出于高度负责的精神,仔细分析权衡具体时空对象,相宜而行"①。

2. 人的需要的满足建立在责任实践的基础上

作为现实生活的主体,人有各种需要。马克思指出:"任何人如果不同时为了自己的某种需要和为了需要的器官而做事,他就什么也不能做。"②人的生存和发展需要是实践活动的内在动因,需要的层次性不仅包括最基本的生存所需的物质资料生产的需要,而且包括发展所需的劳动交往的需要和精神文化的需要。"当人们还不能使自己的吃喝住穿在质和量方面得到充分供应的时候,人们就根本不能获得解放。"③社会生产力和生产关系的不断发展,使人的社会交往日益频繁普遍,市场经济中人与人以物质利益为核心结成一种平等交换关系,"形成普遍的社会物质变换、全面的关系、多方面的需要以及全面的能力的体系"④,人的生活方式更加丰富多彩,个体的安全需要、尊重需要、审美需要、自身发展的需要以及对美好生活向往的需要与日俱增。人的需要伴随社会的发展而由简单到复杂、由低层次到高层次渐次递进和扩展,当低层次的物质需要满足之后,"已经得到满足的第一个需要本身、满足需要的活动和已经获得的为满足需要用的工具又引起新的需要"⑤。人的全面发展的需要处于最高层次,是一个漫长的、变化发展的和逐步实现的过程。人满足自身需要的过程,也是履行一个又一个职责的过程,道德责任与人的生产实践活动相伴共生,并随着人类精神需要的丰富和实践活动的深化而得以强化。人的需要只有通过"主体与主体之间的相互联系才能得到满足,主体在社会生活中相互联系、相互依存,就使得主体之间相互承担责任成为必要"⑥。

个体道德责任素质是在社会实践中,以满足自身物质需要和精神需求为原动力,以促进人与人、人与社会、人与自然的和谐为落脚点,在道德责任的内化与外化、认知与实践的相互转化过程中完善和发展起来的。责任素质是人

---

① 高兆明.存在与自由:伦理学引论[M].南京:南京师范大学出版社,2004:369.
② 马克思,恩格斯.马克思恩格斯全集(第3卷)[M].北京:人民出版社,2002:326.
③ 马克思,恩格斯.马克思恩格斯全集(第42卷)[M].北京:人民出版社,2017:368.
④ 马克思,恩格斯.马克思恩格斯文集(第8卷)[M].北京:人民出版社,2009:52.
⑤ 马克思,恩格斯.马克思恩格斯全集(第3卷)[M].北京:人民出版社,2002:286.
⑥ 魏安雄.论主体道德责任[J].现代哲学,1999(1):96-101.

的素质的核心,既是个体获得自我发展、自我超越的基础,也是人的个体性与社会性统一的保证,集中表现个体相对稳定的心理特征、责任情感和行为习惯。"就责任主体来说,个人所履行的社会责任和个人责任都是与利益直接挂钩的,也就是说,都是同他的生存发展直接联系在一起的。"[①]一个人进行道德责任的选择、承担和履行的过程,就是其道德人格始终参与并不断得到提升的过程。道德责任是具有实践性的,只有通过主体所做的事或者行为才能实现。强烈的社会责任感能使人真切感受时代的脉搏,把个人的理想信念与社会的理想信念结合起来。责任选择意味着认同社会的崇德向善准则,而"主体对于道德责任的承担,就是对于一定的道德价值目标、道德标准和道德准则的坚守,就是对自己的道德品质负责;主体对于道德责任的自觉自愿履行,就是将其作为养成自己良好道德品质的主要方式,锤炼道德自我,超越现在的道德自我"[②]。

---

① 程东峰.责任伦理导论[M].北京:人民出版社,2010:231.
② 彭定光.论责任、道德责任与政府道德责任[J].湖南师范大学社会科学学报,2016(6):57-61.

第三章
公民道德责任的特征及范畴

公民道德责任的内涵和领域,随着社会历史的发展而日益拓展,也与国家的政治体制密切相关。"这意味着我们在理解公民身份的时候必须理解一个根本性的问题:公民身份赖以运作的社会和政治背景是什么。"[①]一方面,公民责任根植于特定历史条件,一定社会、阶级和阶层中,体现出鲜明的民族性、时代性、双向性、自律性及层次性特征。马克思、恩格斯认为:"人们的观念、观点和概念,一句话,人们的意识,随着人们的生活条件、人们的社会关系、人们的社会存在的改变而改变。"[②]个人总是并且也不可能不是从自己本身出发的,因此人的自由全面发展过程,就是人在现实生活中对应尽责任"是什么""能够成为什么"和"在一定条件下必然成为什么"的道德认知和行为实践过程。另一方面,公民道德责任又与公民现实生活的政治领域、经济领域、文化领域、社会领域以及生态文明领域密切相关,是对于经济责任、政治责任、行政责任、人际责任等的道德规定。道德责任是具有实践性的,只有通过发自内心的自觉自愿行为才能实现,由于"意志自由只是借助于对事物的认识来做出决定的能力。因此,人对一定问题的判断越是自由,这个判断的内容所具有的必然性就越大"[③]。一个人进行道德责任的选择、承担和履行的过程,就是其道德人格不断提升和个人价值自我肯定、自我发展、自我实现的过程。

---

① 朱贻庭.伦理学大辞典[M].上海:上海辞书出版社,2002:36.
② 马克思,恩格斯.马克思恩格斯文集(第2卷)[M].北京:人民出版社,2009:50.
③ 马克思,恩格斯.马克思恩格斯文集(第9卷)[M].北京:人民出版社,2009:120.

第一节　公民道德责任的主要特征

"道德责任是人们对自己的过失及其不良后果在道义上所承担的责任。人的行为虽然受到客观必然性和社会历史条件的制约,但是人又具有主观能动性,有辨别是非、善恶的能力,对自己的行为具有一定的选择自由,必须承担相应的道德责任,肯定人的行为的道德责任是进行道德评价的前提。"①公民道德责任的内容、原则和规范既与一个民族具体的经济、政治、文化等客观实际相关联,又受到一个国家、民族、地区形成与发展的特定环境、社会条件和历史传统的制约。不同民族因为利益关切的不同而存在不同的道德差异,如果说责任规范是道德的内在要求的话,那么担当习惯则是道德民族性的外在表现,展示出各民族不同的行为模式。虽然,每一历史时期对公民的概念、身份特征、角色定位以及公民所享有的权利与义务等界说和规定不尽相同,但无论在何种社会形态下,公民都是一种政治身份的象征,都应履行社会主体角色相应的责任,这种道德责任情感意味着公民"对社会正义制度的道义认肯与信任,对社会公共利益、行为规范的尊重,表达的是一种自制、自律精神,表达的是对自己、对这个基本制度所做出承诺的坚定不移践履之态度"②。

一、民族性特征

公民身份是"个人在一个民族国家中,在特定平等水平上,具有一定普遍性权利与义务的被动或主动的成员身份"③。道德是社会历史的产物,与一个民族的形成、发展历史和精神文化密不可分,道德责任意识、责任情感和行为习惯不仅具有鲜明的阶级性,而且具有浓郁的民族特色与历史传承性。不同的民族精神决定了道德责任具有不同的内容和规范体系,由于各民族在经济、政治、社会、历史、文化以及地域等方面的差异,为民族成员提供了所熟悉、所公认的区别于其他民族的特定道德义务、行为准则和道德环境,内化为"一种

---

① 雅诺斯基.公民与文明社会[M].柯雄,译.沈阳:辽宁教育出版社,2000:11.
② 高兆明,李萍,等.现代化进程中的伦理秩序研究[M].北京:人民出版社,2007:291.
③ 雅诺斯基.公民与文明社会[M].柯雄,译.沈阳:辽宁教育出版社,2000:11.

真正成为调整全社会所有成员彼此关系的行为规范和共同生活的基本准则"①,从而形成各民族在道德规范和标准方面的独特性与差异性,正如马克思、恩格斯指出:"善恶观念从一个民族到另一个民族,从一个时代到另一个时代变更得如此厉害,以致它们常常是互相直接矛盾的。"②

1. 道德责任根植于民族特定的道德体系规范中

道德责任的民族性差异植根于一个民族生存发展的历史文化中,反映着民族在共同生活、共同文化中为促进民族的独立、生存与发展需要,而产生的责任意识、道德信念、道德规则、责任情感、道德评价等思想体系与行为特征。道德责任之所以具有民族差异性,从根本上说,是由民族的社会物质生活条件与历史文化传统的不同而造成的。因为"不同的民族在道德意识、道德心理、道德情感、道德规范、道德风习上存在许多不同"③,所以,道德责任被深深地打上民族性、时代性烙印,这种"民族性是指在责任意识和行为上,各民族所具有的不同特色的思想体系、行为模式、情感表达方式以及心理素质特征的各种准则和规范的总和"④。只要民族和阶级差异没有消除,道德的民族性就不会消失。

一个民族的道德责任素质,是在一定的社会关系、生活方式和道德实践中形成的,既反映着大多数成员对道德关系和应尽义务的认知水平,也能够转化为人们的内心信念和行为习惯,"努力做到使私人关系间应该遵循的那种简单的道德和正义的准则,成为各民族之间的关系中的至高无上的准则"⑤,从而有效调节民族内人与人、人与社会之间的利益关系,维系民族共同体的和谐发展,成为规范责任行为的道德准则和凝聚民族精神的重要纽带。一个民族"有共同的历史背景,正因为这样,就必然具有许多共同之处。不仅如此,对同样的或差不多同样的经济发展阶段来说,道德论必然是或多或少地互相一致的"⑥。

道德责任的民族性依赖于各民族伦理意识自觉的程度、行为规范的调控

---

① 罗国杰.伦理学[M].北京:人民出版社,1989:243.
② 马克思,恩格斯.马克思恩格斯选集(第3卷)[M].北京:人民出版社,1995:132.
③ 杨丙安.关于道德民族性的几个问题[J].中州学刊,1984(2):62-67.
④ 汤宝华.道德民族性浅析[J].天津:道德与文明,1986(4):12-14.
⑤ 马克思,恩格斯.马克思恩格斯文集(第3卷)[M].北京:人民出版社,2009:14.
⑥ 马克思,恩格斯.马克思恩格斯文集(第9卷)[M].北京:人民出版社,2009:99.

方式和对道德需要的追求层次,体现出道德责任的主体性及主观能动性特征,也与传统的道德观念、伦理、心理、行为模式等有着不可分割的内在联系。"物质的生产是如此,精神的生产也是如此。各民族的精神产品成了公共的财产。"①一个民族所具有的道德水平和特点,是该民族道德实践活动的产物,各民族的道德活动造就着一定道德责任的承担主体,使责任具有相对稳定性和继承性特征。"一切民族,不管它们所处的历史环境如何,都注定要走这条道路——以便最后都达到在保证社会劳动生产力极高度发展的同时,又保证每个生产者个人最全面的发展这样一种经济形态。"②

道德责任具有鲜明的民族色彩和爱国主义传统特色。爱国主义作为一种责任意识,是"千百年来巩固起来的对自己祖国的一种最深厚的感情"③,深深地植根于民族意识中,实现社会变迁中的历史传承和现代化建设中的基因赓续及融合。"中华民族不但以刻苦耐劳著称于世,同时又是酷爱自由、富于革命传统的民族。"④例如,中华传统文化中倡导"精忠报国""生于忧患、死于安乐""修身齐家治国平天下""天下兴亡匹夫有责""苟利国家生死以,岂因祸福避趋之"等道德责任精神和爱国情怀,熔铸在民族的生命力、创造力和凝聚力之中,并世代传承重家国、担道义、守人伦、促和谐的伦理道德关系,渗透在中国社会生活各个方面,成为支配人思想行为乃至整个生活方式的精神力量;注重社会利益、民族利益和整体利益,强调人在社会关系中所应有的责任和道德义务,促使人们"逐步习惯于遵守数百年来人们就知道的、数千年来一切处世格言上反复谈到的、起码的公共生活准则"⑤。千百年来,维护民族团结、实现国家统一、推进和谐社会和铸牢中华民族共同体意识,始终是中华民族共有精神家园的精神寄托、理想追求和责任情感,从而激励和引领一代又一代中华儿女深化文化认同、汇聚民族力量,形成同呼吸、共命运、心连心的强大精神纽带,促进民族像石榴籽一样紧紧抱在一起,筑牢团结奋斗、共同繁荣发展、共同维护国家统一的思想根基,使中华民族以昂扬的姿态屹立于世界民族之林,开

---

① 中共中央马恩列斯著作编译局.马克思主义经典著作选读[M].北京:人民出版社,1999:38.
② 马克思,恩格斯.马克思恩格斯选集(第3卷)[M].北京:人民出版社,1995:342.
③ 列宁.列宁全集(第28卷)[M].北京:人民出版社,1995:168.
④ 毛泽东.毛泽东选集(第2卷)[M].北京:人民出版社,1991:593.
⑤ 列宁.列宁选集(第3卷)[M].北京:人民出版社,1995:247.

启全面建成社会主义现代化强国和实现中华民族伟大复兴中国梦的新征程。

2. 道德责任的民族性与道德信仰的阶级性互为统一

道德责任的民族性和阶级利益诉求是相互统一、相互联系的。道德信仰和责任观念作为民族文化的重要组成部分,既是道德的社会关系属性的具体表现,也因民族的不同而呈现出差异性和主体多样性。在阶级社会中,人们对生产资料占有的程度不同、所处经济地位和利益不同,必然会产生不同的道德观念,以致在阶级社会中道德具有阶级性。"人们自觉地或不自觉地,归根到底总是从他们阶级地位所依据的实际关系中——从他们进行生产和交换的经济关系中,获得自己的伦理观念。"①道德责任总是一定阶级的道义担当,因为人们的责任意识、伦理观念和道德规范,都是从其所处社会经济关系的地位以及表现的利益中引申出来的。恩格斯明确指出:"一切以往的道德论归根到底都是当时的社会经济状况的产物,而社会直到现在是在阶级对立中运动的,所以道德始终是阶级的道德。"②事实上,人们往往从各自的阶级利益出发追求民族利益,使得民族的道德性不可能超越阶级而独立存在。

道德责任的阶级属性,既体现一定的民族精神、民族意志和阶级利益关系,又代表一个民族或阶级的道德价值理念。民族道德植根于一个民族生存发展的历史进程中,是"依仗一个民族创造且经由历史凝结而沿传至今并不断流变着的诸文化因素的有机系统"③,责任伦理思想也总是与民族心理、价值观念、道德传统、精神谱系相互交织,成为一个民族区别于其他民族的文化标志,具有对民族成员的行为进行善恶道德评判的价值和意义。毛泽东曾指出:"道德是人们经济生活与其他生活的要求的反映,不同阶级有不同的道德观,这就是我们的善恶论。"④民族作为伦理道德产生、存在和发展的主体形式,在其发展历程中对忧患意识、道德规则、责任观念、行为自律的重视把握程度,反映出阶级社会生产关系、生活方式、公民道德及文明进步的水平。黑格尔曾说:"民族的政体、民族的伦理、民族的立法、民族的风俗,甚至民族的科学艺

---

① 马克思,恩格斯.马克思恩格斯选集(第3卷)[M].北京:人民出版社,1995:434.
② 马克思,恩格斯.马克思恩格斯选集(第3卷)[M].北京:人民出版社,1995:435.
③ 朱贻庭.伦理学大辞典[M].上海:上海辞书出版社,2002:138.
④ 毛泽东.毛泽东选集(第3卷)[M].北京:人民出版社,1991:84.

术……都具有民族精神的标记。"①

从人类历史的长河看,道德的民族性只是阶段性的历史现象,"并不存在凌驾于历史和民族差别之上的不变的道德原则"②。以地域为基础的民族共同体逐渐产生共同的情感、共同的生活方式和共同的心理素质,从而在求同存异中建构道德规范体系和体现人与人相互承担责任的伦理要求。简言之,"正是具有共同历史、共同政治文化和共同命运感的民族,使我们对自己的同胞产生了一种责任感"③。按照马克思、恩格斯的论断,随着社会生产力的高度发达,直至阶级逐步消灭和国家消亡后,各民族发展真正达到共同繁荣,差别性慢慢消失,形成自由人联合的共同体,道德责任的民族差异性和阶级性自然会逐步消除。当今社会在经济、政治、文化的交流全球化和国际竞争日益剧烈的时代背景下,坚持公民道德责任建设的民族性,对于继承和弘扬民族优秀传统文化,进行创造性转换和创新性发展,对于增强民族凝聚力、巩固在国际竞争中的独立地位和发展优势,对于防止发达国家利用其科技、经济等方面的优势将自己的意识形态强加给其他民族,以实现其"西化""分化"的政治图谋,从而进一步增强社会成员对自己民族的认同和文化自信,具有更加特殊的政治意义和深远的历史意义。

二、时代性特征

道德责任在整个社会生活中不仅体现着价值规范导向,而且标志着社会的发展水平和文明程度,并对社会经济发展具有反作用。"道德责任是一个具体的历史的范畴,在不同的时代和社会中其责任的内容和限度是有所不同的,标准也不一样。"④即使一定社会存在着某种共同的道德责任规范,也是以一定的历史条件和时代文化背景为前提和基础的,尤其是伴随时代主题的变迁,人类实践活动以及对时代重大现实问题的解释和改造也相应发生改变,从而赋予和增加责任新的内容与新的要素。

---

① 黑格尔.历史哲学[M].王造时,译.上海:上海书店出版社,2006:104-105.
② 马克思,恩格斯.马克思恩格斯文集(第9卷)[M].北京:人民出版社,2009:99.
③ 福克斯.公民身份[M].郭忠华,译.长春:吉林出版集团有限责任公司,2009:31.
④ 魏安雄.论主体道德责任[J].现代哲学,1999(1):96-101.

1. 道德责任的内涵总是体现着一定社会的时代精神

道德责任主体是个体的人,以人自身的存在为出发点,是对人之为人在一定社会交往中规定的尊重和维护他人及集体利益的职责和本分,因为"责任是伦理生活和伦理评价的核心"①,这种职责是人们相互之间存在的义不容辞、理所当然的道德义务,是不以个人的意志为转移的,如海维尔·刘易斯指出:"价值属于个人,个人是道德责任的唯一承担者。"②每一个公民在自我素质养成上,必须首先成为一个道德主体,承担起自己的应尽义务,对应该做而又能够做到的事情和行为选择负道德责任。就像爱因斯坦在谈道德价值时所说:"每个人都必须有机会发展其可能有的天赋。只有这样,个人才能得到应该属于他的满足感;也只有这样,社会才能最大限度地繁荣。"③

道德责任从来都不是孤立的、静止的概念,而是与人类社会交往的进步和积极进取的道德需要同步共进的。由于所处的社会环境不同,责任主体也会选择不同的道德责任层次。人的责任能力作为一种本质能力,是道德主体在责任践履上的重要体现,马克思主义认为:"主观性是主体,而主体又必然是有经验的个人,是单一的东西。"④人的责任能力不可避免地要打上社会历史条件的时代烙印,正是个体独特的实践活动及物质生活条件,使不同时代的人形成不同的道德责任观、责任认知、评价标准和行为模式。"因为伦理关系是实体性的关系,所以它包括生活的全部,亦即类及其生命过程的现实。"⑤

社会是以一定生产方式为基础的相互依存的责任关系,"社会不是由个人构成,而是表示这些个人彼此发生的那些联系和关系的总和"⑥。只有当人们的行为涉及履行或不履行道德原则规范时,才形成相应的道德关系。"人们按照自己物质生产率建立相应的社会关系,正是这些人又按照自己的社会关系创造了相应的原理、观点和范畴。"⑦随着社会的发展和人类的进步,原来是较高层次的道德责任可能会降为低层次的道德责任。可以说,在什么社会关系

---

① WATSON G. Two Faces of Responsibility[J]. Philosophical Topics 24, 1996(2):227-248.
② DAVID L H. Collective Responsibility[J]. Philosophy, 1948(84):26.
③ 爱因斯坦.爱因斯坦晚年文集[M].方在庆,等,译.海口:海南出版社,2014:21.
④ 马克思,恩格斯.马克思恩格斯选集(第1卷)[M].北京:人民出版社,1995:285.
⑤ 黑格尔.法哲学原理[M].范扬,张企泰,译.北京:商务印书馆,1982:176.
⑥ 马克思,恩格斯.马克思恩格斯全集(第46卷上)[M].北京:人民出版社,2003:220.
⑦ 马克思,恩格斯.马克思恩格斯选集(第1卷)[M].北京:人民出版社,1995:142.

之中,处于什么样的身份,就应有什么样的职责和本分,"责任伦理这一概念,恰如其分地体现了当代社会在技术时代的巨大挑战面前所应有的一种精神需求与精神气质。一句话,责任伦理之所以能引起广泛的重视,就在于它适应了时代的精神"①。

2. 道德责任的规范总是随时代的变革而发展变化

马克思把道德责任置于经济基础之中,解决了责任的客观性和道德发展的规律性问题,认为"物质生活的生产方式制约着整个社会生活、政治生活和精神生活的过程……随着经济基础的变更,全部庞大的上层建筑也或慢或快地发生变革"②。易言之,社会经济关系的调整和变化,必然会引起道德体系或道德观念的相应变化。而且,即使在同一时代中处于不同经济地位和具有不同利益需求的人们,也会因利益关系的对立而产生不同的道德观念。

个人与社会的关系在不同历史发展阶段表现出不尽相同的性质和水平,由于人改造自然活动的能力和水平不断提升,人们的社会交往和生产关系也必然发生改变,人的自觉自为的实践是为了满足人的各种不同需要,从而使得道德责任的内涵与外延、观念与行为、理论与实践等发生与社会发展相适应的变化。如在自给自足的封建农耕经济社会条件下,全体社会成员依附于专制政体,只有无限的责任却无人身自由权利,道德责任规范以"忠君""臣服""重义"为核心,强化了人的臣民意识。人类社会进入市场经济后,虽然人的个性得以张扬,个人利益需求增多,但市场经济的物化使人以追求自我利益最大化为交往方式,使得信任危机成为制约经济发展的突出问题。"私人利益本身已经是社会所决定的利益,而且只有在社会所创造的条件下并使用社会所提供的手段,才能达到;也就是说,私人利益是与这些条件和手段的再生产相联系的。这是私人利益;但它的内容以及实现的形式和手段则是由不以任何人为转移的社会条件决定的。"③市场经济本质上是诚信经济,根源于规范市场秩序和满足每个人的发展需要,但不可忽视的是,"在人类的主体意识空前觉醒的现时代,人们越是追求自己的主体性,就越是发现自己对物的依赖,人的社

---

① 毛羽.凸显"责任"的西方应用伦理学:西方责任伦理述评[J].哲学动态,2003(9):20-24.
② 马克思,恩格斯.马克思恩格斯选集(第2卷)[M].北京:人民出版社,1995:32-33.
③ 马克思,恩格斯.马克思恩格斯全集(第46卷上)[M].北京:人民出版社,2003:102-103.

会关系和能力越来越物化,越来越成为非人的即物的社会关系和能力"①。为消除享乐主义、个人主义和极端利己主义的负面影响,实现利己与利人、个人利益与社会利益的有机统一,逐步建立一种与市场经济相适应符合社会成员共同利益的彼此尊重、公平竞争、诚信做人、平等互助的责任体系,这种道德责任外显为经济关系中普遍认同并遵循的行为规范,内隐于社会成员的责任意识与诚信道德中。因为"人懂得按照任何一个种的尺度来进行生产,并且懂得处处都把内在的尺度运用于对象;因此,人也按美的规律来构造"②。

可见,道德责任具体内容的侧重点和关注点总是与时代背景、时代要求、时代任务、时代精神等密切联系。作为"确定的""现实的"人在社会关系中建立相互联系、相互交往、互相信任、互相负责的道德规范,反映出顺应时代变化和提升社会的文明进步程度。如涂尔干所说:"不仅应当使道德不失去他内在的某些因素,还在于应当使道德因为增加新的因素而比先前更加丰富。"③现代社会中,人类的经济、政治和文化交往日益频繁,更加凸显出在更宽领域、更深层次、更大范围主动履行责任的重要性和紧迫性。"社会分工使行为主体责任应当的认识更加明确;使行为主体的责任范围扩大,责任也更为具体、精确;使各社会成员之间的联系增多加强,责任履行受到更多的监督。"④因此,"未来的公民需要增强对同胞的凝聚力,因为他们的经历和身份使他们能够以不同的方式去看待政治问题。必须培养人们具有一种对合理差异的尊重、一种需要温和与妥协的精神,必须培养树立一种'设身处地为实现别人的权利着想'的责任意识和一种'以个人的权利保护自身'的尊严意识"⑤。

三、双向性特征

道德责任反映的不仅是人的价值问题,还反映出人与人之间互为主体、彼此负责的一种双向关系存在。如密尔认为:"我们的行为应当遵守的规则,是

---

① 郭湛.主体性哲学[M].昆明:云南人民出版社,2002:5.
② 马克思,恩格斯.马克思恩格斯全集(第3卷)[M].北京:人民出版社,2002:274.
③ 涂尔干.道德教育论[C]//张人杰.国外教育社会学基本文选.上海:华东师范大学出版社,1989:397.
④ 程东峰.责任论:关于当代中国责任理论与实践的思考[M].北京:中国林业出版,1994:19.
⑤ 孙兰芝.埃蒙·凯伦"公民教育与道德政治"观评析[J].国家高级教育行政学院学报,2002(4):87-93.

所有的理性人都会采纳的有益于他们集体利益的行为规则。"① 与社会的道德规范相比,道德行为往往具体化为自我责任意识的内在觉醒,双向负责的"德性与个体的存在显然有着更为切近的联系;并在本质上呈现为个体存在的人格形态。当责任行为出于德性时,个体并不表现为对外在社会要求的被动遵从,而是展示为自身的一种存在方式"②。

1. 每个责任主体应把自己和他人同时作为目的

道德责任作为一种特殊的社会意识形态,既体现道德主体的必为性,强调责任主体自觉自愿地认同自己的义务和要求,又体现道德责任的主客体互动关系。责任的主体和责任的客体是双向的,即主体对客体承担一定的责任后,也相应地要求客体担负自己的分内之责。"以一定的方式进行生产活动的一定的个人,发生一定的社会关系和政治关系。"③任何人都不可能只凭借自身的力量获得成功,每个人是手段同时又是目的,而且只有成为他人的手段才能达到自己的目的,且只有达到自己的目的才能成为他人的手段,这种相互关联是现实社会中的必然事实。如马克思、恩格斯指出:"(1)每个人只有作为另一个人的手段才能达到自己的目的;(2)每个人只有作为自我目的(自我的存在)才能成为另一个人的手段(为他的存在);(3)每个人是手段同时又是目的,而且只有成为手段才能达到自己的目的,只有把自己当作自我目的才能成为手段。"④

责任意识与道德品质是在自我与他者的交往中锻造起来的。人与人之间是相互依赖、互为存在的关系,"人作为社会存在物,个体与个体,个体与群体之间在生活和生产实践中不可避免地相互联系与相互作用,使彼此间的交流、沟通、认同成为一种精神需要。赞同某种价值体系,同时又希望自己提出的某种价值观念为他人认同,是人的心理常态,其根源皆出于人的社会性和合群性"⑤。责任是社会交往中个体存在的基本特性,也是人与人、个体与群体相联系的内在基础,把这些有机联系起来的则是人的能动的实践,人通过自己的

---

① MILL J S. Utilitarianism[M]. London: Longmans, Green, Reader, and Dyer, 1871:79.
② 杨国荣.道德的形上内蕴[J].华东师范大学学报(社会科学版).2001(5):98-114.
③ 马克思,恩格斯.马克思恩格斯选集(第1卷)[M].北京:人民出版社,1995:71.
④ 马克思,恩格斯.马克思恩格斯全集(第46卷上)[M].北京:人民出版社,2003:196.
⑤ 张玉良.社会主义核心价值体系的认同和构建[J].攀登,2007(27):136-139.

社会实践活动,实现社会关系的生产和再生产,促使人正确认识、履行和承担责任。

作为外在规范的道德责任是社会实践的指南,为人的外在行为确立了方向、设定了规矩,责任实践"当然也是一个道德概念,此一概念构成了我们认识人的道德义务的基础。事实上,责任概念,在范围上远远超过了我们通常视之为道德的范围"①。道德作为责任规范和价值观念,服务于一个社会或群体的持存与稳定,使"每一位参与者都真正心怀对方或他人的当下和特殊的存在,并带着在他自己与他们之间建立一种活生生的相互关系的动机而转向他们"②。从相互依赖关系来说,一个人的权利,正是他人的责任;一个人的责任,也正是他人的权利。如果只强调一方对另一方的单向责任关系,而忽视责任的双向性,就势必造成公民个体享有权利与履行责任的错位与缺失,无法形成"我为人人、人人为我"的良好氛围,阻碍着人自身潜能的发挥和全面发展。

2. 个体与社会是相互依存、互为作用的责任关系

从个体与社会群体之间的关系来讲,个体对社会的发展负有义不容辞的责任,这时责任的主体是个体,责任的客体是社会。"个人与社会的关系是一切社会问题的根源"③,离开了个体在实践活动形成的责任关系,就谈不上社会的发展。责任是指由一个人的资格(包括作为人的资格和作为角色的资格)所赋予并与此相适应的从事某些活动、完成某些任务以及承担相应后果的道德要求,只有当个人感知到责任是自己自觉自愿遵行的准则,而不是由外部强加于自身的要求时,才会积极参与社会公共生活与公共事务,对民族振兴、国家富强、社会发展承担起自身的道德责任。

人类为了自己的生存和发展,天然地需要依靠社会,关切自己利益所系的社会公共利益,"公民身份意味着一定的社区或文明社会在人与人和群体与群体之间有某种联系或网络,而且有某种规范和价值观使他们的生活有意义"④。而公民的参与能力包括利益表达、参与决策、组织活动的能力等,体现出公民参与公共活动的熟练程度,人和社会的这种相互作用、相互生成是实践

---

① 哈耶克.自由秩序原理[M].邓正来,译.北京:生活·读书·新知三联书店,1997:89.
② 布伯.人与人[M].张健,韦海英,译.北京:作家出版社,1992:30.
③ 鲍桑葵.关于国家的哲学理论[M].汪淑钧,译.北京:商务印书馆,1995:78.
④ 雅诺斯基.公民与文明社会[M].柯雄,译.沈阳:辽宁教育出版社,2000:32.

基础上的统一。公共理性也是一种道德责任,理性不单单是指人所具有的一种认识能力、推理能力和判断能力,还是实践的社会历史理性。和谐社会的民主政治建设与发展,离不开公民的积极参与,需要社会成员自主理性地提出利益诉求并做出正确的责任行为选择。

从社会对个体应有的责任来看,社会的发展既要满足个人生存的条件,又要通过构建民主法治、公平正义、诚信友爱、充满活力、安定有序、人与自然和谐相处的社会秩序,为人的自由全面发展创造良好氛围。只有这样,才能实现社会文明进步与人的全面发展的一致性和统一性。从这个意义上讲,社会成了责任的主体,而社会成员则是责任的客体。如学者郭金鸿所说:"对一个社会来讲,较理想的状态就是主观责任与客观责任相符合,甚至在某种程度上高于客观责任要求。而两者是否一致的关键在于,责任主体能否在社会所提供的客观可能性和主观能力的限度内,正确把握'应当'行为,并对自己行为的善或恶,承担相应的道德责任,建立与必然性相协调的生活。"①正如休谟在探讨社会"正义"的起源时认为,"单独一个人所做出的单独的一个正义行为不论可以有什么不良的后果,可是全体社会成员所共同奉行的全部行为体系对于全体和个人都有无限的利益"②。

四、自律性特征

马克思主义指出:"道德的基础是人类精神的自律。"③道德责任虽然离不开外在道德规范的约束和强制,但从根本上说是源于每个人自我完善的需要,本质上是自律的。因为没有道德的自律,社会道德规范就必然形同虚设,难以内化为公民的行为准则。

1. 公民的责任自律是出于对他律的敬重而产生的

个体道德责任的发展一般包括三个阶段:"他律阶段、自律阶段、他律与自律统一的阶段。"④在他律阶段,道德作为一种义务的要求而出现,并非出于个体的道德意向,而是通过道德规范的外在约束突出对行为主体的规定性、导向

---

① 郭金鸿.道德责任论[M].北京:人民出版社,2008:96.
② 休谟.人性论[M].关文运,译.北京:商务印书馆,1980:538.
③ 马克思,恩格斯.马克思恩格斯全集(第1卷)[M].北京:人民出版社,1995:119.
④ 唐凯麟.伦理学教程[M].长沙:湖南师范大学出版社,1992:217.

性和约束性。恩格斯在论述法律的起源时说:"在社会发展某个很早的阶段,产生了这样的一种需要:把每天重复着的生产、分配和交换产品的行为用一个共同规则概括起来,设法使个人服从生产和交换的一般条件。这个规则首先表现为习惯,后来便成了法律。"①道德责任规范的形成及其作用亦如法律规范的形成其作用一样,是从人的社会交往规则和习惯逐步确立的。由于人不是孤立存在的个体,总是处于一定"社会关系"中,"人的实质也就是人的真正的共同体"②,责任规范对于尚未形成自律意识的个体来说,带有一种强制性遵守的他律性质,美国学者雷切尔斯也认为:"我们都想生活得尽可能地好,但是,除非拥有和平、合作的社会秩序,否则我们不能实现繁荣。而如果没有规范,我们就不可能有和平、合作的社会秩序。于是,道德规范正是我们需要的、能够从社会生活中获益的规范。"③社会道德规范、公民行为准则、责任评价标准、责任奖惩机制等,既是调节和规范社会关系中责任实施的制度保障,也对增强人的责任自律意识具有价值导向作用,如康德所说:"一个出于责任的行为,其道德价值不取决于它所要实现的意图,而取决于规定它的准则。"④

道德责任他律唯有通过内在自律才能实现,因为"没有相应的道德信念作为心理和文化背景,任何制度和法律都将得不到真正的遵守和执行"⑤。也就是说,个体只有认同社会道德规则和自己的义务,将外在的道德规范内化为责任意识,由被动的服从变为主动的行动,由外在的要求变为自觉自愿地承担责任,从而形成和确立与社会道德规范相一致的道德情感和道德信念。如马克思所说:"发展着自己的物质生产和物质交往的人们,在改变自己的这个现实的同时也改变着自己的思维和思维的产物。"⑥

责任自律和他律处在个体道德发展的同一维度上,"这个维度就是个体对规则的认同和以可普遍化的道德原则自觉进行道德选择、道德判断和执行道德行为的维度"⑦。他律与自律的有机统一,既扬弃了道德责任他律的外在强

---

① 马克思,恩格斯.马克思恩格斯选集(第2卷)[M].北京:人民出版社,1995:538-539.
② 马克思,恩格斯.马克思恩格斯选集(第1卷)[M].北京:人民出版社,1995:487.
③ 雷切尔斯.道德的理由[M].杨宗元,译.北京:中国人民大学出版社,2009:143.
④ 康德.道德形而上学原理[M].苗力田,译.上海:上海人民出版社,2002:16.
⑤ 麦金泰尔.德性之后[M].龚群,等译.北京:中国社会科学出版社,1995:15.
⑥ 马克思,恩格斯.马克思恩格斯选集(第1卷)[M].北京:人民出版社,1995:73.
⑦ 徐萍萍.关于自律内涵的道德哲学辨析[J].道德与文明,2014(3):55-60.

迫性,也避免了道德责任自律的主观偏执性,"道德的自律和他律是不可分离的。一方面是因为,个体道德必须是自律的,社会道德要求只能通过个体的自律得到实现;另一方面是因为,个体的自律又必须以社会的、外部的他律为基础和根据。"①逾越了道德他律的责任自律,使个体确立道德信仰与人格尊严,以普遍的伦理准则和道德理性来支配行为,产生承担责任的动机与情感,从而在经济、政治、社会等领域进行负责任的交往活动。

2. 公民的责任自律是道德人格完善的不竭动力

责任主体自觉地将社会价值、信仰内化于心的结果,表现出高度的自律性。在这个意义上,责任是人的道德性存在的根本意义所在。康德认为,责任是善良意志的体现,理性的最高使命是产生善良意志,善良意志之所以是无条件的、具有内在价值的"善",是因为它是意志自由的法则,而人的意志自由就是有理性者的实践的自由。"人们看到,人通过责任被规律所约束,但他们没有想到他所服从的只是他自身所制定的,并且是普遍的规律,没有想到他之所以受约束,只是由于必须按照其自然目的就是普遍立法的、他自身所固有的意志而行动。"②也就是说,责任的行为是由主体自身所选择的,意志自由是道德责任产生的依据和责任得以存在的关键条件,责任行为也就意味着听从自己的定言命令。"唯有通过道德命令才知道我们自己的自由(一切道德法则,因而一切权利和义务都是从这种道德法则出发的),道德命令是一个要求义务的命题,随后从这个命题中可以发展出使他人承担义务的能力。"③

责任乃是道德主体从自身出发的、为自己设定限制的责任,而自律能力则是将客观的道德法则内化为行为动机的一种能力。道德责任"在客观上要求行动与法则一致,但在主观上则要求行动的准则对法则的敬重,作为法则对意志的唯一规定方式"④。个体在认知和认同社会道德要求的基础上,出于一种理性自律的道德信念和一种敬重道德法则的责任情感,通过为自我立法和内在约束,自觉自愿地去承担责任及其行为后果。康德认为:"只有出于责任的

---

① 宋希仁."道德的基础是人类精神的自律"释义[J].道德与文明,2000(3):4-7.
② 康德.道德形而上学原理[M].苗力田,译.上海:上海人民出版社,2002:51.
③ 康德.康德著作全集(第6卷)[M].李秋零,主编.北京:中国人民大学出版社,2007:249.
④ 康德.康德著作全集(第5卷)[M].李秋零,主编.北京:中国人民大学出版社,2007:87.

行为才具有道德价值,而以爱好为动机的行为无论其结果怎样都不具有道德价值。"①为此,每一理性个体认识到意志的自律及其结果,就应凭借自身的道德律去承担应负的责任。"正是为了自由之故,每个意志,甚至每个人自己所特有的针对他自己本人的意志,都被限制于与有理性的存在者的自律相一致这个条件之下。"②

责任自律蕴含着道德主体判断的自律、意志的自律和行为的自律。一方面,判断的自律体现出一个人的道德信仰和责任价值观,人们在承担道德责任时总会面对多种行为的可能性,在选择自己的行为方式时,往往受到内心道德意识的支配,"因而对于具有一定理性自觉能力和行为自主意识、能够进行一定道德推理的人来说,在其为作出一定的道德决断所进行的道德推理过程中,往往必须包含着对一定的道德善恶判断之主体必然性和合理性的根据的追问(例如'为什么对我来说如此行为是善或是恶?''为什么是我应当如此?'等等)"③。进而通过善恶、是非标准在这些可能性之间进行决断,付诸自己的责任行动。另一方面,意志的自律体现出责任行为主体的自主自愿与自由意志。"对于每一个理性存在者的意志则是一条职责法则,一条道德强制性的法则,一条通过对法则的敬重以及出于对其职责的敬畏而决定的行为法则。"④如果道德责任行为的选择完全取决于自己,如果个体的选择和行动的源泉是出于自由意志,那么,个体就必须对践履的某种责任行为及其后果负责。如西季威克所言:"我们发现意志因素是最重要的,并且在某些场合中几乎是唯一重要的。"⑤同时,行动的自律是意志自律的一部分,体现出主体在执行意志决定和道德行为实施中的自律意识,如果说责任行为判断的自律取决于道德认知的话,那么责任行为的自律则主要取决于个体的道德信念。黑格尔曾说:"一个人做了这样或那样一件合乎伦理的事,还不能说他是有德的,只有当这种行为方式成为他性格中的固定要素时,他才可以说是有德的。"⑥为了成就德行,行为者必须从善良意志出发,控制自己有害的冲动,维护自身与他人的需求,既

---

① 康德.道德形而上学原理[M].苗力田,译.上海:上海人民出版社,2002:16.
② 康德.实践理性批判[M].邓晓芒,译.北京:人民出版社,2003:119.
③ 高湘泽.道德责任的主体必然性与合理性之根据[J].哲学研究,2006(3):57-62.
④ 康德.实践理性批判[M].邓晓芒,译.北京:人民出版社,2003:89.
⑤ 西季威克.伦理学方法[M].廖申白,译.北京:中国社会科学出版社,1993:245.
⑥ 黑格尔.法哲学原理[M].范扬,张企泰,译.北京:商务印书馆,1982:170.

要出于责任来决断自己的行为,又要负责任地顾及行为的后果,"这样,行为的一切道德性才被安置在行为出于职责和出于对法则的敬重必然性之中"①,从而安守住自己的本分,实现责任动机和责任行为的价值契合,从而达到自我主宰、自我超越和自我实现。

五、层次性特征

道德责任本身是有层次性的,从个体对应承担责任的角色、范畴和认知、能力来看,责任伴随人的成长、心智成熟和职业发展而逐步拓展,在不同的年龄阶段有不同的责任担当,"负责是对每一个人在人生各阶段承担的多种角色的共同性道德要求,并在人生的不同阶段通过不同的方式和内容表现出来,也就有不同的层次性"②。从个体的道德实践来看,责任认知、责任情感、责任意志、责任信念、责任行为是一个相辅相成、层层递进的心理活动过程,以责任认知为开端、情感诉求为桥梁,以意志品质为支撑、崇高信念为动力,付诸责任实施,构成一个循序渐进、连续转化和螺旋上升的知行合一体系,确保公民内化于心、外化于行地养成自律行为习惯。从人的道德责任生成机理来看,个体对责任的实施是一个由对自己负责到对他人负责、由对家庭负责到对社会负责、由对国家民族负责到对自然及人类未来负责逐渐深化的过程。

1. 道德责任是由自身向他人社会渐次扩展的范畴

责任首先是人对自己的责任,道德主体对自己的责任是最基本的责任,与人的本质密切关联。个体从自我需要的满足、自我幸福的实现以及自我价值的实现出发,对自己的生命和健康负责,对自己的学业和成才负责,对自己的生活方式和行为负责,对自己的道德人格和个性化发展负责等,在这些方面"个体有自由选择的权利,但也必须承担选择造成的结果的责任,并且逃避责任、拒绝责任,以及责任失败找借口都是无能和不道德的表现"③。只有对自身有责任,才有可能对他人和社会负责。马克思主义认为,"在任何情况下,个人总是从自己出发的"④,人们交往的根本动因在于利益需求,"任何人如果不

---

① 康德.康德著作全集(第6卷)[M].李秋零,主编.北京:中国人民大学出版社,2007:88.
② 叶澜.试析中国当代道德教育内容的基础性构成[J].教育研究,2001(9):3-7.
③ 饶娣清.人的存在、人的自由与人的责任:萨特自由观新释[J].广东社会科学.2006(1):65-70.
④ 马克思,恩格斯.马克思恩格斯全集(第3卷)[M].北京:人民出版社,2002:514.

同时为了自己的某种需要和为了这需要的器官而做事,他就什么也不能做"①。正是基于互利需要人与人结成一定的交往关系,由此产生"合理"地调整社会关系的道德,这个"理"就是规范,"合理"即是合乎交往的道德规则,也就是说,"正确理解的利益是整个道德的基础"②。个体为了实现自己的利益,就必须在社会关系中承担起自己的道德责任。

道德责任也具有自我发展性和拓展性特征,按照推己及人、由近及远的扩展方式由对他者、家庭负责到渐趋提升对社会对自然负责。"'推己及人'之所以能推,就是因为它不是出于私心,而是出于公心。"③这种"公心"也就体现着勇于承担义务、推动人类向至善方向发展的责任心。个体的责任都是有限的责任,任何人都不可能对所有的事情和对象负责,而只能是对与自己有交往、有联系的特定人和事负责,为此,法国哲学家列维纳斯倡导一种为他性的责任,认为责任的存在是道德主体存在的理由,把"我—你"的人际关系视为一种彼此平等、相互回应的关系,"他者仅为其自身,其间没有为主体预留额外的存身之处。他者借助于同情感而为人所熟知,正如又一个自我和变化了的自我一样"④,主张"我"应积极承担对他者的责任,正是在对他人负责的过程中,体现了我对自身负责,也得到他人的肯定、信任和回应,这种相互回应的主体间关系是最本原的责任伦理关系。人人为他在价值目的上实现了他者为我的愿景。列维纳斯认为:"在'我—你'关系中,互惠互利能直接地被体验到,且不仅仅是处于'我'与'你'的关系之中,它借助于'你'而与自身更进一步关联,如同'我'同反过来关联'我'的那些人相关联一样,即通过'你'之外表而与自身紧密关联。"⑤个人与他者的关系是一种责任感作用下的彼此都能体会到的互惠互利的关系,是通过平等、尊重和对话的方式"借助于责任感而被暗示为互惠互利的关系"⑥,这种"肩并肩"的责任感确证了道德主体的内在本质,实现了人的自我完善、自我升华和生命价值。

人的责任观念与认知能力总是处于持续不断的积累提升中,责任的范畴

---

① 马克思,恩格斯.马克思恩格斯全集(第3卷)[M].北京:人民出版社,2002:286.
② 马克思,恩格斯.马克思恩格斯全集(第2卷)[M].北京:人民出版社,2005:167.
③ 冯友兰.中国哲学史新编(上)[M].北京:人民出版社,1998:157.
④ HAND S, et al. The Levinas Reader[M]. Basil Blackwell, 1989:47.
⑤ HAND S, et al. The Levinas Reader[M]. Basil Blackwell, 1989:68.
⑥ HAND S, et al. The Levinas Reader[M]. Basil Blackwell, 1989:67.

也就随时间的推移和空间的转换而日趋深刻。对家庭成员的责任体现着个体的责任认知与担当能力,因为"一种更密切的社会联系存在于亲属之间。基本的联系纽带是夫妻,其次是父母与子女,然后是一切共有共享的家庭。……血缘通过善意和关爱将人们紧紧地联系在一起"①。每个人要对家庭和邻里具有责任感,如柏格森指出:"我们的道德义务首先是在家庭和邻居这样狭窄的范围里学到的,这关涉到一种从生物根源中生长出的特殊的道德,我们基于这一封闭的社会给我们施加的压力而将此道德内化于心。"②同时,个体要在社会中生存和发展,必须履行对社会团体、对国家以及自然应担负的责任,以便能够在特定社会关系中得到认可和支持,也为实现人的发展提供更加有利的空间与环境。"当社会已形成具有必然性的道德要求,使主体能够根据这种要求选择行为时;当摆在主体面前的几种可能选择,包含了主体所应选择的行为可能时,也就是说当主体所应选择的行为具有现实可能性时;当主体具有或可以具有认识和选择具有必然性行为的能力时,主体应当对自己的行为选择负有道德责任。"③

2. 道德责任是由较低层次向较高层次逐步提升的过程

道德责任不仅要从公民的责任意识和履行能力来考察,而且要"从其现实的历史活动和存在来加以考察"④。现实生活中人应承担的责任有低层次和高层次之分,低层次的道德责任主要是指社会成员应遵循的底线伦理,如不伤害他人、敬畏生命、维护人格尊严以及遵守公德等,从而为人们创设了一个安全的生活环境和行为范围,使个人能够不受任意侵害,相互共存。联合国教科文组织在《学会生存》中所确定的教育发展方向之一,就是使每个人承担起包括道德责任在内的一切责任,"人类发展的目的在于使人日臻完善,使人格丰富多彩,表达方式复杂多样;使一个人作为一个家庭和社会的成员,作为一个公民和生产者、技术发明者和有创造性的理想家,来承担各种不同的责任"⑤。

罗尔斯把人的责任划分为自然责任和职业责任,自然责任是指一个人作

---

① 西塞罗.西塞罗三论:老年、友谊、责任[M].徐奕春,译.北京:商务印书馆,1998:115.
② BERGSON Z H, vgl. Kurt Bayertz: Warum ueberhaupt moralisch sein? [M]. Muenchen, 2004:213.
③ 高兆明.存在与自由:伦理学引论[M].南京:南京师范大学出版社,2004:377.
④ 马克思,恩格斯.马克思恩格斯全集(第3卷)[M].北京:人民出版社,2002:607.
⑤ 联合国教科文组织国际教育发展委员会.学会生存:教育世界的今天和明天[M].华东师范大学比较教育研究所,译.北京:教育科学出版社,1996:3.

为人应该履行的最基本的、普遍的责任,如人们应该具有同情心、给人以尊严、不伤害他人等,在社会生活中需要履行相互尊重的责任、帮助他人的责任等,以获得安全感和信任感。罗尔斯指出"我们生活在一个当我们遇到困难时就可指望其他人帮助的社会中,这样一种公共知识本身就具有一种很大的价值"①,因为"互助原则的主要价值与其说要根据我们实际接受的帮助来衡量,倒不如说要根据我们对其他人善良意向的信任感和一旦我们需要他们就会提供帮助的知识来衡量"②。而职业责任是基于契约、承诺和岗位职责要求,个人应履行和承担所从事工作的责任,主要以职业道德规范的形式来体现。"职责是由社会基本结构和制度确定的义务,它以权利义务正义分配以及他人同样履行为前提。"③职业责任源于公平原则和社会正义,"按定义,由公平原则指定的要求就是职责"④,职责的内容以制度规范的形式来确定,"当正义制度存在并适用于我们时,我们必须服从正义制度并在正义制度中尽我们的一份职责;当正义制度不存在时,我们必须帮助建立正义制度,至少在对我们来说代价不很大就能做到这一点的时候要如此"⑤。罗尔斯认为,如果社会基本结构是正义的,那么每个人都负有一种支持正义的责任,不管他自愿与否、履行与否,"如果一个制度是正义的或公平的,亦即满足了正义原则,那么每当一个人自愿地接受了该制度所给予的好处或利用了它所提供的机会来促进自己的利益时,他就要承担职责来做这个制度规范所规定的一份工作"⑥。

　　罗尔斯还用"分外的行为"界定更高层次的道德,认为"分外行为是不求权利享有的高尚行为,它不属于个人的义务"⑦。责任主体的牺牲精神是一种为他人的善作出的行为,具有明显的自律性、超功利性和崇高性特征。较高层次的责任伦理还包括那些"极有助于提高生活质量和增进人与人之间的紧密联系的原则","如慷慨、仁慈、博爱、无私等价值都属于高层次的道德规范"⑧,

---

① 罗尔斯.正义论[M].何怀宏,等译.北京:中国社会科学出版社,2009:265.
② 罗尔斯.正义论[M].何怀宏,等译.北京:中国社会科学出版社,2009:265.
③ 罗尔斯.正义论[M].何怀宏,等译.北京:中国社会科学出版社,2009:20.
④ 罗尔斯.正义论[M].何怀宏,等译.北京:中国社会科学出版社,2009:86.
⑤ 罗尔斯.正义论[M].何怀宏,等译.北京:中国社会科学出版社,2009:261.
⑥ 罗尔斯.正义论[M].何怀宏,等译.北京:中国社会科学出版社,2009:269.
⑦ 罗尔斯.正义论[M].何怀宏,等译.北京:中国社会科学出版社,2009:25.
⑧ 博登海默.法理学:法律哲学与法律方法[M].邓正来,译.北京:中国政法大学出版社,2004:391.

"因为这些行为恰当地表明我们意识到其他人的情感和志向"①。

六、实践性特征

道德责任的实践性,意即公民的行为选择、责任实施以及对自己行为后果的担当,担当表明的是责任的理想状态,因为责任行为与人的自主选择密不可分,这就赋予了道德行为主体履行和承担责任的"必为"性和"应当"性。实践性主要包括三个方面的含义,一是公民对自己的行为后果做出预见性的判断,确立使行为符合道德要求的责任观念,二是公民在行为实施的过程中通过道德评价和自我反思,确立防范失德行为发生的自律意识,三是公民应当对自己的行为后果承担责任,确立善于负责和勇于担责的担当精神。"道德规范从他律向自律的转换,在社会层面上是通过责任和义务系统来实现的,是对'应当'的认同,对'责任'的承诺。"②

1. 责任实践体现人的角色担当和道德理性

责任并不都能称为道德责任,如康德所认为的,只有出于责任的行为才具有道德价值。责任行为从根本上说是由理性导引和决定的,理性选择在德性形成中起着重要作用。在亚里士多德看来,"德性是一种选择的品质"③,选择显然与德性有最紧密的联系,更能判断一个人的品质,没有理性选择也就不会有德性,"一个行为是由于行为者所引发、产生的,是由行为者决定或选择的,也是行为主体主观有意识地引发的"④。自愿的行为和理性选择促成了道德品格的形成,因为"行动、选择由观念所支配,而我们的观念取决于我们部分地为之负责的品质"⑤。承担什么责任行为,就会成为什么样的人、具有什么样的品质,"人的德性就是既使得一个人好又使得他出色地完成他的活动的品质"⑥,责任道德是人们在理性的实践中逐渐发展的,"既然行为是自己主宰的,经过策划和自愿的,那么自己就负有完全责任"⑦。这种负责使人的潜能

---

① 罗尔斯.正义论[M].何怀宏,等译.北京:中国社会科学出版社,2009:265.
② 陈根法.心灵的秩序:道德哲学理论与实践[M].上海:复旦大学出版社,1998:19.
③ 亚里士多德.尼各马可伦理学[M].廖申白,译.北京:商务印书馆,2003:47.
④ 亚里士多德.尼各马可伦理学[M].廖申白,译.北京:商务印书馆,2003:59.
⑤ 亚里士多德.尼各马可伦理学[M].廖申白,译.北京:商务印书馆,2003:76.
⑥ 亚里士多德.尼各马可伦理学[M].廖申白,译.北京:商务印书馆,2003:45.
⑦ 亚里士多德.尼各马科伦理学[M].苗力田,译.北京:中国社会科学出版社,1990:55.

得到充分发挥,成为促进人的幸福、实现高尚目的品质的最佳手段。

角色责任成为人们普遍认同和承担的道德责任。角色责任是行为主体基于社会角色所赋予的道德责任,"善完全在于社会职责的履行"①,一个人在社会关系中是多重角色的集合体,因而承担的角色责任也是多种多样。黑格尔曾说:"人的决心是他自己的活动,是本于他的自由做出的,并且是他的责任。"②除了人之为人应该承担的维护人格尊严、珍惜生命安全等自然责任外,与各种社会关系角色相对应的责任可划分为亲情角色、职业角色、社团角色和公民角色,这些角色相应的要求人应担负起一定的职责,如由父母、夫妻、子女的家庭及亲属关系所赋予的亲情类角色责任,从业人员所从事的工作和事业赋予的职业类角色责任,人参加各种社会团体如党团组织、学术、文艺、体育团体等应履行的社团类角色责任,以及每个人作为国家的公民应承担的权利、义务等公民角色责任。怀特认为:责任或义务或明或暗地是契约或承诺的结果。我的责任是我答应或承诺的事,也是别人由此可以期待或要求我去做的事。角色责任既是"角色"的客观要求,又是对"角色"存在和作用的确证,表明一旦行为者在自愿并有能力承担责任的前提下,应当并且必须为其扮演的角色承担责任,人如果不履行这些角色责任,其角色也就失去了本来的意义。如英国社会学家哈耶克所说:"公民责任的逻辑基础是公民为什么可以而且应当负担责任,即公民责任的合理性、应当性问题。公民责任实质上表现为公民基于权利作为或不作为的自由以及由此而承担的有利或不利的后果。这种对不利或有利后果的负担实际上暗含着一种国家或社会对公民的强制,而这种强制必定是一种基于约定的强制;同时也暗含着一种公民的自我强制,而公民之所以愿意承担这种有利或不利的后果,其前提条件必定是公民有选择的自由(意志自由),他才能对他的作为或不作为(行动的自由)负责。"③

2. 责任实践展现人的公德意识和公共精神

公民的道德责任意识是社会公德的核心,勇于履责的道德是关于人的生活方式与生活态度的公共精神。"这种社会精神在世代社会生活中通过反思形成,它潜藏于人们的内心深处,流化为日常生活习惯,固化为日常生活行为

---

① 麦金太尔.伦理学简史[M].龚群,译.北京:商务印书馆,2003:32.
② 黑格尔.法哲学原理[M].范扬,张企泰,译.北京:商务印书馆,1982:146.
③ 哈耶克.自由秩序原理[M].邓正来,译.北京:生活·读书·新知三联书店,1997:83.

规范,并成为人们存在意义与行为选择的价值根据。"①公民的道德责任蕴含于个人品德、家庭美德、职业道德和社会公德之中,其中社会公德即是公民社会责任的具体扩展,人与人、人与社会、人与自然的关系构成社会公德的基本关系,以文明礼貌、助人为乐、爱护公物、保护环境、遵纪守法为主要内容的社会公德,是社会生活中最简单、最起码、最普通的行为准则,是维持社会公共生活正常、有序、健康进行的基本道德责任,既承担着调节人们行为方向和相互关系、保障社会有序运转的使命,又成为衡量现代公民个人道德修养的重要标志。离开人们所共同接受的公共生活规则,一个社会的安定有序就失去了道德基础,难以实现和谐社会的目标。

人们在履行道德责任时,需要一种发自内心的、理智与思想相结合的"自我确信的"良心,形成深藏于责任主体内心的道德信念与行动指南。如马克思在论道德信念时指出:"征服我们心智的、支配我们信念的、我们的良心通过理智与之紧紧相连的思想,是不撕裂自己的心就无法挣脱的枷锁。"②如果公民不去承担责任或背弃了自己的社会责任,就突破了社会公德的善恶标准和底线,就会遭受良心的谴责乃至产生撕裂般的内心痛苦。麦金太尔也把这种因没尽到责任的事后内疚视为人的理性反思的表现,"一个人之所以内疚,是因为他认定自己做了道德上的错事,而这又是不可避免的。当事人之所以因内疚而痛苦,就因为他确信自己有责任发现正当行动的方式,如果没有这样的信念,他就不会有应负道德责任的负担,也不会因内疚而痛苦"。

道德责任是公民的自觉意识存在,反映了公民的主动性和参与性,作为角色的公民"需要约定和法律把权利和义务结合在一起,并使正义能符合于它的目的"③。责任本身产生并存在于实际的人际交往中,卢梭指出:"公民是整体的一部分,良好的社会制度是最善于改变人性的制度,赋予人以相对关系的生命,把所谓'我'移植在共同的单一体中,也就是说移植在社会的'我'之中;这样,他就不再认为自己是一个单一体,而是整体的一部分,只有在共同体中才感觉到自己的存在。"④个体只有通过思想交流与行为合作,才能亲历并体验

---

① 高兆明.伦理学理论与方法[M].北京:人民出版社,2005:27.
② 马克思,恩格斯.马克思恩格斯全集(第1卷)[M].北京:人民出版社,1995:295.
③ 卢梭.社会契约论[M].何兆武,译.北京:商务印书馆,1996:49.
④ 卢梭.社会契约论[M].何兆武,译.北京:商务印书馆,1996:54.

到人与人之间复杂利益关系的现实状况,深刻认识和理解相互尊重、相互协调的必要性,切实感受和意识到自己所应担负的道义上的责任。也就是说,公民的道德责任取决于自身的主观能动性,与公民身份是融为一体的。正如美国伦理学家雅克·蒂洛认为,如果我们依据经验和理性来考察人类的历史和个性,就会发现,人们有着许多共同的愿望、目标和需要,如幸福、自由、和平、安宁、友谊、爱情等等,为了满足和调节这些需要,人们必须确立和遵循比法律更普遍、更有渗透力的行为规范,这就是道德准则。①

道德责任不仅与行为者及其行为自身相关,还与对行为及其后果的评价密切相关。美国学者米尔恩认为,公民萌生履行责任的动机,建立在对义务正当性的认知和认同基础上,"'义务'在道德和法律中都是一个关键性概念。它的中心思想是,因为做某事是正确的而必须去做它。说某人有义务做某事,就是说不管愿意与否,他都必须做,因为这事在道德上和法律上是正当的"②。由于责任源于一定社会规范对公民行为的最基本规定,"它确立了使有序社会成为可能的或者使有序社会得以达致其特定目标的那些基本规则"③,公民对自己的行为后果负责,不仅是责任的实质之所在,而且也说明社会对于主体的责任界定是依据其角色的不同而有所不同的。可见,"道德责任是利益关系的产物,其根本特征蕴含在行为的应当性中,道德责任的核心则是对行为后果的承担"④。

第二节 公民道德责任的领域范畴

社会生活的领域是多样的,责任的领域也是多样的。道德责任观具有历史继承性与时代发展性的内在统一,因为"从人本身及其需要上看,道德责任属于人的精神世界的层面,任何人都有道德伦理上的需要"⑤,而"任何一种社会都是一个观念社群,不仅仅是政治观念,而且还有关于其成员应当如何行为

---

① 蒂洛,克拉斯曼.伦理学与生活[M].程立显,等译.北京:世界图书出版公司,2008:15-16.
② 米尔恩 A J M.人的权利与人的多样性[M].夏勇,张志铭,译.北京:中国大百科全书出版社,1996:34.
③ 富勒.法律的道德性[M].郑戈,译.北京:商务印书馆,2005:8.
④ 赵文静.试论责任和责任教育[J].山东教育科研,2000(10):15-17.
⑤ 魏英敏.新伦理学教程[M].北京:北京大学出版社,2003:136.

以及他们如何过活的观念,后一种观念就是该社会的道德责任观"①。责任并非局限于道德领域,而是涉及经济、政治、社会、文化等所有人类生活于其中的领域。道德责任承担着调节人们的行为和相互关系、保障社会有序运行的使命,根据责任关系的范畴,公民道德责任可划分为政治领域内的道德责任、经济领域内的道德责任、文化领域内的道德责任、社会领域内的道德责任以及生态文明领域内的道德责任等。

一、公民在政治领域的道德责任

公民在政治领域内的道德责任,主要体现在参与政治生活中的应尽之责,蕴含着与公民政治角色相对应的分内应做之事、对自己的言行后果的担当以及没有做好分内之事应受到的问责。如果说责任意志是个体自觉地确定目的和行为动机,进而采取负责任行动的心理过程的话,那么,政治责任意志则是个体在政治动机支配下,形成较为稳定的政治认同感、社会责任感和主动参与政治生活的心理状态,因为"我们都想生活得尽可能地好,但是,除非拥有和平、合作的社会秩序,否则我们不能实现繁荣。而如果没有规范,我们就不可能有和平、合作的社会秩序。于是,道德责任规范正是我们需要的、能够从社会生活中获益的准则"②。事实上,道德责任的选择和道德规范接受的过程,"即是责任主体出自道德需要对道德文化信息反映与选取、理解与解释、整合与内化以及外化践行的求善过程"③。

1. 公民道德责任与政治权利密切相关

任何人在政治生活领域内都具有一定的社会地位,扮演着一定的社会角色,因为"无论一个人是否喜欢,实际上都不能完全置身于某种政治体系之外,政治是人类生存的一个不可避免的事实,每个人都在某一时期以某种方式卷入某种政治体系"④。如亚里士多德所说,人天生要过共同的生活,"人类在本性上,也正是一个政治动物"⑤。人与自身、人与人的关系是通过人与社会的

---

① DEVLIN P. The Enforcement of Morals[M]. Oxford: Oxford University Press, 1965:9.
② 雷切尔斯.道德的理由[M].杨宗元,译.北京:中国人民大学出版社,2009:143.
③ 张琼,马尽举.道德接受论[M].北京:中国社会科学出版社,1995:58.
④ 达尔.现代政治分析[M].王沪宁,陈峰,译.上海:上海译文出版社,1987:5.
⑤ 亚里士多德.政治学[M].吴寿彭,译.北京:商务印书馆,2013:7.

关系而确证的,责任主体对善恶、是非、公私等问题的把握,以及道德责任的生成、履行与承担等都无法离开客观的历史条件与现实的社会生活,总要受到特定的经济、政治、文化条件与主观认识能力等各种因素的制约。自先秦至明末清初,在小农经济、专制政治基础上的宗法等级社会里,道德教育的发展以教化和训导"臣民""顺民"为基本宗旨,忽视人的自由平等权利,人们只有臣民意识而没有公民意识,根本参与不了社会政治生活,也就无从谈起承担政治责任。在社会主义制度确立后,公民真正当家做主,成为国家的"主人",享有了法定的政治权利,国家也同时赋予每个成员所应承担的道德责任。可见,无论是个人自由的实现,还是权利的充分享有,都与社会政治生活息息相关。马克思指出:"只有在共同体中,个人才能获得全面发展其才能的手段,也只有在共同体中才可能有个人自由。"①

公民的政治权利本身就意味着应承担一定的政治责任,追求利益的权利和承担责任的义务是互为条件的。如威尔·吉姆利卡指出:"由一系列权利和责任规定出来的公民资格,不仅仅是一种地位,它也是一种身份认同,表明了一个人是一定共同体的成员。"②公民成为从事管理社会及国家等公共事务的权利与义务的统一体,"其中的义务是作为角色享有权利所必须履行的责任和本分,而其中的权利则是作为角色完成义务所可以享有的利益"③。政治责任的履行是以政治权利的实现为前提的,没有无权利的义务,也没有无义务的权利,且"权利的真正实现仰赖于人对政治体的归属,当人失去了政治资格的时候,单纯人的存在无法产生任何权利"④。

一个人从道德责任他律向道德责任自律的内化历程,也就是其道德人格的完善和成为自觉自为的责任主体的过程,人的理性、自由、选择、责任相互关联,促使公民激发责任动机并承担起自己的责任。如黑格尔所言:"一个人做了这样或那样一件合乎伦理的事,还不能说他是有德的,只有当这种行为方式成为他性格中的固定要素时,他才可以说是有德的。"⑤公共理性是公民在公

---

① 马克思,恩格斯.马克思恩格斯选集(第1卷)[M].北京:人民出版社,1995:119.
② 吉姆利卡,诺曼.公民的回归:公民理论近作综述[C]//许纪霖.共和、社群与公民.南京:江苏人民出版社,2004:262.
③ 高兆明.道德文化:从传统到现代[M].北京:人民出版社,2015:22.
④ ARENDT H. The origin of Totalitarianism[M]. New York, 1973:296.
⑤ 黑格尔.法哲学原理[M].范扬,张企泰,译.北京:商务印书馆,1982:170.

共生活中发出合理正当的言行的必要品质,"表现为公民对共同生活的价值判断和认同,公民的政治能力和为正义的实现而承担的责任,以及公民追求正当的、审慎的公共言行"①。亚里士多德认为,"做一个好人与做一个好公民可能不完全是一回事"②,"好人"突出的是个体性,而"好公民"则强调公共性,以人的政治性而不是社会性作为基本预设,人们结成政治共同体,感知到共同生活"本身之中就存在着某种美好的东西",本质上是一种伦理德性。

2. 公民的政治责任体现为平等参与民主管理

公民身份的确立使公民成为政治生活的主体,并赋予公民平等的政治权利和平等的参与责任。宪法中规定的是"公民"的权利与义务,而不是"个人"的权利与义务。现代民主政治的发展,离不开公民的平等参与,正如列宁所说"一切民主制度都意味着形式上承认公民的一律平等,承认大家都有决定国家制度和管理国家的平等权利"③。作为政治共同体中自由、平等的公民,"通过参加政治过程、提出自身观点并充分考虑其他人偏好和共同利益与价值,根据条件修正自己的理由,实现偏好转换,批判性地审视各种政策建议,最终达成政治共识的民主实践和公民自治的过程"④。公民的人格平等是一种自我修养和互相尊重的道德意识,政治平等作为一种政治意识,则是建立在利益关系基础之上的获得权力、相互赋予权力、分配权力的意识。政治生活的平等参与标志着现代政治民主化的提升和社会文明的进步,马克思指出:"一切人,或至少是一个国家的一切公民,或一个社会的一切成员,都应当有平等的政治地位和社会地位。"⑤

公民的政治参与既是实现政治权利的保障,也是担当政治责任的基本体现。因为公民的"积极责任是指公民承担起应有的政治责任,积极参与政治活动,依法维护自己的政治权利和民主权利,以实际行动,推动了民主政治的发展,受到社会组织和社会成员的鼓励和肯定;消极的责任则与之相反"⑥。美国伦理学家特里·库柏也认为:"公民的核心责任之一,是参与建构政体的过

---

① 金生鈜.公民的伦理身份及其养成[J].北京大学教育评论,2014(2):73-87.
② 亚里士多德.尼各马可伦理学[M].廖申白,译.北京:商务印书馆,2003:133.
③ 列宁.列宁全集(第31卷)[M].北京:人民出版社,1995:96.
④ 陈家刚.协商民主[M].上海:上海三联书店,2004:1.
⑤ 马克思,恩格斯.马克思恩格斯选集(第3卷)[M].北京:人民出版社,1995:444.
⑥ 韩承鹏.民主政治视野下的公民政治责任教育[J].天府新论,2005(6):65-68.

程,以便维持民主的建构和政体重构。"①事实上,一个不履行公民道德责任的人必将是对国家政治漠不关心和游离于政治共同体之外的自然人。"这一思路不应被理解为期望公民必须变得无私并在行为上完全利他,但它确实意味着,公民有责任既要发现他们自己的个人利益也要发现政治社群的利益,而对这一社群利益,他们负有契约性的自制的责任。"②

公民身份表明国家政治生活的主体不是私人领域中的单纯追逐个人利益的个体,而是积极参与公共生活并承担责任的"公"民。公民的政治责任包括依法有序参与社会政治生活的责任、维护社会公平正义的责任、维护国家统一和民族团结的责任、自觉遵守法律和制度规范的责任、促进人类和平与发展的责任等。"当公民直接面对政府权力运作时,它是民众对于这一权力公共性质的认可以及监督;当民众侧身面对公共领域时,它是对公共利益的自觉维护与积极参与。"③

二、公民在经济领域的道德责任

经济领域内的道德责任主要指公民在经济生活中应担当的职责和义务,以及在参与市场经济建设实践过程中对自身行为后果的承担。马克思主义在考察了人类社会物质生产的基本方式之后认为,劳动创造了价值。劳动产品所蕴含的价值既包括直接以自身消费为目的的使用价值,也包括间接地以他人消费为目的的交换价值。生产劳动为人类社会得以存续和发展提供了必备的物质保障。因为经济关系对于其他各种社会关系具有决定性意义,经济共同体本身是一个由具有集体意识的公民所构成的有机整体,人的生存与发展的前提在于物质需要的满足,而利益对道德起着主导性作用,任何道德责任观念及行为选择,"都是在事实上的善与恶、是与非、美与丑、重与轻、利己与利人、保全与牺牲、高尚与低下等之间进行取舍"④。如马克思所说:"人们奋斗

---

① COOPER T L. An Ethic of Citizenship for Public Administration. Englewood Cliffs[M]. NJ: Prentice Hall, 1991:137.
② COOPER T L. An Ethic of Citizenship for Public Administration. Englewood Cliffs[M]. NJ: Prentice Hall, 1991:138.
③ 转引自朱学勤.书斋里的革命[M].昆明:云南人民出版社,2006:328.
④ 李德顺,孙伟平.道德价值论[M].昆明:云南人民出版社,2005:104.

所争取的一切,都同他们的利益有关。"①每一个社会的经济关系首先是作为利益表现出来的,"思想一旦离开利益,就一定会使自己出丑"②。人作为实践主体始终以一定的价值追求为目标,维护社会利益的公平、公正,发挥经济服务人和促进人的发展的作用。

1. 公民的道德责任是利己与利他的统一

由于人是自然属性与社会属性的统一,人满足自身的物质生活需要是自然生命得以存在的基础,因而"利己"行为是人的自然属性的必然诉求。同时,人总是处于一定的社会关系中,任何个体都离不开社会和集体,脱离了集体利益,个人利益也无法实现,人的社会属性内在地要求人应当具有"利他"性,因为集体利益是个人利益得以实现的基本条件,也"只有在集体中,个人才能获得全面发展其才能的手段"③。一定阶级的道德责任都是从维护一定阶级的利益出发的,"道德责任本质上是肯定、激励人,保证社会有序和谐发展的一种动力方式,其宗旨是最大限度地增进人的利益,离开人们的利益就无责任可谈,离开个人利益所形成的道德责任也必然是缺乏坚实基础的、不稳定的,甚至是虚幻的"④。因此,在经济领域公民的道德责任应当是利己与利他的统一,如果人们总是过分强调个人利益,而缺少对公共利益的关注与维护,则必将陷入混乱失序的状态。霍布斯认为:"一个人不论在什么时候依法作出诺言后,破坏诺言就是不合法的。"⑤

公民崇尚人人尽责的伦理精神,遵守人与人、人与集体、人与社会之间关系的行为规范和道德准则,既是为了"在保证社会劳动生产力极高度发展的同时,又保证每个生产者个人最全面的发展这样一种经济形态"⑥,也是为了让人与人更高程度地相互依存、更加广泛地社会交往适应经济社会的需要,以确保经济活动有效性和实现个人利益、他人利益和社会利益的协调发展。道德责任的履行首先体现在公民通过诚实劳动、合法经营满足个人的物质文化生活需要,这样,个人的劳动生产也就具有了道德责任的内在价值。"一个不容

---

① 马克思,恩格斯.马克思恩格斯全集(第1卷)[M].北京:人民出版社,1995:82.
② 马克思,恩格斯.马克思恩格斯全集(第2卷)[M].北京:人民出版社,2005:103.
③ 马克思,恩格斯.马克思恩格斯全集(第3卷)[M].北京:人民出版社,2002:84.
④ 郭金鸿.道德责任论[M].北京:人民出版社,2008:212.
⑤ 霍布斯.利维坦[M].黎思复,黎廷弼,译.北京:商务印书馆,1985:153.
⑥ 马克思,恩格斯.马克思恩格斯选集(第3卷)[M].北京:人民出版社,1995:342.

否认的真理是,全体公民生存与生活的目标,绝不是为生产财富而生产财富。只有赋予财富生产、消费以伦理与德性的美好品质,财富才有益于一切人的生存、生活和发展。"①财富不仅是个人生存能力的对象化,也是个人安身立命的现实基础,更是个人通过诚实劳动实现自身价值的体现。韦伯提出:"倘若财富意味着人履行其职业责任,则它不仅在道德上是正当的,而且是应该的,必须的。"②

公民作为经济活动的主体,其主体性不仅体现为生存能力的培养、财富的创造及对尊严的维护等的自觉自为性、能动性和有目的的实践活动,而且体现为对公民身份、公民的权利、公民责任等的心理认同和理性自觉,主体性差异的本质取决于"人在对象性活动和行为中的权利和责任"③。黑格尔指出:"通过个人的劳动以及通过其他一切人的劳动与需要的满足,使需要得到中介,个人得到满足——即需要的体系。"④在这个需要体系中,每个人切身利益的实现建立在他人切身利益的实现基础上,促使公民在互利互惠中去理解人与人之间的关系,"在特定共同体内的人们围绕生存伦理和社会交往规则形成有关公正、公平的共识,在此基础上形成互助的习惯、规范、风俗和传统观念"⑤,产生一种勇于担当责任的道德行为,从而实现利己与利他的有机统一。

2. 公民承担道德责任是市场经济有序发展的保障

社会主义市场经济的有序发展,离不开制度伦理和社会规范的导引,更离不开公民守则行为的责任担当。马克思主义认为,"物质生活的生产方式制约着整个社会生活、政治生活和精神生活的过程"⑥,从社会主义计划经济体制向市场经济体制的转型,是从传统社会到现代社会的重大变革,归根结底是个人与社会联结方式的转型,即从"人的依赖关系"向"物的依赖关系"的根本转变。"社会形态是以个人与社会的联结方式为根据的社会历史阶段划分

---

① MORAN T F. The Ethics of Wealth[J]. The American Journal of Sociology, 1901(6):823-838.
② 韦伯.新教伦理与资本主义精神[M].于晓,陈维纲,译.北京:生活·读书·新知三联书店,1987:59.
③ 李德顺.价值论[M].北京:中国人民大学出版社,2007:53.
④ 黑格尔.法哲学原理[M].范扬,张企泰,译.北京:商务印书馆,1982:203.
⑤ SCOTT C. The Moral Economy of the Peasant[M].New Haven:Yale University Press, 1976:12.
⑥ 马克思,恩格斯.马克思恩格斯选集(第2卷)[M].北京:人民出版社,1995:82.

的"①,马克思把人类社会形态划分为三个阶段,"人的依赖关系(起初完全是自发的),是最初的社会形态。在这种形态下,人的生产能力只是在狭窄的范围内和孤立的地点上发展着。以物的依赖性为基础的人的独立性,是第二大形态,在这种形态下,才形成普遍的社会物质交换、全面的关系、多方面的需求以及全面的能力的体系。建立在个人全面发展和他们的共同的社会生产能力成为他们的社会财富这一基础上的自由个性,是第三个阶段"②。在"物的依赖关系"下,人们按照市场的规则自由地交换产品,自由地获取商品,从而自由地满足自己的各种存在和发展需要。"因为每个人为自己劳动,而他的产品并不为自己使用,所以他自然要进行交换,这不仅是为了参加总的社会生产能力而且是为了把自己的产品变成自己的生活资料。"③生产实践和产品的普遍交换成为每一个人的生存条件,这种普遍交换和相互联系,使得"在交换价值上人的社会关系转化为物的社会关系,人的能力转化为物的能力"④。从交换行为本身来看,每一个人作为交换主体在自愿选择和自由交换中,获得了自身的独立性以及对于自身生存的权利和责任,"因而这就确立了个人的完全自由:自愿的交易,任何一方都不使用暴力"⑤。

  市场经济是一种自由竞争的经济,而竞争的前提是平等的。市场经济的内核就是竞争机制,通过社会各层面的竞争让资源配置达到最优化。人与人之间以契约的形式进行社会分工和平等交换,使每个人按照自己的兴趣、爱好、特长、理想、意志去提高自己的能力、发挥自身的特长、拓展个人素质,凭借自己的努力以等价交换为原则满足人的利益和发展需要,"在这种形态下,才形成普遍的社会物质交换,全面的关系,多方面的需求以及全面的能力的体系"⑥。同时,契约所代表的社会关系不再把个人看成纯粹孤立的个体,人与人之间建立起普遍联系的交往关系,从而赋予公民一定的社会责任。公民在从事某种职业和社会活动时,也以认同并承担相应的道德责任为基础。"公民如果是自愿加入这一群人组成的群体,这一行为本身就充分说明了他的意愿,

---

① 马克思,恩格斯.马克思恩格斯全集(第46卷上)[M].北京:人民出版社,2003:104.
② 马克思,恩格斯.马克思恩格斯全集(第46卷上)[M].北京:人民出版社,2003:104.
③ 马克思,恩格斯.马克思恩格斯全集(第46卷上)[M].北京:人民出版社,2003:104.
④ 马克思,恩格斯.马克思恩格斯全集(第46卷上)[M].北京:人民出版社,2003:103.
⑤ 马克思,恩格斯.马克思恩格斯全集(第46卷上)[M].北京:人民出版社,2003:196.
⑥ 马克思,恩格斯.马克思恩格斯全集(第46卷上)[M].北京:人民出版社,2003:104.

也就是以默认的方式约定要遵守大多数人所规定的事情。"①

市场经济也是信用经济和"利他"型经济,经济活动要求交易双方依法经营、诚实守信、严格履行承诺并遵守道德规范,人与人之间只有建立彼此信任的关系,才能维持市场经济的有序运行,保障双方利益和人生价值的实现。如果没有相互之间的承诺、信诺与践诺,一切商品交易也就无法完成。人们遵守市场运行规则的道德行为,体现着公民的责任实践能力,"一个公民在公共生活中,正义地对待共同体和其他公民,保护共同体的公共秩序和政治实践的正义,尊重和保护其他公民的自由和平等,这样的公民实践是德行实践"②。从这意义上讲,公民道德责任意识的提高,既是社会文明进步的重要体现,也是发展市场经济的基本保证。如果公民为了获取个人利益而不择手段,本身就放弃了自己对社会和他人的责任,自身利益也就难以实现。事实上,社会转型过程中出现的各种假恶丑现象,虽然与法律法规的监管缺位密不可分,但从根本上说是由于一些人的道德责任意识缺失所导致的结果。

三、公民在文化领域的道德责任

公民责任意识的提升既是文化建设的重要内容,也受到社会文化的影响和制约。社会主义文化建设以培育有理想、有道德、有文化、有纪律的社会主义责任公民为基本目标,以实现好、维护好、发展好最广大人民的根本文化权益为价值诉求。文化领域的道德责任,即公民在参与文化建设、文化传承、文化创新、文化消费等实践中所要承担的道德责任,包括主动接受文化教育、自觉提升文化素养、认同传承民族文化、培育践行核心价值观以及参与先进文化创建、自觉抵制不良文化、维护良好社会文化环境等。当前,铸牢中华民族共同体意识的一项重要任务,就是坚定文化自信,文化自信的力量是理性的力量、自觉的力量、包容的力量,在世界文化激荡中,只有保持中华文化的自主性,体现中华文化的包容性,发挥中华文化的创造性,才能为遏制历史虚无主义提供精神引领和价值支撑。

1. 文化自信是公民责任行为的内在动因

公民道德责任既是建设和谐社会和发展先进文化的重要保证,也是提高

---

① 霍布斯.利维坦[M].黎思复,黎廷弼,译.北京:商务印书馆,1985:135-136.
② 金生鈜.公民的伦理身份及其养成[J].北京大学教育评论,2014(2):73-87.

公民科学文化素质和促进人的全面发展的客观需要。文化自信是一个国家、一个民族发展中更基本、更深沉、更持久的力量,是民族凝聚力的体现和国家文化软实力建设的重要内容,体现出国家和民族对自身文化价值的充分肯定,对文化生命力、竞争力、影响力及未来发展前景的坚定信心和信念。发展先进文化以普遍提升社会成员的幸福感、获得感为价值目标,是为了充分体现广大人民根本利益和总体利益,继承与发扬民族文化的优秀传统,提高人民的科学文化素质和思想道德素质,不断满足人民对美好精神文化的新需求新期待,为改革开放和现代化建设提供有力的思想保证、精神动力和智力支持。而公民的文化自信,则是指人们对国家历史、传统文化、民族精神及核心价值观的自觉认识、充分认同和积极践行,并对持续传承和创新始终保持文化优势所持有的坚信不疑的态度,只有增强民族自豪感和民族自尊心、把握主流文化的内核和价值导向,才能真正做到文化自信。培育公民的文化自觉,实质上是提升人们对自身文化体系和文化价值的认知、认同与自信,增强民族精神的向心力和凝聚力,实质上折射出公民文化判断、文化选择、文化创造的有机统一。

  道德责任在更高层次上反映了公民的文化理想、文化自觉和文化自信,对于促进公民身份核心要素的稳定性、规范性具有重要作用。"公民身份的目的在于以一种共生的关系将个体与国家联系在一起,以创立和维持一个公正而稳定的共和国政体,使个体能够享受到真正的自由。"[①]健康、稳定、良好、和谐的现代文明社会不仅依赖于社会制度的正义,而且依赖于公民的道德品质与责任态度,如果"没有良好的道德规范,是无法实现社会和谐的"[②],如布赖恩·特纳提出"现代公民身份的基础要素有四个:公民责任、社会信任、平等主义和世俗化个人主义的行动取向"[③]。

  毋庸置疑,公民教育的最高使命是促进人的全面发展,而文化认同则是教育的重要使命,因为公民对文化的自觉认识和履行,不仅是社会健康发展的客观需要,也是现代公民素质的内在要求。联合国教科文组织的《学会生存》指出:"人类发展的目的在于使人日趋完善,使他的人格丰富多彩,表达方式复杂

---

① HEATHER D. What is Citizenship[M]. London: Polity Press, 1999:53.
② 胡锦涛.在省部级主要领导干部提高构建社会主义和谐社会能力专题研讨班上的讲话[N].人民日报,2005-06-26(1).
③ 特纳.公民身份与社会理论[M].郭忠华,等译.长春:吉林出版集团有限责任公司,2007:112.

多样;使他作为一个人,作为一个家庭和社会的成员,作为一个公民和生产者、技术发明者和有创造性的理想家,来承担不同的责任。"① 公民对角色期待、道德责任、价值目标的认同,对于人们担当责任与履行义务至关重要,使公民履行社会责任的空间得以拓展,从而在特定社会关系和文化活动中获得尊重、认可和支持,一个负责任的人"在行动前应考虑各种选择,做出对所有相关者都最有利的选择,同时要审视自身的行为后果是否对他人产生不利的影响"②。英国政治学家约翰·霍顿认为:"责任首先需要面对三个基本问题:对谁负责,责任的程度与限度,如何来解释或者证成这些责任。"③ 责任让人在公共生活中考虑"我是谁"与"我应该做什么"的问题,从根本上调整人的生活。

无论从公民的身份内涵来看,还是从公民道德的现实表征来看,积极理性地参与文化活动都是一项基本的责任和义务。随着国家社会生活的日益丰富和多元化,文化活动也趋向于多样性和广泛性的特征,公民正是在参与文化创造、文化消费的过程中承担一定的道德责任,获得参与技能、公共德性和文化素质的不断提高,"公民自身素质的发展、生活质量的提高、文化精神的满足很大程度上都取决于公民个体参与社会公共领域的能力和技巧"④。从某种意义上说,道德责任本身构成一定历史时期文化价值的基础性内容,"现代社会中对他者负责和对自己负责本质上是一个东西,负责创造了宽容与协同,这是现代人类同命共运的观念基础"⑤。

2. 追求崇德向善是公民履行文化责任的永恒课题

中华传统文化源远流长,无论社会如何变迁和道路多么曲折,中华民族对真善美道德的追求从未改变,始终不渝地从认识和知识的角度去求真、从行为和道德的角度去向善、从审美和艺术的角度去尚美。求真、向善、尚美是理想人格的精神动能,其中"真"即探索真理的高尚品质,是对社会存在本质、本源的认识,"善"是传统道德修养的核心命题,"所有事物都以善为目的"⑥,体现

---

① 联合国教科文组织国际教育发展委员会.学会生存:教育世界的今天和明天[M].华东师范大学比较教育研究所,译.北京:教育科学出版社,1996:5.
② YOUNG I M. Responsibility for Justice[M]. Oxford: Oxford University Press, 2011:25.
③ John Horton. Political Obligation[M]. London: The Macmillan Press, LTD. 1992:12-13.
④ 章建敏.公民道德责任探析[J].江淮论坛,2009(2):77-82.
⑤ 鲍曼.现代性与矛盾性[M].邵迎生,译.北京:商务印书馆,2013:356.
⑥ 亚里士多德.尼各马科伦理学[M].廖申白,译.北京:商务印书馆,2003:3.

人的正义性、责任感和良心,"人们通过善的概念反映自己最普遍的利益、意向、心愿和对未来的希愿,它们在这里都表现为应当是的东西和值得赞扬的东西的抽象的道德观念。人们通过善的观念评价他们周围所发生的一切社会现象和某些人的举动"①。"美"就是发现美、热爱美、创造美,正是这样的理想和信念为优秀文化薪火相传凝聚起不竭力量。毛泽东指出:"真的、善的、美的东西总是在同假的、恶的、丑的东西相比较而存在,相斗争而发展的。当某一种错误的东西被人类普遍地抛弃,某一种真理被人类普遍地接受的时候,更加新的真理又在同新的错误意见作斗争,这种斗争永远不会完结。这是真理发展的规律,当然也是马克思主义发展的规律。"②

核心价值体系作为文化最深层的内核,决定着社会主义文化的性质和发展方向,承载着一个民族、一个国家的文化理想和精神追求,体现着一个社会评判是非曲直的价值标准。"马克思主义指导思想,中国特色社会主义共同理想,以爱国主义为核心的民族精神和以改革创新为核心的时代精神,社会主义荣辱观,构成社会主义核心价值体系的基本内容。"③社会主义核心价值体系涵盖了理想信念、精神风貌、道德准则和价值规范,集中体现了社会主义意识形态的本质和先进文化建设的前进方向,旗帜鲜明地指出改革开放和中国特色社会主义事业中什么是真善美、什么是假丑恶,应当坚持什么、反对什么和提倡什么、抵制什么,从而"为各民族、各阶层和不同利益群体的人们在社会主义市场经济条件下判断行为得失、明确价值取向、作出道德选择,提供了基本规范"④。党的十八大报告进一步明确提出建设核心价值观的根本任务,强调"倡导富强、民主、文明、和谐,倡导自由、平等、公正、法治,倡导爱国、敬业、诚信、友善,积极培育和践行社会主义核心价值观"⑤。"三个倡导"回答了建设什么样的国家、建成什么样的社会、培育什么样的公民的重大问题,不仅是中国特色社会主义道路、理论体系和制度的价值表达,体现了国家、社会、个人价值认同与精神追求的高度统一,而且"体现社会主义核心价值体系的根本性质

---

① 康.伦理学词典[M].王萌庭,等译.兰州:甘肃人民出版社,1983:85-86.
② 毛泽东.毛泽东文集(第7卷)[M].北京:人民出版社,1999:230-231.
③ 中共中央文献研究室.十六大以来重要文献选编(下)[M].北京:中央文献出版社,2008:661.
④ 吴潜涛.社会主义核心价值体系的科学内涵[J].道德与文明,2007(1):4-7.
⑤ 张露.社会主义核心价值体系引领公民道德建设的思考[J].当代世界与社会主义,2013(2):76-69.

和基本特征,反映社会主义核心价值体系的丰富内涵和实践要求,是核心价值体系的高度凝练和集中表达"①。核心价值观具有广泛的包容性、适用性和强大的整合力、引领力,不但能够使人们建立普遍的关爱他人、关心社会的责任意识,而且能够在全社会营造利他主义精神的道德风尚,对于教育、引领、激励公民肩负应尽责任和履行时代使命具有不可替代的作用。"社会主义核心价值观与社会主义核心价值体系在本质上是一致的、统一的,它们都体现了社会主义的核心价值追求,是建设中国特色社会主义不可或缺的重要组成部分。"②

公民认同、内化和践行社会主义核心价值观是道德责任的时代要义。"价值认同即是指价值主体不断改变自身价值结构以顺应社会价值规范的过程,它体现出社会成员对社会价值规范的一种自觉接受、自觉遵循的态度。"③马克思曾指出"道德的最重要特性是以实践精神来把握世界"④,从社会心理学的角度看,一种有效的制度和价值规范,"必须要有适应的政治文化的支持,即来自社会成员足够的政治认同意识的支持,否则,就不能有效地内化为社会成员自觉的价值尺度和行为准则"⑤。随着经济体制深刻变革、社会结构深刻变动、利益格局深刻调整、思想观念深刻变化,人们受各种价值观念影响的渠道明显增多、程度明显加深,西方价值领域的庸俗化、物欲化、虚无化以及拜金主义、享乐主义思潮对公民道德观、价值观带来负面影响,社会生活领域出现了道德滑坡和责任缺失现象,突出体现为"精神支柱方面的拜金主义和责任意识的弱化,凝聚力方面的离心离德和责任意识的逆反,文明秩序方面的道德虚无和责任意识的逃避,个人生活方面的享乐主义和责任意识的远离,存在意识方面的人情冷漠和责任意识的疲软等"⑥。人类在其自身的状况中所面临的真正危机归根结底是信仰危机,因为"道德责任信念是人们对于某种人生观、道德理想和行为原则的正确性和正义性,深刻而有根据的笃信,以及由此产生的

---

① 中共中央文献研究室.十八大以来重要文献选编(上)[M].北京:中央文献出版社,2014:578.
② 周一兵.中国方略:怎么看治国理政新理念新思想新战略[M].北京:人民出版社,2016:141.
③ 贾英健.认同的哲学意蕴与价值认同的本质[J].山东师范大学学报(社会科学版),2006(1):10-16.
④ 马克思,恩格斯.马克思恩格斯全集(第46卷上)[M].北京:人民出版社,2003:39.
⑤ 周光辉.当代中国政治发展的十大趋势[J].政治学研究,1998(1):29-42.
⑥ 郭金鸿.道德责任论[M].北京:人民出版社,2008:253.

对是非善恶行为准则及其执行意义的内心需求"①。人们只有认知、认同并笃信社会主义核心价值观,才会形成发自内心的自律意识和稳定性、持久性的责任行为习惯,实现权利与义务、自律与他律的辩证统一。为此,要把提升公民责任素质作为先进文化建设、精神文明建设和道德建设的重要抓手,引导公民崇尚真善美、抵制假恶丑,树立责任自律和担当意识,追求向上向善的价值目标和生活方式,涵化德性修养,规范责任行为,使"每个人都有机会发展其可能的天赋。只有这样,个人才能得到应该属于他的满足感;也只有这样,社会才能最大限度地繁荣"②,从而以主流价值构筑共有精神家园的道德基础,引导人们追求讲道德、尊道德、守道德的生活,形成共建美好世界的最大公约数,进一步形成全社会共同的理想信念和道德规范,打牢全党全国各族人民团结奋斗的思想道德基础。

四、公民在社会领域的道德责任

道德责任作为人的一种社会意识的产物,是在人类社会的一定生产方式或经济关系的基础上产生的,既受到社会条件和社会经济关系的决定和制约,又随着社会经济关系的变革而发生变化。"社会认同是一个人自我概念的一部分,它来自个人对自己属于特定社会群体的认识,这种群体成员的资格对他有某种情感的和价值的重要意义。"③在社会公共领域里,每个公民都是一个自由、平等的参与主体,社会作为人们共同生活结成的经济政治文化和伦理道德关系的联合体。"个体参与民主生活既可以作为自身的目的,又可以作为实现成人民主生活的手段,在这样的参与中所学到的不是将来要应用的一组信息,而是技能和实际的程序、真正的生活的式样和民主的式样。"④为使社会成员过上幸福美好而有尊严的生活,既需要社会创设一种人格独立与自由平等相对应、公民权利与义务相统一、社会公平与制度正义相匹配、人的发展与社会文明相促进的有利氛围,也需要在参与社会公共生活中承担特定的道德责任,认同和培育"自由、平等、公正、法治"的社会层面核心价值观,自觉维护社

---

① 罗国杰.伦理学教程[M].北京:人民出版社,1986:358.
② 爱因斯坦.爱因斯坦晚年文集[M].方在庆,等译.海口:海南出版社,2014:21.
③ 休斯,克雷勒.社会学和我们[M].上海:上海社会科学院出版社,2008:179.
④ 诺丁斯.教育哲学[M].许立新,译.北京:北京师范大学出版社,2008:39.

会公共秩序的健康稳定运行。

1. 公民道德责任以遵守社会公德为底线伦理

社会的道德规范反映着社会成员的共同利益和道德要求,是调节人与人之间关系的道德准则。个人作为群体的一员,只有寓于公共生活中才是现实的、完整的,公民通过对社会公共生活领域的积极参与,对公共道德的遵循和秩序维护,成为具有公共理性、公共德性和公共精神的人,从而避免单个人的封闭、狭隘、自私和自利等道德缺陷。美国教育学家杜威提出:"任何一个人的道德品质的形成都是在一个社会关系的环境中实现的,道德品质的形成与一个社会的鼓励或挫伤、败坏或促进等作用的程度有关。道德品质、道德判断和道德责任是教育、传统和环境等共同作用的结果,是由社会环境为我们塑造的。"① 每个人都生活在共同体之中,并受其文化和价值体系的影响,"公共生活是在私人生活的基础上生成的,是在与私人生活相比较而言中获得其原初规定性的"②,社会是人生存发展的最重要环境,人生活在社会中也必须高度重视和自觉承担社会责任,如西塞罗所说:"生活的任何一个方面,无论是公共的还是私人的,无论是法庭事务还是家庭事务,无论是你对自己提什么要求还是与他人订立什么协议,都不可能不涉及责任,生活的全部高尚寓于对责任的重视,生活的耻辱在于对义务的疏忽。"③

公民社会责任意识涵盖自由意识、平等意识、公平意识、法治意识和规则意识、公德意识、参与意识、正义意识等,最核心的体现是公共精神。公共精神是现代公民参与社会生活的必备素质,具体表现为遵循和谐共生的责任原则、遵守社会道德规则、维护公共生活秩序、不损害他人利益、珍惜公共资源等。"人们处在一个合作共同体之中为了人的共生共在而开展行动,行动就是人的最基本的生活方式,每一个人都在行动中不断地寻找自己所应扮演的角色,发现最适合自己的角色,并因行动的需要而不断地变换自己的角色。"④ 新时代对公民的社会道德责任提出了更高的要求,团队协作成为人的交往关系和社会关系的必然选择,这就要求公民"对公共行动的观念、价值进行理性讨论、商

---

① 杜威.杜威文选[M].孙有中,等译.上海:上海社会科学出版社,1997:99.
② 陈付龙.当代中国社会公共生活建设研究[M].北京:人民出版社,2017:60.
③ 西塞罗.论义务[M].王焕生,译.北京:中国政法大学出版社,1999:9.
④ 张康之.论社会治理中的身份与角色[J].中共福建省委党校学报,2015(9):4-14.

议和辩论,对政治行动的理由和方式进行对话,是公民理性精神的表现,也是公共生活的主要内容,是营造更好的政治生活形式和公共秩序的方式"①。

　　社会是一个复杂的系统,对个体权利和利益的满足会受到诸多因素和条件的限制,而个体对社会责任的承担则更多来自个体的意愿,"首先需要改变人的思想、观念和信仰,只有当人的思想、观念和信仰发生了变化,才有可能使新的社会规划付诸行动"②。承担责任的内在动力即在知道做什么、怎么做的基础上,形成知行和意行相统一、内化于心与外践于行相统一的行为动机,形成"必须做"的行动愿望和履责习惯。社会责任强调的是"行为选择的价值性、主动性和责任性,旨在唤醒社会成员的价值意识和主动意识,促进社会问题的根本性解决"③。公民在公共生活领域的主要责任,"既需要根植于其所处的共同体的价值体系,也要保持审慎的反思。负责任的行动依赖共同体的状态和行动者的反思能力,行动者需要对共同体有反思性的认同"④。而一切社会认同作为认同主体的主观体验是由认知、情感、意向等多种心理因素统合而成的整体性观念结构,因而是认知认同、情感认同和行为认同的高度统一。

　　社会转型期人们的生活方式呈现多样性、价值观念趋于多元化,尤其是城镇化建设的步伐加快,原来以传统道德责任为基础的熟人社会生活空间、生活方式、人际关系都被打破,人与人的交往日益拓展到陌生人群体,而新型城市社区的责任约束机制尚未确立与完善,间接造成个体在社会生活中道德责任意识的弱化。为此,应加强社会公德、职业道德、家庭美德和个人品德建设,大力弘扬崇尚道德责任的良好风气,提升公民对社会角色赋予的社会责任的理解和对践行社会主义核心价值观的自觉认同,强化道德责任意识,使道德责任信仰转化为人的自律行为,将自身的发展与社会的建设有机结合起来,"在个体之维表现为通过潜能的多方面实现而'占有自己全面的本质'、走向真实具体的存在,在社会之维则表现为赋予人的全面发展以必要的历史前提,并使社会本身达到健全的形态"⑤。

---

① 金生鈜.公民的伦理身份及其养成[J].北京大学教育评论,2014(2):73-87.
② 张康之.论全球化、后工业化进程中的启蒙[J].学术界,2017(5):5-21.
③ 孙会娟.伯纳德·威廉斯对康德道德责任理论的批判[J].道德与文明,2019(2):81-87.
④ 杨文燮.论责任伦理视阈下绿色生态意识培育[J].南京师大学报(社会科学版),2019(4):142-148.
⑤ 杨国荣.道德的形上内蕴[J].华东师范大学学报(社会科学版).2001(5):98-114.

2. 公民履行责任以推动社会文明进步为力量源泉

公民的平等地位、自由权利和道德责任只有在公共领域中才能得以实现。马克思认为:"人们的社会历史始终只是他们的个体发展的历史,而不管他们是否意识到这一点。他们的物质关系形成他们一切关系的基础。这种物质关系不过是他们的物质的和个体的活动所借以实现的必然形式罢了。"①每个公民的生存和发展都离不开社会的环境和条件,因为"一个人如果仅仅过着个人生活(像奴隶一样,不让进入公共领域,或者像野蛮人那样不愿建立这样一个领域),那么他就不是一个完整的人"②。"只有当人成为社会人,并整齐划一地遵循某种行为方式时,才能获得科学的特性;那些不遵守规则的人,因而被视为反社会的或不正常的。"③特别是在家族生活迅速瓦解、公共生活与私人生活日益分离的现代社会,"由于儒家伦理引申不出现代公共生活(主要体现为政治生活)的价值范式,直接决定了它不适合作为引申公共生活准则的依据"④。

没有公民对社会生活的参与和分享,人的独特性将无法显现,也就无所谓公共幸福或公共自由。"公民是自由、平等、负责的社会主体,不过,作为一个社会主体、一种伴随有责任的自由身份,公民应当积极、理性地参与每一个层次的公共生活。"⑤"公民"这一共同的身份标志不仅改变着个体的思想观念,也改变着个体的社会行为,"公民都已成为整个社会成员的最大公约数,无论是在个体间或个体与国家间,在关涉自我权利和义务的认知上,在社会价值观的认同上,在对公共事务的关切上,在个体社会活动的行为意向上,人们只能别无选择地以'公民'相待"⑥。个体责任归根结底来自人类历史发展中的社会规范要求,尤其是"社会主义逐步克服个人生活目的和社会目的之间的、个人利益与社会利益之间的、活动的客观价值和关于活动的主观观念之间的、人道的道德理想和现实之间的、社会道德及其中的世界观和个人道德之间的对

---

① 马克思,恩格斯.马克思恩格斯选集(第4卷)[M].北京:人民出版社,1995:532.
② 阿伦特.人的条件[M].竺乾威,等译.上海:上海人民出版社,1999:29.
③ 阿伦特.人的条件[M].竺乾威,等译.上海:上海人民出版社,1999:32.
④ 廖申白.公民伦理与儒家伦理[J].哲学研究,2001(11):67-74.
⑤ 檀传宝.公民教育引论:国际经验、历史变迁与中国公民教育的选择[M].北京:人民出版社,2011:205.
⑥ 杨明.当代中国公民道德发展的历史与逻辑[J].道德与文明,2014(2):5-9.

抗关系"①。

　　公共领域与私人领域的分立客观要求公民积极参与、合作共赢、民主协商的公共理念,在彼此负责的状态中实现和谐的交往模式,构建有序的公共生活,责任行为也具有前所未有的道德性,"公共领域的责任问题被提到了重要议事日程,意味着必须重塑以'群体互惠与意义共享'为价值目标的自愿的'社会共同体'的生存信念,并将其作为一种现代社会整体性的价值理想"②。从伦理学角度看,道德意味着个体在获得公民身份后所应遵循的规范以及表现出来的道德品质,每个人都应担负对自己的民族、国家、社会和集体的道德责任,这与社会主义核心价值观三个层面是思想相融、价值相通的契合关系,转化为个人对社会主义核心价值观内化于心、外践于行的责任意识,只有培育公民的担当精神,"着力在知行合一上下功夫,核心价值观才能内化为人们的精神追求,外化为人们的自觉行动"③。

　　道德责任是规范体系的基础,而"道德评价、道德教育围绕道德责任而展开,道德活动过程是使客观责任转变为个体自觉责任意识的过程,是形成个体道德责任感和道德自我评价能力的过程。离开道德责任的道德活动是抽象的、没有实效的"④。道德责任不仅展现人对公共领域应尽义务的认识和把握,而且也是促进文明发展和进步、实现公民自我超越的动力,美国伦理学家弗兰克纳说:"从道德上讲,任何道德原则都要求社会本身尊重个人的自律和自由,一般地说,道德要求社会公正地对待个人,并且不要忘记,道德的产生是有助于个人好的生活。"⑤"由于有了这种德性,就能以德性对待他人。"⑥如果说契约伦理取代了传统伦理成为工业社会典型伦理精神的话,那么,由工业社会向后现代文明社会的转型发展中,一种以合作而不是竞争为基本要素的伦理精神必将取代契约伦理,为实现公民权利、利益和责任的有机统一提供道德支撑。

---

　　① 季塔连科.马克思主义伦理学[M].黄其才,等译.北京:中国人民大学出版社,1984:186.
　　② 邓正来.市民社会理论的研究[M].北京:中国政法大学出版社,2002:4.
　　③ 习近平.青年要自觉践行社会主义核心价值观:在北京大学师生座谈会上的讲话[N].人民日报,2014-05-05(1).
　　④ 陆传照.道德责任在道德建设中的作用[J].现代哲学,2000(1):67-70.
　　⑤ 弗兰克纳.善的求索:道德哲学导论[M].黄伟合,等译.沈阳:辽宁人民出版社,1987:247.
　　⑥ 亚里士多德.尼各马科伦理学[M].苗力田,译.北京:中国社会科学出版社,1990:90.

五、公民在生态文明领域的道德责任

马克思主义认为,人作为自然界的一部分,是"现实的、有形体的、站在稳固的地球上呼吸着一切自然力的人"①,自然既是人的实践活动的对象,为人类生存提供物质保障,"人因自然而生,人与自然是一种共生关系"②,自然又是人的实践活动的前提,为人类提供生存和发展的场所及空间,可以说,"没有自然界,没有感性的外部世界,人什么也不能创造。自然界是工人的劳动得以实现、工人的劳动在其中活动、工人的劳动从中生产出和借以生产出自己的产品的材料"③。人的劳动具有目的性,依赖于自然并根据自身的需要能动地改造自然,使自然要素通过人的实践成为人类的一部分,同时自然的存在是不可改变的客观属性,人的实践活动必然受自然规律的制约。人类对自然生态的破坏,也就是对自身社会和谐的破坏,脱离了人与自然和谐有序的社会生态系统,也就难以从根本上消除生态危机对人类安全生存造成危险。如霍尔巴赫所说:"人是自然的产物,存在于自然之中,服从自然的法则,不能超越自然。"④为实现人与自然的和谐共生与可持续发展,人对赖以生存的自然环境和生态文明建设负有不可推卸的责任,既要尊重自然对人的先在地位,又要尊重人对自然的主体地位,敬畏自然、尊重自然、顺应自然、保护自然是公民道德责任的重要体现和基本要求。

1. 人与自然的和谐共生关系是推动历史发展的前提保障

自然是生命之母,人作为自然存在物,"人是自然界的一部分"⑤,人类自诞生之日起就始终与自然界不可分割、相互制约,人与自然是生命共同体。如《道德经》中所言:"天地之所以能长且久者,以其不自生,故能长生。"天地因化育万物而长久存在。马克思、恩格斯指出:"人作为有生命的自然存在物,一方面具有自然力、生命力,是能动的自然存在物;这些力量作为天赋和才能、作为欲望存在于人身上;另一方面,人作为自然的、肉体的、感性的、对象性的存

---

① 马克思,恩格斯.马克思恩格斯全集(第42卷)[M].北京:人民出版社,2017:167.
② 习近平.习近平谈治国理政(第2卷)[M].北京:外文出版社,2017:394.
③ 马克思,恩格斯.马克思恩格斯文集(第1卷)[M].北京:人民出版社,2009:158.
④ 霍尔巴赫.自然的体系(上卷)[M].管士滨,译.北京:商务印书馆,1999:3.
⑤ 马克思,恩格斯.马克思恩格斯选集(第1卷)[M].北京:人民出版社,1995:56.

在物,和动植物一样,是受动的、受制约的和受限制的存在物,也就是说,他的欲望的对象是作为不依赖于他的对象而存在于他之外的;但这些对象是他的需要的对象,是表现和确证他的本质力量所不可缺少的、重要的对象。"①自然和社会具有内在的联系和交互作用,自然环境赋予人类生存发展的基本条件,为人与人之间的社会关系提供了空间与资源,"人与人之间社会关系的建立和发展受制于人与自然的关系,人在对自然改造的同时,也改变着人与人之间社会关系建立所处的空间和所享有的资源"②。人与自然的关系从本质上说是人类社会的自身关系,"因为只有在社会中,自然界对人说来才是人与人联系的纽带,才是他为别人的存在和别人为他的存在,才是人的现实的生活要素;只有在社会中,自然界才是人自己的人的存在的基础"③。

马克思主义认为,社会的发展归根结底要以人与自然的关系为基础,"劳动生产率也是和自然条件联系在一起的,这些自然条件的丰饶度往往随着社会条件所决定的生产率的提高而相应地减低"④。人类经历了原始文明、农业文明、工业文明,而生态文明是工业文明发展到一定阶段的产物。

首先,从人类诞生一直到农业文明时期,人类改造自然的能力非常有限,对自然界基本上是依赖、顺从、恐惧和崇拜的状态,"自然界起初是作为一种完全异己的,有无限威力的和不可制服的力量与人们对立的,人们同它的关系完全像动物同它的关系一样,对自然界是一种纯粹动物式的意识"⑤。人对自然的初步开发虽然导致过局部的生态危机,但简单的生产劳动方式并没有破坏人与自然的整体平衡,人类在农业生产中对自然规律的认识和利用也处于一种低层次的和谐关系中,自然界为人提供的物质生活资料不丰富,人的本质力量无法展现。

其次,工业文明时代,人们开发利用自然资源的能力极大提高,通过正确认识自然、科学地改造自然使生产力水平获得空前发展,但资本主义唯利是从的生产方式造成了人与自然物质变换关系的断裂,资本家为追逐利润和剩余

---

① 马克思,恩格斯.马克思恩格斯全集(第42卷)[M].北京:人民出版社,2017:167-168.
② 武天林.实践生成论人学[M].北京:中国科学出版社,2005:227.
③ 马克思,恩格斯.马克思恩格斯全集(第42卷)[M].北京:人民出版社,2017:122.
④ 马克思,恩格斯.马克思恩格斯文集(第7卷)[M].北京:人民出版社,2009:289.
⑤ 马克思,恩格斯.马克思恩格斯全集(第3卷)[M].北京:人民出版社,2002:35.

价值对工人压榨剥削,包括"对工人在劳动时的生活条件系统的掠夺,即对空间、空气、阳光以及对保护工人在生产过程中人身安全和健康的设备系统的掠夺"①。工人的劳动不可避免地被物化和异化,极端利己主义征服自然的欲念膨胀,大肆毁灭性砍伐森林、掠夺性开采资源、过度性放牧牲畜和高污染排放废物,对生态环境的破坏超出自然界承受的限度和自身可修复的程度,必然造成生态环境恶化、自然资源匮乏、自然灾害频发和气候持续变暖等生态危机。人类中心主义把人视为创造一切价值的主体和自然万物的主宰者,把自然界视为被开发、被支配和被利用的资源,否认其他物种和非生命体的内在价值,人与自然矛盾尖锐化及自然灾害发生频繁化,人类也终将自食其果,遭受大自然的报复和惩罚。历史一再证明,人们改造自然所取得的成就无不是因为人们自觉或不自觉地遵循了自然规律而获得的,"不以伟大的自然规律为依据的人类计划,只会带来灾难"②。正如恩格斯曾告诫人们:"不要过分陶醉于人类对自然界的胜利,对于每一次这样的胜利,自然界都对我们进行报复。每一次胜利,起初确实取得了我们预期的结果,但是往后和再往后却发生完全不同的、出乎意料的影响,常常把最初的结果又消除了。因而,我们对自然界的全部统治力量,就在于我们比其他一切生物强,能够认识和正确运用自然规律。"③

最后,现代科学技术的飞速发展在推动人类自身和社会进步的同时,也带来资源、能源更大规模和更广泛的开发利用以及污染的不断加剧,凸显出人与自然和谐共同体建设的紧迫性。"面对生态环境挑战,人类是一荣俱荣、一损俱损的命运共同体,没有哪个国家能独善其身。"④当今世界之变、时代之变、历史之变正以前所未有的方式展开,人类社会面临前所未有的挑战。尽管我们所处的时代同马克思所处的时代相比发生了巨大而深刻的变化,但从世界社会主义500年的大视野来看,我们依然处在马克思主义所指明的历史时代,如习近平总书记所说:"从本质上讲,世界历史发展总趋势没有改变,资本主义

---

① 马克思,恩格斯.马克思恩格斯文集(第5卷)[M].北京:人民出版社,2009:491.
② 马克思,恩格斯.马克思恩格斯全集(第31卷)[M].北京:人民出版社,1998:251.
③ 马克思,恩格斯.马克思恩格斯选集(第4卷)[M].北京:人民出版社,1995:383.
④ 习近平.共谋绿色生活,共建美丽家园:在2019年中国北京世界园艺博览会开幕式上的讲话[N].人民日报,2019-04-29(2).

的不合理现状以及人类摆脱这种不合理现状的追求没有改变。"①人类之所以难以有效遏止和从根本上摆脱环境危机,关键原因在于一些发达国家"奉行对立思维、霸权主义,搞唯我独尊、利益独占的零和博弈"②,霸权主义的伦理价值所主导的经济运行模式和责任推脱观念损害着人类的共同利益,"单一的身份认同往往是造成不同族群、不同宗教、不同文明之间冲突的根源"③。由于发达国家和发展中国家的历史责任、发展阶段、应对能力皆不相同,"共同但又有区别的责任原则不仅没有过时,而且应该得到遵守"④。为消除国家利益分歧主导的消极对抗和冲突,必须超越狭隘的地区保护主义,"对气候变化等全球性问题,如果抱着功利主义思维,希望多占点便宜、少承担点责任,最终将是损人不利己"⑤。应在平等对话原则基础上达成合作的共识,推动各国"维护好共同利益,努力保持世界的开放;不应相互对抗拆台,而是要携手维护世界的和平稳定"⑥。

马克思、恩格斯在揭示人类历史的发展规律时认为,人类所面对的两大关系"即人类与自然的和解以及人类本身的和解"是在实践活动中同时产生的,人同自然的关系直接影响着人的本质的实现程度,没有人与自然的和解,就不可能实现人与人、人与社会的和谐发展。只有到了人与自然的真正和谐的共产主义社会,"人同自然界完成了的本质的统一,是自然界的真正的复活,是人的实现了的自然主义和自然界的实现了的人道主义"⑦。推翻一切旧的生产关系和交往关系的基础,"社会化的人,联合起来的生产者,将合理地调节他们和自然之间的物质变换,把它置于他们的共同控制之下,而不让它作为一种盲目的力量来统治自己;靠消耗最小的力量,在最无愧于和最适合于他们的人类本性的条件下来进行这种物质变换"⑧。大同世界成为个性得到充分发展的

---

① 习近平.深刻认识马克思主义时代意义和现实意义继续推进马克思主义中国化时代化大众化[N].人民日报,2017-09-30(1).
② 陈杰.家国情怀、人类情怀与人类命运共同体的构建[J].中国矿业大学学报(社会科学版),2021(2):1-12.
③ 森.身份与暴力:命运的幻象[M].李凤华,等译.北京:中国人民大学出版社,2011:22.
④ 习近平.携手构建合作共赢、公平、合理的气候变化治理机制[M].北京:人民出版社,2015:5.
⑤ 习近平.携手构建合作共赢、公平、合理的气候变化治理机制[M].北京:人民出版社,2015:4.
⑥ 王毅.跨越东西差异,践行多边主义[J].国际问题研究,2020(2):1-6.
⑦ 马克思,恩格斯.马克思恩格斯全集(第3卷)[M].北京:人民出版社,2002:301.
⑧ 马克思,恩格斯.马克思恩格斯文集(第7卷)[M].北京:人民出版社,2009:929.

自由人联合体,在更高层次上实现人的本质的自我确证和人与自然的和谐共生,"共产主义,作为完成了的自然主义,等于人道主义,而作为完成了的人道主义,等于自然主义,它是人和自然界之间、人和人之间的矛盾的真正解决。"①从而根本上解决经济发展与生态环境之间的矛盾,每个人的自由发展成为一切人的自由发展的条件,人类社会最终过渡到生产力高度发达、社会财富极大丰富、人们的精神境界极大提高以及"各尽所能、按需分配"最高阶段。

2. 共建共享生态文明是实现人类永续发展的根本大计

促进人与自然和谐共生是关系人民福祉、关乎民族未来的长远大计,也是建设中国式现代化的内在要求和必由之路。习近平总书记指出:"保护生态环境,关系最广大人民的利益,关系中华民族的长远利益,是功在当代、利在千秋的事业""良好生态环境是最公平的公共产品,是最普惠的民生福祉。"②当前社会主要矛盾变为人民日益增长的美好生活需要和不平衡不充分的发展之间的矛盾,在生态文明建设领域,人们对良好居住环境的关注度和对优美生态环境的需求度日益提升,体现出生态环境治理对于基本民生的极端重要性。习近平总书记指出:"人与自然是一种共生关系,对自然的伤害最终会伤及人类自身,只有尊重自然规律,才能有效防止在开发利用自然上走弯路。"③中国特色新型工业化、信息化、城镇化和农业现代化的协调发展,既为全面建设富强民主文明和谐美丽的社会主义现代化强国奠定了基础,也凸显出经济社会发展与生态环境保护之间的矛盾,"面对资源约束趋紧、环境污染严重、生态系统退化的严峻形势,必须树立尊重自然、顺应自然、保护自然的生态文明理念,把生态文明建设放在突出地位"④。只有实施全面节约战略,树立"绿水青山就是金山银山"的发展理念,倡导绿色消费和绿色低碳的生活方式,深入推进绿色发展、循环发展、生态优先和低碳发展,坚持山水林田湖草沙一体化保护和系统治理,持续打好蓝天、碧水、净土保卫战,才能共建共享人与自然和谐共

---

① 马克思,恩格斯.马克思恩格斯文集(第1卷)[M].北京:人民出版社,2009:187.
② 中共中央文献研究室.习近平关于全面深化改革论述摘编[M].北京:中央文献出版社,2014:107.
③ 中共中央文献研究室.习近平关于社会主义生态文明建设论述摘编[M].北京:中央文献出版社,2017:11.
④ 胡锦涛.坚定不移沿着中国特色社会主义道路前进为全面建成小康社会而奋斗:在中国共产党第十八次全国代表大会上的报告[N].人民日报,2012-11-18(3).

生的现代化,筑牢中华民族可持续发展的生态根基。

首先,低碳生活和节约资源是每一个公民应该承担的社会责任。地球是人类赖以生存和发展的唯一家园,环境是一个不可分割的整体,"空气和阳光,受益而不觉,失之则难存"①。气候、水、土地等资源日益成为影响每个人的健康指数、幸福指数和生活质量的核心要素,生态环境安全越来越成为关乎人类健康持续发展的根本性问题。消费不仅是生产的目标和动力,也是人类享受物质财富和价值的基本行为方式,如马克思指出:"没有生产,就没有消费;但是,没有消费,也就没有生产,因为如果没有消费,生产就没有目的。"②合理正当的和必要的消费是社会生产得以发展的前提,也是人类追求幸福美好生活的基础与保障,但要充分考虑自然界的资源承载能力,把开发利用与环境保护统一起来,把注重眼前利益、局部利益转向着眼于长远利益、整体利益。自然是人类行为的一面镜子,自然作用于人的不同方式实质上是人作用于自然的不同方式在人身上的体现。每一个社会成员都是生态环境的维护者和共享者,公民在选择一种什么样的生产和消费观念时,实际上也是在选择一种什么样的道德责任观,要在全社会倡导尊重自然、顺应自然、节约资源、保护环境的发展理念,像爱护自身生命一样爱护自然,人人养成节约资源、低碳生活、理性消费和绿色环保的生活方式,协同推进降碳、减污、扩绿、增长,形成爱护环境、人人有责的文明风尚,共建人与自然和谐共生的资源节约型和环境友好型社会。

其次,生态文明的本质特征是人与自然和谐共生。没有人与自然的和谐,就没有人的身心和谐,也就没有社会和谐、国家和谐及世界和谐。建设生态文明,推动绿色低碳发展,不仅可以满足人民日益增长的优美生态环境需要,而且可以实现更高质量、更有效率、更加公平的可持续发展。"在生态社会中,人们将致力于消除经济活动对大自然的威胁,逐步形成人的生态与自然生态相互协调的生产生活方式,人们更加尊重自然,避免对物欲的过分追求和对环境造成破坏。"③从这个意义上讲,保护生态环境就是保护生产力,改善生态环境

---

① 习近平.共同创造亚洲和世界的美好未来:在博鳌亚洲论坛2013年年会上的主旨演讲[N].人民日报,2013-4-7(1).
② 马克思,恩格斯.马克思恩格斯选集(第2卷)[M].北京:人民出版社,1995:9.
③ 邓如辛.以人为本:科学发展观的价值取向研究[M].长春:吉林大学出版社,2011:259.

就是发展生产力。敬畏自然和保护环境不仅关系到全球的共同利益和命运，而且影响着人类的未来和后代的生存环境，为此，人们在追求自身当前、当下利益时，不能忽视乃至牺牲整个大自然和未来人类的生存需要，要为后代的生存发展留有宝贵的自然资源和良好生态，承担起维系人类永续发展的道义担当，以保证未来人类生存环境、生活质量。因为人与人、人与自然之间历史地形成的关系，都遇到前一代传给后一代的大量生产力、资金和环境，"也预先规定新的一代本身的生活条件，使它得到一定的发展和具有特殊的性质。由此可见，人创造环境，环境也创造人"①。从道德层面看，现代人与未来人的关护性、关联性伦理责任具有绝对性和普遍性价值，"人类必须对整个大自然负责，包括对整个自然生态圈和未来存在承担责任，我们没有基于当代人类追求更好的生活目的而使子孙后代的存在受到威胁的权利"②。为构建更高水平的人与自然生命共同体，现代公民应增强对人类未来发展的忧患意识，养成适度的物质消费、减量的环境破坏和绿色节能减排的行为习惯，这种忧患意识"并不是一种消极悲观的态度，而是一种积极的情感，是一种让人类以一种开放的态度对待未来"③。只有提升人的生态环保意识和生态文明素质，培育责任共同担当、危机共同解决的合作意识，团结协作共同应对生态环境危机等全球性问题，形成国际环境防治的公平有效机制，才能维护好自然的稳定性、完整性、多样性和延续性，为子孙后代留下蓝天、绿地、净水的美好家园，这既是生态文明社会建设的基本要求，也是公民道德责任建设的重要任务。

---

① 马克思,恩格斯.马克思恩格斯文集(第1卷)[M].北京:人民出版社,2009:545.
② JONAS H. The Imperative of Responsibility In Search of an Ethics for the Technological Age[M]. Chicago: University of Chicago Press, 1985:11.
③ JONAS H. The Imperative of Responsibility In Search of an Ethics for the Technological Age[M]. Chicago: University of Chicago Press, 1985:28.

第四章
公民道德责任的生成机理与实践要素

道德责任是新时代公民道德建设的重要基础,是衡量公民道德水平的基本条件和重要标志。"任何一种生活,无论是公共的还是私人的,事业的还是家庭的,所作所为不管是只关系到个人的还是牵涉他人的,都不可能没有其道德责任。"①从马克思主义认识论关于认识与实践的辩证关系来看,在由思向行的转变中涉及知、情、意、信、行等各种因素,道德责任就是一个从责任认知、责任情感升华、责任意识生成、责任信念确立到责任行为实施的逐步深化和螺旋上升的过程。"从道德责任生成本身来说,应当从传授责任知识、强化他律责任阶段入手。"②个体经由内在自觉的责任动机,将知、情、意、信外化为责任行动的过程,是道德责任的价值所在,责任行为来源于慎思、明辨、笃行,又使得责任认知、情感和信念得以强化,列宁指出:"道德品质的培养与巩固过程,是一个将外在道德观念内化为人们内心道德信念的过程。"③

第一节 公民道德责任的生成机理

公民对道德责任的知、情、意、信、行之间是彼此联系、相互转化、相辅相成、互为促进的有机统一关系,其中"知"是基础,"情"是支撑,"意"是保证,"信"是动力,"行"是关键。"道德责任是人们对自己从事的活动与他人及社

---

① 西塞罗.西塞罗三论:老年、友谊、责任[M].徐奕春,译.北京:商务印书馆,1998:9.
② 郭金鸿.道德责任论[M].北京:人民出版社,2008:310.
③ 列宁.列宁全集(第25卷)[M].北京:人民出版社,1995:419.

会之间发生客观伦理关系的一种自觉认识,从而自觉地从道德意义上担负起对他人及社会的责任。"①只有公民具有足够的道德责任意识,承担公民角色相应的道德责任,才能在主张和实现自身权利及自由的同时,促进人与人之间的和谐共处和共同发展。如果说责任认知是道德情感的基础与动因的话,那么责任行为则是衡量主体道德素质的标尺,且责任主体对行为后果的自愿承担,是道德责任感取代责任命令的重要环节和题中应有之义。"道德责任虽然是公共利益对个人的要求,个人应当与之相一致,但它只能是通过个人内在良心的认同和自愿的希求,否则它就不具有实际的约束力,所以道德责任又必须以尊重人的自由为前提。"②为此,在公民道德责任的具体实践中,要结合时代要求塑造共同价值观,以个人品德培养好品行、以家庭美德培养好成员、以职业道德培养好建设者、以社会公德培养好公民,推动公民道德实践朝着真善美的方向发展,促使道德主体形成践行传统美德与高尚情操的自律意识,并主动、自觉地担当起自身责任。

一、公民的道德责任认知

道德责任是适应社会有序运行的客观要求而产生的,反映着特定社会的时代要求,责任认知本质上是个体对社会关系中应承担义务的主观意识或心理反映,即主体自觉意识到的并自愿履践的职责。责任意识是人对责任的认知、感受、评价以及观念的确立,既是个人遵循社会的道德准则所表现出的心理倾向,也体现出人类获得自己本质的一种方式,公民责任意识"是深刻的道德认识、炽热的道德情感和顽强的道德意志等的有机统一"③,即公民对国家政治、经济、法律等活动主体的一种心理认同与理性自觉,是公民对自己应该做的事或者应该承担责任的深刻体认。无论是公民责任情感的升华,还是责任行为的矫正,以及责任能力的提高,都是建立在对自身应当承担责任的认知的基础上。"所谓积极责任指的是社会对责任主体的行为预期,即期望社会成员能够遵从社会规范,负担与自己社会角色相适应的行为;而消极责任则指社

---

① 章建敏.道德责任的界定及其实现条件[J].当代世界与社会主义,2010(2):165-168.
② 宋希仁.论马克思恩格斯的自律他律思想[J].马克思主义与现实,2014(2):70-76.
③ 罗国杰.伦理学教程[M].北京:人民出版社,1986:58.

会对行为不符合社会规范的成员所给予的谴责和制裁。"①事实上,现实生活中许多有违于社会道德的现象和行为,往往是由于行为主体的道德责任意识淡漠所导致。

1. 责任认知是承担道德责任的心理反映

道德责任认知是对责任行为是非、善恶准则及其实践要义的认识,"既是构成个体责任品质的心理结构要素中最重要的成分,也是道德情感、道德意志、道德信念和道德行为的前提"②。责任认知是公民对应当承担的对自己、对他人、对社会、对国家、对自然的相应义务和责任的了解与把握,以及对自身行为后果的预见和担当意识。这种意识既是人的诸多需要中的一种高层次精神需要,也是人的理性行为的一种外在规范性。只有道德主体形成理性的责任认知,对不同的道德价值进行客观判断从而产生责任情感,锤炼责任意志,从而养成自觉履行责任的行为习惯,并勇于对行为及其结果负责。

责任认知和内在认同是责任选择的前提和基础。"主体对道德责任的理性认知,会极大地影响道德责任的实现方式及其功能的发挥"③。个体只有认知和明晰责任,才能去承担相应的义务,并对行为的善恶做出道德评判,进而激发责任行为动机。个体的责任认知与其道德观念、道德情感和态度密切相关,道德作为调节人与人、人与社会关系的一种行为规范,是个体内在价值与社会外在价值的辩证统一,"道德是调整社会关系的一种形式,是人们关于善恶、美丑、正义非正义、光荣耻辱、公正偏私的想法、观念、规范和原则总称。它以人们自我评价和他人评价的方式来调整人们的内心意愿和行为,是靠社会舆论、社会习俗和人们的内心信念来保证实施的"④。社会道德规范作为一种带有普遍性和强制性的要求,有利于调节人际关系中不同角色责任的道德冲突,促使人们按照合目的性、合规律性的要求去承担角色所赋予的义务。

责任认知也是个体明晰、承担、履行道德责任的起点和动力,"只有具备了一定知识、一定理智的人,才能正确认识自己的责任与义务,从而确定健康的

---

① 张贤明.论政治责任:民主理论的一个视角[M].长春:吉林大学出版社,2000:3.
② 郭本禹.道德认知发展与道德教育:科尔伯格的理论与实践[M].厦门:福建教育出版社,1999:83.
③ 鲁新安.价值冲突下的道德责任能力建设[J].学术研究,2007(8):47-51.
④ 张文显.法理学[M].北京:高等教育出版社,北京大学出版社,2011:317.

道德观念,做出有利于社会、有利于他人的道德选择"①。亚里士多德指出:"如果一个人在某种意义上对他的品质负有责任,他也在某种意义上要自己对其善的观念负有责任。"②个体既要对自己的无知负责,又要对因无知而逃避责任或做出不道德的行为负责,"如果一个人由于无知而做了某件事情,但是对这种行为并无内疚感,我们当然不能说他那样做时是出于意愿的。因为,他并不知道他在做些什么"③。为此,"一个人应当对于他的无知负责任,我们还要因这种无知本身而惩罚他"④。

2. 责任认知是公民对应尽职责的内心体悟

"责任认知是具有某种特定责任品质的个体对环境的认知操作,包括自我认知、人际知觉、角色认知、规则认知、结果预期等内容"⑤,个体的责任认知能力直接影响和制约着责任行为能力的发展。角色认知作为对自我的肯定和心理转变过程,"概括地说就是个体对自身的认识和态度,它包括对自身的生活状况、心理状况的认识和体验,也包括对自身的价值,自身与外部世界(他人、家庭、集体和社会)的关系的认识和体验,以及对自身人格尊严和人格形象的认识和体验"⑥。责任认知和认同是人在理性的引导下的"类意识,使人确证自己的现实的社会生活,并且只是在思维中复现自己的现实存在"⑦,这种意识使人形成认同、遵循社会规范的善恶标准及道德观念,认识到自己的责任之所在,明确自己的责任是什么,应如何去承担责任,以及怎样评价责任和矫正不道德行为。"一个人没有道德认识,便不会有相应的道德行为,从而也就不会有相应的品德。"⑧可以说,道德主体的责任认同越深刻,责任行为的自觉性和主动性就会越强。

强化公民的责任认同意识具有现实紧迫性和针对性。如果个体不认同自身角色所应承担的道德责任,或者对行为可能产生的后果"不清楚",缺乏一

---

① 杜祥培.治理道德败坏问题的三个维度:个人、社区、政府[J].长沙铁道学院学报(社科版),2004(3):16-20.
② 亚里士多德.尼可马各伦理学[M].廖申白,译.北京:商务印书馆,2003:75.
③ 亚里士多德.尼可马各伦理学[M].廖申白,译.北京:商务印书馆,2003:61.
④ 亚里士多德.尼可马各伦理学[M].廖申白,译.北京:商务印书馆,2003:73.
⑤ 李明.责任心的多元研究与测量[J].心理学探新,2008(3):14-17.
⑥ 唐凯麟,龙兴海.个体道德论[M].北京:中国青年出版社,1993:49.
⑦ 马克思,恩格斯.马克思恩格斯全集(第42卷)[M].北京:人民出版社,2017:123.
⑧ 王海明.新伦理学[M].北京:商务印书馆,2002:620.

定的预见力、理解力与判断力,就难以形成相应的责任感。"对于道德的责任和义务的认识和理解,恰恰正是道德认知的首要和核心的内容。离开了对道德的责任和义务的认识和理解,道德认知就将沦为形式主义的儿戏。"①我国正处于社会变革和转型时期,人们的权利意识普遍增强,个性的弘扬激荡着生命内在的价值感和尊严感,这无疑是现代化建设不可或缺的积极因素。"对个人权利的诉求,远远优先于自身责任义务的履行;在理解应当履行的道德责任方面,更多的是偏重于外在规范所指向的所谓'分内之事',而往往缺乏自觉能动的创造精神;虽然在思想上承认个人不能离开与他人的关系而存在,也承认他人对自己以及自己对他人都有不可回避的义务和责任,但一旦真正需要去承担责任时,却又往往以个人的自由和权利来消解对责任的担当。"②为此,我们不仅要认识主体应该对社会和他人尽道德责任,以及对自己的行为负一定的道德责任,而且"必须进一步弄清主体在什么范围和限度内对自己的行为负有责任,依据什么样的道德标准对自己的行为负有责任,只有这样,才能对主体的行为进行正常的道德评价"③。

二、公民的道德责任情感

责任情感是主体履行与承担责任的内在心理基础,是责任主体对自己的行为是否符合道德责任要求的内心体验,这种体验经过理性的反思而积淀在人的内心结构中,成为进一步履行责任和承担责任的不竭之源。责任发生与展开的逻辑起点在于责任感的驱使,个体只有在责任认知的基础上向责任情感转化,才会产生履行责任的动力。也就是说,主体的责任认知越深刻,责任感就会越强烈,对责任行为的驱动力也就越大。一旦行为取得了责任主体预期的效果,印证了主体行为初始的动机与心理,行为者的责任情感态势就会加强与巩固,进一步强化责任主体的认知能力。当公民"能够体验到个体的存在对于整个生态系统的依赖性,自然就会形成一种对自己、他人、社会、人类生存状态的普遍关心的责任意识和完成责任行为的责任能力"④。

---

① 吴瑾菁.道德认识论[M].北京:社会科学文献出版社,2011:18.
② 鲁新安.价值冲突下的道德责任能力建设[J].学术研究,2007(8):47-51.
③ 魏安雄.论主体道德责任[J].现代哲学,1999(1):96-101.
④ 宋晔.责任生成的道德内涵及其实现机制[J].南京师大学报(社会科学版),2003(4):89-95.

1. 责任情感是公民履行责任的行为动机

人们通常把责任感分为自我责任感与社会责任感。自我责任感是指主体对自身具有的责任感,包括自我需要的满足、自我幸福的实现以及自我价值的实现等方面内容。社会责任感是社会成员基于对自身利益与社会利益关切的认识所形成的自觉承担社会责任的意识,包括对他人、对家庭、对社会、对国家以及对自然的责任情感和行为动机。"责任是行为主体对在特定社会关系中定在任务的自由确认和自觉服从。"①责任的形成是一个渐进的、习得的过程,通常要经历由服从到同化并最终达到内化的历程,而内化即是一种理性的自觉与自律。就个体责任意识付诸责任行为实践来说,只有当个体在责任认知的基础上,把责任的外在要求,转化成个体履行责任的内在要求,把社会外在规范内化为个体的责任情感时,才会形成自觉自为的行为动机。正如列宁所说:"没有'人的感情',就从来没有也不可能有人对于真理的追求。"②

责任的应然性,表明的是道德责任的理想状态和责任要求,而责任的实然性,表现的是责任的实际状态和现实状况。一方面,在应然的意义上,自我责任感与社会责任感是相辅相成的。自我责任感的一个目的就在于努力使个体得到社会的认可,而社会责任感又是基于个体的责任担当之上的,社会成员有了社会责任感,就会对责任行为产生巨大的推动力,从而为社会的建设发展作出自己的贡献。另一方面,在实然的层面上,二者又总是处于一定的矛盾甚至冲突之中,社会责任危机突出表现在个体把自我责任感置于社会责任感之上,导致责任的自我化倾向。"道德情感是道德主体在区分善恶和明辨是非的过程中产生的内部体验和潜在动机,一个人有了某种道德情感,便会发生某种道德意向,形成与之相适应的道德意志。"③

道德责任意识的提升是人的道德品质、道德意志不断增强和道德情感日益升华的过程。责任情感和意志是基于个体对外在要求与义务的自觉理解与认同,并经主体的自律性而进行行为决断与选择的过程,是构成个体道德心理结构的核心品质。公民在付诸责任实践时,"随时随地都能用内在固有的尺度

---

① 程东峰.责任论:关于当代中国责任理论与实践的思考[M].北京:中国林业出版社,1994:14.
② 列宁.列宁全集(第25卷)[M].北京:人民出版社,1995:117.
③ 魏英敏.新伦理学教程[M].北京:北京大学出版社,2003:366-367.

来衡量对象"①,对自身责任行为及其结果进行价值评价,产生积极或消极的情感体验。如完成了自己分内的事,就会因自我价值得以体现、受到别人认可或赞许,而产生满意、心安的情感体验和获得感、满足感、愉悦感,这种心理体验会进一步强化公民承担社会责任的行为动机。而如果没有履行道德责任,则会受到道德的谴责和良心的拷问,产生消极的情绪如羞愧、内疚、自责等,从而促使公民以对自己负责的态度承担起相应的责任。

2. 责任情感是公民主动担责的行为导向

责任情感是人们在社会实践中基于道德认知、价值观念和生活经历而形成的对责任关系、责任价值、责任行为等的心理反应、评价功能及行为导向。道德情感对责任行为的动力作用,主要体现在由荣誉感、羞耻感、权责感等驱动下自觉主动承担责任的行为过程,"道德情感也只有经过长时间的社会实践和认识之后,才能使其加强和内化,形成人们内在的道德情感。这种内在的道德情感存在一定固化的内容,一般有如下几类:荣誉感、羞耻感、责任感、公正感、义务感、友谊感等"②。道德情感的重要性不仅体现在对道德行为的生发具有原动力功能,而且体现在对公民勇于担当习惯的养成具有价值判断功能、评价功能。为此,责任价值的实现要以正确的评价标准为尺度,道德责任评价是"人们在道德活动中根据一定社会的道德要求和道德规范系统,借助传统习惯、社会舆论、良心等方式,对行为现象及其道德价值做出的价值评定和判断"③。

责任的道德价值与行为选择密切相联,反映着主体的道德需求。对利己与利他、付出与回报等的价值取向直接影响着个体的责任行为,而他人或社会对于行为"应当"或"不应当"的价值评判,则会驱使个体强化责任认知,激发由被动承担责任转向主动承担责任的行为动机,成为个体自我肯定、自我实现和自我发展的主要手段。如美国弗兰克纳所说:"人负有责任,赞扬或惩罚他们是正当的,当且仅当,这样做是为了使善最大限度地超过恶。换句话说,和其他所有行为一样,这种责任的归结、责备和惩罚的行为,是由它们的结果所证明的,而无须通过任何过去的东西。如果这种观点是正确的,那么,即使决

---

① 马克思.1844年经济学:哲学手稿[M].北京:人民出版社,1979:51.
② 李伯黍,燕国材.教育心理学[M].上海:华东师范大学出版社,1993:51.
③ 《伦理学》编写组.伦理学[M].北京:高等教育出版社,人民出版社,2012:258.

定论是真实的,对责任的归结、责备和惩罚仍可能被证明是正当的。因为,这种决定论者并不考虑受责备的行为者有没有不受因果关系限制的自由,他们仅仅关心的是赞扬或者责备能否产生特定的结果。"①

虽然道德情感对个体道德行为的评价是间接的,但是道德情感对道德行为的评价却凸显出诊断功能、导向功能、激励功能等三方面的优势。其中,诊断功能直接作用于行为活动中的道德价值,对于符合社会道德规范的责任行为进行积极引导和对于不符合道德规范的行为及时制止和纠正;道德情感的导向和激励功能则是依据社会的核心价值观和主流道德标准,对个体行为的道德价值进行评断,通过舆论的赞扬、褒奖或批评、谴责,鼓励和引导人们扬善弃恶、主动实施具有道德价值的行为。这三种功能互为依托、相互渗透,对个体责任意识、责任情感的培育发展和道德行为习惯的养成具有不可代替的作用。可以说,"具备良好的责任情感,是公民积极履责的先决条件。只有当公民以一种自觉、志愿的态度去面对责任时,责任的履行与对责任后果的承担才会被公民看作是一件自然而然的事情"②。

道德责任是自我认知、自我适应等情感产生的根源,道德情感离不开对道德认知内容的理解和把握。情感形成和取决于后天的道德认识、道德内化,个体只有通过道德责任的认同激发同情心、爱心、良心和使命感,才会自觉承担应尽义务和承担行为后果的道德责任。"道德责任从社会的普遍道德现象中抽取出来后,被道德主体的认知所捕获,从而与道德主体已有的道德观念和道德行径相互作用,产生新的自我认知。在对道德认知的这些内容进行接纳与认可之后,主体会通过道德情感的生理系统和心理系统加以调整,以达到使得自己的道德行为适应道德责任和道德义务的评价标准。"③判断一个人是否该为其行为负责的首要标准在于责任主体是否知道自己该做什么以及是否明了其行为可能导致的后果。如果行为者对行为可能产生的后果"不知",缺乏一定的预见力、控制力、理解力与判断力,就无法真正实现责任的道德价值。例如"有思想的人体验到必须像敬畏自己的生命意志一样敬畏所有生命意志,善

---

① 弗兰克纳.伦理学[M].关键,译.北京:生活·读书·新知三联书店,1987:152.
② 张帅,李杰.责任精神:公民教育的第一要义[J].思想政治课教学,2012(10):4-7.
③ 蒋洋洋.道德认知与道德情感交互作用初论[J].湖北科技学院学报,2019(1):36-40.

是保存生命、促进生命,使可发展的生命实现其最高价值。"①

三、公民的道德责任意志

道德意志是一种相对稳定的心理,最能体现理性存在着的本质,是人们按照道德原则和道德责任在进行行为抉择的过程中,表现出来的有目的支配行动、调节行为、克服困难、坚持不懈等的心理素质、实践精神、坚强毅力和决心,履行道德责任的意志蕴含着自觉性、果断性、坚韧性品质。自觉性是意志的首要品质,贯穿于意志行动的始终,果断性是个体善于明辨是非、迅速而合理地作出决断的意志品质,而坚韧性则是在执行决定中勇于克服困难和阻力、百折不挠的意志品质。正是由于遵守道德要求是个人的自愿选择,个人才需要承担相应的道德责任。如英国哲学家彼得·英瓦根在其著作《论自由意志》中所说:"没有自由意志就没有道德责任;如果道德责任存在,那么某人就要为他所做或没有做某事负道德责任;为所做或没有做某事负道德责任,就是至少能够采取不同的行动——任何可能的不同行动,能够采取不同的行动就是拥有自由意志。如果道德责任存在,某人就具有自由意志。"②意志自由既是个体道德责任生成的必要条件,也是社会规范得以产生并发挥作用的前提,如果没有自由意志,道德规范既没有必要也不可能得以普遍遵循。马克思、恩格斯指出:"意志自由是借助于对事物的认识来作出决定的能力,因此,人对一定问题的判断越是自由,这个判断的内容所具有的必然性就越大……自由就在于根据对自然界的必然性认识来支配我们自己,因此,它必然是历史发展的产物。"③

1. 道德意志是公民勇于负责的精神之源

人的道德意志与道德情感密切关联。意志最初是从情感中逐渐分离出来的,又反过来促进道德情感的发展。情感是意志的源泉,意志是情感的动力,二者相互作用、互为条件、相互促进,展现在具有自由意志的人主动变革现实的行动中,既可发动和进行某些动作或行为,也可制止和消除某些动作或行

---

① 施韦泽.对生命的敬畏:阿尔贝特·施韦泽自述[M].陈泽怀,译.上海:上海人民出版社,2006:127.
② INWAGEN P V. An Essay on Free Will[M]. Oxford: Clarendon Press, 1983:162.
③ 马克思,恩格斯.马克思恩格斯文集(第9卷)[M].北京:人民出版社,2009:120.

为。道德责任作为人对自身行为负责的律己体现,源于人的道德需要、自我约束、价值判断和行为控制能力,"如果一个人有着较为强烈的道德需要,那么,他会主动承担各种角色责任和自然责任,并认为牺牲个人利益、为他人为社会奉献是应该的、崇高的、光荣的,从而心情愉快;而没有这种道德需要的人,则难以自觉履行'应当的'道德责任"①。

意志自由为责任的产生提供了必要前提和潜在条件。意志自由和行为意愿是判断一个人是否应对其行为负责的必要条件,马克思、恩格斯指出:"人使自己的生命活动本身变成自己意志的和自己意识的对象。……仅仅由于这一点,他的活动才是自由的活动。"②自由意志作为人类的一种本质性"类特性"贯穿于人的有目的有计划的实践活动始终,使人成为自由行动的"类存在物"。每个人都要经历由"自然人"到"道德人"的社会化过程,这一转化过程,是个体将一定社会关系的规范内化为责任意识的过程,"人们自觉不自觉地,归根到底是从他们阶级地位所依据的实际关系中——从他们进行生产和交换的经济关系中,获得自己的伦理观念"③。责任意识具有明确的行为导向性,"意识在任何时候都只能是被意识到了的存在,而人们的存在就是他们的现实生活过程"④。意志自由使人在改造客观世界和主观世界的过程中,有意识地决定达到某种目的,有计划地调节和支配自己的行为,进而克服各种困难实现预定的目标。

道德主体正是在承担道德责任、履行道德义务的过程中实现意志自由的。意志自由并不是主观任意的,而是人的意识能动性的集中体现,通过对客观必然性的认知和把握,彰显出人的积极性、主体性和创造性,也为人们提供了行为抉择和履行责任的自由空间。从个体层面看,自由意志不仅受到社会历史条件的限制,而且受到个体自身的身体条件、知识水平、价值观念、心理素质、个性毅力以及社会化程度等因素的影响,所以不同的个体所展现的意志能力也各不相同。马克思、恩格斯指出:"自由不在于幻想中摆脱自然规律而独立,

---

① 郭金鸿.道德责任论[M].北京:人民出版社,2008:234.
② 马克思,恩格斯.马克思恩格斯选集(第1卷)[M].北京:人民出版社,1995:46.
③ 马克思,恩格斯.马克思恩格斯选集(第3卷)[M].北京:人民出版社,1995:434.
④ 马克思,恩格斯.马克思恩格斯选集(第1卷)[M].北京:人民出版社,1995:72.

而在于认识这些规律,从而能够有计划地使自然规律为一定的目的服务。"①只有当主体认识到自身与他人、自身与社会的本质性联系之后,才会不断提升责任履行能力,把外部的要求变为自主的责任行动。

2. 责任意志是公民选择道德行为的力量之基

意志自由作为有理性者的实践的自由,是道德主体产生责任的依据。"自由是意志的根本规定"②,体现为人可以独立地按照自己的意愿自主选择和自主行动,"自由意味着意志不受外部原因决定而行为的能力,也就是说,自由是意志按它自身强加给自己的规律行动的能力,这样理性的自由和自律是相同的"③。道德意志是自由的、有主动性的,道德主体才会在审慎的思考之后自主地选择负责任的行为,并对自己的行为负责,如西塞罗所说:"最好还是自愿去履行责任,因为本质是正当的行为,只有自觉自愿地去做才是正义的。"④相反,一个没有意志自由的人,无法根据自己的意愿来选择行为,自然也就谈不上担当相应的责任。

意志是人们选择目的、确定手段及采取行动的一种心理现象,"如果我们的选择和行动的源泉是在我们当中,而不是在我们没有控制的任何其他人或者任何事情当中,那么我们就倾向于相信我们是有自由意志的"⑤。正如亚里士多德认为,除非是被迫或者无知,人都应该为出于意志自由和自主选择的行为负责。道德意志支配着责任行为的实践——个体意识到承担应尽义务的目的和价值,形成勇于担责的自觉性、果敢性、坚韧性、自制性和顽强毅力,通过调节和控制自己的欲望、动机、兴趣、爱好、情感、情绪等非理性因素,进而转化为持续性、稳定性的责任信念和履责行为习惯。在这一过程中,个体对责任行为的自知、自省、自律、自励等自我约束自我评价,始终离不开意志品质的精神支持。"责任意志不仅意味着个人拥有选择的机会并承受选择的重负,而且还意味着他必须承担其行动的后果,接受对其行动的赞扬或谴责。"⑥

具备认同责任、承担责任、实现责任的能力,是公民美德的具体体现。"美

---

① 马克思,恩格斯.马克思恩格斯全集(第20卷)[M].北京:人民出版社,1973:125.
② 黑格尔.法哲学原理[M].范扬,张企泰,译.北京:商务印书馆,1982:11.
③ 弗姆.道德百科全书(康德条)[M].戴扬毅,等译.长沙:湖南人民出版社,1988:230.
④ 西塞罗.西塞罗三论:老年、友谊、责任[M].徐奕春,译.北京:商务印书馆,1998:101-102.
⑤ 徐向东.自由意志与道德责任[M].南京:江苏人民出版社,2006:6.
⑥ 哈耶克.自由秩序原理[M].邓正来,译.北京:生活·读书·新知三联书店,1997:83.

德是一种获得性的人类品质,对它的拥有与践行使我们能够获得那些内在于实践的利益,而缺乏这种品质就会严重妨碍我们获得任何诸如此类的利益。"①道德责任使人的精神属性具体化,使人的品质、信念、行为完美化,"责任品质则是个体在长期社会化过程中形成的个体特征,包括内隐和外显的各种与责任相关的动机、情感、价值观、效能感、信念、意志特征,以及在认知操作过程中表现出来的认知、行为和能力等特征"②。亚里士多德指出:"德性既然是关于情感和行为的,那么,对于那些自愿行为就应该称赞。"③"由于有了这种德性,就能以德性对待他人,而不只是对待自身。"④履行责任的美德一旦确立,"它们也被当作对这个人自己有益的,被当作那种惟一能使人在生活中受到尊敬的信赖和信心之源。反之,一个人如果忘记对自己和对社会所应尽的义务,就变得不仅可憎,而且可鄙"⑤。

　　道德责任是善良意志的体现,激发每一理性个体以认真负责的态度和高度自觉的行为,确立持久性、坚韧性的责任意志、责任信念和道德自律。康德认为,善良意志之所以是无条件的、具有内在价值的"善",是因为它是意志自由的法则,个体行为要具有道德价值,必然是出于责任而不是出于个人欲望或偏好等,"人们看到,人通过责任被规律所约束,但他们没有想到他所服从的只是他自身所制定的,并且是普遍的规律,没有想到他之所以受约束,只是由于必须按照其自然目的就是普遍立法的、他自身所固有的意志而行动"⑥。同时,道德意志支撑着道德行为的自律性,"正是对善的这种理智的理解,按照它的对象和目的来规定和驱动意志"⑦。出于道德自律的责任行为是自由选择的结果,意味着道德主体把承担责任视为"一种天赋的权利,即与生俱来的自由"⑧。

---

① 麦金泰尔.追寻美德[M].宋继杰,译.南京:译林出版社,2003:191.
② 李明.责任心的多元研究与测量[J].心理学探新,2008(3):14-17.
③ 亚里士多德.尼可马各伦理学[M].苗力田,译.北京:中国社会科学出版社,1990:208.
④ 亚里士多德.尼各马科伦理学[M].苗力田,译.北京:中国社会科学出版社,1990:90.
⑤ 休谟.道德原则研究[M].曾晓平,译.北京:商务印书馆,2001:90.
⑥ 康德.道德形而上学原理[M].苗力田,译.上海:上海人民出版社,2002:51.
⑦ 弗姆.道德百科全书(阿奎那·托马斯条)[M].戴扬毅,等译.长沙:湖南人民出版社,1988:14.
⑧ 康德.法的形而上学原理:权利的科学[M].沈叔平,译.北京:商务印书馆,1991:50.

四、公民的道德责任行为

责任不仅是一个理论问题,更是一个实践问题,而且只有落脚于社会实践责任的意义才能显现出来。一方面,责任行为是责任履行的具体实施,"本质上是一种自主、自觉、自愿、自律的行为"[1]。人是责任行为的主体,特定的行为总是由特定的责任动机产生,"道德行为的责任性,是人的自觉自主行为的特质,道德行为的本质规定,就在于它体现着一定的社会关系,是作为关系而存在的。有关系的规定,就有要求;有一定的要求,就有责任。责任性是人的行为区别于动物行为的一个基本特征"[2]。另一方面,责任担当能力是正确选择道德行为和实现道德价值的关键因素,任何道德价值实现都是善良责任认知、道德情感、行为动机和相应的道德责任能力有机结合的产物。"所谓道德价值实现能力,指的是道德行为主体将其选择的道德价值目标转变为道德价值事实的能力。这种能力,主要表现为应对行为过程可变因素的思维能力。"[3]任何一种责任行为的选择和道德价值实现,都建立在主体对事实判断与价值判断相结合的能力基础上,只有责任主体将外在的道德规范内化为责任意识,按照合乎道德原则的要求去选择自己的行为,尽应当承担的义务,才能实现责任的道德价值。如果一个人本来能够实施某一道德行为,但实际上并未履行应尽义务,就要对未能实施该行为承担相应的后果责任。为此,"人们对道德行为的选择应该慎之又慎,要对自己的行为负责。无论是行善还是作恶,只要是自己选择的行为,自己就具有不可推诿的道德责任"[4]。

1. 责任行为是公民担当能力的充分展示

道德责任既是社会生活的客观需要,也是人的个性潜能得以发展的必要条件。道德责任是主体自觉地将社会道德规范、价值导向、道德信念内化于心,激发对他人、对社会、对国家、对民族尽己之责的职责感、义务感和使命感,进而以高度自觉的行为习惯和内在自律的道德意志去承担责任。从个体心理发展的规律来看,只有当个人感知到道德律是自己自觉自主的欲求,依靠道德

---

[1] 王如才.主体体验:创新教育的德育原理[M].济南:山东教育出版社,2005.80.
[2] 罗国杰.伦理学[M].北京:人民出版社,1989:391.
[3] 钱广荣.道德能力刍议[J].理论与现代化,2007(5):88-91.
[4] 唐凯麟.伦理学纲要[M].长沙:湖南人民出版社,1985:257.

主体的自我觉醒和自我约束,而不是由外部强加于自身的要求时,才能由认识逐渐发展到情感、意志、信念并付诸行为实施,实现由被动的服从到主动的自律、从外部的要求到内在的自主行动、从认识到实践的逐步提升过程。

道德责任是人实现自我、完善自我和发展自我的一种社会规定和价值诉求。责任担当根植于对外在道德义务的内心认同,如彼得·斯特劳森所说:"无论怎样,判断一个行为者在未来意义上应负责任,需要这样一个条件,完全属于行为者的行为被一个控制人与人之间关系的规范化规定所支配,这一控制在一个共享团体成员间产生预期期望。"①担当依托于个体的道德自觉和责任自律,强化于人的主动行为和责任实践。如果说履行责任是行动自觉性体现的话,那么责任行为的道德性并不是孤立存在的单一系统,而是贯穿于事前、事中、事后以及行为必然产生的后果这一全过程。"作为有一定需要而推动起来从事一定社会实践的人,必须把道德的需要纳入他的本质的规定之中。人的道德需要既是人的多层次需要中的一种高级需要之一,是人作为一种有理性的社会动物的精神规定,又是人的行为的规定。"②

责任担当是人的一种本质能力,体现出人对社会规范的理解和认同能力、对自己的行为后果具有一定的预测与判断能力、对责任实施中不当行为的反思与矫正能力,以及对自身行为后果的评判与承担能力。"责任行为能力是责任意识、责任认同、责任实现和责任心的基础,责任能力包括责任认知能力、责任判断能力、责任认同能力、责任评价能力和责任实现能力。"③主体践行道德责任的担当能力,包括实践过程中的意志力、坚韧性、情感体验能力等心理基础,即"道德主体驾驭自身所面临的各种复杂的社会伦理关系的能力,尤其是平衡、化解道德责任的角色冲突的能力,以及在参与和承担道德责任的实践中所获得的实现道德责任目标的其他各种经验性能力"④。正如徐向东所说:"行动者能够承担责任的行为应该是这样一种行为:这种行为以某种方式与他相联系,因此也是他可以按照自己的意志来控制的。如果他不能有效地决定

---

① 应奇,刘训练.第三种自由[M].北京:东方出版社,2006:27.
② 唐凯麟.试论道德价值的生成[C]//首届中国公民道德论坛.北京:学习出版社,2004:147.
③ 程东峰.责任伦理导论[M].北京:人民出版社,2010:106.
④ 鲁新安.价值冲突下的道德责任能力建设[J].学术研究,2007(8):47-51.

一件事情是否发生,那么他也不能被认为要对那件事情的发生负责。"①无论是人责任意识的形成与发展,还是人责任能力的培养与提升,都具有道德自律性和自主性特征。自律性源于良心的主观性,强调行为的动机来自自身的独立性,超越他律阶段道德义务的外在性,突破道德行为的自发性,驱使道德主体主动地认知责任,自觉地实践责任,并积极承担行为的结果。

2. 责任行为习惯是道德自律的外在体现

责任只有落实到具体的行动中才会对社会或他人呈现道德价值,获得尊重和认同,而勇于或善于担当使命则体现了人的道德自律,是知责、尽责、负责的行为体现和实践过程。在康德看来,出于责任的道德行为具有自律性和坚定性特点,行为调节不是靠外在强制力,而是依靠个体的自觉自为来展现道德意志,自律性即"意志由之成为自身规律的属性"②。由此,责任担当精神内源于人的道德恪守,外显为具体的责任实施,实践性是担当精神的外显品格和根本标志。如列宁所说:"实践高于认识,因为它不仅具有普遍性的品格,而且还具有直接现实性的品格。"③可见,担当意识与行为实践具有内在统一性,在相互转化中促进道德人格完善和道德品质养成。

责任担当是人的道德性存在的根本意义所在。行为实施前,担当意味着行为主体明确所追求的目标,行为过程中,担当表现为主动负责和自觉接受监督,行为实施之后,担当则体现为对行为后果的勇于承担。人的实践活动和担当能力总要打上社会的时代烙印,形成特定历史条件下的责任观、价值观和道德评价标准、责任行为模式。马克思、恩格斯指出:"社会结构和国家经常是从一定个人的生活过程中产生的。但这里所说的个人不是他们自己或别人想象中的那种个人,而是现实中的个人,也就是说,这些个人是从事活动的,进行物质生产的,因而是在一定的物质的、不受他们任意支配的界限、前提和条件下能动地表象自己的。"④社会主义现代化建设进入新时代,担当的内在价值在于尊重他人利益、共同利益、整体利益和人类利益,展现为对社会、民族、集体和他人的自愿付出和现实行动。如邓小平提出:"为了国家和集体的利益,为

---

① 徐向东.自我决定与道德责任[J].哲学研究,2010(6):99-106.
② 康德.道德形而上学原理[M].苗力田,译.上海:上海人民出版社,2002:61.
③ 列宁.列宁全集(第55卷)[M].北京:人民出版社,1995:183.
④ 马克思,恩格斯.马克思恩格斯全集(第3卷)[M].北京:人民出版社,2002:29.

了人民大众的利益,一切有革命觉悟的先进分子必要时都应当牺牲自己的利益,我们要向全体人民全体青少年努力宣传这种高尚的道德。"①倡导"勇于担当""乐于担当"的精神,对于推动新时代公民道德建设和形成主动作为、敢于负责、善于担责、追求真善美的社会风尚具有重大意义,特别是责任担当所蕴含的集体主义、社会主义、共产主义的价值理念,有利于激发人们的担当情感、启迪人们的担当意志,为中国特色社会主义事业培养和造就社会好公民、国家好建设者、家庭好成员、个人好品行。

五、公民的道德责任信仰

信仰是公民通过对社会道德规范的了解及认同,在道德情感驱动下,对履行和承担应尽职责所产生的相对稳定性、持久性的心理态度和行为动机。如列宁强调:"道德品质的培养与巩固过程,也是一个将外在道德观念内化为人们内心道德信念的过程。"②如果说履行责任是担当行为具体体现的话,那么道德责任信仰的内化"则是深刻的道德认识、炽热的道德情感和顽强的道德意志等的有机统一"③。一个人只有根源于自己的认知因素、情感因素、意志因素和道德信念,充分考虑到行为实施与行为后果之间的关联,才会自觉对行为的后果承担责任。道德责任的根本特征体现为个体在道德信仰的驱动下,"充分考虑到采取行动的手段以及由这种手段所造成的后果,并对这种后果承担完全的责任,它要求对行动的手段和后果之间的关联进行充分的考察",进而"对自己的行动后果义无反顾地承担起责任"④。也就是说,社会的道德规范一旦内化为公民的道德信仰,人们形成坚定的责任信念后,就会激发自主自愿担当责任的不竭动力,从而实现责任行为的确定性与普遍性、主观性与客观性、应然性与实然性的有机统一。

1. 道德信仰是公民主动承担责任的精神依托

道德信仰是人们对自身道德责任的强烈使命感和坚定笃信,实现责任自律的高度自觉性和强大精神力量。"道德信仰是人们基于对道德于个体和社

---

① 邓小平.邓小平文选(第 2 卷)[M].北京:人民出版社,1994:337.
② 列宁.列宁全集(第 25 卷)[M].北京:人民出版社,1995:419.
③ 罗国杰.伦理学教程[M].北京:人民出版社,1986:358.
④ 贺来.边界意识和人的解放[M].上海:上海人民出版社,2007:188.

会存在发展的价值的认识,以及在道德理想与道德现实的张力作用下产生的对道德(包括道德规范、道德理想和道德人格)的笃信与崇敬,并以此设定人生目标、付诸道德行动的特殊感情。"①道德信仰以责任自律为特征,是一种发自内心的自觉自愿行为,使人能够明辨是非善恶标准,尽最大努力节制自己的感性欲望,形成理智与良心合一的信念,保持道德行为的整体性和一贯性,从而塑造更为高尚的道德品格。作为人自我完善和自我发展的一种重要形式,道德信仰是责任感和使命感形成的基础,激发人们去追求和达到理想目标,"道德信仰是道德情感的最高存在,当道德情感发展到坚信不疑、一往情深、炽热如火、凝练如山时,即为道德信仰"②。

道德信仰是人们的精神支柱,确保了责任行为的自觉性。马克思指出:"人是一个有激情的存在物。激情、热情是有强烈追求自己的对象的本质力量"③,信仰超越了他律阶段道德行为的自发性,为遵守道德规范的一贯性提供了原动力,成为深藏于主体内心的道德品性和操守,是人对自己本质、价值、使命的确认和行为选择的价值坐标,使个体能够排除和克服错误的道德诱导而按自己内心的道德信仰行动。"凡是人们在创造性的活动中显示出来的聪明、智慧、才能,在追求新生活中所显示出来的理想、情感、愿望,都是人的本质力量的具体表现。"④信仰提供了道德存在的必要性、合理性以及人类精神生活的独特性,"主体实现对一定道德理想或者道德体系的认同和敬畏,坚定信仰其正当性和合理,并在内心形成一种实现道德义务的稳定信念和追求道德理想的精神力量,才会在道德实践中把道德要求变成个人的行为准则。如果道德没有内化为主体的信仰观念和自律意识,个人也就不成其为道德主体"⑤。

道德信仰是道德原则的升华,对主体的责任行为起着决定作用。道德责任的承担是主体道德意识的体现,"人尽责并不是因为他生来就有道德,人变得有道德是因为他尽责"⑥。道德意识经由道德认知、道德情感、道德意志,上

---

① 黄明理.社会主义道德信仰[M].北京:人民出版社,2006:73.
② 高兆明.道德生活论[M].南京:河海大学出版社,1993:327-328.
③ 马克思.1844年经济学哲学手稿[M].北京:人民出版社,2000:107.
④ 刘叔成,等.美学基本原理[M].上海:上海人民出版社,2005:49.
⑤ 陈树林.危机与拯救:蒂利希文化神学导论[M].北京:人民出版社,2004:121-122.
⑥ 梯利.伦理学概论[M].何意,译.桂林:广西师范大学出版社,2001:219.

升为道德信念,成为道德人格完善的精神支柱。"所谓道德人格,就是人们通过道德生活意识到自己的道德责任和道德义务以及人生的价值和意义,从而自觉地选择自己做人的范式。培养自己的道德品质,丰富和完善自己的内心世界,体现出人之区别于动物的内在规定性。道德人格是个人做人的尊严、价值和品质的总和,是人的主体性、目的性和社会性的集结。"①一个人具有了道德信仰,才能够在复杂多变的、道德冲突的情境中,辨明是非和善恶并做出合理的责任行为选择。正是在道德信仰的驱使下,个体"能够尝试在不同的情况下决定什么是好的或有价值的,或者什么应当做,或者我应赞同或反对什么。换句话说,这是我能够在其中采取的一种立场的视界"②。反之,如果主体对道德责任缺乏内心信奉,就无法将道德规范内化为自己的信念,更谈不上外化为自觉的责任行为。

责任信仰是一种持久的、稳定的行为准则,使个体在利己与利他行为选择时确立善恶标准,转化为担当行为的动机,使人们主动感悟到"我应当承担责任",进而促使人们遵循道德规范,萌发"我愿意担当责任"的自律意识,实现道德境界的升华。康德认为"信仰来自道德的原则,若它是实践的,它是如此的有力,以至于不需要思辨的根据把它从道德情感中析取出来。因为在道德中,它是最纯粹的意向的事情"③。尤其是"作为自我指向性的道德动机有必要展开自我性的审视,在理性选择与人性本能的对话中进行自己的选择和言说,在道德价值和伦理生活的检视中直面自身的合理性与限度性"④。道德信仰在社会群体生活中起着重要的价值整合作用,有了共同的道德信仰,就具有了共同的道德理想和目标,"理想信念是人们对未来的向往和追求,是一个人世界观和政治立场在奋斗目标上的集中体现。崇高的理想信念是一种强大的精神力量,它能激发人们的主动性和创造性,鼓舞斗志、振奋精神"⑤,使人们以理性精神和责任意识去遵循道德规范,使任性的自由意志得到合理的限制和约束,关心他者利益及共同目标,进而由道德责任的"知"转化为责任担当

---

① 魏英敏.新伦理学教程[M].北京大学出版社,2003:494.
② 泰勒.自我的根源:现代认同的形成[M].韩震,等译.南京:译林出版社,2001:37.
③ KANT. Lectures on Ethics[M]. Cambridge: Cambridge University Press, 1997:96.
④ 范晓光.论道德动机的自我性[J].道德与文明,2015(2):24-31.
⑤ 陈进华.以"中国梦"引领大学生理想信念教育[J].道德与文明,2016(1):41-44.

的"行"。

2. 道德信仰是个体自觉承担责任的精神支柱

道德责任信仰对行为起着恒久性的支配作用,使责任担当出于内心自愿并带有强烈的感情色彩。"道德信仰即是人们不仅认识到自己的个体存在,而且认识到自己在根本上是一种社会存在时,并在实现社会之我对个体之我的超越中而形成和发展起来的。"①作为一种主观意识活动,责任情感是主体的一种道德追求,"而由信念和信仰所激发的追求又产生使信念转化为现实的巨大精神力量,从而赋予善恶因果律以现实的可能性和现实性内涵"②。情感体现人们的道德认知和行为价值取向,"道德这一概念蕴含着某种为全人类所共通的情感,这种情感使同一个对象能得到普遍的赞成,使每个人或大多数人都对它有一致的意见或决定"③。情感对责任行为具有激励和约束作用,"只有当道德认识同人们的世界观、人生观和道德理想相结合,才会形成对道德关系、道德行为或道德人格的情绪反映,继而在这种反应基础上形成道德情感"④。

道德的核心价值在责任,责任信仰是实现人的全面发展的精神源泉。萨特认为:"假如我面对一种不仅涉及自己,而且涉及全人类的选择时,我们必须要担负起责任,那么即使没有先天的价值来决定我们的选择,也不能随意妄为。"⑤责任认知、情感、意志取决于主体信仰的坚定性,个体责任行为实施中需要面临各种困难的考验和道德冲突,需要凭借道德意志的顽强毅力,果断做出履行责任的道德抉择,保持自己责任行为的稳定性和持续性。"责任主体的动机、意识、能力和态度,都在很大程度上制约着道德责任实现的进程。"⑥责任信仰与道德意志相互转化时,敦促个体形成一种强烈的使命感,"当意识到了对自己行为后果的责任,真正发自内心地感受着这一责任,然后他遵照责任伦理采取行动,这才是真正符合人性的、令人感动的表现……才构成一个真正

---

① 魏长领.道德信仰与自我超越[M].郑州:河南人民出版社,2004:20.
② 樊和平.善恶因果律与伦理合理性[J].上海社会科学院学术季刊.1999(3):86—94.
③ HUME. An Enquiry Concerning the Principles of Morals[M]. Illinois: The Open Court Publishing Company, 1938:110.
④ 姚新中.道德活动论[M].北京:中国人民大学出版社,1990:170.
⑤ 萨特.存在主义哲学[M].中国科学院哲学研究所,编译.北京:商务印书馆,1963:366.
⑥ 郭金鸿.道德责任论[M].北京:人民出版社,2008:234.

能够担当'使命'的人"①。

　　道德需要是信仰的原动力,如果没有主体的道德需要,就不可能将道德原则和规范自觉地内化为道德实践。"道德原则和规范对个体的这种他律性、约束性和不可违背性,正是道德必然性的表征"②,道德必然性就是信仰的力量。信仰建立在社会的核心价值观基础上,是经济生活关系的直接反映。生产资料所有制的形式是决定道德观念的根本因素,因为"人们自觉地或不自觉地,归根到底总是从他们的阶级地位所依据的实际关系中——从他们进行生产和交换的实际关系中,获得自己的伦理观念"③。主体在对生活和道德的原则深层次的体悟基础上,在心理层面将责任自律上升为一种自觉追求,把尽责、担责作为道德理想和道德信念,这是道德信仰生成的必然途径。如费希特所说:"应该有一种对于真理性和真实性的感受,作为我们所寻找的那种评判我们职责信念的正确性的绝对标准。"④社会主义核心价值观"承载着一个民族、一个国家的精神追求,体现着一个社会评判是非曲直的价值标准"⑤,是新时代公民道德责任应遵循的准则,培育核心价值观就要引导"人们讲道德、遵道德、守道德,追求高尚的道德理想"⑥,以爱国主义、集体主义、社会主义为原则,正确处理个人与国家、社会、他人之间的关系,使核心价值观内化为公民的道德信仰,形成积极、健康、向上的良好风尚,促进全体人民在理想信念、价值理念、道德观念上紧密团结在一起。

第二节　公民道德责任的实践要素

　　责任是主体在道德理想支配下自由选择向善的应然行为,反映了公民的主动性和参与性,"公民身份是一种包含了权利、责任和义务的成员身份,具有

---

① 伍新春.高等教育心理学[M].北京:高等教育出版社,1999:266-267.
② 唐凯麟,龙兴海.个体道德论[M].北京:中国青年出版社,1993:294.
③ 马克思,恩格斯.马克思恩格斯选集(第3卷)[M].北京:人民出版社,1995:134.
④ 费希特.伦理学体系[M].梁志学,李理,译.北京:商务印书馆,2010:167.
⑤ 习近平.青年要自觉践行社会主义核心价值观:在北京大学师生座谈会上的讲话[N].人民日报,2014-05-05(1).
⑥ 习近平.把培育和弘扬社会主义核心价值观作为凝魂聚气强基固本的基础工程[N].人民日报,2014-02-26(1).

平等、正义和自主的含义"①。责任作为社会公德的核心,是社会成员在相互交往与社会实践中的基本行为准则,道德责任与自由意志、平等权利、价值观念、法治意识等密切关联,每个公民既具有平等的地位和自由,又享有平等的权利和责任,"只有自由才能使道德行为的选择者负有责任,也只有责任才能说明选择者是自由的"②,行为主体承担道德责任与自身的行为选择有关,而意志自由则是行为选择的前提和要件,也是行为主体为自身的选择承担道德责任的逻辑基础。恩格斯认为,平等是历史的、经济的和阶级的产物,一切不平等随着私有制的出现而出现,也必然会随着私有制、国家和阶级的消亡而消亡。亚里士多德认为,平等使得人们之间形成美好的友谊,因此人们应该追求平等,尊重平等,"平等赋予人们美德,赋予人们智慧与能力"③。在马克思看来,权利与义务在结构上是相互依存的,权利代表享有,义务代表承担,享有与承担也是相对应的,在各种道德权利之中,最重要的就是捍卫良心的意志自由,无论在道德上还是在法律上,权利和义务都规定着个人的社会责任,道德责任被认为是自觉的、自主的,法律责任则被认为是他律的、非自主的,无论道德行为还是法律行为都终将要对自身的选择负责,道德他律性的义务只有转换成主体自律性的责任,才能形成稳定的行为习惯。

一、公民的自由是履行道德责任的前提

公民道德责任与自由密切相关。自由是责任的基础,责任是自由的展示。所谓意志自由就是个体按照自我意愿进行独立的、自主的选择和行动,人作为自由的主体,应当对自己的行为选择负责。"自由是神圣不可侵犯的,没有人有权利因为各种借口剥夺自由的平等,也不存在自由的不平等会比自由平等带来的结果更好这种现象。"④只有当道德行为主体可以自由地行动时,才能对行为的有利或不利后果承担责任,正如恩格斯所说:"一个人只有在他握有意志的完全自由去行动时,他才能对他的这些行动负完全的责任。"⑤同时,当

---

① 福克斯.公民身份[M].郭忠华,译.长春:吉林出版集团有限责任公司,2009:11.
② 罗国杰.伦理学[M].北京:人民出版社,1989:360.
③ 亚里士多德.政治学[M].吴寿彭,译.北京:商务印书馆,2013:27.
④ 罗尔斯.政治自由主义[M].万俊人,译.南京:译林出版社,2000:192.
⑤ 马克思,恩格斯.马克思恩格斯选集(第4卷)[M].北京:人民出版社,1995:78.

主体承担起相应的责任时,才会更加自由地参与实践活动。

1. 公民履行责任基于享有充分的自由

责任建立在人的自由意志和行为自由的基础上,并作用于人对不当行为的矫正和对行为后果的承担。自由首先指的是个人有选择权的自由,也就是"每一个人都有充分而绝对的自由"①,人的自由提供了责任行为的现实条件,从而强化人们的道德自律,"有多大的自由就有多大的责任,责任的量是与自由的度相联的"②,人的活动区别于动物活动的本质特征就是自由,自由既是人的一种生活状态,也是人类永恒追求的价值理念,更是一种为实现自身的发展而去履行职责的实践过程。"这种自由就是用他自己的判断和理性认为最适合的手段去做任何事情。"③意志自由是道德责任的充分条件,意味着个体在做出选择和行为时完全依赖于自我意愿,基于自身的意志,因而必须为出于自身意志和自主选择的行为负责。"责任主体是指有主体性或有自主意识的人,自由选择和自觉承担构成主体的本质特征。也就是说,主体责任必须具备两个前提:一方面,我必须是行为的所属者,即某一行为的主人;另一方面,该行为必须属于我,它必须是我的行为。两个方面相辅相成,前者是我与行为的同一关系,后者是我的意志与行为的同一关系。"④

自由的选择成为道德责任得以生成的必要前提。人们在做出某种行为之前,总面临着多种行为的可能性,这意味着人们必须在这些可能性之间做出抉择和决断,这一过程中的预测、判断、考察、抉择便成为意志自由的核心体现。哈耶克曾指出:"自由意味着始终存在着一个人按自己的决定和计划行动的可能性,这一状态与一个人必须屈从于另一个的意志的状态形成对照。"⑤正是人的自由意志所具有的作出决定的自主性,才制定出符合自身需要的道德规范,并为自己的行为负责。换句话说,道德责任主体当对自身行为的后果具有洞察力和预见性,"如果我们因假定人具有理性而赋予其以自由,那么我们也必须通过使他们对其决策的后果承担责任,而肯定他们会一如具有理性的人

---

① 霍布斯.利维坦[M].黎思复,黎廷弼,译.北京:商务印书馆,1985:167.
② 罗国杰.伦理学[M].北京:人民出版社,1989:362.
③ 霍布斯.利维坦[M].黎思复,黎廷弼,译.北京:商务印书馆,1985:97.
④ 郭金鸿.道德责任论[M].北京:人民出版社,2008:156.
⑤ 哈耶克.自由秩序原理[M].邓正来,译.北京:生活·读书·新知三联书店,1997:123.

那样去行事"①。

自由意志建立在人的理性基础上,从根本上表现了人的行为自律性。当自由决断以道德法则为行为规定时,就为自己建立起了善的最高准则,这就是自律,"自由概念是阐明意志自律性的关键"②,没有意志的自由,就谈不上责任自律。康德认为:"自律概念和自由概念不可分割地联系着,道德的普遍规律总是伴随着自律概念。在概念上,有理性的东西的一切行动都必须以道德规律为基础,正如全部现象都以自然规律为基础一样。"③个体的意志自由使得道德选择成为可能,"道德既然是从自由所固有的性质引申出来,那么,就证明自由是一切有理性的东西的意志所固有的性质,自由不能由某种所谓对人类本性的经验来充分证明。"④正是因为行动的源泉基于个体自身而并非受外界所迫,我们就不能把因选择或行为所赋予的责任推诿给他人或逃避责任,"只有当一个人能够如他所期望的那样,从一开始就自由地行动时,我们才能对实际上发生的事情追究责任"⑤。

2. 公民的自由体现为责任行为的自主选择

现代意义上的公民成为"具有独立自由、平等人格,享有充分的法律权利、政治权利、社会权利和参与权利的个人"⑥。公民的"自由不仅意味着个人拥有选择的机会并承受选择的重负,而且还意味着他必须承担其行动的后果,接受对其行动的赞扬或谴责,自由与责任实不可分"⑦。同时,"自由与责任的这种关联性或互补性,意味着对自由的主张只能适用于那些被认为具有责任能力的人"⑧。

人不但对社会负有责任,而且对自身的自由也负有责任,更确切地说,是对自己的理智和行为选择负有责任。"自由确实是人所固有的东西"⑨,因为"人是唯一能够由于劳动而摆脱纯粹的动物状态的动物——他的正常状态是

---

① 哈耶克.自由秩序原理[M].邓正来,译.北京:生活·读书·新知三联书店,1997:90.
② 康德.道德形而上学原理[M].苗力田,译.上海:上海人民出版社,2002:100.
③ 康德.道德形而上学原理[M].苗力田,译.上海:上海人民出版社,2002:107.
④ 康德.道德形而上学原理[M].苗力田,译.上海:上海人民出版社,2002:102.
⑤ 里奇拉克.发现自由意志与个人责任[M].许泽民,等译.贵阳:贵州人民出版社,1991:1.
⑥ 雅诺斯基.公民与文明社会[M].柯雄,译.沈阳:辽宁教育出版社,2000:39.
⑦ 哈耶克.自由秩序原理[M].邓正来,译.北京:生活·读书·新知三联书店,1997:83.
⑧ 哈耶克.自由秩序原理[M].邓正来,译.北京:生活·读书·新知三联书店,1997:85.
⑨ 马克思,恩格斯.马克思恩格斯全集(第1卷)[M].北京:人民出版社,1995:63.

和他的意识相适应的而且是要由他自己创造出来的"①。人性自由的本质,体现在人们对自己的行为具有充分选择的自由。卢梭认为,自由和平等是人生而具有的自然权利,人是生而自由的,人与人之间的平等是天然的,缔结社会契约所要达到的根本目的就是让人民以社会契约的形式组成政治共同体,以保障每一个订约者自由、平等、人身和财富等方面的权利。在社会生活中,重视和采纳"公意","不仅不排除个人自由,而且以保证每个人的自由权利为基本目的,因为这是每个公民享受的共同利益之所在"②。人通过自主自觉的实践活动来满足生存发展的需要,其行为的自由是以无法逃避应尽责任为条件的,正如马志尼所说:"你们是自由的,因此是负有责任的。"③

公民的自由为实现人的全面发展提供了充分的空间,"自由就其本义来说,指的是没有阻碍的状况"④。每个人有天然的自由,自由的公民就是"在其力量和智慧所能办到的事物中,可以不受阻碍地做他所愿意做的事情的人"⑤。从道德自由本身来看,由行动主体的意志自愿作出抉择的一种行为,是有其自觉动机和意图的,"一方面,自由意志与外部世界的联系是复杂又偶然的,具有向一切方向开放的可能。另一方面,与自由意志活动相联系的其他方面可能直接、间接对自由意志的行为及其结果产生影响,这对自由意志行为而言具有偶然性"⑥。

行为主体的选择与道德责任存在着内在关联,人们追求自由、追求至善,就必须在行为上负责,承担起对自己、对他人、对社会的责任。"自由与责任的关系只能意味着:自由对责任的承诺、责任对自由的承诺。自由对责任的承诺,意味着在道德自由中,人并不是为所欲为的,而必须以责任来约束自己,并通过责任促进道德上的自我实现。责任对自由的承诺,意味着在道德法则的约束下,人并不是通过放弃自由来承担责任,相反地却是通过承担责任来彰显人的自由与尊严。"⑦如约翰·密尔在《论自由》中指出:"第一,个人的行动只

---

① 马克思,恩格斯.马克思恩格斯全集(第20卷)[M].北京:人民出版社,1973:535.
② 袁贺,谈火生.百年卢梭:卢梭在中国[M].长春:吉林出版集团有限责任公司,2009:14.
③ 马志尼.论人的责任[M].吕志士,译.北京:商务印书馆,1995:101.
④ 霍布斯.利维坦[M].黎思复,黎廷弼,译.北京:商务印书馆,1985:162.
⑤ 霍布斯.利维坦[M].黎思复,黎廷弼,译.北京:商务印书馆,1985:163.
⑥ 高兆明.黑格尔《法哲学原理》导读[M].北京:商务印书馆,2010:240.
⑦ 覃青必.论道德自由中人的两种道德责任[J].江汉论坛,2010(1):26-28.

要不涉及自身以外什么人的利害,个人就不必向社会负责交代;第二,关于对他人利益有害的行动,个人则应当负责交代,并且还应当承受或是社会的或是法律的惩罚。"①

二、公民的平等是道德责任履行的基础

现代社会中,公民身份不再受出身、财富、性别等外在条件的限制,凡具有一国国籍的人都具有平等的公民身份,既享有同样的权利,也承担同样的责任,每一个人都有资格成为共同体的政治成员,所有公民在法律面前也是完全平等的。西塞罗认为,世界上人与人之间会有很多相似之处,但是没有一种相似之处比平等更加相似,平等是每个人都应该具有的一种美德,自由和权利是人人应该平等享有的,自然赋予了人们权利,权利也被赋予所有的人。② 霍布斯在《利维坦》中提出:"自然赋予每个人平等的能力,不论你是心理强大还是身体强壮,自然总会平等地对待你。"③罗尔斯把其平等观表述为"社会基本的善的平等,包括机遇、经济、自由和尊严"④,人们有平等的基本权利,国家以追求平等为目标,并且防止不平等现象的蔓延,最大限度地限制不平等,维护社会稳定。总之,公民作为一国成员,是以平等身份自觉参与政治生活和社会生活的人,因而也就被赋予履行应尽责任的平等条件。

1. 公民的平等为责任履行创造了有利条件

现代意义上公民地位的平等打破了等级、身份的束缚,体现出公民在经济、政治、文化等领域具有同等地位,享有同等权利,履行同等责任。"个人主要由于出生在国家的领域内而获得公民权;它在原则上是一种平等的非特殊性的能力。"⑤《中华人民共和国宪法》第三十三条明确规定"凡具有中华人民共和国国籍的人都是中华人民共和国公民。中华人民共和国公民在法律面前一律平等。任何公民享有宪法和法律规定的权利,同时必须履行宪法和法律规定的义务。"并在第二章明确规定公民"人身自由不受侵犯""人格尊严不受

---

① 密尔.论自由[M].程崇华,译.北京:商务印书馆,2005:102.
② CICERO M T. On the Commonwealth[M]. Trans by George Holland Sabine, London: Mecmillan Publishing Company, 1976:17.
③ 霍布斯.利维坦[M].黎思复,黎廷弼,译.北京:商务印书馆,1985:91.
④ 罗尔斯.正义论[M].何怀宏,等译.北京:中国社会科学出版社,2009:292.
⑤ 波齐.近代国家的发展社会学导论[M].沈汉,译.北京:商务印书馆,1997:96.

侵犯"等,以宪法和法律的形式确认社会成员的公民身份及其平等享有的权利和责任。"公民"已不仅仅是少数人的特权,而逐渐走向全体社会成员,即任何属于国家的个人都是该国的"公民"。"公民身份是该社会成员的特定地位,其内涵包括了各种权利、法律与社会责任,并坚持平等、正义与自治的价值。"① 公民的平等性、主体性、独立性受到尊重,正因为人都是平等的,所以都应担当相应的责任,没有人可以用任何理由超脱于责任之外,人们在追求平等权利的同时,应重视责任的承担,尊重他人的权利。

自由是人的本质,自由必须以责任为载体,真正的自由意志是主客体之间的统一,使人通过自身的努力把欲望限制在合乎社会规范的范围内,贯穿于人类道德选择和实践活动的始终,只有以自由行为为前提条件,道德责任才能与自由意志相统一,道德给予自由意志以理性的尺度,"对道德的理解必须建立在与人关联的关系阐释中,以责任与自由交互论证的方式重建'道德王国',建立人与道德关系的人本理解,高扬了人的主体性"②。美国学者德沃金提出以权利为基础的平等价值观,"每个人都有受到平等对待的权利,这一项权利是最基本的权利,是人人与生俱有的权利,而不是接受了其他人或者国家的某些帮助或者利益而分配得来的权利"③。当人们进入社会时是在同一起跑线上,这时人们都是平等的。后来如果出现了不平等,那就是个人原因造成的,如由于自己懒惰就应自己负责。每个人在追求平等时要对自己的行为和决定负责任,承担"后果责任"。

马克思、恩格斯把平等问题直接放入到人类历史的发展进程中去思考,强调人与人之间的平等关系,个人权利神圣不可侵犯,社会不会因为任何原因改变或者剥夺这项权利,平等是历史发展的必然产物,也符合道德要求,每个社会成员得到的尊重和关心应该是平等的,"一切人,或至少是一个国家的一切公民,都有某些共同点,在这些共同点所及的范围内,他们是平等的,都应当有平等的政治地位和社会地位"④。只有最终进入没有阶级、没有剥削的共产主义社会,才能从根本上消除不平等的差异,在封建专制制度下,虽然某一等级

---

① 佛克.公民身份[M].黄俊龙,译.台北:巨流图书公司,2003:9.
② 刘毅,朱志方.自由意志与道德判断的实验研究[J].学术研究,2012(3):30-34.
③ 德沃金.认真对待权利[M].信春鹰,译.上海:三联书店,2008:300.
④ 恩格斯.反杜林论[M].北京:人民出版社,1999:100.

阶层内部也存在着平等关系,但这种平等由于范围有限,建立的只是少数人之间的联系,因而不具有普遍意义,不能从根本上改变专制制度的实质,其合理性和正当性也就无从谈起。只有在以消灭资本主义的私有制、消灭剥削、走共同富道路、追求人人平等为基本特征的社会主义和共产主义制度下,公民才不再受出身、财富、种族、性别等外在因素的限制,而普遍化为具有一国国籍的人,"国家把每个人看作道德上和政治上平等的人……必须同等地关心和尊重每个人"①,人类社会迈入全面而自由发展的理想王国。

2. 公民的平等意识激发了人人尽责的行为动机

平等意识是公民对平等的认知、对平等的主张以及公民对平等的追求,是公民对现实生活的内心体验。公民的平等意识包括:地位平等意识(即公民的主体地位是平等的)、人格平等意识(即公民不因民族、性别、职业、出身、宗教信仰、教育程度、财产状况等差异在人格上一律平等)、权利平等意识(即公民依法享有的权利是平等的)、法律平等意识(即公民在法律面前人人平等)、平等参与意识(即公民参与公共生活的机会和条件是平等的)等。如"公民在守法上一律平等,即是依法平等地享有和行使权利,平等地承担和履行责任,公民在适用法律上一律平等,每个公民的违法犯罪行为也平等地受到法律追究和制裁"②。

道德虽然是公共利益对个人的要求,但它只能通过个人内在良心的认同和自愿的希求,必须以尊重人的自由为前提。洛克认为,在自然状态中,人人都享有各种政治权利,即享有生命、财产、自由和平等的权利,人们接受理性的支配,遵循自然的法则。"理性,也即是自然法,教导着有意遵从理性的全人类:人们既然是平等和独立的,任何人都不得侵害他人的生命、健康、自由与财产。"③人在自然状态中的自由权、平等权和私有产权来源于人类不变的本性,任何人不能剥夺。如卢梭所论证的:当人类由自然状态进入社会状态,在他们的行为中正义代替了本能,而他们的行动也就被赋予了前所未有的道德性。"因此,在社会状态下注入道德的自由,只有道德的自由才使人真正成为自己

---

① 唐纳利.普遍人权的理论与实践[M].王浦劬,等译.北京:中国社会科学出版社,2001:74.
② 秦树理,王东虓.公民意识读本[M].郑州:郑州大学出版社,2008:105-106.
③ 洛克.政府论(下)[M].叶启芳,瞿菊农,译.北京:商务印书馆,2019:6.

的主人;只有这样,人才可以告别原初的冲动,服从自己所规定的法律,这才是自由。"①

公民身份的平等性深刻反映了公民的本质特征,"公民的资格已经成为一种职责,它带来某些权利与责任,这个责任主要体现为对国家和社会生活的积极参与以促进其和谐发展"②。因为每一个公民都要求被作为平等的个体来看待,成为政治、社会和国家的平等成员。英国学者齐格蒙特·鲍曼提出:"社会成员应自觉、主动、积极地建立与他人、与社会的交往与联系,从而减少彼此之间的疏离和误会,使得人与人之间成为真正意义上的温馨的'共同体'。"共同体"只可能是(且必须是)一个用相互的、共同的关心编织起来的共同体,只可能是一个由做人的平等权利,和根据这一权利行动的平等能力的关注与责任编织起来的共同体"③。

平等是社会和谐的基本要素,"国家与公民的关系构成公民道德最为基本和最为核心的伦理关系,决定着公民道德建设的基本架构和发展趋势;公民道德建设在本质上就是一种基于国家与公民新型权利义务关系的重塑"④。社会成员一旦具有某个国家的国籍,通常被认为是该国的公民,享有该国宪法和法律规定的权利,承担该国宪法和法律规定的义务,也就是说,公民是自然属性和法律属性相统一的概念。平等意识是公民在一定的社会生活环境中,对自身相对于他人和社会的人格定位的反思。随着社会的进步和发展,人们对平等的认识在不断加深,平等的范围也在不断扩大,包括地位平等、权利平等、人格平等,"无产阶级平等要求的实际内容都是消灭阶级的要求"⑤。公民当家做主成为平等的主体,享有各种自由权利要以承担相应的责任为前提,不履行责任也就难以享有平等的权利,这种责任与权利之间的对应关系也是平等的一种形式。因为平等对待原则并不意味着每个人的责任都是一样的,而是意味着作为责任主体的人格是完全平等的。

---

① 卢梭.卢梭全集(第4卷)[M].李平沤,译.北京:商务印书馆,2012:36.
② 吕宗麟.公民与文化:现代与后现代的省思[M].台北:亚太图书出版社,1998:34.
③ BAUMAN Z. Identity: Conversations with Benedet to Vecchi[M]. London: Polity Press, 2004:11.
④ 李兰芬.国家认同视域下的公民道德建设[J].中国社会科学,2014(12):4-21.
⑤ 恩格斯.反杜林论[M].北京:人民出版社,1999:111.

三、公民的权利是道德责任履行的保障

马克思主义认为，人是历史的、具体的，因此人的权利是由人所生活在其中的社会的物质和文化条件决定的，"权利决不能超出社会的经济结构以及由经济结构所制约的社会的文化的发展"①。人的权利受到国家性质、阶级力量、历史传统、经济发展水平等的决定和制约。公民是集责、权、利于一身的，而公民的责任和权利是一种相互对应、相互依存、互为条件的对立统一体，"责任和权利在本质上并不是相互排斥的概念，相反，而是相辅相成的概念"②。而且履行义务的责任和享有权利的自由从来都是相辅相成的，若无人承担和履行相应的义务，权利便没有意义。公民资格的基本要义在于规范了社会成员的合法权利和应尽责任，即一个国家或政治共同体在赋予其成员公民身份的同时，也"赋予了个人以责任和权利，义务和权力，限制和自由"③。

1. 公民担当责任以维护权利为目标取向

公民享有一系列受法律保障的、不受政府干预的个人权利。公民的权利客观上具有不可取代性，包括生命权、财产权、安全权、人身自由权等也是神圣不可侵犯的，个体获得独立性和独特性，确保了自身的安全、个性和尊严。义务一旦内化为行为主体的责任，就完全摆脱了某些义务所具有的那种消极他律性，成为主体意识中的自由选择，这种选择在一定意义上也构成主体权利。从根本上讲，权利是从道德义务里推导出来的，即个人对义务付出应得利益的要求，这种利益是从别人尽了他们的各项义务的过程中产生的。换言之，权利与义务相结合的过程，具体就落实在行为选择与责任履行的统一中，公民担当责任是以维护权利为目标取向的，"没有庄严的要求的可能性，没有真正的义务，真正的责任是难以设想的"④。

公民的责任并不是独立于权利之外的，而是权利实现的重要手段，承担责任的动机、目的、着眼点和落实点都围绕权利和利益实现这一根本问题，不能只承担义务而无相应的权利。为此，道德必须保持权利与义务之间的平衡，

---

① 马克思,恩格斯.马克思恩格斯选集(第3卷)[M].北京:人民出版社,1995:305.
② 福克斯.公民身份[M].郭忠华,译.长春:吉林出版集团有限责任公司,2009:61.
③ 凯利J M.西方法律思想简史[M].王笑红,译.北京:法律出版社,2002:104.
④ 杜林.哲学教程[M].郭官义,李黎,译.北京:商务印书馆,1991:187.

"应做"的道德义务与"应得"的道德权利是统一的,享有某些利益是以人们较好地履行其应尽义务为前提的,因为道德权利是一个关系范畴,涉及的是道德主体应得与社会应给的关系,体现的是社会对道德主体的一种公平对待。"政治体的成员不仅要享有权利,而且也要履行义务。如果某些群体只享有公民身份所带来的某些社会利益,却不能在共同体内履行他们的角色,这只会引发少数群体的敌对情绪。在这一方面,权利并没有触及责任的互惠性问题。"[1]

公民身份本身就蕴含着在参与社会生活中权利和责任的高度融合。每个公民都是权利和责任的主体,也都有自由、平等地参与公共事务的责任。"公民资质包含法律、心理和行为三个要素:法律要素是指社会成员的法律地位,公民的资格、权利和义务;心理要素指公民认同,即公民了解自身的权利和义务,并与其他成员产生共同情感;行为要素是指公民角色在公共领域活动方面的实践,即涉及公民德行的实践。"[2]而"公民内涵最核心的问题是:公民是一个社会人及政治人,他是以社会和国家的一个成员身份而存在的,其处世原则依赖于他与社会的契约而定,即具有相应的公民权利和责任"[3]。"公民身份倘若要有意义的话,那就必须把权利和责任看作是相互支持的要素。"[4]

2. 公民权利的实现基于道德责任的担当

"权利是表明人性尊严和自主的最佳机制。"[5]任何一项权利都必然伴随着履行一定义务的责任,公民在享有各种政治权利的同时,就意味着应承担相应的义务和责任。从权利和责任的关系来看,权利是本源,责任是履行义务派生的,"履行义务是以享有权利为目的的,享有权利的目的,不是为了履行义务;享有权利与履行义务是目的与手段的关系。公民从一出生就需要享有权利,然后才要求履行义务,正是由于公民享有了权利才要求他履行义务,而不是因为他履行义务才赋予权利"[6]。

实现公民权利与社会责任的平衡,对于维护社会的公平正义至关重要。

---

[1] 福克斯.公民身份[M].郭忠华,译.长春:吉林出版集团有限责任公司,2009:117.
[2] CONOVER P J. Citizen Identities and Conceptions of the Self[J]. The Journal of Political Philosophy, 1995(2):133-165.
[3] 李萍,钟明华.公民教育:传统德育的历史性转型[J].教育研究,2002(9):66-69.
[4] 福克斯.公民身份[M].郭忠华,译.长春:吉林出版集团有限责任公司,2009:7.
[5] 福克斯.公民身份[M].郭忠华,译.长春:吉林出版集团有限责任公司,2009:123.
[6] 辛世俊.公民权利意识研究[M].郑州:郑州大学出版社,2006:137.

因为一个社会良好道德的形成,在很大程度上,与社会如何对待和维护道德权利相关。虽然道德行为的重要特征,是行为者不以获得某种权利或利益为回报,但"道德义务的非权利动机性并不意味着道德权利的不存在,它不能作为否认道德权利的理由"①。为此,"作为道德舆论,不能只是鼓励人履行道德义务的非权利动机,还应当呼吁维护由于这种义务行为而产生的道德权利要求"②。也就是说人们行善要出于道德责任和义务,这种道德行为动机,体现的是行为主体的道德境界,"所谓道德境界,就是社会生活中的人,从一定的道德观念出发,在个人与他人、社会的利益关系中所形成的一定的觉悟水平以及思想感情和精神情操"③。人们处在每一个阶段中形成不同的觉悟水平和道德情操,从而构成高低不同的道德境界。"从道德教育和修养来看,人们在锻炼和修养的过程中,总是要不断地从一个阶段到另一个阶段,从一个高度到另一个高度,即从低级到高级地不断发展,以至达到最后的理想。"④

公民具有道德权利意识与具有道德责任意识同等重要,因为权利把公民变成了道德主体而不是客体。一个人只有勇于和善于担当责任,才能充分享有平等的自由和权利,而做了应该做的事才能得到相应的荣誉与利益;如果公民不愿意履行和承担责任,也就难以真正享有相应的权利,且未做或没有做好应做之事就应受到相应的惩罚。亚当·斯密在《道德情操论》中明确提出:"对我们来说,一个行为,如果它是感激的恰当的和被人认可的对象,那么,该行为一定应受奖赏;而另一方面,一个行为,如果它是怨恨的恰当的和被人认可的对象,那么,该行为一定应受惩罚。"⑤

四、公民的义务是道德责任的外在动因

责任与义务是既相互关联又相互区别、互为独立的范畴。责任是承担义务的基础,每个人应承担一定的责任,不履行责任则应承担相应的后果,这实际上体现着社会对公民应尽义务的规范。美国伦理学家特里·库帕认为,主

---

① 余涌.道德权利和道德义务的相关性问题[J].哲学研究,2000(10):59-65.
② 余涌.道德权利和道德义务的相关性问题[J].哲学研究,2000(10):59-65.
③ 罗国杰.论道德境界[J].哲学研究,1981(3):3-8.
④ 罗国杰.论道德境界[J].哲学研究,1981(3):3-8.
⑤ 斯密.道德情操论[M].余涌,译.北京:中国社会科学出版社,2003:72.

观责任是一种自我要求和约束性的责任,"具体表现为某种形态的价值观、态度与信仰"①,价值观居于基础与核心地位,信念对道德品格的生成与培养起着关键作用,态度表达了个体的某种道德倾向与道德情感,"主观责任实际上是一种道德认同,一般主观责任的元素主要包括正义、忠诚和善良,这些元素不仅反映在职业道德构建中,也与其伦理价值体系和信仰息息相关"②。而客观责任来自社会和职业的伦理准则,包括职责和义务两种形式,表现为对他人、社会负责,划分为岗位责任、法律责任与政治责任等,"从相对重要性角度来看,义务更为根本;职责是确保义务在等级制度结构中得以实现的手段"③。这种职责、任务和使命,一旦用道德规范的形式明确下来,就成为社会成员的道德责任。

1. 公民承担义务意味着道德责任的担当

在法律层面上,责任和义务是相近的,都是指公民为保障权利而应承担和履行的职责。责任多是在道德领域中使用,而义务则更多是在法律领域中的责任问题,义务是宪法或法律规定的公民应当或必须履行的某种责任。"在'应尽'的意义上,道德责任与道德义务具有一致性,是指行为主体在一定道德意识支配下,依照道德义务对自己、他人、社会所应当承担的任务。但是应当注意,道德责任还意味着一种自觉控制力和承担道德行为后果的能力,与道德义务相比,它更具有具体性和直接个体性,在现实生活中也更容易落到实处。"④如《中国大百科全书》就把义务定义为"一定社会关系中的个体应该对社会或他人所承担的责任"⑤。公民的应尽义务与法定公民权利相对应,具有强制性色彩,公民通过履行义务最终保障和实现自己的权利。

责任和义务作为反映主客体之间实践活动的关系性范畴时,是相互补充的,"在法律和大众文化的背景下,'责任'一词借助于对职责和义务进行界

---

① 库珀.行政伦理学:实现行政责任的途径[M].张秀琴,等译.北京:中国人民大学出版社,2001:74.
② 库珀.行政伦理学:实现行政责任的途径[M].张秀琴,等译.北京:中国人民大学出版社,2001:74.
③ 库珀.行政伦理学:实现行政责任的途径[M].张秀琴,等译.北京:中国人民大学出版社,2001:63.
④ 郭金鸿.道德责任论[M].北京:人民出版社,2008:48-49.
⑤ 中国大百科全书总编委会.中国大百科全书(哲学)[M].北京:中国大百科全书出版社,1988:129.

定,弥补了原有'义务'含义的不足"①。公民的法定义务带有强制性,是指公民在宪法和法律规定的范围内,应当如何作为,既决定着公民在国家生活中的政治与法律地位,也规定着公民必须履行与权利相应的义务。如我国宪法规定的公民的基本义务包括维护国家统一和各民族团结,维护祖国安全、荣誉和利益,保卫祖国、抵抗侵略,依法服兵役,遵守宪法和法律,爱护公共财产,保守国家秘密,依法纳税,等等。如果公民不履行这些法定义务,就应承担相应的责任。

从道德层面来看,尽管义务与责任都包含着道德主体尽责的内涵,但二者并不是等同关系。义务是指一定社会关系所产生的道德要求,而责任既包含义务又超出义务范畴。义务是社会成员预先约定的在某种条件下应该做或不应做出某种行为的规范,偏重于强调外在的客观要求;而道德责任则是指主体自觉意识到的义务以及违反道德义务所应承担的后果,偏重于强调将外在的要求内化为理性的自觉意识。"我们可以把法律强加给我们的任务看作是义务,这种义务如果没有得到有效的执行,将会受到法律的制裁。与法律义务相反,我们可以把责任看作是自愿性的,是团结他人或者同情他人的表现。在维持共同体存在的条件方面,健康社会所依赖的是责任,而不是法律强加的义务。"②罗尔斯在区分责任和义务时曾指出:"在说到一个人服从法律的义务时,我是在比较有限的意义上使用'义务'一词的——同时我也使用责任与职责概念,在这种意义上,它与制度性规则相关联。责任和职责被指定给某种职位或公职,而义务通常是人们自愿行为的结果;尽管我们的大多数义务或许都是自己担负起来的——通过许诺和接受利益等行为——但是别人也可以使我们对他们负有义务。"③

2. 责任的自律建立在义务他律的基础上

公民责任强调的是对行为及其结果的承担,这种承担不仅靠外在道德规范的要求和制约,而且主要依赖于人自身道德价值和道德信念的支撑,展示出公民履行责任的主动性和自律性。如马克思、恩格斯所说:"一个人有责任不

---

① 库珀.行政伦理学:实现行政责任的途径[M].张秀琴,译.北京:中国人民大学出版社,2001:5.
② 福克斯.公民身份[M].郭忠华,译.长春:吉林出版集团有限责任公司,2009:68.
③ 转引自毛兴贵.政治义务:证成与反驳[M].南京:江苏人民出版社,2007:136.

仅为自己本人，而且为每一个履行自己义务的人要求人权和公民权。"①一个人的行为往往对他人和社会产生影响，正是基于道德权利与义务对应逻辑关系而形成的平等观，才促使个体维护自己的道德尊严不受侵害，也对交往中的失德失信行为起到了一定的抑制作用。"在一般情况下，说'我有权利做一个诚实的人'比说'我有义务做一个诚实的人'更具道德震撼力。"②

一个人是否尽到了责任和义务必然受到他人和社会的评价。分内应做之事表明了社会对责任主体的行为预期，属于对积极承担责任的道德激励；做不好分内应做的事而应承担的过失，说明社会对不符合道德规范的行为给予的追责，属于对消极失责乃至逃避责任的道德惩罚。如梁启超在《新民说》中所言："人人对于人而有当尽之责任。对人而不尽责任者，谓之间接以害群；对于我而不尽责任者，谓之直接以害群。"③事实上，个人的权利维护和价值体现，正是在为满足自己、他人和社会的需要而承担一个又一个应尽义务的过程中充满获得感成就感并使道德价值得以实现。

可见，义务是责任的外在形式，责任是人们自愿承担和履行的义务。"义务倾向于使个体变得相似，责任则使人类成为个体。"④义务是被动地做自己角色所规定的应当做的事，责任则是自觉意识到自己的义务，积极主动地履行，并能够和敢于为自己行为的结果负责。责任作为道德规范，是在道德义务基础上的一次升华。如果说道德义务还较多地表现为外在的道德要求，那么道德责任则已把这种外在的要求转化为内在的要求。从义务到责任，包含着从他律到自律的转化，也凸显出责任主体的自觉性特征。

---

① 马克思,恩格斯.马克思恩格斯选集(第2卷)[M].北京:人民出版社,1995:662.
② 余涌.道德权利和道德义务的相关性问题[J].哲学研究,2000(10):59-65.
③ 梁启超.梁启超全集(第2卷)[M].北京:北京出版社,1999:671.
④ 鲍曼.后现代伦理学[M].张成岗,译.北京:人民出版社,2003:64.

第五章
公民道德责任的理论渊源

中华民族传统文化中蕴含着丰富的责任伦理资源,以儒家伦理为代表的传统文化重视道德在促进社会和谐中的作用,倡导"家国同构""天下为公"的责任伦理观,把"仁义礼智信"视为做人的道德准则,强调从"格物、致知"内在修养开始,实现"诚意、正心、修身"的道德人格完善,最终达到"齐家、治国、平天下"的终极理想,突显个人对家庭、对他人、对社会、对国家的责任担当。在家国共同体的价值导引和"天下大同"的社会理想下,儒家伦理思想认为,家庭与国家在结构上具有相似性和同源性,家庭关系和睦与国家安定和谐具有内在的统一性。首先,在个体层面的道德责任上,儒家文化认为"欲齐其家者,先修其身"[1],主张"修己安人、严己宽人""己欲立而立人,己欲达而达人"[2]和"己所不欲,勿施于人"[3]的个体责任观,把完善道德人格作为个体责任伦理,提出"勿以善小而不为,勿以恶小而为之"[4],通过自我品行的修身、自我责任的担当和对真善美的追求,培育"人人皆可为尧舜"的理想人格,提倡"孝亲敬老、和合中庸"和"尊道崇礼、止于至善"的家庭责任观。其次,在社会层面的道德责任上,孔子主张"言必诚信,行必忠正"[5]和"人而无信,不知其可也"[6]

---

[1] 《礼记·大学》
[2] 《论语·雍也》
[3] 《论语·颜渊》
[4] 《三国志·蜀书》
[5] 《孔子家语·儒行解》
[6] 《论语·为政》

的诚信道德观,"克己复礼,天下归仁"和"其身正,不令而行;其身不正,虽令不行"①的处世伦理观,提出"老吾老以及人之老,幼吾幼以及人之幼"②的人际和谐观,"和善忠恕""求同存异"③和"明荣知耻、重义轻利"④的社会公德观,凸显出"天下大同"的理想社会对人的社会层面上的责任伦理要求。再次,在国家层面的责任伦理上,儒家传统文化主张将个体的追求融入国家的整体利益中,阐明"为政以德、民为邦本"和"见贤思齐、经世济民"的治国安邦理念,认为"古之欲明明德于天下者,先治其国;欲治其国者,先齐其家;欲齐其家者,先修其身"⑤,倡导"大道之行也,天下为公"⑥,和心怀家国天下的责任情怀,引导人们树立"为天地立心,为生民立命,为往圣继绝学,为万世开太平"⑦的担当信念和"天下兴亡,匹夫有责"⑧的爱国主义责任情感,反映了中华民族自古以来在精神家园建设中维护家庭和睦、社会安定、国家统一、民族独立的强烈使命感。这些对于促进人与人、人与社会、人与国家、人与自然的和谐,实现小康社会建设目标和中华民族伟大复兴的中国梦,提供了重要的思想基础、理论渊源和精神滋养。

德国社会学家马克斯·韦伯提出"责任伦理"概念,认为:"一切有伦理取向的行为,都可能遵循两种本质不同且势不两立的准则:一是'信念伦理',一是责任伦理;遵循责任伦理的行为,必须顾及自己行动的可能后果。"⑨主张在行动领域"责任伦理先于信念伦理",因为责任伦理更加关注行为后果的价值和意义,强调每个基于角色身份的责任主体,应当对自我的行为负责,理性而不盲目、审慎而不急躁地行动。汉斯·约纳斯进一步丰富和发展了"技术责任伦理"思想,反思了现代科学技术革命带来的巨大命题,将"责任伦理"分为"形式责任"和"实质责任",为责任主体在何种方式下承担何种责任、如何走向良性发展的轨道确立了伦理标准,从而扩展了责任伦理的外延。

---

① 《论语·子路》
② 《孟子·梁惠王上》
③ 《礼记·乐记》
④ 《论语·里仁》
⑤ 《礼记·大学》
⑥ 《礼记·礼运》
⑦ 《张载·横渠语录》
⑧ 《顾炎武·日知录》
⑨ 韦伯.马克斯·韦伯社会学文集[M].阎克文,译.北京:人民出版社,2010:120.

第一节　中国传统文化蕴含着丰富的责任伦理资源

求木之长,必固其根;欲流之远,必浚其源。传统文化以民本主义精神、家国一体情怀和修身齐家治国平天下为核心的责任伦理思想博大精深、意蕴深远,涵盖了人与人、人与社会、人与国家、人与自然的责任伦理观,主张从个体道德修身、家庭孝悌和睦的责任伦理,推及对社会、对国家应承担的责任,提倡"天下大同、和合共生"的理想抱负与"民为邦本、德治仁政"的治国理念,"诚信为本、知行合一"的道德自律和"仰不愧于天,俯不怍于人"[①]的行为准则,"自强不息、厚德载物"的修身之道和"贫贱不移、威武不屈"的民族气节,"忠心报国、居安思危"的忧患意识和"杀身成仁、舍我其谁"的大无畏精神,"先天下之忧而忧,后天下之乐而乐"[②]的先人后己责任观和"国家兴亡,匹夫有责"的爱国主义情怀等,成为千百年来无数仁人志士孜孜以求的人生价值和责任情怀,也是中华优秀传统文化家国同构责任伦理的具体体现,蕴含着中华民族以天下为己任的担当意识,是支撑中华民族生生不息、薪火相传的重要精神力量。

一、提出以"仁""义"为核心的道德责任观

仁爱是中华民族的传统美德,儒家文化中的"仁"是一种最高的道德境界,是伦理规范的主体内化。"仁"集中体现了"身心关系和谐",又推及人际关系和谐,特别是亲人之间的关系和谐。孔子由"爱亲"即孝父敬兄推及"泛爱众""孝弟也者,其为仁之本与"[③]。孝是父子关系的表现,"居处恭,执事敬,与人忠"[④],恭、敬、忠都是人际关系的表现。孟子曰:"仁,人心也;义,人路也。舍其路而弗由,放其心而不知求,哀哉!"[⑤]认为"恻隐之心,仁之端也;羞恶之心,义之端也;辞让之心,礼之端也;是非之心,智之端也。人之有是四端也,犹

---

① 《孟子·尽心上》
② 《范仲淹·岳阳楼记》
③ 《论语·学而》
④ 《论语·子路》
⑤ 《孟子·告子上》

其有四体也"①。这里所说的"恻隐之心""羞恶之心"等"良知",即"仁义礼智,我固有之也"②,正因对"四端"之心的体认是"人皆有之",所以倡导仁义道德乃人之为人的普遍性责任和基本伦理规范。

1. 强调"己所不欲,勿施于人"的责任伦理观

儒家伦理注重以"仁"来协调人与人之间的关系,认为"仁者,爱人"③,人们之间应互相关怀、相互支持。孟子称"仁"为"恻隐之心",即是一种怜悯爱人之心,"恻隐之心,人皆有之;羞恶之心,人皆有之;恭敬之心,人皆有之;是非之心,人皆有之"④。孔子主张"为仁由己"⑤,道德向善是出于人的本性要求,仁爱德性取决于人的自主选择,即个体内在的自觉实践,而非夹杂任何外在的成分,与人为善作为一个真正意义上的"人"所应担当的责任,"我欲仁,斯仁至矣!"⑥。这就意味着道德绝非出于个人的偏好和私欲,而实际上是人的主体性的内在规定。"仁者爱人,有礼者敬人。爱人者,人恒爱之;敬人者,人恒敬之。"⑦君子以仁存心,以礼存心,人皆有不忍人之心,"仁,人之安宅也;义,人之正路也"⑧。孟子认为,正己而后发,为人只有先自正其身,才可能将善德、善行推己及人地弘扬出去。仁、义、礼、智四端为人之本性,善良的道德情感如慈爱、怜悯、同情、爱群、互济、感激、慷慨等能引导人做出道德行为。反之,"无恻隐之心,非人也;无羞恶之心,非人也;无辞让之心,非人也;无是非之心,非人也"⑨。凡遇他人遭遇困难伸出援助之手去帮助,"仁者以其所爱及其所不爱,不仁者以其所不爱及其所爱"⑩。

儒家责任伦理劝导人要有"至善之心",对他人关心、帮助、爱护,把"己所不欲,勿施于人"⑪作为处理人际关系的原则,阐明对己负责与对人负责的辩

---

① 《孟子·公孙丑上》
② 《孟子·告子上》
③ 《论语·颜渊》
④ 《孟子·告子上》
⑤ 《论语·颜渊》
⑥ 《论语·颜渊》
⑦ 《孟子·离娄下》
⑧ 《孟子·离娄上》
⑨ 《孟子·告子上》
⑩ 《孟子·尽心下》
⑪ 《论语·子路》

证统一性,孔子提出"夫仁者,己欲立而立人,己欲达而达人。能近取譬,可以为仁之方也矣"①。自己先立定志向,才能帮助他人立定志向,自己先通达,才能帮助他人践行仁义之德,主张务求生活中切近能及的责任,家以孝为首,而"国"以忠为先,"君子务本,本立而道生。孝弟也者,其为仁之本与"②!个人完善道德人格绝非要脱离社会,而是要仁民而爱物。《孝经·开宗明义篇》认为:"以孝事君则忠""夫孝,始于事亲,中于事君,终于立身"。可以说:"孝作为中国文化中最悠久、最基本、最重要而且影响最深远的传统伦理观念,这一观念所强调的是一个作为能够承担责任的伦理主体的我对他人的无可推卸的伦理责任。因为我与父母的伦理关系是我与其他一切人的伦理关系的'原型'。"③

荀子强调"水火有气而无生,草木有生而无知,禽兽有知而无义,人有气、有生、有知亦且有义,故最为天下贵也"④。就是说,讲仁义,有道德,是人之为人的一种标志或象征,是人之所以值得尊重的根本原因。"人无德,其异于禽兽几希?"极端不讲道德的人,历来被认为"禽兽不如"。《中庸》中说,"天命之谓性,率性之谓道,修道之谓教",上天赋予人的品德叫本性,顺着本性去做事叫作道,人们培养并遵守道叫教化,从而构建了儒家道德的内圣之学。而《大学》开宗明义指出"大学之道,在明明德,在亲民,在止于至善",强调的是治国齐家需从道德修养做起,从而构建了儒家伦理的外王之学。

2. 倡导"重义轻利""舍生取义"的人生价值观

儒家传统价值观把"义"放在首要的位置并赋予其至高的精神价值,在对待义利关系上把道义和正义摆在利益之上,提倡"义以为上""以义统利""义利兼顾""见利思义",追求人的内心清明和修身养性,对于引导社会成员的价值取向起到一定的导向和匡正作用。孔子主张为人处世"以义为上"⑤,认为求学向善和"重义轻利"是人生的价值理想,也是贤达之士与斗筲小人在追求目标上的差异之所在,"君子喻于义,小人喻于利","富与贵,是人之所欲也,

---

① 《论语·雍也》
② 《论语·学而》
③ 伍晓明.重读"孝悌为仁之本"[J].清华大学学报(哲学社会科学版),2001(5):9-17.
④ 《荀子·王制》
⑤ 《论语·阳货》

不以其道得之,不处也;贫与贱,是人之所恶也,不以其道去之,不去也"①。高尚之人应苛求富而无碍于修身,求利而勿忘"见利思义"②,由于"放于利而行多怨"③,故"君子义以为质,礼以行之,孙以出之,信以成之"④。有识之士把义作为最重要的品质,同时辅以礼和信的原则,依照礼来施行,用谦逊的言语来表述,用诚信的态度去完成。"义则诺,不义则已;可则诺,不可则已。故其诺未尝不信也。"⑤承诺的先决条件是有理义或无理义,不合乎理义的就不承诺,承诺了必须守信。孔子强调"不义而富且贵,与我如浮云"⑥,并把"不怨天,不尤人,下学上达,知我者其天乎"⑦作为不断进取的自觉使命,呼吁"志士仁人,无求生以害仁,有杀身以成仁"⑧,把行德求善视为最高价值取向的仁义精神焕发于人间,流传于后世。

孟子认为,仁义道德是人安身立命之本,是人间正道,"天下有道,以道殉身;天下无道,以身殉道"⑨。人若不讲求道德则不是本真意义上的人,"心之所同然者何也?谓理也,义也。圣人先得我心之所同然耳"。"同然"之"心"通过"推己及人"而得以显现,甚至为了道德牺牲身家性命也不足惜,强调"生我所欲也,义亦我所欲也,二者不可得兼,舍生而取义者也"⑩。《孟子·告子上》云:"耳目之官不思,而蔽于物。物交物,则引之而已矣。心之官则思,思则得之,不思则不得也。此天之所与我者。"耳目口鼻不会思虑,易受外物牵引,流于物欲,而"心"则是能思考的,可以控制自己的欲望,因此,通过"尽心",就能达到"知性"进而"知天"的境界,在孟子看来,圣人不过是通过自觉的道德反省"先于"常人把它显示出来而已。

荀子主张"先义而后利"⑪,认为"义与利者,人之所两有也,虽尧舜不能去

---

① 《论语·里仁》
② 《论语·宪问》
③ 《论语·里仁》
④ 《论语·卫灵公》
⑤ 《管子·形势》
⑥ 《论语·述而》
⑦ 《论语·天问》
⑧ 《论语·卫灵公》
⑨ 《孟子·尽心上》
⑩ 《孟子·告子上》
⑪ 《荀子·荣辱》

民之欲利,然而能使欲利不克其好义也"①。处理好义利之间关系,关键应"以义制利"②,勿以利克义。在现实生活中荣辱之两端"有义荣者,有势荣者;有义辱者,有势辱者。志意修,德行厚,知虑明,是荣之由中出者也,夫是谓义荣。犯分乱理,骄暴贪利,是辱之由中出者也,夫是之谓义辱"③。即由个人道德高尚而获得的荣誉为义荣,不道德行为而遭到的耻辱为义辱,这都取决于己;而由权势地位带来的势荣或势辱则属于"外至",与个人的善恶无关。为此,荀子以求义为原则提出"君子可以有势辱而不可以有义辱,小人可以有势荣而不可以有义荣"④,强调"君子大心则敬天而道,小心则畏义而节"⑤,意即君子扩大仁心,就会尊敬天而行道,即使小小的仁心也会敬畏礼义而加以节制,从而把儒家理想主义伦理转化为现实的具体实践。

　　西汉董仲舒进一步拓展了儒家仁义思想,认为"天之生人也,使人生义与利;利以养其体,义以养其心"⑥。人性就是包括仁和贪两种对应和潜在的道德性,其结果是大富则骄,大贫则忧,忧则为盗,骄则为暴,为此,他主张为政之策应是"正其谊不谋其利,明其道不计其功"⑦,只要道义在,功利就不必计较。可以说,正是儒家责任伦理"重义轻利"和"舍生取义"的道德观,奠定了中华民族崇尚道义、厚德载物、自强不息和"贫贱不能移,威武不能屈,富贵不能淫"的民族气节。

二、阐明以明"礼"知"耻"为底线的道德修养观

　　礼文化是中国传统文化的重要组成部分,"礼"是中国古代宗法等级制度礼仪伦理规范的总称。《尚书》中提出"五教",即父义、母慈、兄友、弟恭、子孝;《礼记》提出"礼者所以定亲疏,决嫌疑,别同异,明是非也"⑧。"礼之所兴,众之所治也;礼之所废,众之所乱也。"⑨荀子把"礼"作为人们行为的最高

---

① 《荀子·大略》
② 《荀子·正论》
③ 《荀子·正论》
④ 《荀子·正论》
⑤ 《荀子·不苟》
⑥ 《春秋繁露·身之养重于义》
⑦ 《汉书·董仲舒传》
⑧ 《礼记·曲礼上》
⑨ 《礼记·仲尼燕居》

准则和道德规范,"礼者,法之大分也,类之纲纪也"①。"非礼无以辨君臣、上下、长幼之位也,非礼无以别男女、父子、兄弟之亲,婚姻、疏数之交也。"②而知耻即有羞恶之心、廉耻之心,作为人们普遍的心理现象,是以儒家为代表的传统伦理文化的核心要素。儒家伦理对于耻感及其作用的认识和诠释极为深刻,如孔子认为"行己有耻""君子耻其言而过其行"③"士志于道,而耻恶衣恶食者,未足与议也""古者言之不出,耻躬之不逮也"④。知耻既是使人向善的前提,也是治国安邦的重要举措,人们在交往中的行为举止只有遵循礼义原则才能远耻避辱,"信近于义,言可复也;恭近于礼,远耻辱也"⑤。明荣知耻、知耻而后勇等成为积淀于民族传统文化的底线道德,内化为人们在行为处事中的最基本荣辱观和责任伦理观。

1. 提出"礼治""礼教"的齐家安邦道德观

儒家伦理的礼制思想建立在人之为人的道德基础上,强调人对礼乐制度的尊奉是人区别于禽兽的理性之所在,"今人而无礼,虽能言,不亦禽兽之心乎?夫唯禽兽无礼,故父子聚麀。是故圣人作,为礼以教人。使人以有礼,知自别于禽兽"⑥。在先秦儒家看来,礼制即以礼治国的核心是将人与人的关系纳入整个社稷系统中,通过建立道德范式,有助于人们形成服从、忠诚、和睦友爱等美德,"先王之制礼乐也,非以极口腹耳目之欲也,将以平好恶而反大道之正也"⑦。人与人之间正因"礼"的差别而赋予不同道德准则,"夫礼,禁乱之所由生,犹坊止水之所自来也"⑧。礼的作用是由外而内,由外在的礼仪规范到内在的恪守己德,也即《礼记·乐记》中所言"礼也者,动于外也",并以尊卑长幼、亲疏远近的责任伦理来衡量、评断人们的观念与行为,"旨在纳上下于道德,以成一道德之团体"⑨的教化功能,实现"礼治其外,乐化其内,礼乐正而天

---

① 《荀子·劝学》
② 《礼记·哀公问》
③ 《论语·宪问》
④ 《论语·里仁》
⑤ 《论语·学而》
⑥ 《礼记·曲礼上》
⑦ 《礼记·乐记》
⑧ 《礼记·经解》
⑨ 王国维.观堂集林[M].石家庄:河北教育出版社,2001:288.

下平"①。

荀子认为,礼义道德源于自然人性"好利"的欲望及其与财物、权势的冲突,"礼起于何也? 曰:人生而有欲,欲而不得,则不能无求,求而无度量分界,则不能不争。争则乱,乱则穷。先王恶其乱也,故制礼义以分之,以养人之欲,给人以求。使欲必不穷乎物,物必不屈于欲,两者相持而长,是礼之所起也"②。以人类生活的"能群"特性来论证礼义道德的作用,提出"所欲虽不可尽,求者犹近尽;欲虽不可去,所求不得,虑者欲节求也。道者,进则近尽,退则节求,天下莫之若也"③。明确表达要以"礼"适度地调节人与人之间的义利关系,使各司其职,各遵其礼,从而维持"贵贱有等,长幼有差,贫富轻重,皆有称者也"④的社会秩序,"以义制事,则知所利矣"⑤,从而不会导致争乱。荀子强调"虽王公士大夫之子孙也,不能属于礼义,则归之庶人。虽庶人之子孙也,积文学,正身行,能属于礼义,则归之卿相士大夫"⑥。虽然社会有阶层之分,但仍可以靠各自的遵循道义满足共同存在与发展需要,如此一来,方可达到"政教之极""至道大形"。

基于对妻子在家庭关系中的地位和作用的肯定,儒家倡导家庭关系中夫妻有各自的责任,"为人夫者,敦蒙以固;为人妻者,劝勉以贞"⑦。就是说,做丈夫的应该敦厚、纯朴、有操守,而做妻子的则要勤勉、忠贞。兄友弟悌、长幼有序,这既是处理家庭关系中同辈成员之间关系的伦理要求,也是处理家庭关系以外的同辈成员关系的伦理要求。为此,孟子提出"五伦",即父子有亲、君臣有义、夫妇有别、长幼有序、朋友有信,认为人之"心"具有认识能力,"耳目之官不思,而蔽于物。物交物,则引之而已矣。心之官则思,思则得之,不思则不得也。此天之所与我者"⑧。意思是耳目口鼻不会思虑,易受外物牵引,流于物欲,而"心"则是能思考的,可以控制自己的欲望,因此,通过"尽心",就能

---

① 阮籍.阮籍集校注[M].陈伯君,校注.北京:中华书局,2012:85.
② 《荀子·荣辱》
③ 《荀子·正名》
④ 《荀子·礼论》
⑤ 《荀子·君子》
⑥ 《荀子·王制》
⑦ 《管子·五辅》
⑧ 《孟子·告子上》

达到"知礼"进而"知天"的境界。如果说礼的主要作用在于普遍认可的规范的话,那么乐的主要功效则是德,"乐至则无怨,礼至则不争"①,无论礼、乐,皆是为了在道德生活中避免社会成员的任性与自行其是。

2. 提倡"知耻"和"慎独"的修身伦理观

以儒家和法家为代表的传统文化注重耻感伦理在抑恶扬善中的行为规范作用,认为耻感是个人修身养性的稳固基石。知"耻"作为一种道德性的回应,其价值在于道德自律而非他律,《六书总要》曰:"耻,从心耳,会意,取闻过自愧之意。凡人心惭,则耳热面赤,是其验也。"孔子认为,知耻明辱是理想人格的根本保证,"好学近乎知,力行近乎仁,知耻近乎勇"②,提出"行己有耻,使于四方,不辱君命,可谓士矣"③。由于君子一言,驷马难追,如说到而做不到则是可耻的行为,"古者言之不出,耻躬之不逮也"④。把"恭以远耻"视为修己达人的最高境界,即使生活条件差依然不改其志,"一箪食,一瓢饮,在陋巷,人不堪其忧,回也不改其乐"。孔子认为"邦有道,贫且贱焉,耻也。邦无道,富且贵焉,耻也"⑤,国家政治清明而自己贫贱是耻辱,国家无道而自己富贵也是耻辱,这就从"贫富"和"知耻"两者的辩证关系阐明了施行仁政的重要性,基于此,孔子强调在国家治理上应"道之以政,齐之以刑,民免而无耻;道之以德,齐之以礼,有耻且格"⑥。法律的约束和规范能使人趋利避害,从而规避法律的制裁;道德和礼义则唤起民众内心的耻辱感,能使人知耻、有耻而自觉遵守社会行为规范。

孟子提出"无羞恶之心,非人也""人不可以无耻,无耻之耻,无耻矣"⑦。人不可以没有羞耻之心,不知羞耻的那种耻辱,就是无耻。孟子认为知耻对于人的关系极其重大,那些投机取巧的人是不知羞耻的,"耻之于人大矣,为机变之巧者,无所用耻焉"⑧。羞耻心和憎恶感植根于人的本性,"耻"不仅关乎个

---

① 《周礼·地官·大司徒》
② 《礼记·中庸》
③ 《论语·子路》
④ 《论语·里仁》
⑤ 《论语·泰伯》
⑥ 《论语·为政》
⑦ 《孟子·尽心上》
⑧ 《孟子·公孙丑上》

人的修养,还关乎国家社稷。管仲把礼、义、廉、耻作为维系国家生死存亡的"四维","四维不张,国乃灭亡""国之四维,一维绝则倾,二维绝则危,三维绝则复,四维绝则灭。倾可正也,危可安也,覆可起也,灭不可复错也"①。法家主张用民众畏惧的严刑来惩治奸诈邪恶,补仁义爱惠之不足,以促使人不敢做有辱之事,如商鞅主张"治国刑多而赏少""夫刑者所以禁邪也,而赏者所以助禁也"②。朱熹认为耻感是实现道德教化的前提,"人有耻,则能有所不为"③,个人品德养成是一个不断抑恶扬善的过程,而耻感的培育是基础和重要环节。可见,在传统道德伦理中,耻感的形成通常伴随着紧张感、悔恨感和焦虑感等内心感受,能激发人的善良品性。"必有耻,则可教",一个人知耻,便能主动而自觉反省自身过失;一个民族知耻,就能众志成城、同仇敌忾。

儒家责任伦理强调道德自我完善的"慎独"境界,《大学》提出:"诚于中形于外""所谓诚其意者,毋自欺也。如恶恶臭,如好好色,此之谓自谦。故君子必慎其独也"。《中庸》有言:"唯天下至诚,为能尽其性。能尽其性,则能尽人之性。能尽人之性,则能尽物之性。"唯天下最真诚的人才能充分发展自己及他人的本性,进而才能发展出万物的本性。强调"戒慎乎其所不睹,恐惧乎其所不闻。莫见乎隐,莫显乎微,故君子慎其独也"④。在别人眼睛看不到或耳朵听不到的地方,要谨慎小心行事,因为隐秘的事情,没有不被人发现的,细微的事情也会被显露出来,所以,修身是完善理想人格的必由之路,"自天子以至于庶民,壹是皆以修身为本"⑤。主张即使是个人独处时,也要恪守道德原则,"君子无终食之间违仁,造次必于是,颠沛必于是"⑥。就是说,一个真正的君子,即使身处患难逆境和颠沛流离,仍然不会背离"道"的原则而是始终坚守"仁"的道德。朱熹阐释道:"'慎独'之'独',亦非特在幽隐人所不见处。只他人所不知,虽在众中,便是独也。"⑦"慎独"需要时时在心中内省,尤其是在没有任何外在监督和约束的前提下,仍能够按照道德律的要求行事。如朱

---

① 《管子·牧民》
② 《商君书·算地》
③ 朱熹《朱子语类·卷十三》
④ 《礼记·中庸》
⑤ 《礼记·大学》
⑥ 《论语·里仁》
⑦ 朱熹《朱子语类·论语六》

熹所说:"反求诸身而自得之,以去夫外诱之私,而充其本然之善。"①慎独境界既是善的自足性的内在要求,也是对善的自足性的一种检验和证明。

三、注重以"和""合"为价值取向的人与社会和谐观

儒家道德责任以"和"作为人文精神的核心,认为"和"不仅是天地万物生成的普遍规律和基本前提,也是人类在维系生存发展、人际关系、社会秩序和治国安邦中皆须遵循的价值准则,以实现家庭和睦、人伦和善、生活祥和、社会和谐、国家和平、万物和合的理想状态。《中庸》认为"和也者,天下之达道也。致中和,天地位焉,万物育焉"。和谐是天地万物得以生存和发展的重要法则,"天地合而万物生,阴阳接而变化起,性伪合而天下治"②。和谐有序,是事物的生长、发育过程中各自得到滋养的有利环境,"万物各得其和以生,各得其养以成"③。如董仲舒提出:"和者,天地之正也,阴阳之平也,其气最良,物之所生也。诚择其和者,以为大得天地之奉也。"④自然是人获取生活资料、从事生产活动和赖以生存的基础,主张人类与自然和睦相处、和谐共存,合作才能和谐,如《吕氏春秋》中认为"合,和也",和合既是传统文化的核心理念,也是一种理想人格的追求目标。

《周礼·天官·大宰》提出"以和邦国,以统百官,以谐万民"的"和谐"思想。管仲认为:"畜之以道,则民和;养之以德,则民合。和合故能谐,谐故能辑,谐辑以悉,莫之能伤。"⑤养之以道、以德,民众能团结和睦、协调一致,和谐共事则国家安稳,人人不会受到伤害。"礼之用,和为贵"⑥是人与人融洽相处的道德准则,也是社会和谐、国家发展的必然条件。和谐并不否认相互之间的差异,而是保持"和而不同"⑦求同存异的关系。可以说,无论是《孟子·尽心上》中所说"穷则独善其身,达则兼济天下",还是张载《西铭》中倡导"天人合一,民胞物与"的价值理念,无不体现出追求人与人、人与社会、人与自然和谐

---

① 朱熹《中庸章句集注·第一章》
② 《荀子·礼论》
③ 《荀子·天论》
④ 董仲舒《春秋繁露·循天之道》
⑤ 《管子·兵法》
⑥ 《论语·学而》
⑦ 《论语·子路》

共生的责任伦理,从而奠定了中国文化重和而不重争、重合而不重分的理想境界。

1. 阐明"天人合一"的人与自然和谐观

"天人合一"起源于人对自然万物的认知与思考,是传统文化中人与自然和谐思想的源头与精髓。儒家把人看成是自然和谐整体的一部分,认为和合是万物产生的根源,"列星随旋,日月递炤,四时代御,阴阳大化,风雨博施,万物各得其和以生,各得其养以成"①。大自然是包括人在内一切生物的摇篮,是人类赖以生存发展的基本条件,自然万物各自得到阴阳形成的和气而产生,各自得到相应的滋养而成长。孟子提出"仁者,以天地万物为一体"②,有仁爱之心者重视宇宙万物的统一。"爱之生之,养之成之,利民不得,天下亲之,曰德。无德无怨,无好无恶,万物崇一,阴阳同度,曰道。"③爱护、养育和成就万物生长,利万物和百姓亲近,便是德所要达到的目的,不怨恨、不喜好、不厌恶,万物归宗于一,阴阳同度,民众相亲而不相争,和平而安宁相处。汉代董仲舒明确提出"天人相与""天人之际,合而为一"④,认为万事万物是独立于人的意识之外的客观存在,与"人"有着统一的本原和规律,通过人与自然的"合一",构建天地与我并生的和合关系,从而实现并存无碍、和谐美好的状态。张载认为"儒者因明致诚,因诚致明,故天人合一"⑤,诚即最高的道德修养,明即最高的智慧,《中庸》提出"唯天下至诚"才能"与天地参""诚者物之终始,不诚无物",这与孟子所说"诚者,天之道也,思诚者,人之道也"⑥有异曲同工之妙,均把天人合一视为以诚致成的最高境界。

天、地、人三才之道和合是"天人合一"的核心价值,天时、地利、人和不仅可以争天下,而且可以平天下。"道"既是自然万物所遵循的规律,也是人类行为应遵守的法则。老子认为:"道生一,一生二,二生三,三生万物,万物负阴而抱阳,冲气以为和。"⑦认为万事万物都包含着阴阳两个矛盾的方面,阴阳相

---

① 《荀子·天论》
② 《孟子·梁惠王》
③ 《管子·正》
④ 董仲舒《春秋繁露·深察名号》
⑤ 张载《正蒙·乾称篇》
⑥ 《孟子·离娄上》
⑦ 《老子·道德经》

互作用构成和，"和"是宇宙万物的本质以及天地万物生存的基础。"人法地，地法天，天法道，道法自然。"①人以地为法则，地以天为法则，天以道为法则，人是自然界的一部分，人的生存发展只有遵循自然的法则，才能合乎"道"的要求。荀子认为："天有其时，地有其财，人有其治。"②天、地、人各司其职，各施其道，认为天、地、人是一个有机的统一体，人与自然万物有着各自的规律。庄子认为，自然界中天地人是息息相通的，"天地者，万物之父母也"③，天有天之道，天之道在于"始万物"；地有地之道，地之道在于"生万物"；人有人之道，人之道就在于"成万物"。管仲认为："夫道者，所以充形也，而人不能固。其往不复，其来不舍。谋乎莫闻其音，卒乎乃在于心。冥冥乎不见其形，淫淫乎与我俱生。不见其形，不闻其声，而序其成，谓之道。"④形内而虚，欲谋道则不闻其声，而在于心，不见其形，但依序而成，又与我俱生，这就是道的一种特性。

天道与人道相通融，天道不仅是人道的价值依据，也是人道内在的情感源头，"天之道，虚其无形。故遍流万物而不变"⑤。天道无形却能包容万物，管仲认为："天之道，满而不溢，盛而不衰，明主法象天道，故贵而不骄，富而不奢，行理而不惰，故能长守贵富，久有天下而不失也。"⑥按天道人情就盈不溢、盛不衰、行不惰、贵不骄、富不奢，从而能久有天下，这既是天道的公则，亦是人道的公理。管仲主张"为而无害，成而不议，得而莫之能争，天道之所期也"⑦。有所为而无害于物，成功而不议，犹利万物而不争，无害、不议、莫争便是天道的品性。"行天道，出公理，则远者自亲。废天道，行私为，则子母相怨。故曰：天道之极，远者自亲。人事之起，近亲造怨。"⑧既然天道具有公理的意蕴，便具有普遍性，是人人所应遵守的规律，如果不顺从天道，则会造成近亲相怨，众叛亲离。管仲强调"天有常象，地有常形，人有常礼，一设而不更，此谓三常。兼而一之，人君之道也"⑨。天象有运行的规则，地形有恒常的形态，人世有一

① 《老子·道德经》
② 《荀子·天论》
③ 《庄子·达生》
④ 《管子·内业》
⑤ 《管子·心术上》
⑥ 《管子·形势解》
⑦ 《管子·立政》
⑧ 《管子·形势解》
⑨ 《管子·君臣上》

定的礼仪,人君之道,就在于把握天、地、人的常象、常形和常礼,使三常和合为一,实现长治久安。《中庸》认为:"能尽人之性,则能尽物之性;可以赞天地之化育,则可以与天地参矣。"能尽知他人的本性,就能尽知万物的本性,就可以赞助天地万物的化育,与天地并列为三了。

天人合一蕴含着人类对自然仁爱、理智的道德内涵。《周易·文言传》提出"夫大人者,与天地合其德,与日月合其明,与四时合其序"的天人和谐思想。管仲主张"天道人情"①,"得天之道,其事若自然;失天之道,虽立不安"②。故曰:"天时不祥,则有水旱;地道不宜,则有饥馑;人道不顺,则有逆乱。"③假如不按天道人情,就会违戾天祥、地宜、人顺的自然条件,导致水旱之灾、饥荒之年和祸乱之害等外失内乱的危亡状态,使之"君失其道,无以有其国"④。如果过度开发或攫取自然界的资源,就会导致资源枯竭,影响到后人的生存利益,管仲认为"山林虽近,草木虽美,宫室必有度,禁发必有时"⑤,主张人们在开发利用自然资源时,要按照规定的时节进行,如果为了满足眼前利益,对自然资源进行掠夺性开采,就会影响人类社会的发展,如《吕氏春秋》中所说:"利虽倍数于今,而不便于后,弗为也。"⑥

可见,"天人合一"思想强调的是人与自然相协调,人不能违背自然,而应顺从自然规律,既注重人与自然融为一体,体现人源于自然的本性,又主张人主动配合天地的生生变化,促进宇宙万物的和谐发展,这种追求人与自然和谐共生的责任伦理观,对纠正无限制地征服自然改造自然、不顾及环境保护与生态平衡的观念,促进人与社会、人与自然的可持续发展,具有重要的现实意义。

2. 强调"以和为贵""求同存异"的人际关系伦理观

"以和为贵"是儒家责任伦理在处理人际关系上的积极倡导,也是对化解人际矛盾、维系社会稳定、推动社会发展的美好向往和追求。孔子主张"礼之用,和为贵。先王之道,斯为美"⑦。"贵"是一种价值衡量标准,"和为贵"体

---

① 《管子·君臣下》
② 《管子·形势解》
③ 《管子·五辅》
④ 《管子·君臣上》
⑤ 《管子·八观》
⑥ 《吕氏春秋·长利》
⑦ 《论语·学而》

现出"和"是礼义的最高价值追求,不仅仅关乎个人自身修养,身心和谐是一个人身心健康的基本标志和健全人格形成的基础,而且也是处理人与社会关系的根本准则,人与人之间只有和谐相处,"和则一,一则多力,多力则强,强则胜物"①。遵循各自群体的礼义,和睦相处,团结统一,就能力量强大,实现国家安宁,人人各得其所,"甘其食,美其服,安其居,乐其俗"②。《尚书》曰:"克明俊德,以亲九族;九族既睦,平素百姓;百姓昭明,协和万邦。黎民于变时雍。"帝王尧施政期间发扬大德,使家族亲密和睦,辨明众族的政事,协调万邦诸侯,天下众民相递而变,皆成友好和睦关系。《周易》中提出"保合太和,乃利贞",把"太和"看作最佳的和谐状态,"太和,和之至也"③,和谐成为处理人与人之间关系的最高原则。

儒家提倡的"和为贵"并非无原则地调和折中,而是以道德教化为基础的,孔子主张"知和而和,不以礼节之,亦不可行也"④,主张以德治国而不是轻率诉诸武力,更能安抚归顺者,"远人不服,则修文德以来之,既来之则安之"⑤。荀子认为:"争则乱,乱则离,离则弱,弱则不能胜物。"⑥如果争夺则会产生动乱,导致离散和削弱力量,也就不能胜过外物。正像墨子所说"离散不能相和合"⑦,天下不安定的原因在于有离散之心,"天时不如地利,地利不如人和"⑧。在决定成功的三要素中,人和比天时、地利更重要,"人和"即人与人之间的关系和谐,而"道"则是最佳的和谐状态,"得道者多助,失道者寡助"⑨,是否得"道"乃事业成败的关键。

传统文化注重把"和而不同"和"求同存异"作为实现人际关系和谐的前提。"和而不同"强调的是尊重差异,平等共生,而非单一事物的简单叠加,即不同事物在多元化基础上的和谐统一状态,"求同存异"才能包容多样,各得其所。《国语·郑语》提出"和实生物,同则不继",天地万物各就其位,实现了

---

① 《荀子·王制》
② 《老子·道德经》
③ 张载《正蒙·乾称篇》
④ 《论语·学而》
⑤ 《论语·季氏》
⑥ 《荀子·王制》
⑦ 《墨子·间诂》
⑧ 《孟子·公孙丑下》
⑨ 《孟子·公孙丑下》

和谐,则万物可生长发育,但如果完全相同,则无法继续发展。"贵和"作为人的思想观念和行为方式,往往是和"尚中"联系在一起的,以和为贵与崇尚中庸的统一是传统文化的生命之魂,《礼记·中庸》开宗明义指出:"不偏之谓中,不易之谓庸;中者,天下之正道,庸者,天下之定理。"不偏不倚叫"中",不改变常规叫"庸","中"是天下的正道,"庸"是天下不易的法则;认为"过犹不及"①超过了就等于未达到,"君子而时中",要根据实际情况的变化,采取灵活的应对措施,以始终保持不偏不倚的境界,主张"隐恶而扬善,执其两端,用其中于民"②,所谓"两端"就是"过分"和"不及",治国理政须秉持既不过分也不能不及的中庸管理,求大同、存小异,才能保持社会安定,达到中和状态,则天地万物与人类各安其位,各得其所,从而实现万物的融洽共存共生。

四、提倡"重民""富民"的人本主义德治理念

以儒家为代表的责任伦理重视国家、社会利益,提出"庶"(民众)、"富"(民生)、"教"(教育)的民本思想,认为治国安邦要以庶民为本,"民为贵,社稷次之,君为轻。是故得乎丘民而为天子,得乎天子为诸侯,得乎诸侯为大夫"③。将"民"放在国家政治生活中最高的地位,统治者要以百姓为贵,尊重和爱护民众,认为"得天之时而为经,得人之心而为纪",天道人心是国家的根本和纲纪,"政之所兴,在顺民心;政之所废,在逆民心"④。国家兴亡、政治存废的关键在顺逆民心,天下之道在得民,得民之道在得民心,故"能以民为服务者,则天下归之矣"⑤。"行仁政而王,莫之能御也。"⑥《尚书》中提出"民惟邦本,本固邦宁",认为得民心之道在于使庶民富足,"百姓足,君孰与不足?百姓不足,君孰与足?"⑦衣食足才能天下安,"王者以民为天,而民以食为天"⑧。只要做到"省刑罚,薄税敛"和"爱利民",就能保社稷安稳。荀子认为得民心

---

① 《论语·先进》
② 《礼记·中庸》
③ 《孟子·尽心下》
④ 《管子·牧民》
⑤ 《吕氏春秋·爱类》
⑥ 《孟子·公孙丑上》
⑦ 《论语·颜渊》
⑧ 《汉书·郦食其传》

者得天下,提出"用国者,得百姓之力者富,得百姓之死者强,得百姓之誉者荣,三得者具而天下归之"①。百姓努力生产国家就富足,国家得到百姓的誓死保卫就会强大,得到广为称颂赞誉国家就显荣耀。荀子强调:"君者,舟也;庶人者,水也。水则载舟,水则覆舟。"②认识到民心向背对社稷安危的极端重要性,只有顺民心才能得民意,"礼以顺人心为本",赢得民众的支持,并"厚爱利足以亲之""明智礼足以教之",通过施仁政于民,"道德定而民有轨矣"③,汇聚起民众的力量,就能实现长治久安。

1. 提出"民为邦本"和"民贵君轻"的传统民本思想

"民为邦本"是中国传统文化的思想精髓之一,体现出中华灿烂文化的人本主义特色。《尚书》中提出"民可近,不可下""天视自我民视,天听自我民听",对待百姓,只可以亲近,不能够认为他们卑贱,只有百姓才是立国的根本。《春秋·谷梁传》曰:"民者,君之本也。"这就从民众与国家的关系上,肯定了民众的重要地位,强调民众是国家安宁的基础。孔子主张以"民志"为"本","大畏民志,此谓知本"④,尊重民心民意,才称得上知为政之道的根本,"是故君子不以其所能者病人,不以人之所不能者愧人。是故圣人之制行也,不制以己,使民有所劝勉愧耻以行其言"⑤。君子不以能做到的事苛求别人,不以别人做不到的行为而羞辱别人。强调"为政以德,譬如北辰,居其所而众星共之"⑥。只有用道德的力量去治理国家,实行仁政和德治就会像众星捧月一样,把民众团结在自己周围。孔子曾说:"君子不可小知而可大受也,小人不可大受而可小知也。"⑦知晓大义的仁人君子心怀天下,所以应当委以重任,不能只让他们做些区区小事;不应让那些只顾个人私利、心中没有社稷百姓的人担任重要职务。提倡为政者必先身正,身正才会上行下效,"君为正则百姓从而正矣""不能正其身,如正人何?"。如果连自身都不能端正,那怎么去治理别

---

① 《荀子·王霸》
② 《荀子·王制》
③ 《管子·君臣上》
④ 《礼记·大学》
⑤ 《礼记·表记》
⑥ 《论语·为政》
⑦ 《论语·卫灵公》

人呢?"政者,正也,子帅以正,孰敢不正。"①《中庸》提出"修己以安人,修己以安百姓",如果不注重修养品德、讲习学问、重义轻利和改过自新,这是令人担忧的,"德之不修,学之不讲,闻义不能,不善不能改,是吾忧也"②。认为如自身不正即使法令再严厉,也难以服众,"其身正,不令而行;其身不正,虽令不从"③。

荀子认为人"高尚尊贵不骄"而"最为天下贵","贵"在修德和塑造理想人格,伦理底线是"富贵不能淫",尊贵之人也是低调的有德、尊礼、行义之人,相比较而言,"君子能为可贵;不能,使人必贵己"。君子能做到值得人们尊敬,但不能做到让人们一定看重自己,因为"天之生民,非为君也。天之立君,以为民也"④。君是民推举出来的,为政者必须关心和善待百姓,所以,"君人者,欲安,则莫若平政爱民矣;欲荣,则莫若隆礼敬士矣;欲立功名,则莫若尚贤使能矣",做到"无德不贵,无能不官,无功不赏,无罪不罚"⑤。在施政理政中应坚持德才并重和"尚贤使能""利而不利也,爱而不用也者"⑥,利民而不取利于民、爱民而不使役于民,这是治理国家的方略和智慧,也是处理君民关系须履行的重要职责。荀子主张"志意定乎内,礼节修乎朝,法则度量正乎官,忠信爱利形乎下"⑦,实际上提出了儒者的两种责任观——保持个人内心意志坚定和远大志向的责任,以及用礼义和法治执政、用忠信仁爱益于百姓的社会责任,从而诠释出儒家一贯倡导的"内圣外王"道德责任思想。基于此,荀子建议"明分职,序事业,材技官能,莫不治理,则公道达而私门塞矣,公义明而私事息矣"⑧,使人人明确各自的本分、职责,合理安排各自的事业,使有技术的人做事,任用有才能的人执政,就会去私为公,治理有序。管仲明确提出了"夫霸王之所始也,以人为本"⑨的人本主义思想。

---

① 《论语·颜渊》
② 《论语·述而》
③ 《论语·子路》
④ 《荀子·大略》
⑤ 《荀子·王制》
⑥ 《荀子·富国》
⑦ 《荀子·儒效》
⑧ 《荀子·君道》
⑨ 《管子·霸言》

2. 提倡"保民富民"和"与民同乐"的治国安邦之道

儒家把富民恤民作为治国安邦之道，倡导"王者富民"和"保民而王"的治国理政观，认为"凡治国之道，必先富民""故治国常富，而乱国常贫。是以善为国者，必先富民，然后治之"①。孔子主张要善待百姓，使庶民"富之""博施于民而能济众"②"泛爱众而亲人"，因为"民之于仁也，甚于水火"③，所以要施行"仁政"，宽以待民，"以不忍人之心，行不忍人之政，治天下可运之掌上"。所谓"不忍人之心"，也就是仁者爱人之心，"道之以德，齐之以礼，有耻且格"④。以仁爱之心施以德政，用道德礼仪去引导人，人们才会知耻而行止，社会才能安定。《左传》提出"宽以济猛，猛以济宽，政是以和"，主张发展农业，"治政有理矣，而农为本"⑤，既要"节用而爱人，使民以时"，征用民役而不误农时，又要"政在节财"，千方百计节约财力物力，"省力役、薄赋敛"，方能"足食，足兵，民信之矣"⑥。《尚书》中把"明德慎罚"作为治国"裕民"的根本措施，提出"文王之敬忌，乃裕民""明德慎罚，不敢侮鳏寡"⑦，主张尚德敬德，多行恩惠，少用刑罚，不欺侮那些无依无靠的人，尊敬那些应受到尊重的人，如果"乱罚无罪，杀无辜，怨有同，是从于厥身"⑧，乱罚无罪的人和滥杀无辜，则必然引起民愤，且这种愤怒的情绪会归咎于执政者。倡导王者重民，爱民如子，"躬行道德，承顺天地，博爱仁恕，恩及行苇"⑨。不仅要让百姓活下来，而且要暖衣饱食，即使灾荒之凶年，也安然无恙。孔子强调社会要坚持公正、公平，"有国有家者，不患寡而患不均，不患贫而患不安。盖均无贫，和无寡，安无倾"⑩。无贫无寡则社会稳定、长治久安，这也是和谐社会的重要前提条件。

孟子强调统治者要"以德服人"和"与民同乐""为民上而不与民同乐者，亦非也。乐民之乐者，民亦乐其乐；忧民之忧者，民亦忧其忧。乐以天下，忧以

---

① 《管子·治国》
② 《论语·雍也》
③ 《论语·卫灵公》
④ 《论语·为政》
⑤ 《孔子家语·六本》
⑥ 《论语·颜渊》
⑦ 《尚书·康诰》
⑧ 《尚书·康诰》
⑨ 《尚书·刑法志》
⑩ 《论语·季氏》

天下,然而不王者,未之有也"①。认为得民心者才能得天下,"得其民有道,得其心,斯得民矣。得其心有道,所欲与之聚之,所恶勿施尔也"②。主张"保民而王",恭、俭、礼下,关心百姓疾苦,"老吾老以及人之老,幼吾幼以及人之幼"③,通过"施仁政于民,省刑罚,薄税敛,深耕易耨"等措施施恩于民,使天下归顺而成就王业,从而把朴素的"民本"观念深深植根于封建社会统治者的治国伦理中。荀子把"裕民"作为国用充裕的前提,认为"足国之道,节用裕民而善臧其余,节用以礼,裕民以政"④,使国家富足的途径在于节约费用、富裕民众,并妥善贮藏盈余,依靠政治上的各种措施使百姓宽余,而"礼"制的目的是"养民"和"庇护民众","故礼者,养也","养生安乐者,莫大乎礼义"⑤,使广大民众过上宽裕的生活,就会获得仁义善良的美名。荀子主张"王者之法,等赋,政事,财万物,所以养万民也"⑥。为了避免加重百姓负担,为政者应"轻田野之赋,平关市之征,省商贾之数,罕兴力役,无夺农时节用裕民"。减轻赋税,少举办劳役工程,不夺农时,"量地而立国,计利而畜民,度人力而授事,使民必胜事,事必出利,利足以生民,皆使衣食百用出入相掩,必时臧余"⑦。役使民众要根据能力大小授予工作和计算收益,民众富足了,就会把多余的粮食财物储藏起来,这样,国家就能富强。"民富才能国强"成为古代民本思想中一条重要历史经验。

管仲提出"道之在人者心也","爱之利之,益之安之,四者道之出"⑧。道在人心,爱民、利民、益民、安民这四者都是从道产生的,"用之而天下治矣",用好爱民、利民之道就能治理好天下。管仲主张"民之所聚者,以事与德","事以合交,德以合人,二者不合,则无成矣,无亲矣"⑨。用事贯通人的相互交往,用德聚民,因为"爱民无私曰德,会民所聚曰道","致德,其民和平以静;致

---

① 《孟子·梁惠王下》
② 《孟子·离娄上》
③ 《孟子·梁惠王上》
④ 《荀子·富国》
⑤ 《荀子·强国》
⑥ 《荀子·王制》
⑦ 《荀子·富国》
⑧ 《管子·枢言》
⑨ 《管子·枢言》

道,其民付而不争"①,爱民而无偏私叫作"德",合乎众民所宜叫作"道";施之以德,民众就和平且敬慕,施之以道,民众就亲附而不争。在对待"民富"和"君贵"何者为先、何者为后的关系问题时,《管子》主张"贵在所先所后,先民与地,则得矣;先贵与骄,则失矣"。是故"不可以不慎贵,不可以不慎民,不可以不慎富,慎贵在举贤,慎民在置官,慎富在务地"②。治国者处理"贵""民"和"富"的问题必须慎重,分清什么事在前、什么事在后,只有把人民和土地放在前面,把君者的高贵和骄傲放在后面,举荐纳贤,注重农业,"粟者,王之本事也,人主之大务,有人之涂,治国之道也"③。增产粮食是富民的根本办法,也是治国之本,强调"善为民除害兴利,故天下之民归之,所谓兴利者,利农事也"④。主张"立政出令用人道"⑤,使政令合人心、讲人道,"民恶忧劳,我佚乐之;民恶贫贱,我富贵之;民恶危坠,我存安之;民恶灭绝,我生育之"⑥。民众四恶都予以解决,便顺了民心,民心顺,国家兴盛,天下就可以得到全面治理,人与人就会相互亲近而安居乐业。

韩非子提出"圣人之治民,度于本,不从其欲,期于利民而已"⑦。意即治理国家要从根本问题出发,并不是一味满足民众的私欲,而是要给百姓带来实际利益。东汉时期王符提出"夫为国者,以富民为本"⑧的思想,认为"国之所以为国者,以有民也。民之所以为民者,以有谷也。故之所以丰殖者,以有人功也。功之所以能建者,以日力也"⑨。民众是国之为国的根本,国家的安危要看人民的富足程度,而富足取决于所从事劳动时日的长短,这也正像《左传》中所说"民生在勤,勤在不匮",揭示出百姓勤劳才能持家的朴素道理。宋代朱熹则明确提出:"天下之务莫大于恤民,而恤民之本,在人君正心术以立纪纲。"⑩王夫之在《续通鉴论》中强调"天下之治乱,不在一姓之兴亡,而在万民

---

① 《管子·正》
② 《管子·枢言》
③ 《管子·治国》
④ 《管子·治国》
⑤ 《管子·霸言》
⑥ 《管子·牧民》
⑦ 《韩非子·心度》
⑧ 《王符·潜夫论》
⑨ 《王符·潜夫论》
⑩ 《宋史·朱熹传》

之忧乐"。

可见,无论是孔子的"天地之性人为贵"、孟子的"民为贵君为轻"、老子的"以百姓心为心",还是荀子的"君舟民水"、庄子的"兼爱无私"、宋濂在《元史》中所说的"以敬天爱民为本"①等伦理观,都一以贯之地体现出重民、贵民、爱民、安民、恤民、富民的民本思想,不仅对于减轻人民负担、缓和阶级矛盾、维护和巩固国家的安稳起到了一定的积极作用,而且对于形成和发展执政为民、富国强民的中国特色社会主义治国理政思想提供了宝贵的思想资源。

五、倡导"天下为公"和"匹夫有责"的爱国情怀

以儒家思想为代表的传统伦理观倡导家国同构的整体观、国家利益至上观和忠德报国的爱国主义精神,认为家是国的根本,国家即天下,"天下国家,天下之本在国,国之本在家,家之本在身"②。个人、家庭和国家构成彼此依赖、相互依存和密不可分的统一关系,国家是每个社会成员生存的现实基础和实现人生价值的精神家园。重视个体责任伦理观的培育和遵循"忠恕之道"的修身养性,"忠"即尽己所能,"恕"就是设身处地为他人着想,认为道德不仅对人际关系的协调起着积极影响,而且在国家治理、社会安定方面发挥着不可或缺的作用,如《左传·昭公十九年》云"抚民者,节用于内而树德于外,民乐其生",立国之基在于以道德安抚民心和顺应民意,"道德之立,所以利群也"③。如果没有道德的规范,各种利益关系在相互交织、相互矛盾中难以得到有效调节,整个社会生活就会陷入一种无序和混乱状态。为使天下得以善治,儒家伦理主张"修己安人"和"己所不欲勿施于人","以己及人,仁者之心也",即不仅要对自己负责,还要对他人负责;通过个体自觉的道德修养,挖掘内在于自身的仁性、仁德,共同构建礼仪之邦,"君子之道本诸身"④;只有以人的觉悟为前提,才能实现知识与道德的统一,"先行其言,而后从之"⑤;提出了家庭伦理关系中的各种角色应当承担的责任,如用"君令臣共、父慈子孝、兄爱

---

① 《元史·释老传》
② 《孟子·离娄上》
③ 梁启超.饮冰室合集(专集)[M].北京:中华书局,1989:14.
④ 《礼记·中庸》
⑤ 《论语·为政》

弟敬、夫和妻柔、姑慈妇听"①等来规约人伦关系,"父母在,不远游,游必有方"规范的是子女对父母的责任。

《大学》中强调:"古之欲明明德于天下者,先治其国;欲治其国者,先齐其家;欲齐其家者,先修其身;欲修其身者,先正其心;欲正其心者,先诚其意;欲诚其意者,先致其知;致知在格物。物格而后知至,知至而后意诚,意诚而后心正,心正而后身修,身修而后家齐,家齐而后国治,国治而后天下平。"②人必须从自身做起,努力提高自身的道德修养,"齐家"就是要求人们应当承担起家庭责任,"治国、平天下"则强调人们对社会、对国家的义务担当。"道者,物之所由也;德者,物之所得也,由之乃得。"③判断一个人是否有道德,不仅要听他说什么,更要看他做什么。通过获得知识端正自己的心思,形成真诚的意念,才能修养好品德,管理好家庭,进而治理好国家,才能使天下太平。顾炎武提出:"保天下,匹夫之贱,与有责焉。"④天下是所有人共有的,保天下就成为每个人的社会责任,为了国家的繁荣昌盛,人人都应尽己之责。"修身""齐家""治国"和"以天下为己任"的道德责任观是中华民族传统美德的重要组成部分,"天下兴亡、匹夫有责"的爱国主义情感也成为中华民族自强不息、保家卫国、发展壮大的宝贵精神财富。

1. 提出"天下大同"和"公而忘私"的道德责任观

儒家伦理思想阐明了"大同"社会的基本特征及所追求的"天下为公"的理想模式。从孔子的"仁道"到孟子的"四端"说再到《大学》的"修身",这些无不与家国同构的社会责任紧密相连。《礼记》提出:"大道之行也,天下为公,选贤与能,讲信修睦。故人不独亲其亲,不独子其子,使老有所终,壮有所用,幼有所长,矜、寡、孤、独、废疾者皆有所养,男有分,女有归。货恶其弃于地也,不必藏于己;力恶其不出于身也,不必为己。是故谋闭而不兴,盗窃乱贼而不作,故外户而不闭,是谓大同。"⑤在大道施行的时候,天下是人们所共有的,把品德高尚的、能干的人选拔出来,人人讲求诚信,和睦相处。人们不仅赡养

---

① 《左传·昭公廿六年》
② 《礼记·大学》
③ 《老子·道德经》
④ 《顾炎武·日知录》
⑤ 《礼记·礼运》

自己的亲人和抚育子女,使老年人能安享晚年,壮年人能为社会效力,孩子能健康成长,而且使老而无妻无夫的人、幼而无父无母的人、老而无子女的人以及残疾人都有人供养;男子有职业,女子有归宿;人们把财物弃于地,却不一定要自己私藏,人们都愿意为公众之事竭尽全力,而不一定为自己谋私利。因此,奸邪之谋就不会再有,盗窃、造反之事不会发生,家家户户都不用关门防贼,这就叫理想社会。康有为《大同书》中指明变法的宗旨是实现"大同之世,天下为公,无有阶级,一切平等"。

为实现人人都具有高尚人格、人际关系高度和谐的"天下大同"社会理想,孔子认为,"孝悌也者,其为仁之本与"是家庭的伦理准则,敬老爱幼是仁之本,也是处世之道的根本遵循,只有家庭和睦才会社会安定;"己所不欲,勿施于人",主张把家庭孝悌仁爱原则推而广之,博施于民而能济众;"苟利国家,不求富贵"①,专心致力于根本的事务;"君子务本,本立而道生"②,制度建立了,治国之道及做人的原则也就有了;"君子惠而不费,劳而不怨,欲而不贪,泰而不骄,威而不猛"③,君子给人以恩惠自己并不需什么耗费,役使百姓却不被怨恨,虽有欲望却不贪心,泰然自若而不骄傲,威严却不凶猛。孟子认为,贤达之士没必要按照君主的意志行事,唯有按照道义和正义的标准,才是公正合理的,"立天下之正位,行天下之大道,得志,与民由之"④,"行天下之大道"也就是以天下为己任,提出"人能弘道,非道弘人"⑤,道是人生实践的指导原则,人追求道不是无为的,"为仁由己",而应当是有为的、主动的,"仁之实,事亲是也"⑥,提倡关心他人、扶危济困,"老吾老,以及人之老;幼吾幼,以及人之幼,天下可运于掌"⑦。这与墨子提出的"有力者疾以助人,有财者勉以分人,有道者劝以教人"⑧具有价值统一性。

荀子强调"天下为一"⑨,主张民族、国家要统一,不要分裂。管仲主张"以

---

① 《礼记·儒行》
② 《论语·学而》
③ 《论语·尧曰》
④ 《孟子·滕文公下》
⑤ 《论语·卫灵公》
⑥ 《孟子·离娄上》
⑦ 《孟子·梁惠王上》
⑧ 《墨子·尚贤下》
⑨ 《荀子·议兵》

家为家,以国为国,以天下为天下"①。《尚书》提出"以公灭私,民允其怀",为政者要重视国家利益,以公心灭私情,"大公无私","公家之利,知无不为"②,民众才会心悦诚服而信任之。西汉贾谊提出"国而忘家,公而忘私,利不苟就,害不苟去,唯义所在"③。阐明为了国家可以忘记小家,为了公益可以忘记自己私利,不因利害而趋避,哪有大义就出现在哪里。韩愈在《争臣论》中指出:自古圣人贤士,皆非有求于闻用也。闵其时之不平,人之不义,得其道,不敢独善其身,而必以兼济天下也。忠德之人不仅仅为了个人而活着,而是要为社会和国家出力,把"公天下"的道德理想转化为个人的道德要求。

儒家所向往的理想人格是"出于其类,拔于其萃",《中庸》主张"故君子不可以不修身;思修身,不可以不事亲;思事亲,不可以不知人;思知人,不可以不知天"。《易经》中明确提出自强不息、厚德载物的道德责任观,"天行健,君子以自强不息""地势坤,君子以厚德载物"④。对于众人来说,"人人皆可以为尧舜",每个人都可以学而至之,恪守道德规范,提升精神境界,达到"超凡入圣"。北宋理学家张载在《西铭》中谈及人与人、人与万物的关系时提出"天地之塞,吾其体;天地之帅,吾其性。民吾同胞,物吾与也",天地面前,人人都是同胞,人与万物为一体,"民胞物与"要求个体应对他人、社会、万物尽自己的一份职责,履行自己的道德义务,倡导"于公勇,于私怯,于公道有义,真是无所惧"的道义精神,强调"为天地立心,为生民立命,为往圣继绝学,为万世开太平"⑤的远大志向,引导民众确立人生价值目标,传承儒家仁爱精神,担负起建设理想社会的道德使命,努力为人类开创万世太平祥和的基业。

2. 倡树"忧国忧民"和"忠德报国"的爱国情怀

在爱其家而爱其国的价值导向中,爱国主义的责任伦理观成为中国文化传统的必然逻辑而世代沿袭。在五千多年的发展中,中华民族形成了以爱国主义为核心的团结统一、爱好和平、勤劳勇敢、自强不息的伟大民族精神。儒家伦理思想强调个体对社会、对国家和对集体的责任,维护和促进国家的团结

---

① 《管子·牧民》
② 《左传·僖公九年》
③ 《汉书·贾谊传》
④ 《周易·坤》
⑤ 张载《宋元学案·横渠学案上》

统一,孔子提出:"志士仁人,无求生以害仁,有杀身以成仁"①。仁人志士不会因贪生怕死而做出损害仁义道德之事,而是宁可牺牲生命也要恪守仁义的原则,"杀身成仁"体现出忠诚于国家、舍身报国的道德标准和爱国情怀,主张"君子之于天下也,无适也,无莫也,义与之比"②。君子对天下的事,没有必要按照执政者的意志而行动,唯有按照道义和正义的标准而行为处事才是公正合理的。《左传》中主张"社稷是主,社稷是养","故君为社稷死则死之;为社稷亡,而亡之。若为己死,而为己亡,非其私暱,谁敢任之?"③。君主还是臣民都应当以保护国家为职责,而不是效忠某个人,统治者不能凌驾于民众之上,为国家社稷而献身就是履行其职,如果为了自己的私利而死或逃亡,就属于失职而不值得同情。王夫之在《尚书引义·大诰》中认为:"生以载义,生可贵;义以立生,生可舍。"生命之所以可贵,就在于它能载义,人人都有求生的强烈愿望,但是当生命与国家之大义发生冲突时,为了合乎仁义道德的要求和体现人生的价值,则会坦然面对生死。

儒家认为,忠德思想是天下为公的具体体现,对协调个人、集体和国家之间的关系至关重要。《左传·僖公九年》中说:"公家之利,知无不为,忠也。"忠本身就具有"公"的内涵,不论是王公大臣还是庶民百姓都应当忠于国家、忠于社稷、忠于集体,反复阐明"无私,忠也"④,"以私害公,非忠也"⑤,如果能秉公办事,没有私心,那么"不私而天下自公"⑥,强调"上思利民,忠也","临患不忘国,忠也"⑦。东汉马融在其《忠经》中提出"天下至德,莫大乎忠","忠者,中也,致公无私"⑧。认为忠是最大的德,忠的价值指向"致公无私","忠而能仁,则国德彰;忠而能智,则国政举;忠而能勇,则国难清,故虽有其能,必曰忠而成也",相反,"仁而不忠则私其恩,知而不忠则文其诈,勇而不忠则易其乱"⑨。尤其是在国家利益、集体利益与个人利益发生冲突时,主张为了国家、

---

① 《论语·卫灵公》
② 《论语·里仁》
③ 《左传·襄公二十五年》
④ 《左传·成公九年》
⑤ 《左传·文公六年》
⑥ 马融《忠经·广至理章》
⑦ 《左传·昭公元年》
⑧ 马融《忠经·天地神明章》
⑨ 马融《忠经·辩忠章》

集体而应当舍弃个人利益,"苟利社稷,则不顾其身"①,天下自然也就一心为公了。《忠经》认为:"报国之道有四:一曰贡贤,二曰献猷,三曰立功,四曰兴利。贤者国之干,猷者国之规,功者国之将,利者国之用,是皆报国之道,惟其能而行之。"②报国之道的四种方法分别是举荐贤才、出谋划策、建功立业和为民谋利,贤能之人是国家栋梁,献计献策的人为国家提供治国方略,建功立业的人是保卫国家的将帅之才,为民谋利的人则是国家的有用之才,忠心报国展现出仁人志士以天下为己任的社会责任感和不懈追求。董仲舒认为,"一中者,谓之'忠',持二中者谓之'患'"③,从而把"人无远虑必有近忧"的忧国忧民意识视为忠心报国的具体体现,"是故君子有终身之忧,无一朝之患也","生于忧患,死于安乐"④和"乐以天下,忧以天下"是对自我道德德性的责任态度,也是把忠于国家作为"乐善不倦"的强烈历史使命感。

综上所述,源远流长的传统道德伦理思想,承载着中华民族历史赓续中沉淀的责任担当理念和精神谱系。从孔子提出"安不忘危,存不忘亡"到孟子主张"以天下为己任",从《周易》有言"明于忧患与故"到《左传》所说"将死,不忘卫社稷",从屈原的"长太息以掩涕兮,哀民生之多艰"到陆游"位卑未敢忘忧国",从岳飞的"精忠报国"到诸葛亮的"鞠躬尽瘁,死而后已",从范仲淹的"先天下之忧而忧,后天下之乐而乐"到李清照的"生当作人杰,死亦为鬼雄",从林则徐"苟利国家生死以,岂因祸福避趋之"到文天祥"人生自古谁无死,留取丹心照汗青"等等,无不体现出志士仁人在国家面临危机的生死考验时挺身而出、临危不惧、视死如归、宁死不屈的强烈责任感,锻造出中华民族勇于担当、奉公克己、艰苦创业、自强不息、坚韧不拔、威武不屈、报效祖国、团结进取的优良传统,这些弥足珍贵的责任伦理资源已深深积淀于我们民族的心理结构和意志品格之中,为中华民族生生不息、发展壮大提供了丰厚滋养,成为中华民族最深沉的道德追求和精神纽带,为中华民族历经磨难而巍然屹立提供了磅礴力量。

新时代公民道德建设要继承和弘扬中华民族优秀文化的传统美德,实现

---

① 马融《忠经·百工章》
② 马融《忠经·报国章》
③ 董仲舒《春秋繁露·义证》
④ 《孟子·告子下》

现代性转换和传承性创新。优秀传统文化中培育和形成的讲仁爱、重民本、守诚信、崇正义、尚和合、求大同等道德理念和价值取向,深刻地影响着我们的民族性格、民族心理、民族精神和道德观念、理想追求、伦理规范。习近平指出:"文化自信是更基本、更深沉、更持久的力量。历史和现实都表明,一个抛弃了或者背叛了自己历史文化的民族,不仅不可能发展起来,而且很可能上演一幕幕历史悲剧。"①要深入挖掘和阐发传统道德责任思想中的宝贵资源和优秀成分,"坚持古为今用、以古鉴今,坚持有鉴别的对待、有扬弃的继承,努力实现传统责任伦理的创造性转化、创新性发展"②,不断赋予其新的时代内涵,加强社会主义思想道德建设,注重爱国主义、集体主义、社会主义思想教育和传统文化教育,引导人们树立正确的历史观、民族观、道德观、价值观,逐步构建与传统文化相承接、与现代文明相协调、与小康社会相匹配、与培育时代新人相适应的道德责任体系,才能共筑中华民族的精神家园,为实现中华民族伟大复兴的中国梦奠定坚实的思想基础和强大精神动力。

第二节 "责任伦理"为公民道德建设提供了有益借鉴

责任伦理既是对传统伦理学的因果论、动机论、效果论的深化与突破,也是对规范伦理学的义务论、价值论、德性论的传承和创新。责任伦理重视责任的绝对性,认为勇于担当自身行为的责任,既是人与生俱来的品质,也是任何人都不可推卸、不得放弃的道德责任。马克斯·韦伯强调,责任伦理与信念伦理的根本区别在于:"按责任伦理原则行事,人们就会对其行动的后果负责;如果按信念伦理准则行事,当事人通常拒绝对行为的后果承担责任。"③旨在说明,责任伦理具有前瞻性和价值导向作用,人必须依照责任伦理而采取审慎的行动。责任伦理为基于角色身份的主体所负有的责任做出了规范,要求主体没有任何附加条件地对自身的行为负责,不仅要对自身选择和行为产生的后果负责,而且要对行为后果的事先预见性以及可以避免的不良后果负责任。

---

① 中共中央文献研究室.习近平关于社会主义文化建设摘编[M].北京:中央文献出版社,2017:12.
② 习近平.在纪念孔子诞辰2565周年国际学术研讨会暨国际儒学联合会第五届会员大会开幕会上的讲话[N].人民日报,2014-09-25(02).
③ 韦伯.韦伯文集(下)[M].韩水法,编.北京:中国广播电视出版社,2000:455.

在韦伯看来,人类责任与社会命运深刻关联,作为个体的人的责任与人性密切关联,责任并不是后天的选择,而是人与生俱来的品质。不管他(她)是什么人,无论他有何种权势、地位和名望,都无法消除这种安排的先在性,也没有理由放弃自己的责任,因此,人的责任是无条件的、绝对的。"能够深深打动人心的,是一个成熟的人(无论年龄大小),他意识到了自己行为后果的责任,真正发自内心地感受着这一责任。然后他遵照责任伦理采取行动,在做到一定的时候,他说:'这就是我的立场,我只能如此。'这才是真正符合人性的、令人感动的表现……我们每一个人,只要精神尚未死亡,就必须明白,我们都有可能在某时某刻走到这样一个位置上。"①

一、责任即出于对规律的尊重而产生的必要行为

德国古典哲学家康德对现代责任伦理的启蒙做出了积极贡献,他从人的理性出发寻求一种普遍的道德法则,以"人是目的"作为责任存在的基础,主张从人自身寻求道德价值的责任信念。为防止人们沉溺于以满足个人爱好为诉求的功利主义倾向,康德提出以责任为核心的信念伦理学,认为"人类行为在道德上的善良,并不因为出于直接爱好,更不是出于利己之心,而是因为出于责任"②。人的任何行为只有出于责任,是建立在道德意愿和道德自律的前提下产生的行为,才具有真正的道德价值。康德强调实践理性必须遵从规律,通过责任来约束人的道德行为,以实现善良意志与实践理性的有机契合,主张"行为的道德价值不取决于行为是否合乎责任,而在于它是否出于责任"③,也就是说,责任是实践主体出于对规律的尊重将其内化为行为准则,由此产生的行为必要性。康德把责任作为衡量行为是否具有道德价值的内在标准,以人在现实生活中的责任承担作为实现自由的手段,激发人们遵循道德法则的责任行为动机,这对于当代道德实践具有重要的启迪意义,也奠定了西方责任伦理的理论基础。

1. 只有出于责任的行为才具有道德价值

康德探讨责任动机的出发点在于,道德应根植于人们的日常行为中,人们

---

① 韦伯.学术与政治[M].冯克利,译.北京:生活·读书·新知三联书店,1998:116.
② 康德.道德形而上学原理[M].苗力田,译.上海:上海人民出版社,2002:128.
③ 康德.道德形而上学原理[M].苗力田,译.上海:上海人民出版社,2002:8.

的行为既可能是出自某种偏好而非责任的动机而产生的,也可能是出于责任动机采取的行动,"人的同一行为可以有不同的以至完全相反的动机,而实际情况也是这样。一种行为只有是出于责任,以责任为动机,才有道德价值。仅仅是其结果合乎责任、与责任的戒律相符合,而以爱好和其他什么个人目的为动机的行为,则无多大道德价值,甚至于完全没有道德价值"①。为此,只有衡量某种行为的动机是完全出于人的自然偏好,还是完全出于责任,才能评价其道德价值。康德认为,道德行为不出于爱好,而只能出于责任。"一个出于责任的行为,意志应该完全摆脱一切所受的影响,摆脱意志的对象,所以,客观上只有规律,主观上只有对这种实践规律的纯粹尊重,也就是准则,才能规定意志,才能使自己服从规律,抑制自己的全部爱好。"②例如,保存自己的生命合乎责任,但这样做可能是借助于某种情感,就不包含道德性;反过来说,倘若人们身处逆境而不失去信心,出于对生命敬重的责任,以钢铁般的意志与命运抗争,这样他们的行为就有道德价值。"行动的一切道德性建立在其出于义务和出于对法则的敬重的必然性上,而不是建立在出于对这些行动会产生的东西的喜爱和好感的那种必然性上。"③

责任是人的善良意志的集中体现。康德指出:"我们把责任概念提出来加以考察,而这一概念就是善良意志概念的体现。"④善良意志是绝对的、无条件的存在,是实践理性的价值基础,善良意志之所以是善良的,就是因为它出于责任而不是出于爱好。如果以爱好的满足作为道德的价值源泉,从根本上讲是不可靠的,因为爱好实属非理性的,甚至是功利主义的,极易使实践理性受制于外部世界。"由于善良行为的动机存在于情感之中,所以我们必须说道德上的善良行为是出于尊重规律的行为,正是这种对规律的尊重才赋予它以独有的无条件的价值。"⑤只有排斥任何功利动机和爱好,仅仅为了责任的缘故而采取的行为,才算得上善良意志。康德指出,"出于责任的行为"应该纯粹由善良意志在不受外界任何影响的情况下才具有实践理性的自觉,"责任就是

---

① 康德.道德形而上学原理[M].苗力田,译.上海:上海人民出版社,2002:8.
② 康德.道德形而上学原理[M].苗力田,译.上海:上海人民出版社,2002:50.
③ 康德.实践理性批判[M].邓晓芒,译.北京:人民出版社,2003:112.
④ 康德.道德形而上学原理[M].苗力田,译.上海:上海人民出版社,2002:12.
⑤ 康德.道德形而上学原理[M].苗力田,译.上海:上海人民出版社,2002:131.

出于尊重规律而产生的行为必要性","道德行为不能出于爱好,而只能出于责任"①。简言之,责任行为"取决于被规定的准则",只有尊重作为道德实践法则的规律,才会产生善良意志,善良意志主导之下的责任行为才具有道德价值。

康德将责任实践层面分为自律和他律,认为自律性是意志由之成为自身规律的属性,意味着主体在行为选择中把遵循道德法则作为一种自觉准则,"意志的自律构成全部道德法则的唯一原理,也构成遵守这些法则的全部责任的唯一原理"②。人们履行责任不是外在的强制力量,而是源于主体内在的意志自律,因为"道德的普遍规律总是伴随着自律概念,有理性的东西的一切行动都必须以道德规律为基础,正如全部现象都以自然规律为基础一样"③。所谓自律原则就是"在同一意愿中,除非所选择的准则同时也被理解为普遍规律,否则,就不要做出选择"④。人必须无条件地、绝对地遵守道德法则,唯有经过行为主体的理性反思、自我决定和自觉负责的行为,才称得上是道德的行为;反之,无论是出于外在强制,还是因自我意识缺乏而导致的"他律"行为,都不能体现道德价值。正如康德所强调的:"合乎意志自律性的行为,是许可的,不合乎意志自律性的行为,是不许可的。其准则和自律规律必然符合的意志,是神圣的、彻底善良的意志。"⑤

2. 人性尊严体现为人的道德理性和责任自律

康德认为,哲学研究的最终目的是解决"人是什么"的问题,他提出人作为有理性的自由存在者,"任何时候都必须被当作目的"⑥,而不应该把自己和他人仅仅当作工具或手段。因为人能够在道德要求下做出理性的判断和决定,通过自身立法,使人本身成为道德的、自由的存在者。自由是人类所具有的与生俱来的天赋权利,乃是一切有理性的存在者的本质属性。"自由概念是阐明意志自律性的关键"⑦,没有意志的自由,也就谈不上道德的自律,自由不

---

① 康德.道德形而上学原理[M].苗力田,译.上海:上海人民出版社,2002:14-15.
② 康德.康德文集[M].郑保华,主编.北京:改革出版社,1997:164.
③ 康德.道德形而上学原理[M].苗力田,译.上海:上海人民出版社,2002:107.
④ 康德.道德形而上学原理[M].苗力田,译.上海:上海人民出版社,2002:94.
⑤ 康德.道德形而上学原理[M].苗力田,译.上海:上海人民出版社,2002:93.
⑥ 康德.道德形而上学原理[M].苗力田,译.上海:上海人民出版社,2002:50.
⑦ 康德.道德形而上学原理[M].苗力田,译.上海:上海人民出版社,2002:100.

仅意味着个人独立于他人的意志强制,而且还意味着每个人必须自觉遵循道德法则,承担起行为的后果。如果人的行为选择是被迫的,那么他的道德意志就受到了异己力量的支配,其行为便不是基于自由选择的结果,就可以不对自己的行为后果负责。人虽然是感性与理性的统一体,但人的本质规定在于其理性、道德性,理性决定了人能够承担普遍的道德责任,而不至于过多受追求感官幸福和一切好恶动机的影响,"因为,责任应该是一切行为的实践必然性,所以,它适用于一切有理性的东西"①。人类理性的基本目的是为自身立法,而终极目的则是为自由立法,只有理性的生命才有能力使自己的行为合乎法则。"正是为了自由之故,每个意志,甚至每个个人自己所特有的针对他自己本人的意志,都被限制于与有理性的存在者的自律相一致这个条件之下。"②但自由不能表现为某种独立不羁,更不能体现为对法则的违抗,唯有在意志自由之中,人才能够自我主宰、自我约束,承担由道德律令规范的道德责任,从而实现自己的价值。

人的尊严彰显于人的责任行为中,理性的自觉使人成为道德生活中的主体,从而摆脱纯自然的生物性尊严,升华出人类所特有的人性尊严。这种理性的人性相对于自然的人性而言,是一种回归与超越,使人获得完整而真实的尊严。康德强调:"只有道德以及与道德相适应的人性,才是具有尊严的东西。"③人格尊严的道德属性既包含着对自身的责任,如自尊、自重、自爱、自律等,也包含着对他人的责任,如尊重他人、平等待人、关爱他人等。所有人作为有理性的存在者都是一个道德共同体的成员,是道德世界自由平等的立法者和守法者,而且社会历史及群体的存在为个人的生存发展提供了必要的条件和空间,"正是为了自由之故,每个意志,甚至每个个人自己所特有的针对他自己本人的意志,都被限制于与有理性的存在者的自律相一致这个条件之下"④。基于此,康德强调,人们共同生活的领域内每个人对其他人具有最基本的道德责任,能否履行责任是体现人的尊严价值的基本途径,"人,每一个在道德上有价值的人,都要有所承担,没有任何承担、不负任何责任的东西,不是

---

① 康德.道德形而上学原理[M].苗力田,译.上海:上海人民出版社,2002:44.
② 康德.实践理性批判[M].邓晓芒,译.北京:人民出版社,2003:119.
③ 康德.道德形而上学原理[M].苗力田,译.上海:上海人民出版社,2002:88.
④ 康德.实践理性批判[M].邓晓芒,译.北京:人民出版社,2003:119.

人而是物件"①。人与人之间建立一种相互尊重、相互依存的关系,所以必须对自身行为负道德上的责任,"人的责任在于,不要在他自己的人格内否认这种人性的尊严"②。

人作为理性的存在者,以追求至善为终极目的,道德性是能够体现人的本质规定的最高价值所在,康德认为,道德法则的使命就是"引起人们对世界上最高的善的关注",道德应该从追求个人利益的幸福论立场,转向追求普遍义务的责任意志立场,人的自由意志所追求的是先验的道德律令,在这种追求过程中,人成为普遍的、必然的存在。人类只有靠自身的道德自觉才能提升道德人格,不仅应知晓自身的责任,而且应按照责任的原则与规范去自觉行动。康德依据两个标准对现实生活中的责任进行了分类:一是按照责任对象的不同,将责任划分为对自己的责任和对他人的责任;二是按责任约束程度的不同,将责任划分为完全的责任和不完全的责任。这样相互搭配便形成了责任的四种形式——对自己的完全责任、对自己的不完全责任、对他人的完全责任、对他人的不完全责任。③ 康德认为,唯有经过行为主体的理性反思、自我决定和自觉负责的行为,才称得上是道德的行为,人的责任自律意识越强,越能体现人的本质规定性,也就越是自觉地意识到自身的价值和尊严。反之,无论是出于外在强制,还是因自我意识缺乏而导致的"他律"行为,都不能体现人的理性本质,因而不能被判定为道德的行为。无论哪种形式的责任,康德都是以"理性人"作为前提条件的,突出人的自由意志在人性方面的本源地位,旨在说明"责任是自由行为的必要性",任何道德行为只有出于责任,才具有道德价值。可见,康德的责任论"试图回答究竟什么东西使得一个行为或规则成为道德的行为或规则,努力发现在各种道德行为和规则背后的根本的或者最高的道德原则,并企图找出隐含在各种行为背后的共同的道德属性"④,从而为人们解决伦理难题提供基本的道德准则和指导性原则。马克思、恩格斯充分肯定了康德的道德责任观,指出责任和义务体现出人的社会关系本质,"在所有道德规范中,责任是个人的道德信念与社会的道德要求结合得最紧密的,也是包含

---

① 康德.道德形而上学原理[M].苗力田,译.上海:上海人民出版社,2002:6.
② 康德.论教育学[M].赵鹏,何兆武,译.上海:上海人民出版社,2005:43.
③ 康德.道德形而上学原理[M].苗力田,译.上海:上海人民出版社,2002:9.
④ 陈真.当代西方规范伦理学[M].南京:南京师范大学出版社,2006:7.

的道德理性和道德强制力最多的"①。责任作为一种关系范畴,体现的是人与自身、人与他人、人与集体、人与社会、人与自然之间的相互依存关系,"作为确定的人,现实的人,你就有规定,就有使命,就有任务,至于你是否意识到这一点,那是无所谓的。这个任务是由于你的需要及其与现存世界的联系而产生的"②。

二、责任伦理主张人应顾及自身行为的后果

责任伦理肯定人的主体地位,主张人应顾及行为选择及其后果,对行为的不良后果承担责任。马克斯·韦伯认为:"责任的最一般、最首要的条件是因果力,即我们的行为都会对世界造成影响;其次,这些行为都受行为者的控制;第三,在一定程度上他能预见后果。"③责任伦理既需要人的恒久信念来支撑,也需要人的道德情感和道义担当来保障。责任伦理以基于职业身份塑造的道德情感,有助于打破熟人社会造成的陌生群体信任危机,促使每位生命个体以更加广阔的视野、更加宽广的胸怀、众多的角色担当进入社会,"依据对自身责任的信念而行事……同时依据自己的充分知识,考虑行动的可预见后果"④。

1. 责任伦理是一种注重前瞻性的行为后果预见与担当

马克斯·韦伯创造性地提出以责任伦理取代信念伦理,以杜绝善良意志不能有效地控制实践理性的可能。针对信念伦理只问初始意图的良善与否,不问行为本身与后果如何,其实质不过是以目的的善赋予手段的恶以正当性,政治官僚为了追求权力带来的私欲满足,规避行为后果所应该承担的责任。责任伦理倡导从业者在对待自己的事业和选择行为方式时,"意识到了自己行为后果的责任,真正发自内心地感受着这一责任。然后他遵照责任伦理采取行动,在做到一定的时候,他说'这就是我的立场,我只能如此'。这才是真正符合人性的、令人感动的表现,才构成一个真正的能够担当使命的人"⑤。韦伯警告那些单纯信奉信念伦理的人,必须确立责任伦理观念,为自己的行为做

---

① 马克思,恩格斯.马克思恩格斯全集(第3卷)[M].北京:人民出版社,2002:52.
② 马克思,恩格斯.马克思恩格斯全集(第3卷)[M].北京:人民出版社,2002:329.
③ JONAS H. The Imperative of Responsibility: In Search of an Ethics for the Technological Age[M]. Chicago: University of Chicago Press, 1985:90.
④ 施路赫特.信念与责任:马克斯·韦伯论伦理[M].李康,译.上海:上海人民出版社,2001:314.
⑤ 韦伯.学术与政治[M].冯克利,译.北京:生活·读书·新知三联书店,1998:116.

出交代和说明、接受评价并承担后果。"世上没有一种伦理回避这样一个事实:在许多情形之下,'善'的目的与人们对道德上可疑的,至少是危险的手段以及产生恶的副作用的可能性或几率的容忍分不开。世上没有一种伦理能够表明:什么时候在什么范围内伦理上善的目的,把伦理上危险的手段和副作用神圣化了。"①借以对政治实践的理论根源——"信念伦理"进行批判,强调实践主体承担起自身应负的责任。

责任伦理注重行为后果的预见性和前瞻性,主张人们必须在顾及行为可能后果的前提下采取行动,"不但对行为的后果负责,而且对自己成为怎么样的人也要承担责任;我首先应当承担责任,然后按照我承担的责任行事"②。责任伦理意味着敢于担当一己之责和恪尽职守的天职意识,把人是否能够担当责任作为评判行为是否具有道德性的唯一标准。行动者的责任是寻求达成既定目的最为有效的手段,当评价一个人作为责任主体的行为道德时,主要看其是尽责尽力地减小行为后果的损失,还是在想方设法地逃避或推卸责任。如马克斯·韦伯所说:"一项行动,若是期望在责任伦理的角度上获得道德的地位,就必须同时满足两项条件……这种行动必须从道德信念的角度证明自己的正当性,而且还要从对可预见后果的估价方面证明自身的正当性。"③

由于道德主体履行责任的行为是一个过程,这就客观要求人在行为发生之前能预见各种可能产生的结果,以一种事先责任的精神,确定行为的目的、手段并尽力实现行为结果的扬善弃恶。在行为决策实施过程中,必须充分考虑行为产生的不良后果与自己的行为之间存在必然关联,认识到行为的恶果是可以预防、能够避免的。如法国哲学家居友所说"责任是内在的扩展,是一种通过把观念变成行为来实现我们观念的需要"④。主体行为不仅要依据既定的伦理价值做出判断,还要充分考虑行为后果,对自己行为所带来的后果承担责任,由此实现行为者意志和行为的统一。尽职尽责理应受到尊敬和赞扬,反之,如果不考虑后果归因于自身行为,或者逃避承担行为后果的责任,则理

---

① 韦伯.新教伦理与资本主义精神[M].陈平,译.西安:陕西师范大学出版社,2002:4.
② 萨特.存在主义是一种人道主义[M].周煦良,汤永宽,译.上海:上海译文出版社,2005:6.
③ 转引自施路赫特.信念与责任:马克斯·韦伯论伦理[M].李康,译.上海:上海人民出版社,2001:31.
④ 居友.无义务无制裁的道德概论[M].余涌,译.北京:中国社会科学出版社,1994:99.

应受到惩罚和谴责。

2. 责任伦理提倡从业者恪尽职守的"天职"意识

责任伦理认为,实践主体对职责所赋予的责任应无条件地服从,主张一个成熟的人(无论年纪大小),应勇于承担自己的责任,真诚而全心地对后果负责任,按照责任伦理行事和尽职尽责地对待所从事的职业。在康德的责任理论中已阐明道德法则与实践理性的二维统一,客观的道德法则有待于实践理性的自觉遵从,人们需要做的恰恰是实践理性对自身责任的自觉承担,然而,单纯从善良意愿出发,无法保证实践理性对责任后果的担当。为此,韦伯提出以责任伦理解决官僚政治假借信念伦理为所欲为、不负责任的行为,希望以政治为职业的人遵循责任伦理,同时具有热忱的抱负,自觉担当起对国家对民族的责任。

在韦伯看来,责任伦理是一种积极性的事前行为指导,以道德情感和评价为基础,以未来要做的事为预判,强调行为主体对责任的自觉体认和行为上的自愿选择,并主动对自己的行为后果承担相应的责任。人类社会进入现代文明后,随着社会分工越来越细,职业化程度越来越高,必然要求人们将责任伦理内化为敢于负责的理性精神,养成勇于承担责任的习惯,不应把职业仅仅作为谋生的手段,而应当全身心地、不计名利地投身于事业中,才能不断提升道德品质、完善理想人格,实现人生的价值和意义。如韦伯所说:"人要完成个人在现世里所处地位赋予他的责任和义务,这是他的天职。"①人的地位高低、权力大小与责任的大小成正比,权力越大、地位越显赫,就意味着人的责任越大,承担责任的要求也就越高。

韦伯认为,现代社会最大的问题是工具理性过度膨胀,价值理性不断萎缩,物质文明发达后造成一定的责任落寞与意义危机。而责任伦理基于对客观世界的规律性认识,充分考虑行为的后果与影响,促使行动者勇于对自身行为负责,把行为意义的认知与现实联系起来,把责任扩展到可以预见的行动后果,形成前瞻性和预防性的责任意识,且一旦出现恶的后果及时做出善的补偿以抵消其影响。这种以后果为导向的责任伦理,比起传统的追溯性责任伦理

---

① 韦伯.新教伦理与资本主义精神[M].于晓,陈维纲,译.北京:生活·读书·新知三联书店,1987:59.

更能有效地避免人类自我中心主义的弊端,以责任担当为前提而非以自我为中心进行道德选择及评价,引导人们在追求幸福生活的过程中勇于承担角色责任,形成以履行责任为荣、逃避责任可耻的理性观念。道德责任转向人自身内部寻求力量的情感源泉,有利于实践理性的觉醒与反思,正如法国伦理学家居友提出:"每一种能力均要产生一种与之相称的责任,有力量行动亦即有责任行动。""每一个更高级行动的观念和每一个行动的观念一样,是一种要求实现自身的力量,观念本身就已经是更高级行动的最初的实现。从这种观点看,义务只不过是存在于思想与行为之间的深刻的同一性的意识,因此,它是对一种存在统一体的意识,是对生命统一体的意识。"①道德观念的产生,道德情感的体验,道德原则的遵守,道德行为的实施以及道德责任的承担,根源于个体的生命力所固有的本性,"完全来自生命本身中固有的力量,生命通过渴望不断的发展而创造自己的法则,通过行动的力量来规定行动的责任"②。可见,责任伦理关注行为后果的善恶评价与权衡利弊,把责任信念、责任情感的动机建立在人的理性自觉的基础上,强调对行为后果负责的道德规范与担当意识,成为现代文明社会每一个有道德良知的人应坚守的伦理准则。

3. 责任伦理主张一种"我"为"他者"负责的主体意识

现代社会中,人与人、人与社会、人与自然之间的关系和谐日益取决于个体责任意识的强弱。马克思指出:"人对自身的任何关系,只有通过人对他人的关系才能得到实现和表现。"③人的主体性是在伦理关系中得以体现并在责任行为实践中构建起来的。法国当代哲学家列维纳斯从"人与人之间的伦理关系是一种为他者负责的关系"核心要义出发,通过"面对面"相遇的分析指出了自我与他者的责任关系,提出"作为他者的主体"这一后现代伦理之命题。他认为:"人类在他们的终极本质上不仅是'为己者',而且是'为他者',并且这种'为他者'必须敏锐地进行反思。"④在列维纳斯看来,在反对自我中心主义的同时,需要重新建构我和他者的伦理关系,"为他"的责任是一种伦理责任,"我"积极履行对他者的责任,全身心无条件地为他者负责,这本来就

---

① 居友.无义务无制裁的道德概论[M].余涌,译.北京:中国社会科学出版社,1994:204.
② 居友.无义务无制裁的道德概论[M].余涌,译.北京:中国社会科学出版社,1994:204.
③ 马克思.1844年经济学哲学手稿[M].北京:人民出版社,2000:59.
④ 列维纳斯.塔木德四讲[M].关宝艳,译.北京:商务印书馆,2002:121.

与自我责任的承担相统一,我们把这种由他人的在场而对我的自主性提出疑问称为伦理学①。从伦理角度来说,这种为他者无限负责的关系虽说是被动的,不是我自觉应当为他人负责,而是我天生地对他人有责任,责任是以他人为中心的,责任于我是义不容辞的。

列维纳斯认为,自由是与对他人的责任联系在一起的,真正的自由就是为他者负责,在尽责中获得道德自由。"没有他者,自由就没有目的或基础。在面对面,他者给予我的自由以意义,因为我被赋予了真正的选择:对他者承担责任和义务,他者授予我真正的自由,并且将因我如何行使这种自由而受益。"②为他者负责,视他者为一个值得尊重的独特主体来对待,由此体现出自我的人性与道德价值,反证出自我的主体性存在。只有当主体意识到一个彻底不同于自我的他人,使我在为他者承担责任的过程中,意识到自己是一个真正道德的人,我始终是为他者承担责任,而不求获得任何回报,这实际是一种奉献自我的伦理精神,"我"才能实现主体性超越,以期"打开封闭的'自我',走出唯我论的困境"③。

列维纳斯认为,为他者承担责任实现了我与他者关系的协调,通过履行他者责任而得到他人的肯定,获得自我存在与发展的稳定空间,并由此升华了自身的生命价值。"在道德意识中我产生一种经验,这种经验不与任何先天框架相称——一种无概念的经验。任何其他的经验都是概念性的,就是说,都变成我的经验或属于我的自由的范围。"④事实上,每一个个体承认他者并对他人负责的同时,人人为他在价值目的上也实现了他者为我的和谐共生,在呼唤与回答中体现出对自身负责的向善价值,任何时刻人都不能说:我已经完成了一切的职责⑤。为此,真正负责的人,在精神上完全成熟的人,不仅要从不负责任的生活转向负责任的生活,而且从为自己负责转向为他人负责,"这种关系既不是知识关系也不是自我的意愿的行为,而是一种为他者的他性无限负责

---

① LEVINAS E. Ethics and Infinity[M]. Translated by COHEN R A. Duquesne University Press, 1985: 431.
② 戴维斯.列维纳斯[M].南京:江苏人民出版社,2006:53.
③ 孙向晨.面对他者:列维纳斯哲学思想研究[M].上海:上海三联书店,2008:27.
④ 列维纳斯.总体与无限:论外在性[M].朱刚,译.北京:北京大学出版社,2016:79.
⑤ LEVINAS E. Ethics and Infinity[M]. Translated by COHEN R A. Duquesne University Press, 1985: 105.

的关系。正因为如此,这种关系可称为伦理关系"①。我自主自愿地承担起他人的责任,时时刻刻都为无限的他者负责,意味着社会外在道德向个体内在道德情感的升华,"他者借助于同情感而为人所熟知,正如又一个自我和变化了的自我一样","我永远负着责任,每一个我都是不可交换的。我做的事情,没有任何人能够代替我的位置,特殊性的核心就是责任"②。显然,列维纳斯所谓的他者内涵,最终指向的还是道德伦理,在自我中心论和个人主义盛行的现代社会里,强调尊重他者和为他人负责,这一伦理观既蕴含着一种对弱势群体关注的同情感和"肩并肩"彼此关切的责任感,也诠释出在责任感作用下人与人互惠互利、实现利己与利他统一的道德原则和伦理规范。

4. 责任伦理提倡人与自然的和谐共生可持续发展

责任伦理主张人类行动的后果要对自然和未来负责,由于人类的生存和发展有赖于特定的生态环境,为了维系人与自然的相互依存、和谐共生,人类社会在漫长的发展历程中形成了各种伦理规范,培育公民的责任伦理精神则是遵循这些规范和规则的基础。人类只有对所有自然存在物都承担道德责任,才能真正实现"人是目的"的道德律令。尤其是随着科技进步和全球化的发展趋势,道德责任不仅包括人类自身对个人、家庭、社会、国家的责任,而且已扩展到对整个自然界的责任担当,因为人在生物圈中处于优势地位,理应承担维护其他生命体的责任。如德国哲学家汉斯·昆主张人类应遵从公正、宽容、诚信、平等的责任价值观,包括"尊重所有的生命""公平诚实地交易""诚信做人和做事""彼此尊重与爱护",这些伦理准则"是一个围绕着我们的世界、环境和子孙后代的责任问题,关系到整个人类的前途和命运"③。

汉斯·约纳斯认为,人存在于这个世间中,是一个连续的存在,每个人都有责任延续这种存在,要考虑如何做才能使人类一直生存于这个世间,维护人类可以在地球永久生存。"人是自然界长期发展的产物,人的生存和发展离不

---

① BIESTA G. Learning from Levinas: A Response[J]. Studies Philosophy and Education, 2003, (22): 62.
② 转引自杜小真."他者"的哲学家[C]//跨文化对话(第6辑).上海:上海文艺出版社,2001:167-168.
③ KUNG H. A Global Ethic for Global Politics and Economics[M]. Oxford: Oxford University Press, 1998:246.

开自然界,人必须始终依赖自然界提供的各种资源和环境。"①对自然资源的开发利用和对生态环境的保护,不仅涉及当代人的幸福指数与可持续发展,而且关涉子孙后代的生活质量与永续发展,"现代技术已经具有超越一切已知的甚至曾经梦想的人类力量。它是一种超越物质、超越人类生命以及超越人本身的力量,并以加速度的步伐持续增长"②。科学技术的迅猛发展使人的强势力量空前提高,但人对自然和未来的责任意识并没有相应增长,必须用责任伦理所提倡的道义担当精神来唤醒人们的责任意识,将人类道德关心延伸到非人类的动物和所有生命。为尝试解决人类面临的复杂的伦理问题,约纳斯强调,人对一切生物的责任问题,是由人在自然界处于优势地位的角色决定的,"由于技术的影响力使人的责任扩大到地球上的未来生命,从现在起,地球生命无任何抵抗地遭受着滥用技术作用力的痛苦。人类的责任因此首次成了整个宇宙的责任"③。道德责任意味着人对自身生存境遇的觉醒和忧虑,这种觉醒和忧虑是责任的行动前提,"在决定做一个行为之前,要确定行为的可行性,行为后果不能毁坏未来这种生活的可能性;或者,你现在想要做的行为,不仅考虑自己本身,也要考虑未来人类的整体"④。人应承担起对自然生物圈和人类未来生存环境的保护职责,突出整体性和连续性,"要这样行动,使得你的行为的后果真正符合人类的永恒生活","以推进人与自然的关系在现代技术背景下重归平衡状态"⑤。

环境伦理学的奠基者霍尔姆斯·罗尔斯顿把人与自然界的道德关系作为环境伦理学的核心命题,认为自然具有内在价值,而人类是保护环境的行为主体,为了体现人的生存价值,保持与自然适度交往,必须将以人为中心的道德义务向外延伸,尊重整个自然生态系统,加深对自然本身价值的认识,规范人类对环境资源的开发、利用和保护。主张人类不应该灭绝共同生活在生态系

---

① 王力年.自然辩证法概论[M].长春:吉林人民出版社,2000:202.
② JONAS H. The Imperative of Responsibility: In Search of an Ethics for the Technological Age[M]. Chicago: University of Chicago Press, 1985:1.
③ 约纳斯.技术、医学与伦理学:责任原理的实践[M].张荣,译.上海:上海译文出版社,2008:29.
④ JONAS H. The Imperative of Responsibility: In Search of an Ethics for the Technological Age[M]. Chicago: University of Chicago Press, 1985:133.
⑤ JONAS H. The Imperative of Responsibility: In Search of an Ethics for the Technological Age[M]. Chicago: University of Chicago Press, 1985:11.

统中的其他物种,对族群尊重要优先于对个体尊重,对罕见、美丽、脆弱的自然保护区尽量不改造,对物种承担的保护义务绝对优先于对动植物个体的保护义务。通过对人与自然关系的道德叩问和全新诠释,强调自然界是道德共同体而不是单纯的"为物的尺度","人类与非人类存在物的一个真正具有意义的区别是,动物和植物只关心维护自己的生命、后代及其同类,而人却能以更为宽广的胸怀关注(维护)所有的生命和非人类存在物"①,维持自然界的美丽、和谐与稳定,内在蕴含着实现人性美善、社会美好的道德要求,从而走向充满真善美的道德实践。

保护环境不仅是实现人与自然和谐相处的前提,更是人类永续发展的关键,人类应该以公正的观点看待所有生命存在物,"把道德关怀扩展到具有联系的任何存在物"②,保护所有生命共同体也就是保护人类自己。为此,1987年世界环境与发展委员会在《我们共同的未来》中,从"共同的问题""共同的挑战"和"共同的努力"三个方面,对世界范围内可持续发展问题进行全面系统的界定,从当代伦理扩展到未来的代际伦理,从人际伦理扩展到了包括整个自然在内的生态伦理,主张承担起当代人对未来人的代际责任,积极推进人类之间、人类与自然之间的和谐发展,"从对自然界中的天赋价值的敬佩和尊重推导出来的是保存原则,即不破坏、不干涉的原则"③。

综上所述,责任伦理思想虽然根植于特定的历史条件下和个人本位的价值体系中,且与宗教信仰密切关联,但不可否认,责任伦理之所以受到社会的广泛关注,主要在于责任伦理与现代文明高度契合,通过倡导恪尽职守的"天职"意识,旨在对人的行为及其后果进行价值导引,提升公民在更广领域内的责任担当精神。"责任伦理这一概念,恰如其分地体现了当代社会在技术时代的巨大挑战面前所应有的一种精神需求与精神气质。一句话,责任伦理之所以能够超越学术范围,引起广泛的重视,就在于它适应了时代的精神。"④

---

① 罗尔斯顿.环境伦理学[M].杨通进,译.北京:中国社会科学出版社,2000:464.
② 巴克斯特.生态主义导论[M].曾建平,译.重庆:重庆出版社,2007:75.
③ REGAN T. The nature and possibility of an environmental ethic[J]. Environmental Ethics, 1986(1):19-34.
④ 毛羽.凸显"责任"的西方应用伦理学:西方责任伦理评述[J].哲学动态,2003(9):20-24.

第三节　中国特色社会主义理论体系为公民道德建设指明了方向

改革开放四十年来，我国从传统农业社会向现代工业社会和信息社会加速转型，随着中国特色社会主义和谐社会、小康社会建设的步伐加快及社会生产力水平的显著提高，人们的交往空间和活动领域获得极大拓展，公民的价值取向、伦理观念、道德范式和责任意识发生了深刻变化，昂扬向上、崇德向善的良好社会风气日臻形成，为道德建设既奠定了良好的基础，也提出了新的任务和要求。中国化的马克思主义公民道德建设理论，始终是在马克思主义、中国特色社会主义理论体系，特别是在习近平新时代中国特色社会主义思想指导下，通过吸收和融通马克思主义思想道德、中华优秀传统文化和世界文明积极成果三种资源，得以逐步完善和发展起来，呈现出一脉相承而又与时俱进的理论体系，不仅成为人们转变思想观念、形成新的道德价值取向的"催化剂"，而且为推进公民道德建设、实现民族伟大复兴的中国梦提供了"助推器"。中国特色社会主义公民道德建设理论紧紧围绕"培养什么人""如何培养人"这一事关党和国家的长治久安、事关中华民族的前途命运、事关社会主义建设事业后继有人的根本性全局性战略问题，继承我们党领导人民在长期实践中形成的优良传统和革命道德，适应新时代改革开放和社会主义市场经济发展要求，坚持传承发展、守正创新，积极推动创造性转化、创新性发展，不断提升公民道德建设的针对性、实效性和时代感，通过教育引导、舆论宣传、文化熏陶、实践养成、制度保障和法纪约束，引导公民向往和追求讲道德、尊道德、守道德的生活，为培养和造就可堪大任的时代新人提供了理论武器和行动指南。

一、邓小平理论把培养"四有"新人作为战略任务

邓小平理论在继承和发扬毛泽东思想中关于弘扬爱国主义、集体主义、社会主义精神，坚持群众路线和树立全心全意为人民服务的宗旨，坚持自力更生、艰苦奋斗、勤俭创业精神，提倡爱祖国、爱人民、爱劳动、爱科学、爱护公共财物的"五爱"道德规范等社会主义革命与建设初期公民道德思想的基础上，结合改革开放、建设中国特色社会主义新的伟大实践，把马克思主义与中国特

色社会主义公民道德教育、建设实践紧密结合,形成了中国特色社会主义初级阶段的公民道德责任思想,赋予马克思主义公民道德责任理论以新的时代内容。邓小平明确指出,加强公民道德建设是改革开放条件下的战略任务,而培养"四有"新人则是社会主义精神文明建设的根本目标,"建设社会主义的精神文明,最根本的是要使广大人民有共产主义的理想,有道德,有文化,守纪律"①,阐明文化建设与社会主义本质的关系,强调以"是否有利于发展社会主义社会的生产力,是否有利于增强社会主义国家的综合国力,是否有利于提高人民的生活水平"②作为衡量一切工作是非得失的标准,这就为具有中国特色社会主义的文化建设提供了理论依据。

1. 坚持物质文明建设和精神文明建设"两手抓、两手都要硬"

邓小平理论在科学分析我国社会主义初级阶段的具体国情,总结和汲取国内外社会主义建设实践的经验与教训,抓住"什么是社会主义""怎样建设社会主义"这一核心问题,在具体提出了"贫穷不是社会主义""社会主义要消灭贫穷"和"只有解放思想,坚持实事求是,一切从实际出发,理论联系实际,我们的社会主义现代化建设才能顺利进行"③等著名论断的基础上,从生产力对社会发展起决定性作用的视角,科学回答了社会主义的本质,完整、准确地揭示了"社会主义的本质是解放生产力,发展生产力,消灭剥削,消除两极分化,最终达到共同富裕"④。这也是社会主义生产方式中生产力与生产关系矛盾运动和相互作用的对立统一规律,从而"把对社会主义的认识提高到新的科学水平"⑤。

邓小平认为,"贫穷不是社会主义;精神生活空虚,社会风气败坏,也不是社会主义"⑥,解决所有问题的关键是要靠发展,必须始终坚持以经济建设为中心。社会主义比资本主义制度的优越性"表现在比资本主义有更好的条件发展社会生产力"⑦。"社会主义的优越性不仅表现在经济政治方面,表现在

---

① 邓小平.邓小平文选(第3卷)[M].北京:人民出版社,1993:28.
② 邓小平.邓小平文选(第3卷)[M].北京:人民出版社,1993:372.
③ 邓小平.邓小平文选(第2卷)[M].北京:人民出版社,1994:143.
④ 邓小平.邓小平文选(第3卷)[M].北京:人民出版社,1993:373.
⑤ 中共中央文献研究室.十五大以来重要文献选编(上)[M].北京:人民出版社,2000:11.
⑥ 中共中央文献研究室.社会主义精神文明建设文献选编[M].北京:中央文献出版社,1996:474.
⑦ 邓小平.邓小平文选(第2卷)[M].北京:人民出版社,1994:86.

能够创造出高度的物质文明上,而且表现在思想文化方面,表现在能够创造出高度的精神文明上。"①为解决社会主义初级阶段人民群众日益增长的物质文化需要同落后的社会生产力之间的主要矛盾,确保"一个中心、两个基本点"的基本路线的贯彻执行,"我们的根本路线,就是把工作重点转移到建设上来,不受任何干扰,一心一意、坚定不移地搞社会主义现代化建设"②。只有把工作重点转移到社会主义现代化建设上来,在坚持四项基本原则的基础上,集中力量把解放和发展社会生产力同消灭剥削、消除两极分化结合起来,才能达到共同富裕的最终目标。"要把四个现代化建设作为重点,坚持发展生产力,始终扭住这个根本环节不放松。"③没有高度发达的物质文明,不可能有精神文明的高度发展,"精神文明说到底是从物质文明来的"④,"解放生产力,发展生产力"不仅是社会主义的本质,而且是提高人民生活水平的必然要求,如列宁提出"劳动生产率,归根到底是使新社会制度取得胜利的最重要最主要的东西"⑤,指明了发展生产力对社会主义建设的重要性。要把社会主义市场经济建设与人们的物质利益结合起来,让改革发展的红利惠及全体人民,如果只讲牺牲精神,不讲物质利益,那就是唯心论。邓小平指出,"社会主义原则,第一是发展生产,第二是共同致富"⑥,社会主义最大的优越性就是共同富裕,同心同德地实现四个现代化是今后一个时期压倒一切的中心任务,是决定祖国命运的千秋大业。

邓小平认为,精神文明是社会主义的重要特征,必须坚持物质文明和精神文明协调发展,"我们要在建设高度物质文明的同时,提高全民族的科学文化水平,发展高尚的丰富多彩的文化生活,建设高度的社会主义精神文明"⑦。重视精神文明建设在社会主义事业总体布局中的战略地位,"所谓精神文明,不但是指教育、科学、文化,而且是指共产主义的思想、理想、信念、道德、纪律,

---

① 中共中央文献研究室.社会主义精神文明建设文献选编[M].北京:中央文献出版社,1996:473.
② 邓小平.邓小平文选(第3卷)[M].北京:人民出版社,1993:228.
③ 邓小平.邓小平文选(第3卷)[M].北京:人民出版社,1993:64.
④ 邓小平.邓小平文选(第3卷)[M].北京:人民出版社,1993:56.
⑤ 列宁.列宁选集(第4卷)[M].北京:人民出版社,1995:13.
⑥ 邓小平.邓小平文选(第3卷)[M].北京:人民出版社,1993:172.
⑦ 邓小平.邓小平文选(第2卷)[M].北京:人民出版社,1994:208.

革命的立场和原则,人与人的同志式关系,等等"①。并在不同场合反复强调"要坚持两手抓,一手抓改革开放,一手抓打击各种犯罪活动,这两只手都要硬"②。一手坚持对外开放和对内搞活经济,一手坚决打击经济犯罪活动,"搞四个现代化一定要有两手,只有一手是不行的。所谓两手,即一手抓建设,一手抓法制"③。必须坚持两手抓,把社会主义物质文明和精神文明建设提高到新水平,促进经济、政治、文化协调发展,才是有中国特色社会主义,如果"不加强精神文明的建设,物质文明的建设也要受破坏,走弯路"④。

2. 培养有理想、有道德、有文化、有纪律的公民是精神文明建设的根本任务

邓小平把"尊重知识,尊重人才"放在社会主义现代化建设的突出位置,认为精神文明建设包括教育科学文化建设和思想道德建设,根本任务是"必须培养具有高度科学文化水平的劳动者,这是摆在我们面前的一个严重的任务"⑤。要把我国建设成为现代化的社会主义强国,"人是生产力中最活跃的因素。这里讲的人,是指有一定的科学知识、生产经验和劳动技能来使用生产工具、实现物质资料生产的人"⑥。特别是随着现代科学技术的日新月异,"劳动者只有具备较高的科学文化水平,丰富的生产经验,先进的劳动技能,才能在现代化的生产中发挥更大的作用"⑦。邓小平强调:"我们要实现现代化,关键是科学技术要能上去。发展科学技术,不抓教育不行。靠空讲不能实现现代化,必须有知识,有人才。"⑧

在社会主义现代化建设的进程中,必须制定和完善各种符合社会主义原则的道德规范,提高全民族的道德素质和社会整体的道德水平,"造就具有社会主义觉悟的一代新人,促进整个社会风气的革命化","我们历来提倡有理想、有道德、有文化、有纪律,其中最重要的是有理想、有纪律,理想就是社会主

---

① 邓小平.邓小平文选(第2卷)[M].北京:人民出版社,1994:367.
② 邓小平.邓小平文选(第3卷)[M].北京:人民出版社,1993:378.
③ 邓小平.邓小平文选(第3卷)[M].北京:人民出版社,1993:155.
④ 邓小平.邓小平文选(第3卷)[M].北京:人民出版社,1993:144.
⑤ 邓小平.邓小平文选(第2卷)[M].北京:人民出版社,1994:91.
⑥ 邓小平.邓小平文选(第2卷)[M].北京:人民出版社,1994:88.
⑦ 邓小平.邓小平文选(第2卷)[M].北京:人民出版社,1994:88.
⑧ 邓小平.邓小平文选(第2卷)[M].北京:人民出版社,1994:40.

义现代化,很多人只讲现代化,忘了我们讲的现代化是社会主义现代化,要搞四个现代化,使中国发展起来,就要有纪律,有秩序地进行建设"①。"有理想、有道德、有文化、有纪律"既是对公民政治素质、道德觉悟、集体主义观念及科学文化水平的客观要求,也是社会主义精神文明建设的重要任务,邓小平强调:"我们说要有理想,主要是两条。第一条是为共产主义奋斗终生,搞社会主义建设;第二条是爱国主义,就是要使祖国兴旺发达,使中华民族兴旺发达,具体讲就是把社会主义四个现代化搞好。"②1986 年颁布的《中共中央关于社会主义精神文明指导方针的决议》提出,社会主义精神文明建设的根本任务,是适应社会主义现代化建设的需要,培育有理想、有道德、有文化、有纪律的社会主义公民,提高整个中华民族的思想道德素质和科学文化素质,为此,道德建设一定要从实际出发,把先进性的要求同广泛性的要求结合起来,既鼓励先进,又照顾多数,才能把不同觉悟程度的人们团结在一起汇聚成强大的合力。

邓小平十分重视理想、信念教育,认为没有共产主义理想,建设社会主义将非常困难。社会主义道德是共产主义道德在现今具体条件下的充分体现,而共产主义道德则是社会主义道德的最终目标,"我们多年奋斗就是为了共产主义,我们的信念理想就是要搞共产主义。在我们最困难的时期,共产主义的理想是我们的精神支柱,多少人牺牲就是为了实现这个理想"③。为此,要在全体人民特别是青少年中倡树社会主义和共产主义理想,以防止被资本主义腐朽思想所俘虏,强调"革命的理想,共产主义的品德,要从小开始培养","我们要大力在青少年中提倡勤奋学习、遵守纪律、热爱劳动、助人为乐、艰苦奋斗、英勇对敌的革命风尚,把青年培养成忠于社会主义祖国、忠于无产阶级革命事业、忠于马克思列宁主义毛泽东思想的优秀人才,将来走上工作岗位,成为有很高的政治责任心和集体主义精神,有坚定的革命思想和实事求是、群众路线的工作作风,严守纪律,专心致志地为人民积极工作的劳动者"④。集体主义是社会主义社会的根本原则,最根本的就是为人民大众的物质利益努力

---

① 中共中央文献研究室.十六大以来重要文献选编(中)[M].北京:中央文献出版社,2006:632.
② 中共中央文献研究室.邓小平年谱(1975—1997)(下)[M].北京:中央文献出版社,2004:1060-1061.
③ 邓小平.邓小平文选(第 3 卷)[M].北京:人民出版社,1993:137.
④ 邓小平.邓小平文选(第 2 卷)[M].北京:人民出版社,1994:106.

奋斗,要把个人利益同集体利益结合起来,个人利益要服从集体利益,"在人民群众中,特别是在青少年中继续进行道德教育,继承和发扬延安精神、解放初期的创业精神和雷锋精神"①。

制度和法治建设关系人的文化素质、思想觉悟的提升,而教育是加强法纪观念的根本手段。"实行开放政策必然会带来一些坏的东西,影响我们的人民,要说有风险,这是最大的风险。我们用法律和教育这两个手段来解决这个问题。"②邓小平所说的教育是广义的,不仅是科学文化教育,还包括道德教育和理想信念教育,离开了强有力的思想政治教育,制度和法纪建设就会步履维艰,"制度问题不解决,思想作风问题也解决不了"③。为教育引导人民树立法治观念和责任意识,邓小平指出:"要讲法制,真正使人人懂得法律,使越来越多的人不仅不犯法,而且能积极维护法律。"④法治观念与人们的文化素质有关,所以,加强法制重要的是进行教育,"根本问题是教育人,法制教育要从娃娃抓起,小学、中学都要进行这个教育,社会上也要进行这个教育"⑤。

社会主义道德建设的一个重要任务是发扬爱国主义精神,提高民族自尊心和民族自信心。邓小平指出进行社会主义现代化建设,必须高举爱国主义的旗帜,以爱国主义激励、凝聚、鼓舞和促进整个民族,引导广大人民群众"以热爱社会主义祖国为最大光荣,以损害社会主义祖国的利益、尊严和荣誉为最大耻辱"⑥。要在社会生活中倡导人人讲社会公德,建立互助、关心、爱护的同志式关系,加强职业道德建设,提高整个社会的文明程度,"在全社会形成团结互助、平等友爱、共同前进的人际关系"⑦。

在社会主义初级阶段的文化建设上,邓小平从战略高度强调要借鉴、利用和吸收人类一切文明成果,形成适合时代要求的文化开放思想,认为"经济上实行对外开放的方针是正确的,要长期坚持,对外文化交流也要长期发展"⑧。

---

① 中共中央文献研究室.三中全会以来重要文献选编(下)[M].北京:人民出版社,1982:677.
② 邓小平.邓小平文选(第3卷)[M].北京:人民出版社,1993:156.
③ 邓小平.邓小平文选(第2卷)[M].北京:人民出版社,1994:328.
④ 邓小平.邓小平文选(第2卷)[M].北京:人民出版社,1994:254.
⑤ 邓小平.邓小平文选(第3卷)[M].北京:人民出版社,1993:163.
⑥ 邓小平.邓小平文选(第3卷)[M].北京:人民出版社,1993:3.
⑦ 中共中央关于加强社会主义精神文明建设若干重要问题的决议[N].人民日报,1996-10-14(01).
⑧ 邓小平.邓小平文选(第3卷)[M].北京:人民出版社,1993:43.

"我们要向资本主义发达国家学习先进的科学、技术、经营管理方法以及其他一切对我们有益的知识和文化,闭关自守、故步自封是愚蠢的。"①强调社会主义要赢得与资本主义相比较的优势,"就必须大胆吸收和借鉴人类社会创造的一切文明成果,吸收和借鉴当今世界各国包括资本主义发达国家的一切反映现代社会化生产规律的先进经营方式、管理方法"②。

二、"三个代表"重要思想强调要坚持德治与法治并举

以江泽民同志为核心的党的第三代领导集体坚持把马克思主义基本原理同改革开放实践和发展社会主义市场经济时代特征相结合,在继承发展毛泽东思想和邓小平理论的基础上,通过总结中国共产党八十年的奋斗历程和基本经验,为全面推进党的建设的新的伟大工程,进一步解决提高党的执政能力和领导水平、提高拒腐防变和抵御风险能力两大历史性课题,形成了"三个代表"重要思想,创造性地回答了建设什么样的党、怎样建设党的问题,从而正确界定了我们党的历史方位,提出"我们党要继续站在时代前列,带领人民胜利前进,归结起来,就是必须始终代表中国先进生产力的发展要求,代表中国先进文化的前进方向,代表中国最广大人民的根本利益"③。"三个代表"作为一个相互联系、互为促进的统一整体,体现时代性、把握规律性、富于创造性,具有深厚的实践基础、理论基础和群众基础,是我们党的立党之本、执政之基、力量之源。"三个代表"重要思想为保持与发展党的先进性、实施以德治国方略、深化公民道德建设提出一系列新思想、新观点、新论断,为促进全民族思想道德素质和科学文化素质的不断提高提供了行动指南和精神动力。

1. 把社会主义思想道德建设作为发展先进文化的中心任务

江泽民指出:"加强社会主义思想道德建设,是发展先进文化的重要内容和中心环节。"④这就确立了道德在文化体系中的核心地位和先进生产力发展中的能动作用。"如果只讲物质利益,只讲金钱,不讲理想,不讲道德,人们就

---

① 邓小平.邓小平文选(第3卷)[M].北京:人民出版社,1993:44.
② 邓小平.邓小平文选(第3卷)[M].北京:人民出版社,1993:373.
③ 江泽民.在庆祝中国共产党成立八十周年大会上的讲话[M].北京:人民出版社,2001:7.
④ 江泽民.论"三个代表"[M].北京:中央文献出版社,2001:159.

会失去共同的奋斗目标,失去行为的正确规范。"①只有始终代表先进生产力的发展要求、代表先进文化的前进方向、代表最广大人民的根本利益,努力发展面向现代化、面向世界、面向未来的和民族的、科学的、大众的社会主义文化,道德建设才能沿着正确的道路健康发展,才能抵制和消除一切落后的、腐朽的思想文化影响,不断创造出先进的社会主义新文化,以丰富人们的精神世界,为开创现代化建设的新局面提供强大的精神动力和舆论支持。

"党的一切工作,必须以最广大人民的根本利益为最高标准。"②代表最广大人民的根本利益是社会主义道德建设的核心,集中反映和全面表达了社会主义道德的本质。"发展先进生产力,是发展先进文化实现最广大人民群众根本利益的基础条件"③,而"不断发展先进生产力和先进文化,归根到底都是为了满足人民群众日益增长的物质文化生活需要,不断实现最广大人民的根本利益"④。人民群众的整体利益是由各方面的具体利益构成的,最重要的是必须首先考虑并满足最大多数人的利益要求,因为"最大多数人的利益是最紧要和最具有决定性的因素"⑤,"把最广大人民群众的切身利益实现好、维护好、发展好,把他们的积极性引导好、保护好、发挥好"⑥,必须始终"坚持把人民的根本利益作为出发点和归宿,充分发挥人民群众的积极性主动性创造性,在社会不断发展进步的基础上,使人民群众不断获得切实的经济、政治、文化利益"⑦。只有这样,我们的改革和建设才能始终获得最广泛可靠的群众基础和力量源泉。

江泽民提出"社会主义道德建设最重要的是要抓住以为人民服务为核心,在全社会坚持倡导为人民服务的精神"⑧,始终保持同人民群众的血肉联系是我们党战胜各种困难和风险、不断取得事业成功的根本保证,"全心全意为人民服务,密切联系群众,是我们党区别于其他任何政党的一个显著标志"⑨。

---

① 江泽民.论"三个代表"[M].北京:中央文献出版社,2001:159.
② 江泽民.论"三个代表"[M].北京:中央文献出版社,2001:162.
③ 江泽民.论"三个代表"[M].北京:中央文献出版社,2001:163.
④ 江泽民.江泽民文选(第3卷)[M].北京:人民出版社,2006:281.
⑤ 江泽民.江泽民文选(第3卷)[M].北京:人民出版社,2006:281.
⑥ 江泽民.江泽民文选(第3卷)[M].北京:人民出版社,2006:279.
⑦ 江泽民.在庆祝中国共产党成立八十周年大会上的讲话[M].北京:人民出版社,2001:22.
⑧ 中共中央文献研究室.十四大以来重要文献选编(下)[M].北京:人民出版社,1999:2082.
⑨ 中共中央宣传部.毛泽东邓小平江泽民论思想政治工作[M].北京:学习出版社,2000:233.

在任何时候任何情况下,与人民群众同呼吸共命运的立场不能变,全心全意为人民服务的宗旨不能忘,坚信群众是真正英雄的历史唯物主义观点不能丢。同时,把为人民服务的思想贯穿于各种道德规范中,引导人们正确处理个人与社会、竞争与协作、先富与后富、经济效益与社会效益的关系,"鼓励人们发扬国家利益、集体利益、个人利益相结合的社会主义集体主义精神,发扬顾全大局、诚实守信、互助友爱和扶贫济困的精神"①。使每个社会成员都懂得"个人利益要在国家、集体利益的发展中得到实现,不能损害国家、集体和他人利益"②,从而唤起人们的责任感、荣誉感和敬业精神、进取精神,营造鼓励人们干事业、支持人们干成事业的社会氛围,以最大限度地激发人们共同建设小康社会的积极性、主动性和创造性。

  发展社会主义文化的根本任务,是培养一代又一代有理想、有道德、有文化、有纪律的公民,"既要着眼于人民现实的物质生活需要,又要着眼于促进人民素质的提高,努力促进人的全面发展"③。江泽民提出:"不断提高工人、农民、知识分子和其他劳动群众以及全体人民的思想道德素质……始终是我们党代表中国先进生产力发展要求必须履行的第一要务。"④推进人的全面发展既是贯彻"三个代表"重要思想的根本目标,也是发展先进生产力、建设先进文化的前提和基础。因为人的自由全面发展越充分,创造社会的物质文化财富的能力就越强,人民的生活质量就越能得到改善;而生产力和经济文化的发展水平越高,物质文化条件越发达,越有利于促进人的自由全面发展。青少年是祖国的未来、民族的希望,江泽民十分重视青少年的思想道德建设,把培养有理想、有道德、有文化、有纪律的新人作为建设社会主义精神文明的根本目标,认为青年应该成为引领社会风气之先的力量,尤其要在推动我国先进生产力和先进文化发展中发挥作用,要"以理想信念教育为核心,深入进行正确的世界观、人生观、价值观教育;以爱国主义教育为重点,深入进行民族精神教育;以基本道德规范为基础,深入进行公民道德教育"⑤。引导青少年坚持学

---

  ① 中共中央宣传部.社会主义精神文明建设工作学习手册[M].北京:中共党史出版社,1997:94.
  ② 中共中央文献研究室.江泽民论有中国特色社会主义(专题摘编)[M].北京:中央文献出版社,2002:403.
  ③ 江泽民.论"三个代表"[M].北京:中央文献出版社,2001:156.
  ④ 江泽民.论"三个代表"[M].北京:中央文献出版社,2001:179.
  ⑤ 中共中央文献研究室.十六大以来重要文献选编(中)[M].北京:中央文献出版社,2006:636.

习科学文化与加强思想修养的统一,坚持学习书本知识与投身社会实践的统一,坚持实现自身价值与服务祖国人民的统一,坚持树立远大理想与进行艰苦奋斗的统一,"努力做中华民族传统美德的传承者,做体现时代进步要求的新道德规范的实践者,做新型人际关系和良好社会风尚的倡导者"①。江泽民强调,加强和改进教育工作,不只是学校和教育部门的事,家庭、社会各个方面都要关心和支持,要站在历史的高度,着眼于未来,协调好家庭、学校和社会的关系,"加强综合管理,多管齐下,形成一种有利于青少年学生身心健康发展的社会环境,年轻一代才能茁壮成长"②。深入持久地开展以为人民服务为核心,集体主义为原则的社会主义道德教育,加强民主法制教育和纪律教育,"理论武装也好,思想政治工作也好,道德教育也好,都不能脱离广大人民实际生活,而应该努力做到形式多样,生动活泼,为群众喜闻乐见,能够回答群众中存在的思想认识问题,能够在群众的工作和奋斗中不断发挥精神支柱的巨大作用"③。引导人民树立正确的世界观、人生观、价值观,大力弘扬爱国主义、集体主义、社会主义和艰苦创业精神,努力培育面向现代化、面向世界、面向未来,有理想、有道德、有文化、有纪律的德智体美全面发展的社会主义事业建设者和接班人。

2. 社会主义道德建设要坚持以德治国和依法治国相结合

"三个代表"重要思想阐明社会主义道德建设是发展先进文化的中心环节,主张构建有利于公民道德建设的舆论氛围、价值观念、道德规范和社会风尚,在全社会大力倡导"爱国守法、明礼诚信、团结友善、勤俭自强、敬业奉献"的基本道德规范,坚持把法治建设与道德建设、依法治国与以德治国紧密结合起来,通过公民道德建设的不断深化和拓展,"建立与社会主义市场经济相适应、与社会主义法律规范相协调、与中华民族传统美德相承接的社会主义思想道德体系"④。江泽民明确提出"以德治国"的重要战略思想,指出"我们在建设有中国特色社会主义,发展社会主义市场经济的过程中,要坚持不懈地加强

---

① 中共中央文献研究室.江泽民论有中国特色社会主义(专题摘编)[M].北京:中央文献出版社,2002:422-423.
② 中共中央文献研究室.江泽民论有中国特色社会主义(专题摘编)[M].北京:中央文献出版社,2002:267.
③ 江泽民.论"三个代表"[M].北京:中央文献出版社,2001:134.
④ 江泽民.在中国共产党第十六次全国代表大会上的报告[N].人民日报,2002-11-18(01).

社会主义道德建设,以德治国"①。

随着市场经济体制的建立完善和改革开放的步伐加快,社会经济成分、利益主体、社会组织和生活方式日趋多样化,人们的道德观念、是非标准、价值取向、行为方式等发生深刻变化,拜金主义、享乐主义、极端个人主义滋长蔓延,封建迷信、邪教组织等丑恶现象沉渣泛起,经济活动中掺假制假、以次充好、不讲信用等现象时有发生,网络文化中危害青少年身心健康的黄毒赌信息潜滋暗藏,这些道德失范现象腐蚀着人们的灵魂,污染着社会风气,也对加强思想道德建设提出了新要求新任务。江泽民指出:"越是变革时期,越要警惕各种错误思想观念的发生和对人们带来的消极影响。我们党的思想政治工作越要加强和改进"②,"越是改革开放,越要动员和团结群众,越要重视宣传思想工作。宣传思想工作,只能加强,不能削弱"③。2001年中共中央颁布的《公民道德建设实施纲要》中把公民道德建设作为"提高全民族素质的一项基础性工程","爱祖国、爱人民、爱劳动、爱科学、爱社会主义作为公民道德建设的基本要求",强调要以为人民服务为核心、以集体主义为原则、以诚实守信为重点,加强社会公德、职业道德和家庭美德教育,在全社会大力倡导"爱国守法、明礼诚信、团结友善、勤俭自强、敬业奉献"的基本道德规范,鼓励一切有利于解放和发展生产力的思想道德,一切有利于国家统一、民族团结、社会进步的思想道德,一切有利于履行公民权利和义务、用诚实劳动创造美好生活的思想道德,一切有利于追求真善美、抵制假恶丑、弘扬正气的思想道德,不断提高全民族的思想道德水平。江泽民指出:"在道德建设上,一定要从实际出发,鼓励先进,照顾多数,把先进性的要求同广泛性的要求结合起来,这样才能连结和引导不同觉悟程度的人们一起向上,形成凝聚亿万人民的强大精神力量。"④

江泽民同志明确指出:"要把依法治国同以德治国结合起来,为社会保持

---

① 中共中央文献研究室.江泽民论有中国特色社会主义(专题摘编)[M].北京:中央文献出版社,2002:337.
② 中共中央文献研究室.江泽民论有中国特色社会主义(专题摘编)[M].北京:中央文献出版社,2002:410.
③ 中共中央文献研究室.江泽民论有中国特色社会主义(专题摘编)[M].北京:中央文献出版社,2002:407.
④ 中共中央宣传部.十一届三中全会以来党的宣传工作文献选编[C].北京:中共中央党校出版社,1989:239-240.

良好的秩序和风尚营造高尚的思想道德基础。"①法律和道德作为上层建筑的组成部分,都是维护社会秩序、规范人们思想和行为的重要手段,这二者之间既相互区别、相互作用,又相辅相成、互为补充,法治属于制度建设和政治文明,侧重于惩处犯罪和追究既往,以其权威性和强制力规范社会成员的行为;德治则属于思想建设和精神文明,侧重于防患未然和扬善抑恶,以其劝导性和说服力提高社会成员的道德觉悟。如果仅有法治而无德治,人们将会因道德水准低下而难以自觉守法;而如果仅有道德的感化而无法律的惩戒追责,那么道德建设将会受挫,社会公正性难以体现。同时,仅靠法律规范并不能使人们完全自觉地控制行为,自愿履行社会义务,还必须通过社会舆论、传统习惯和内心理想信念等道德调节手段引导人们自觉维护社会的整体利益,有了良好的道德素质,就有利于形成追求高尚、激励先进的良好风尚,保证社会主义市场经济的健康发展。因此,必须坚持以德治国与依法治国并举,双管齐下、不可偏废,共同保障社会主义道德建设的制度化和规范化,"道德规范与法律规范应该相互结合,统一发挥作用"②。

贯彻公民道德建设实施纲要,要深入开展群众性的公民道德实践。道德建设必须依靠广大人民群众,人民群众也是道德建设的直接受益者,要抓住影响人们道德观念形成及发展的重要环节,广泛开展道德教育实践,"加强思想道德建设,要弘扬科学精神和创新精神,形成崇尚科学的社会风气,不断提高全民族思想道德素质和科学文化素质"③。大力倡导文明礼貌、助人为乐、热爱集体、爱护公物、保护环境、遵纪守法的社会公德,倡导爱岗敬业、诚实守信、办事公道、服务群众、奉献社会的职业道德,倡导尊老爱幼、男女平等、夫妻和睦、勤俭持家、邻里团结的家庭美德,通过开展寓教于乐、寓教于思、寓教于学、寓教于行的公民道德实践活动,引导人们树立全面建设小康社会的共同理想和科学的世界观、人生观、道德观,"在全社会倡导爱国主义、集体主义、社会主义思想,反对和抵制拜金主义、享乐主义、极端个人主义等腐朽思想,增强全国

---

① 江泽民.论"三个代表"[M].北京:中央文献出版社,2001:159.
② 中共中央文献研究室.江泽民论有中国特色社会主义(专题摘编)[M].北京:中央文献出版社,2002:336.
③ 江泽民.论"三个代表"[M].北京:中央文献出版社,2001:93.

人民的民族自尊心、自信心、自豪感，激励他们为振兴中华而不懈奋斗"①。

公民道德建设必须在继承中华民族优秀传统文化的基础上，"积极吸收人类所创造的一切优秀文化成果，把它熔铸于有中国特色社会主义的文化之中"②，充分体现时代精神和创造精神，坚持"以科学的理论武装人，以正确的舆论引导人，以高尚的精神塑造人，以优秀的作品鼓舞人"③，使广大人民的思想感情受到熏陶，精神生活得到充实，道德境界获得升华，坚定对马克思主义的信仰，坚定对社会主义的信念，增强对改革开放和现代化建设的信心，增强对党和政府的信任。"用更多的精神产品，凝聚人心，鼓舞干劲，陶冶情操"④，倡导把国家利益、集体利益放在第一位的社会主义义利观，个人利益服从国家利益，局部利益服从整体利益，眼前利益服从长远利益，着力培养与市场经济相适应的道德观念。既要坚持效率优先原则，保障广大人民群众的合法权益和多种多样的利益要求，充分调动广大人民群众的积极性，鼓励一部分人通过诚实劳动、合法经营先富起来，激励广大人民群众在遵从社会主义道德规范的前提下，提高劳动效率，实现个人价值和合法权益；又要本着效率优先、兼顾公平的原则，反对不平等竞争和绝对平均主义，积极引导先富带动后富，防止两极分化，最终实现共同富裕。从代表中国先进生产力的发展要求、中国先进文化的前进方向、中国最广大人民的根本利益的高度，把思想道德建设与社会主义物质文明、精神文明建设统一起来，"使经济更加发展、民主更加健全、科教更加进步、文化更加繁荣、社会更加和谐、人民生活更加殷实"⑤，积极引导人们在遵守基本行为准则的基础上，追求更高的思想道德目标，从而把社会主义小康社会的建设成果惠及实现最广大人民的根本利益和满足人们日益增长的物质文化生活需要上。

三、科学发展观以实现人的全面协调发展为根本归宿

党的十六大后，以胡锦涛同志为核心的党中央准确把握世界发展趋势，深

---

① 江泽民.论"三个代表"[M].北京：中央文献出版社，2001：159.
② 江泽民.在庆祝中华人民共和国成立七十周年大会上的讲话[M].北京：人民出版社，1991：23.
③ 中共中央宣传部.毛泽东邓小平江泽民论思想政治工作[M].北京：学习出版社，2000：39.
④ 江泽民.论"三个代表"[M].北京：中央文献出版社，2001：40.
⑤ 江泽民.江泽民文选（第3卷）[M].北京：人民出版社，2006：543.

入分析我国发展的阶段性特征,运用马克思主义立场、观点和方法分析解决社会主义和谐社会建设、经济体制改革向纵深发展以及人民群众对物质文化生活的新需求等各种实际问题,在继承和发展邓小平理论和"三个代表"重要思想关于发展观的基础上,提出"坚持以人为本,树立全面、协调、可持续的发展观,促进经济社会和人的全面发展"①。胡锦涛指出:"科学发展观,第一要义是发展,核心是以人为本,基本要求是全面协调可持续,根本方法是统筹兼顾。"②从而创造性地回答了新世纪新阶段"实现什么样的发展,怎样发展"这一根本问题,体现出马克思主义中国化的与时俱进的新飞跃。科学发展观是"立足社会主义初级阶段基本国情,总结我国发展实践,借鉴国外发展经验,适应新的发展要求提出来的"③,在体制转轨、社会转型这一特殊历史时期,面对错综复杂的国际形势和不断变化的国内格局,强调社会和谐是中国特色社会主义的本质属性,现代化建设的总体布局由物质文明、政治文明、精神文明建设的"三位一体"深化拓展为包括和谐社会建设在内的"四位一体",从而使我们党对什么是社会主义、怎样建设社会主义的理论得到又一次升华。

科学发展观围绕"以人为本"这个核心,坚持以人为本与尊重客观规律相统一,坚持以经济建设为中心与社会全面发展相统一,坚持统筹协调发展与人的全面发展相统一,坚持人类社会发展与自然生态环境相统一,倡导发展为了人民、发展依靠人民、发展成果由人民共享的理念,既注重人的思想道德素质、科学文化素质和身体健康素质的全面提高,又统筹兼顾经济发展、社会进步和环境保护等各方面的全面、协调、可持续发展,从而进一步丰富和发展了中国特色社会主义的公民道德建设理论。

1. 和谐社会的道德建设必须坚持以人为本的科学发展观

以人为本是科学发展观的本质和核心,也是社会主义本质的集中体现。胡锦涛提出:"科学发展观核心是以人为本。我们党的一切奋斗和工作都是为了造福人民。我们推动科学发展,根本目的就是要坚持尊重社会发展规律与尊重人民历史主体地位的一致性,坚持为崇高理想奋斗与为最广大人民谋利益的一致性,坚持完成党的各项工作与实现人民利益的一致性,坚持保障人民

---

① 中共中央关于完善社会主义市场经济体制若干问题的决定[N].人民日报,2003-10-21(01).
② 中共中央文献研究室.十七大以来重要文献选编(上)[M].北京:中央文献出版社,2009:11.
③ 中共中央文献研究室.十六大以来重要文献选编(上)[M].北京:中央文献出版社,2005:850.

权益与促进人的全面发展的一致性。"①以人为本就是把人民的利益放在首位,以不断满足人的全面需求、促进人的全面发展作为根本出发点和最高价值取向,"马克思主义政党的一切理论和奋斗都应致力于实现最广大人民的根本利益,这是马克思主义最鲜明的政治立场"②。无论是建立社会主义制度,还是进行改革开放和社会主义现代化建设,归根结底都是为了实现好、维护好、发展好最广大人民的根本利益,正如党的十七大报告指出:"必须坚持以人为本。全心全意为人民服务是党的根本宗旨,党的一切奋斗和工作都是为了造福人民。要始终把实现好、维护好、发展好最广大人民的根本利益作为党和国家一切工作的出发点和落脚点,尊重人民主体地位,发挥人民首创精神,保障人民各项权益,走共同富裕道路,促进人的全面发展,做到发展为了人民、发展依靠人民、发展成果由人民共享。"③

"以人为本"的科学发展观不仅强调发展是社会主义和谐社会的第一要义和根本任务,离开了发展,科学发展观就成了无源之水、无本之木;而且强调经济发展归根到底是为了满足广大人民群众的物质文化生活需要,保证人的全面发展。因为"建设中国特色社会主义的根本目的是不断实现好、维护好、发展好最广大人民的根本利益,党的理论、路线、纲领、方针、政策和工作必须以符合最广大人民的根本利益为最高衡量标准"④。无论是物质财富的增加、经济的增长还是社会的发展,最终目的都是人的发展,只有把实现人的全面发展作为经济社会发展的核心和归宿,一切依靠人民、一切为了人民来展开各项经济社会活动,以能否促进人的自由、全面的发展作为评判一切经济活动的标准,才能保障绝大多数人的利益,让更多的人分享社会发展的成果,从而把人作为发展的根本动力和根本途径,"使贯彻落实科学发展观的过程成为不断为民造福的过程,成为不断提高人民生活质量和水平的过程,成为不断提高人民思想道德素质、科学文化素质和健康素质的过程,成为不断保障人民经济、政治、文化、社会权益的过程,让发展成果惠及广大人民群众"⑤。

---

① 胡锦涛.努力把贯彻落实科学发展观提高到新水平[J].求是,2009(1):3-6.
② 胡锦涛.在"三个代表"重要思想理论研讨会上的讲话[N].人民日报,2003-07-02(01).
③ 中共中央文献研究室.十七大以来重要文献选编(上)[M].北京:中央文献出版社,2009:12.
④ 中共中央文献研究室.十六大以来重要文献选编(上)[M].北京:中央文献出版社,2005:364.
⑤ 中共中央文献研究室.十七大以来重要文献选编(上)[M].北京:中央文献出版社,2009:576.

以科学发展观为指导构建社会主义和谐社会,根本着眼点和终极目标在于促进人的全面发展,实现好、维护好、发展好最广大人民的根本利益,不断提高人民的生活质量和综合素质,保障人民经济、政治、文化、社会权益,满足人民日益增长的物质文化需求。"相信谁、为了谁、依靠谁,是否始终站在最广大人民的立场上,是区分唯物史观和唯心史观的分水岭,也是判断马克思主义政党的试金石。"①构建社会主义和谐社会以民主法治、公平正义、诚信友爱、充满活力、安定有序、人与自然和谐相处为基本特征,以实现人自身的和谐、人与人关系的和谐、社会与自然的和谐为价值目标,"社会和谐是中国特色社会主义的本质属性,是国家富强、民族振兴、人民幸福的重要保证"②。坚持以人为本,就必须正确处理改革发展稳定的关系,把改革的力度、发展的速度和社会可以承受的程度统一起来,解决好人民群众最关心、最直接、最现实的利益问题,广泛调动各方面的积极性,妥善协调各方面的利益关系,切实维护社会公平和正义,确保人民群众安居乐业和国家长治久安。可见,构建社会主义和谐社会是推进中国特色社会主义伟大事业作出的重大战略举措,也是实现全面建设小康社会的宏伟目标以更好地满足人民群众不断增长的物质文化需要的必然要求。只有维护好最广大人民群众的根本利益,发挥人在经济社会发展中的主体地位,把尊重人的权利、依靠人的作为、保障人的利益、提高人的素质作为评价各项工作的根本尺度和道德评价标准,"紧紧依靠人民群众,做到谋划发展思路向人民群众问计,查找发展中的问题听人民群众意见,改进发展措施向人民群众请教,落实发展任务靠人民群众努力,衡量发展成效由人民群众评判"③。在经济社会发展的各个环节充分尊重和实现人的价值,形成社会成员各尽其能、各得其所的良好局面,"只有这样实现科学发展才能具有最广泛最深厚的群众基础,也才能把广大人民群众组织起来共同为全面建设小康社会,进而基本实现现代化而奋斗"④。胡锦涛强调"必须更加自觉地把推动经济社会发展作为深入贯彻落实科学发展观的第一要义,更加自觉地把以人为本作为深入贯彻落实科学发展观的核心立场,更加自觉地把全面协调可持续

---

① 中共中央文献研究室.十六大以来重要文献选编(上)[M].北京:中央文献出版社,2005:369.
② 中共中央文献研究室.十六大以来重要文献选编(下)[M].北京:中央文献出版社,2008:648.
③ 胡锦涛.努力把贯彻落实科学发展观提高到新水平[J].求是,2009(1):3-6.
④ 胡锦涛.努力把贯彻落实科学发展观提高到新水平[J].求是,2009(1):3-6.

作为深入贯彻落实科学发展观的基本要求,更加自觉地把统筹兼顾作为深入贯彻落实科学发展观的根本方法"①。同时,从个人层面来讲,要适应社会主义和谐社会的建设要求,就必须努力提高自身素质,树立正确的人生观、价值观、道德观和中国特色社会主义的共同理想,保持积极健康的心态,充分发挥自己的聪明才智为社会多做奉献,这些也是与"以人为本"的核心价值及发展目标相一致的。

科学发展观把全面、协调、可持续发展提升到发展的更高层面,既要推进物质文明、政治文明、精神文明的全面提升,又要处理好经济建设、人口增长与资源利用、生态环境保护的关系,实现经济、社会发展与人口、资源、生态环境的相互协调与可持续发展。坚持统筹兼顾,做到"五个统筹发展",即统筹城乡发展、统筹区域发展、统筹经济社会发展、统筹人与自然的和谐发展、统筹国内发展和对外开放,逐步消除城乡发展不协调、东西部发展不平衡、不同社会阶层的成员之间机会不均等的现实状况。同时,良好的生态环境是经济社会可持续发展的重要依托,人的最终解放有赖于人对自然的和谐相处,过去那种以征服自然为目的、以科学技术为手段、以物质财富的增长为动力的传统发展模式,在一定程度上破坏了人类赖以生存的基础,直接影响着人的生活质量和可持续发展。为此,要建设资源节约型、生态保护型、环境友好型社会,彻底转变粗放型经济增长方式,使经济发展建立在依靠科技进步、提高劳动者素质、高效利用资源和注重质量效益的基础上,形成低投入、低消耗、低排放和高效率的节约型经济增长方式,坚持生产发展、生活富裕、生态良好的文明发展道路。同时,"可持续发展是既满足当代的需求,又不对后代满足需求能力构成危害的发展"②,促进人的永续发展与生态环境的可持续发展的有机统一,不能损害后代人生存发展的空间,"经济增长不能以浪费资源、破坏环境和牺牲子孙后代利益为代价"③,其实质就是把经济发展与节约资源、保护环境、控制人口紧密联系起来,实现良性循环和又好又快的可持续发展。

---

① 胡锦涛.坚定不移沿着中国特色社会主义道路前进 为全面建成小康社会而奋斗:在中国共产党第十八次全国代表大会上的报告[N].人民日报,2012-11-18(01).
② 世界环境与发展委员会.我们共同的未来[M].王之佳,柯金良,译.长春:吉林人民出版社,1997:80.
③ 中共中央文献研究室.科学发展观重要论述摘编[M].北京:中央文献出版社,党建读物出版社,2008:34.

2. 树立社会主义荣辱观是核心价值体系建设的基础

党的十六届六中全会提出"建设社会主义核心价值体系"的命题和任务，指出社会主义核心价值体系包括四个方面的基本内容，即"马克思主义指导思想，中国特色社会主义共同理想，以爱国主义为核心的民族精神和以改革创新为核心的时代精神，社会主义荣辱观"①。其中，坚持马克思主义指导思想是我们立党立国的根本指针，是社会主义核心价值体系的灵魂；树立中国特色社会主义的共同理想，突出了核心价值体系的主题，是各族人民团结奋斗的强大动力；以爱国主义为核心的民族精神和以改革创新为核心的时代精神，是社会主义核心价值体系的精髓和中华民族生生不息、薪火相传的精神支撑；社会主义荣辱观是核心价值体系的基础，体现出中华民族传统美德、优秀革命道德与时代精神的有机结合。这四个方面相互联系、相互贯通，共同构成和谐文化建设的统一整体，既体现着社会主义意识形态的本质，也决定着整个价值体系的基本特征。党的"十七"大报告中强调要"积极探索用社会主义核心价值体系引领社会思潮的有效途径，主动做好意识形态工作"②，切实把社会主义核心价值体系融入国民教育和精神文明建设全过程，转化为人民的自觉追求，既突出先进性又注重广泛性，既尊重差异又包容多样，抵制各种错误和腐朽文化的侵袭，以最大限度地形成社会共识，打牢全党全国各族人民团结奋进的思想基础，这是社会主义公民道德建设的重要战略课题。

荣辱观属于社会意识范畴，具有鲜明的阶级性和导向性，既蕴涵着历史的理论积淀与价值传承，又透射着极强的时代精神与道德规范。胡锦涛提出"八荣八耻"的社会主义荣辱观，强调"要引导广大干部群众特别是青少年树立社会主义荣辱观，坚持以热爱祖国为荣、以危害祖国为耻，以服务人民为荣、以背离人民为耻，以崇尚科学为荣、以愚昧无知为耻，以辛勤劳动为荣、以好逸恶劳为耻，以团结互助为荣、以损人利己为耻，以诚实守信为荣、以见利忘义为耻，以遵纪守法为荣、以违法乱纪为耻，以艰苦奋斗为荣、以骄奢淫逸为耻"③。社会主义荣辱观体现了和谐社会的基本价值准则，旗帜鲜明地确立了是非、善

---

① 中共中央关于构建社会主义和谐社会若干重大问题的决定[N].人民日报,2006-10-19(01).
② 胡锦涛.高举中国特色社会主义伟大旗帜为夺取全面建设小康社会新胜利而奋斗[N].人民日报,2007-10-25(01).
③ 胡锦涛.牢固树立社会主义荣辱观[J].求是,2006,(9):3.

恶、美丑的界限,是新时期公民道德建设的核心内容。"在社会主义社会,是非、善恶、美丑的界限绝对不能混淆,坚持什么、反对什么,倡导什么、抵制什么,都必须旗帜鲜明"①,从而引导人们廓清在荣辱评判问题上存在的模糊认识,在思想道德上不断提升、共同进步,对于推进公民道德建设具有方向保障、价值导向和道德规范作用。

社会主义荣辱观是形成良好社会风气的基本内核。"社会风气是社会文明程度的重要标志,是社会价值导向的集中体现。树立良好的社会风气是广大人民群众的强烈愿望,也是经济社会顺利发展的必然要求。"②改革开放以来,随着社会经济成分、组织形式、就业方式、利益关系的深刻变革和多元文化的相互激荡,人们的思想道德观念、价值取向和行为方式都发生了深刻变化,日益呈现出选择性、多样性、差异性、层次性的特征,一些人受享乐主义、拜金主义思想的侵蚀,价值观、道德观发生扭曲或错位,价值标准呈现出荣辱混淆、是非颠倒、美丑不分乃至以耻为荣的现象,影响着社会主流意识形态和人们道德价值观的形成。为此,"要在全社会大力弘扬爱国主义、集体主义、社会主义思想,倡导社会主义基本道德规范,扶正祛邪,扬善惩恶,促进良好社会风气的形成和发展"③,积极营造知荣辱、讲正气、树新风、促和谐的舆论氛围和团结互助、平等友爱、共同前进的人际关系。

提高公民的道德素质,是社会主义和谐社会建设的基石。"道德的力量是巨大的。经济的繁荣、社会的进步、人类的文明,都需要道德的发展和完善。"④道德的基本特点之一,是以善恶荣辱标准对社会现象进行评价,发挥扬善抑恶的功能。马克思、恩格斯指出:"一切以往的道德论归根到底都是当时的社会经济状况的产物。而社会直到现在还是在阶级对立中运动的,所以,道德始终是阶级的道德。"⑤要加强社会公德、职业道德、家庭美德、个人品德建设,在全社会倡导爱国守法、明礼诚信、团结友善、勤俭自强、敬业奉献的基本道德规范,大力倡导文明礼貌、助人为乐、热爱集体、爱护公物、保护环境、遵纪

---

① 胡锦涛.牢固树立社会主义荣辱观[J].求是,2006,(9):3.
② 胡锦涛.牢固树立社会主义荣辱观[J].求是,2006,(9):3.
③ 胡锦涛.牢固树立社会主义荣辱观[J].求是,2006,(9):3.
④ 江泽民.江泽民文选(第1卷)[M].北京:人民出版社,2006:647.
⑤ 马克思,恩格斯.马克思恩格斯选集(第3卷)[M].北京:人民出版社,1995:134.

守法的社会公德,倡导爱岗敬业、诚实守信、办事公道、服务群众、奉献社会的职业道德,倡导尊老爱幼、男女平等、夫妻和睦、勤俭持家、邻里团结的家庭美德,引导公民分清是非荣辱,明辨善恶美丑,知荣而勇为之,知耻而力避之,使社会主义荣誉观转化为公民的价值认同,内化为个体的内心信念,形成与社会主义核心价值体系相适应的价值取向、思想观念、道德操守。

第四节　习近平新时代中国特色社会主义思想为新时代道德建设提供了根本遵循

党的十八大以来,以习近平同志为核心的党中央坚持把马克思主义基本原理同中国具体实际相结合、同中华优秀传统文化相结合,坚持毛泽东思想、邓小平理论、"三个代表"重要思想、科学发展观,坚持用马克思主义的立场、观点、方法观察时代、把握时代、引领时代,基于新时代我国社会主要矛盾已经转化为人民日益增长的美好生活需要和不平衡不充分的发展之间的矛盾的科学判断,立足于全面建设社会主义现代化国家、全面深化改革、全面依法治国、全面从严治党的"四个全面战略"和进行伟大斗争、建设伟大工程、推进伟大事业、实现伟大梦想的新发展阶段,统筹中华民族伟大复兴战略全局和世界百年未有之大变局,牢牢把握中华民族从站起来、富起来到强起来的历史方位,倡树创新、协调、绿色、开放、共享的新发展理念,构建经济、政治、文化、社会、生态文明五位一体的新发展格局,以一系列具有战略性、前瞻性、创造性的新思想新战略回答时代之问、人民之问,创立了习近平新时代中国特色社会主义思想,不仅科学回答了新时代坚持和发展什么样的中国特色社会主义,怎样坚持和发展中国特色社会主义;建设什么样的社会主义现代化强国,怎样建设中国式现代化强国;建设什么样的长期执政的马克思主义政党,怎样建设长期执政的马克思主义政党等重大时代课题,而且深化了对共产党执政规律、社会主义建设规律、人类社会发展规律的认识,揭示出中国特色社会主义发展的理论逻辑、历史逻辑、实践逻辑,从而开辟了丰富发展马克思主义的新境界,实现了马克思主义中国化新的飞跃和升华。习近平新时代道德建设思想既充满着合党心、顺民意、鼓士气的巨大感召力,又体现了对国家、对民族、对人民的担当情怀,对于激励全党全国各族人民为全面实现中华民族伟大复兴而不懈奋斗提供了根本遵循和行动指南。

一、确立了新时代公民道德建设的任务和使命

针对新时代我国道德建设领域出现的新矛盾、新问题和面临的新形势、新任务,习近平总书记以富有人民性、时代性和创造性的理论高度,全面审视社会主义核心价值观和思想道德建设的历史地位,把社会主义思想道德建设作为国家治理能力现代化的战略任务,深刻阐明道德建设的深远意义、基本内涵、目标任务、价值意蕴和实践路径,以培养担当民族复兴大任的时代新人为着眼点,着力解决好培养什么人、怎样培养人、为谁培养人这个根本问题,既为开展公民道德建设提供了科学的思想引领,也为提高全民族思想道德水平提供了根本遵循和行动指南。

1. "坚持马克思主义道德观、坚持社会主义道德观"[1]

马克思主义认为,道德作为一种社会意识形态,是一定社会经济关系的反映,其形成和发展是由社会物质条件决定的,"一切以往的道德归根到底都是当时的社会经济状况的产物"[2]。道德是一个历史范畴,从历史发展来看,道德不是永恒的、抽象的,而是随着经济社会的发展不断变化的,"每一次革命的胜利都引起了道德上和精神上的巨大高涨"[3],人们的道德观念"随时随地都要以当时的历史条件为转移"[4]。在一定的社会经济关系之中,由于人们所占有的社会经济地位和物质生活条件的不同,就有不同的道德观念。"在道德领域,所谓整体的普遍联系,就是道德在生产方式以及上层建筑历史变革总进程中的状况,就是道德反映和作用于经济基础以及同上层建筑其他方面相互作用的总联系。"[5]道德反映人们之间的利益关系,"从深层本质来看,是人类为了满足自身的发展和完善的需要,以及社会稳定和谐的需要,在个人欲望的满足和社会和谐之间确立的一种平衡机制"[6]。一个没有道德的国家和民族,不

---

[1] 中共中央文献研究室.习近平关于社会主义文化建设论述摘编[M].北京:中央文献出版社,2017:138.
[2] 马克思,恩格斯.马克思恩格斯全集(第20卷)[M].北京:人民出版社,1995:103.
[3] 马克思,恩格斯.马克思恩格斯选集(第3卷)[M].北京:人民出版社,1995:223.
[4] 马克思,恩格斯.马克思恩格斯选集(第1卷)[M].北京:人民出版社,1995:248.
[5] 秋石.正确认识我国社会现阶段道德状况[J].求是,2012(1):18-21.
[6] 杜振吉.近三十年来关于道德本质问题的研究综述[J].道德与文明,2010(2):135-141.

仅难以生存发展,更谈不上国家繁荣富强和民族兴旺发达。"道德承载着一个民族、一个国家的精神追求,体现着一个社会评判是非曲直的价值标准。"①

首先,马克思主义道德观建立在唯物主义的基础上,始终关注人的全面发展,为促进人的自我完善、培养人的公德意识、提高人的精神境界和推动人类文明进步提供改造主观世界的实践导向,"实践不仅是一切伦理关系形成的现实基础,也是道德评价不可缺少的必要途径,而实践这一基础性环节,正是马克思新唯物主义哲学革命性变革的实质"②。道德具有鲜明的阶级性,体现着统治阶级的利益和话语权,"每一个企图取代旧统治阶级的新阶级,为了达到自己的目的不得不把自己的利益说成是社会全体成员的共同利益,赋予自己的思想以普遍性的形式,把它们描绘成唯一合乎理性的、有普遍意义的思想"③。只有在消失了阶级对立,道德不再是为某一阶级集团利益服务时,真正人的教化所有人的道德才成为可能。如恩格斯所言:"只有在不仅消灭了阶级对立,而且在实际生活中也忘却了这种对立的社会发展阶段上,超越阶级对立和超越对这种对立的回忆的、真正人的道德才成为可能。"④这与马克思所提出的"自由人的联合体"和"人人自由而平等"的共产主义社会最高阶段的道德有着一脉相承的价值诉求,蕴含着对全人类自由与解放事业的终极关怀。

其次,社会主义道德观是中国特色社会主义精神文明建设规范体系和评价系统的统一,具有显著的历史继承性和时代发展性。"道德之于个人、之于社会,都具有基础性意义,做人做事第一位的是崇德修身"⑤。社会主义道德是无产阶级在发展社会主义经济关系和维护自身阶级利益的历史进程中,进行道德认知和实践的结晶,既根植于人民群众的整体利益中,也体现出集体主义、社会主义的基本原则和为人民服务的价值导向。正如季塔连科所言:"通过集体利益的实现而使个人全面发展——这是社会主义社会里社会意识中所体现出的价值方针的基本意义。"⑥社会主义道德涉及思想、行为和情感等一系列道德因素,不仅蕴含着人与人之间的爱国奉献、团结友爱、互助互利和合

---

① 习近平.习近平谈治国理政(第2卷)[M].北京:外文出版社,2017:168.
② 周启杰.论马克思道德哲学建构的多重维度[J].道德与文明,2018(1):77-85.
③ 马克思,恩格斯.马克思恩格斯选集(第1卷)[M].北京:人民出版社,1995:100.
④ 马克思,恩格斯.马克思恩格斯选集(第3卷)[M].北京:人民出版社,1995:435.
⑤ 习近平.习近平谈治国理政(第1卷)[M].北京:外文出版社,2014:173.
⑥ 季塔连科.马克思主义伦理学[M].黄其才,等译.上海:上海译文出版社,1981:113.

作共赢,而且涵盖了社会主义的道德原则、理想、价值和规范体系,为满足人民对美好生活的向往奠定了思想基础。列宁曾指出:"我们的道德完全服从无产阶级斗争的利益,我们的道德是从无产阶级阶级斗争的利益中引申出来的。"①

习近平指出:"提高国家文化软实力,一个很重要的工作就是从思想道德抓起。"②我们要全面建设的富强、民主、文明、和谐的社会主义现代化,是基于我国社会生产力的发展和人口规模巨大的现实、实现物质文明和精神文明相协调的现代化,"中国式现代化的本质要求是:坚持中国共产党领导,坚持中国特色社会主义,实现高质量发展,发展全过程人民民主,丰富人民精神世界,实现全体人民共同富裕,促进人与自然和谐共生,推动构建人类命运共同体,创造人类文明新形态"③。只有充分延展道德的历史现实性与价值理想性之间的张力,不断增强社会主义意识形态的凝聚力和引领力,才能使全体人民在理想信念、价值理念、道德观念上紧紧团结在一起。

2."推进社会公德、职业道德、家庭美德、个人品德建设"④

为适应国际国内形势的变革和社会主要矛盾的变化,满足人民对美好生活向往的迫切需要,习近平新时代中国特色社会主义思想把"深入实施公民道德建设工程,深化群众性精神文明创建活动"⑤作为中国式现代化建设的基础,注重加强社会公德、职业道德、家庭美德、个人品德建设,"激励人们向上向善、孝老爱亲,忠于祖国、忠于人民"⑥,引导社会成员明大德、守公德、严私德,"提高人民的思想觉悟、道德水准、文明素养,提高全社会的文明程度"⑦,从而"激励人民群众崇德向善、见贤思齐,鼓励全社会积善成德、明德惟馨,为实现

---

① 列宁.列宁选集(第4卷)[M].北京:人民出版社,1995:289.
② 中共中央文献研究室.习近平关于社会主义文化建设论述摘编[M].北京:中央文献出版社,2017:137.
③ 高举中国特色社会主义伟大旗帜 为全面建设社会主义现代化国家而团结奋斗:习近平同志代表第十九届中央委员会向大会作的报告摘登[N].人民日报,2022-10-17(02).
④ 习近平.决胜全面建成小康社会夺取新时代中国特色社会主义伟大胜利:在中国共产党第十九次全国代表大会上的报告[M].北京:人民出版社,2017:43.
⑤ 习近平.在中共中央政治局第三十七次集体学习时的讲话[N].人民日报,2016-12-11(01).
⑥ 习近平.决胜全面建成小康社会夺取新时代中国特色社会主义伟大胜利:在中国共产党第十九次全国代表大会上的报告[M].北京:人民出版社,2017:43.
⑦ 习近平.决胜全面建成小康社会夺取新时代中国特色社会主义伟大胜利:在中国共产党第十九次全国代表大会上的报告[M].北京:人民出版社,2017:42.

中华民族伟大复兴的中国梦凝聚起强大的精神力量和有力的道德支撑"①。

"培育社会公德、职业道德,提高全民族思想道德水平。"②社会公德是公共生活领域的道德要求,也是公民应遵循的基本行为规范,"社会公德是全体公民在社会交往和公共生活中应该遵循的行为准则,涵盖了人与人、人与社会、人与自然之间的关系"③。作为公民道德素质高低和社会文明程度的重要体现,社会公德具有鲜明的时代特征,随着公共生活领域的不断扩大和人际交往的日益频繁,人们的道德观念、价值取向、利益诉求、生活方式都发生深层次的变革,"改革开放以来,中国社会结构发生了深刻的变化,传统意义上的以'亲近伦理'为主的熟人社会,逐渐演变成以'陌生人公共伦理'为主的陌生人社会"④。公德建设在维护社会和网络公共秩序、促进人际交往和谐、保持社会稳定、保障公众利益方面的地位和作用就愈发凸显,只有大力倡导和"践行以文明礼貌、助人为乐、爱护公物、保护环境、遵纪守法为主要内容的社会公德,鼓励人们在社会上做一个好公民"⑤,增强做中国人的道德志气、道德骨气和道德底气,才能将思想道德建设和社会文明程度提升到一个崭新的高度。

职业道德由职业态度、操守、规则、纪律和责任等构成,随着社会分工越来越细和职业精细化发展,职业化组织逐渐成为人们社会实践的重要场所,职业道德则是衡量从业者的职业化、专业化、社会化水平的价值尺度和整个社会文明程度的重要标志。习近平总书记站在实现"两个一百年"奋斗目标和中华民族伟大复兴的战略高度,要求各行各业"撸起袖子加油干",以锐意进取、锲而不舍的精神勇担时代使命,以精益求精、勇于创新的劳模精神和工匠精神对待自己的工作,以砥砺奋进、实干兴邦的务实态度成就伟大事业,"推动践行以爱岗敬业、诚实守信、办事公道、热情服务、奉献社会为主要内容的职业道德,鼓励人们在工作中做一个好建设者"⑥。尤其重视教师队伍的职业道德建设,

---

① 习近平.在会见第四届全国道德模范及提名奖获得者时的讲话[N].人民日报,2013-09-27(01).
② 中共中央文献研究室.习近平关于社会主义文化建设论述摘编[M].北京:中央文献出版社,2017:146.
③ 公民道德建设实施纲要[M].北京:人民出版社,2001:8.
④ 李建华,江梓豪.陌生人社会与公共道德秩序的构建[J].中国治理评论,2020(1):3-13.
⑤ 新时代公民道德建设实施纲要[M].北京:人民出版社,2019:5-6.
⑥ 新时代公民道德建设实施纲要[M].北京:人民出版社,2019:5-6.

认为青年一代是实现中国梦的"梦之队",教师作为人类灵魂的工程师,承载着传播知识、传播思想、传播真理、塑造灵魂、塑造生命、塑造新人的时代重任,则是"打造中华民族'梦之队'的筑梦人",为此,办好人民满意的教育,迫切需要加强师德师风建设,引导广大教师以德立身、以德立学、以德施教,"坚持教书和育人相统一,坚持言传和身教相统一,坚持潜心问道和关注社会相统一,坚持学术自由和学术规范相统一"①,坚守为党育人、为国育才,"做学生锤炼品格的引路人,做学生学习知识的引路人,做学生创新思维的引路人,做学生奉献祖国的引路人"②,努力成为"有理想信念、有道德情操、有扎实知识、有仁爱之心"③的"四有"好老师,自觉做中国特色社会主义的坚定信仰者和忠实实践者,不负党和人民寄予的期望,不辱时代赋予的使命。

同时,加强家庭美德和个人品德建设,"使千千万万个家庭成为国家发展、民族进步、社会和谐的重要基点"④。家庭美德作为人们在家庭生活中应遵循的基本行为准则,既是调节家庭内部成员之间、邻里之间关系的伦理规范,也是评价人们在家庭、婚姻、邻里交往中行为善恶的标准。习近平总书记指出,"家庭和睦则社会安定、家庭幸福则社会祥和、家庭文明则社会文明"⑤,培育良好的家风家教是现代家庭教育的重要组成部分,"家庭教育涉及很多方面,但最重要的是品德教育,是如何做人的教育"⑥。家庭是社会的细胞,父母是人生的第一任老师,家长的一言一行、一举一动都会对孩子待人接物、为人处世的价值观、人生观、道德观产生终生的影响,通过父母的言传身教和家风家训的耳濡目染,"父母和家长,应该把美好的道德观念从小就传递给孩子,引导他们有做人的气节和骨气"⑦。使家庭美德深植于一个人的幼小心灵中,潜移默化地内化为家庭成员的处世方式、家庭观念、道德品格和行为习惯。当今中

---

① 习近平在全国高校思想政治工作会议上强调把思想政治工作贯穿教育教学全过程开创我国高等教育事业发展新局面[N].人民日报,2016-12-09(01).
② 习近平.在北京市八一学校考察时的讲话[N].人民日报,2016-09-10(01).
③ 习近平.做党和人民满意的好老师:同北京师范大学师生代表座谈时的讲话[N].人民日报,2014-09-10(01).
④ 习近平.在会见第一届全国文明家庭代表时的讲话[M].北京:人民出版社,2016:2.
⑤ 习近平.习近平关于全面深化改革论述摘编[M].北京:中央文献出版社,2014.88.
⑥ 习近平.习近平谈治国理政(第2卷)[M].北京:外文出版社,2017:354.
⑦ 中共中央文献研究室.习近平关于青少年和共青团工作论述摘编[M].北京:中央文献出版社,2017:94.

国的家庭形态虽然发生了根本性的变化,但却并没有改变家庭的功能,如习近平强调:"无论时代如何变化,无论经济社会如何发展,对一个社会来说,家庭的生活依托都不可替代,家庭的社会功能都不可替代,家庭的文明作用都不可替代。"①进入新时代,随着社会结构和道德结构的转变,我们要重视家庭文明建设,注重"传递尊老爱幼、男女平等、夫妻和睦、勤俭持家、邻里团结的观念,倡导忠诚、责任、亲情、学习、公益的理念"②,鼓励人们在家庭里做一个好成员,既要培养尊敬父母、孝敬长辈的良好品质,又要形成相亲相爱、共享共建的邻里和谐相处理念,将家庭美德由家庭内部拓展到邻里之间的关系。

个人品德是人的道德认识、道德情感、道德意志、道德信念和道德行为的本质体现,也是特定社会的道德规范和道德原则在个人思想和行为中的综合展现。百行以德为首,做人以德为本。个人品德具有稳定性、持久性,是个体在社会化过程中形成的内在品质与外在行为模式的统一,只有具备良好的个人品德,才使人具有道德人的属性,学会正确看待个人与他人、个人与家庭、个人与社会、个人与国家的关系,真正把个体的需要与社会的需要结合在一起。在新的时代背景下,要以培养符合现代公民本质特征的"道德人"为逻辑起点,以加强个人品德建设为落脚点,引导人们"践行以爱国奉献、明礼遵规、勤劳善良、宽厚正直、自强自律为主要内容的个人品德,鼓励人们在日常生活中养成好品行"③,推动公民道德建设日常化、具体化、生活化,在落细、落小、落实上下功夫,使人们养成良好的道德品质和行为规范,促进知、情、意、行的相互转化,将全民道德素质和社会文明程度提升到一个新高度。

新时代公民道德建设必须"始终把弘扬中华民族传统美德、加强社会主义思想道德建设作为极为重要的战略任务来抓"④。中华传统美德是中华文化精髓,蕴含着丰富的思想道德资源,"中国优秀传统文化的丰富哲学思想、人文精神、教化思想、道德理念等,可以为人们认识和改造世界提供有益启迪,可以

---

① 习近平.在会见第一届全国文明家庭代表时的讲话[M].北京:人民出版社,2016:2.
② 习近平.动员社会各界广泛参与家庭文明建设推动形成社会主义家庭文明新风尚[N].人民日报,2016-12-13(01).
③ 新时代公民道德建设实施纲要[M].北京:人民出版社,2019:6.
④ 习近平.习近平谈治国理政(第1卷)[M].北京:外文出版社,2014:159.

为治国理政提供有益启示,也可以为道德建设提供有益启发"①。以爱国主义为核心的民族精神和以勤劳勇敢、自强不息为核心的价值理念,成为中华民族发展壮大的强大道德力量,也为新时代道德建设提供不竭的精神源泉。习近平指出:"不忘本来才能开辟未来,善于继承才能更好创新。"②只有深入挖掘传统美德的道德价值,古为今用、推陈出新,做到有鉴别地吸收和有扬弃地继承,努力实现创造性转化,大力倡导爱国守法、明礼诚信、团结友善、勤俭自强、敬业奉献的基本道德规范,才能"引导人们向往和追求讲道德、尊道德、守道德的生活,形成向上的力量、向善的力量"③,增强人民的志气、骨气、底气,提升社会成员的道德素质、精神追求和道德实践能力。"只要中华民族一代接着一代追求美好崇高的道德境界,我们的民族就永远充满希望。"④

二、提倡创新、协调、绿色、开放、共享"新发展理念"

习近平总书记从谋求中华民族长远发展、增进人民福祉的全局出发,把生态文明建设同全面建成小康社会、中华民族伟大复兴"中国梦"等奋斗目标统一起来,在深刻总结国内外发展经验教训和分析国内外发展大势的基础上,着眼于解决我国发展中的突出矛盾和问题,阐明创新、协调、绿色、开放、共享的"新发展理念"。站在人与自然和谐共生的高度谋划发展,从历史定位、基本内涵、目标指向、建设路径、根本保障等,围绕"为什么要建设生态文明、建设什么样的生态文明、怎样建设生态文明"的重大理论和实践问题,提出要牢固树立"绿水青山就是金山银山"⑤、"山水林田湖草是生命共同体"和"保护环境就是保护生产力,改善环境就是发展生产力"⑥的新发展理念,深刻回答了新

---

① 习近平.在纪念孔子诞辰2565周年国际学术研讨会暨国际儒学联合会第五届会员大会开幕会上的讲话[N].人民日报,2014-09-25(02).
② 习近平.习近平谈治国理政[M].北京:外文出版社,2014:164.
③ 习近平在山东考察时强调认真贯彻党的十八届三中全会精神汇聚起全面深化改革的强大正能量[N].人民日报,2013-11-29(01).
④ 中共中央文献研究室.习近平关于社会主义文化建设论述摘编[M].北京:中央文献出版社,2017:137.
⑤ 中共中央文献研究室.习近平关于社会主义生态文明建设论述摘编[M].北京:中央文献出版社,2017:23.
⑥ 习近平.在省部级主要领导干部学习贯彻党的十八届五中全会精神专题研讨班上的讲话[N].人民日报,2016-05-10(02).

时代生态文明建设的历史规律、根本动力、发展道路、目标任务,集中体现了我们党对经济社会发展规律及自然规律认识的升华,不仅丰富发展了马克思主义关于人与自然关系的生态文明思想,而且为推动生态环境保护从认识到实践的历史性、战略性和全局性转变,构建生态文明建设的新发展格局和人类命运共同体提供了强大理论武器和行动指南。

1. 创新发展注重解决发展的动力问题

创新是发展的基点,抓住了创新,就抓住了牵动经济社会发展全局的"牛鼻子","创新是一个民族进步的灵魂,是一个国家兴旺发达的不竭动力,也是中华民族最深沉的民族禀赋"[①]。综合国力竞争说到底是创新的竞争,只有把创新摆在国家发展全局的核心位置,贯穿党和国家的一切工作中,深入实施创新驱动发展战略,通过推进理论创新、文化创新、科技创新、产业创新、管理制度创新等,加快形成以创新为主要引领和支撑的发展模式,使创新成为引领发展的第一动力,以人才作为支撑发展的第一资源,以改革释放创新活力,通过深化科技体制改革,破除一切制约科技创新的思想障碍和制度藩篱,"要采取更加有效的措施完善点火系,把创新驱动的新引擎全速发动起来"[②]。推动科技和经济社会发展深度融合,打通从科技强到产业强、经济强、国家强的通道,加快建立健全国家创新体系,让一切创新源泉充分涌流,集中资源、形成合力,突破关系国计民生和经济命脉的重大关键科技问题,才能不断提高发展的质量和效益。

2. 协调发展注重解决的是发展不平衡问题

坚持协调发展,既是解决当前一系列突出问题的迫切需要,也是推动经济社会持续健康发展的内在要求。"协调既是发展手段又是发展目标,同时还是评价发展的标准和尺度,是发展两点论和重点论的统一,是发展平衡和不平衡的统一,是发展短板和潜力的统一。"[③]改革开放以来,我们在取得卓越成就和丰富经验的同时,突出存在着发展不平衡、不协调、不可持续的问题,特别是面

---

① 习近平.在欧美同学会成立一百周年庆祝大会上的讲话[N].人民日报,2013-10-22(01).
② 习近平.在中国科学院第十七次院士大会、中国工程院第十二次院士大会上的讲话[N].人民日报,2014-06-10(02).
③ 习近平.在省部级主要领导干部学习贯彻党的十八届五中全会精神专题研讨班上的讲话[N].人民日报,2016-05-10(02).

对全面建成小康社会的目标,创新能力不强、发展方式粗放、城乡区域发展不平衡、资源环境约束趋紧、收入差距拉大等成为制约美好生活需要的主要瓶颈。为此,既要处理好局部和全局、当前和长远、重点和非重点的关系,着力推动区域协调发展和城乡协调发展,构建科学合理的城市化格局、农业发展格局、生态安全格局、自然岸线格局,加快形成以工促农、以城带乡、工农互惠、城乡一体的工农城乡关系。又要处理好经济发展速度、质量和效益的关系,转变以资源环境的透支为代价的粗放型增长方式,努力促进人口、资源、环境相均衡,通过理顺发展关系、拓展发展空间、提升发展效能,牢固树立尊重自然、顺应自然、保护自然的意识,坚持走绿色、低碳、循环、可持续发展之路,实现质量更高、效益更好、结构更优、优势更显的协调发展。统筹推进"五位一体"总体布局,实现物质文明、政治文明、精神文明、社会文明和生态文明的全面协调发展,不断改善人们的物质生活、丰富人们的精神生活、提高人们的生存质量、提升人们的思想道德和科学文化素质,更好满足人民对美好生活的向往,推动人的全面发展、社会全面进步,努力促进全体人民共同富裕取得更为明显的实质性进展。

3. 绿色发展是要解决好人与自然和谐共生问题

生态兴则文明兴,生态衰则文明衰,"生态文明是人类社会进步的重大成果。人类经历了原始文明、农业文明、工业文明,生态文明是工业文明发展到一定阶段的产物,是实现人与自然和谐发展的新要求"[①]。尊重自然、顺应自然、保护自然,是全面建设社会主义现代化的内在要求,习近平指出:"我们要建设的现代化是人与自然和谐共生的现代化"[②],"生态环境是关系党的使命宗旨的重大政治问题,也是关系民生的重大社会问题"[③],必须践行"绿水青山就是金山银山"的理念,因为"良好生态环境是最公平的公共产品,是最普惠的民生福祉"[④]。生态环境一头连着人民群众生活质量,一头连着社会和谐稳

[①] 中共中央文献研究室.习近平关于社会主义生态文明建设论述摘编[M].北京:中央文献出版社,2017:6.
[②] 习近平.决胜全面建成小康社会,夺取新时代中国特色社会主义伟大胜利:在中国共产党第十九次全国代表大会上的报告[M].北京:人民出版社,2017:50.
[③] 习近平.习近平谈治国理政(第1卷)[M].北京:外文出版社,2014:208.
[④] 中共中央文献研究室.习近平关于全面建成小康社会论述摘编[M].北京:中央文献出版社,2016:163.

定,"环境就是民生,青山就是美丽,蓝天也是幸福"①,山水林田湖草是一个生命共同体,生态环境没有替代品,用之不觉,失之难存,"保护环境就是保护生产力,改善环境就是发展生产力"②。对人的生存来说,金山银山固然重要,但"绿水青山是人民幸福生活的重要内容,是金山银山不能代替的"③,为此,"我们既要绿水青山,也要金山银山;宁要绿水青山,不要金山银山,而且绿水青山就是金山银山"④。习近平总书记强调:"生态环境保护是功在当代、利在千秋的事业。要清醒认识保护生态环境、治理环境污染的紧迫性和艰巨性,清醒认识加强生态文明建设的重要性和必要性,以对人民群众、对子孙后代高度负责的态度和责任,为人民创造良好生产生活环境。"⑤

坚定走生产发展、生活富裕、生态良好的文明发展道路,加快建设资源节约型、环境友好型社会。绿色循环低碳发展,是当今时代科技革命和产业变革的方向,有利于形成新的经济增长点。"生态文化的核心应该是一种行为准则、一种价值理念。我们衡量生态文化是否在全社会扎根,就是要看这种行为准则和价值理念是否自觉体现在社会生产生活的方方面面。"⑥我国经济呈现跨越式发展、取得举世瞩目的巨大成就的同时,生态环境成为人民群众最热烈期盼、殷切关注的民生问题,人民群众对清新空气、干净饮水、安全食品、宜居环境的要求越来越强烈,"小康全面不全面,生态环境质量是关键"⑦。为满足人民日益增长的对优美生态环境的需要,"解决人民群众最关心、最直接、最现实的利益问题,满足人民群众最基本、最紧迫的需求"⑧,就必须坚持节约资源

---

① 中共中央文献研究室.习近平关于社会主义生态文明建设论述摘编[M].北京:中央文献出版社,2017:8.
② 习近平.在省部级主要领导干部学习贯彻党的十八届五中全会精神专题研讨班上的讲话[N].人民日报,2016-05-10(02).
③ 中共中央文献研究室.习近平关于社会主义生态文明建设论述摘编[M].北京:中央文献出版社,2017:4.
④ 中共中央文献研究室.习近平关于社会主义生态文明建设论述摘编[M].北京:中央文献出版社,2017:21.
⑤ 中共中央文献研究室.习近平关于社会主义生态文明建设论述摘编[M].北京:中央文献出版社,2017:7.
⑥ 习近平.之江新语[M].杭州:浙江人民出版社,2007:48.
⑦ 中共中央文献研究室.习近平关于社会主义生态文明建设论述摘编[M].北京:中央文献出版社,2017:8.
⑧ 习近平.之江新语[M].杭州:浙江人民出版社,2007:245.

和保护环境的基本国策,大力推进生态文明建设,加快发展方式绿色转型,倡导绿色低碳的生产方式和消费方式,实施全面节约战略,共建美丽中国,"像保护眼睛一样保护生态环境,像对待生命一样对待生态环境,推动形成绿色发展方式和生活方式,协同推进人民富裕、国家强盛和中国美丽"①。

深入推进环境污染防治,持续深入打好蓝天、碧水、净土保卫战。通过实行最严格的生态环境保护制度,提升生态系统多样性、稳定性、持续性,加快实施重要生态系统保护和修复重大工程,树立生态环境保护的大局观、长远观、整体观,坚决摒弃急功近利、因小失大、顾此失彼的狭隘观念和先破坏后恢复、先污染后治理的错误做法,加强土壤污染源头防控,"深入实施水污染和土壤污染防治行动计划,改善农村环境,建设美丽乡村"②。提升环境基础设施建设水平,推进城乡人居环境整治,"让良好生态环境成为人民生活的增长点、成为展现我国良好形象的发力点,让老百姓呼吸上新鲜的空气、喝上干净的水、吃上放心的食物、生活在宜居的环境中、切实感受到经济发展带来的实实在在的环境效应"③。坚持保护优先、自然恢复为主,积极稳妥推进碳达峰、碳中和,为实现民族永续发展"给子孙留下天蓝、地绿、水净的美好家园"④。

4. 开放发展注重解决的是双循环内外联动问题

开放发展带动创新、推动改革、促进发展。"不断扩大对外开放、提高对外开放水平,以开放促改革、促发展,是我国发展不断取得新成就的重要法宝。"⑤人类的历史是在开放中发展的,任何一个民族的发展都不能只靠本民族的力量,只有彼此之间保持双向开放交流,才能实现文明互鉴、共存互补、求同存异、共同发展。习近平指出:"改革开放是中国发展进步的活力之源,是大踏步赶上时代前进步伐的重要法宝,是坚持和发展中国特色社会主义的必由之路",对外开放只有进行时,没有完成时,"既是决定当代中国命运的关键一

---

① 习近平.习近平谈治国理政(第2卷)[M].北京:外文出版社,2017:209-210.
② 习近平.推动我国生态文明建设迈上新台阶[J].求是,2019(3):4-19.
③ 习近平.习近平谈治国理政(第2卷)[M].北京:外文出版社,2017:209-210.
④ 中共中央宣传部.习近平总书记系列重要讲话精神学习读本[M].北京:中共中央党校出版社,2013:83.
⑤ 习近平在中共中央政治局第十九次集体学习时强调加快实施自由贸易区战略 加快构建开放型经济新体制[N].人民日报,2014-12-07(01).

招,也是决定实现中华民族伟大复兴的关键一招"①。

随着中国特色社会主义进入新时代,面对国际经济合作和竞争格局发生的深刻变革,应对世界百年未有之大变局,加快经济发展方式的结构优化、速度变化、动力转换的任务更加紧迫,"我国经济发展进入新常态,妥善应对我国经济社会发展中面临的困难和挑战,更加需要扩大对外开放"②,尤其是我国已成为世界第二大经济体和经济增长的重要引擎,肩负更多的国际责任和期待,与在世界经济中扮演的新角色相比,我国对外开放水平总体不够高的矛盾凸显,只有实行更加积极主动的开放战略,全方位提高开放水平,"完善互利共赢、多元平衡、安全高效的开放型经济体系,促进沿海内陆沿边开放优势互补"③,更好利用国际国内两个市场、两种资源,培育带动区域发展的开放高地,"形成陆海内外联动、东西双向互济的开放格局"④,通过整合优势资源、发挥制度优势、协调内外需求,使相对落后的中西部和沿边地区从开放末梢变为开放前沿,以高水平开放推动高质量发展,为经济社会发展注入新动力、增添新活力、拓展新空间,同世界各国携手推进战略互信、经贸合作和人文交流,使经济全球化朝着更加开放、包容、普惠、平衡、共赢的方向发展。习近平强调"站在新的历史起点上,实现'两个一百年'奋斗目标、实现中华民族伟大复兴的中国梦,必须适应经济全球化新趋势、准确判断国际形势新变化、深刻把握国内改革发展新要求,以更加积极有为的行动,推进更高水平的对外开放。"⑤

5. 共享发展注重解决的是公平正义和共同富裕问题

共享发展既是社会主义的本质表现和实现共同富裕的要求,也是"以人民为中心"发展思想的直接体现。从共享的覆盖面和内容上,共享是全民共享和全面共享,即人人享有、各得其所,而不是部分人、少数人共享,"要坚持以人民为中心的发展思想,把增进人民福祉、促进人的全面发展、朝着共同富裕方向

---

① 习近平在广东考察时强调改革不停顿 开放不止步[N].人民日报,2012-12-12(01).
② 习近平在中共中央政治局第十九次集体学习时强调加快实施自由贸易区战略 加快构建开放型经济新体制[N].人民日报,2014-12-07(01).
③ 习近平出席亚太经合组织工商领导人峰会并发表重要演讲[N].人民日报,2013-10-08(01).
④ 习近平.决胜全面建成小康社会夺取新时代中国特色社会主义伟大胜利:在中国共产党第十九次全国代表大会上的报告[M].北京:人民出版社,2017:35.
⑤ 习近平在中共中央政治局第十九次集体学习时强调加快实施自由贸易区战略 加快构建开放型经济新体制[N].人民日报,2014-12-07(01).

稳步前进作为经济发展的出发点和落脚点"①。由于广大人民群众对美好生活向往的内涵不断丰富、层次不断提升,"期盼有更好的教育、更稳定的工作、更满意的收入、更可靠的社会保障、更高水平的医疗卫生服务、更舒适的居住条件、更优美的环境,期盼孩子们能成长得更好、工作得更好、生活得更好。人民对美好生活的向往,就是我们的奋斗目标"②。

共同富裕是马克思主义的一个基本目标,也是自古以来我国人民的一个基本理想,为实现共同富裕的目标,先要把"蛋糕"做大做好,然后通过合理的制度安排把"蛋糕"切好分好。我们推动经济社会发展,归根结底是要实现全体人民共同富裕,而实现共同富裕不仅是经济问题,而且是关系党的执政基础的重大政治问题,要按照经济社会发展规律解决好地区差距、城乡差距、收入差距等问题,不断增强人民的获得感、幸福感。而且发展成果的共享不应该局限在单一的物质层面,还应该注重在政治、文化、社会、生态等各个层面,为回应人民对物质文化、民主法治、公平正义、优质环境等方面的发展要求,让人民群众得到更多看得见、摸得着的实惠,必须把实现最广大人民的根本利益作为一切工作的最根本标准,全面保障人民在各方面的合法权益,让人民共享社会进步的物质文明、精神文明、政治文明、社会文明、生态文明的成果。

从共享的实现途径过程来看,共享是共建共享和渐进共享的过程,共建才能共享,坚持人人参与、人人享有,共建的过程也是共享的过程。习近平指出:"检验我们一切工作的成效,最终都要看人民是否真正得到了实惠,人民生活是否真正得到了改善,人民权益是否真正得到了保障。"③全面建成小康社会,一个也不能少,没有全民小康,就没有全面小康,"小康不小康、关键看老乡","大家一起发展才是真发展,可持续发展才是好发展"④。实现全面建成小康社会和中华民族伟大复兴的中国梦,根本动力源是人民群众,必须紧紧依靠人民,充分激发人民的创造活力和创新热情,充分调动最广大人民的积极性、主动性,让一切有利于社会进步的创造愿望得到尊重、创造才能得到发挥、劳动

---

① 中共中央文献研究室.习近平关于社会主义社会建设论述摘编[M].北京:中央文献出版社,2017:11-12.
② 中共中央文献研究室.十八大以来重要文献选编(上)[M].北京:中央文献出版社,2014:70.
③ 习近平.习近平谈治国理政(第1卷)[M].北京:外文出版社,2014:28.
④ 习近平.习近平谈治国理政(第2卷)[M].北京:外文出版社,2017:524.

成果得到肯定,使全体人民在"共建"中各尽其能,在"共享"中各得其所。"必须坚持发展为了人民、发展依靠人民、发展成果由人民共享,作出更有效的制度安排,使全体人民朝着共同富裕方向稳步前进,决不能出现'富者累巨万,而贫者食糟糠'的现象。"① 共享发展必将有一个从低级到高级、从不均衡到均衡的过程,通过巩固拓展脱贫攻坚成果,推进公共服务均等化,解决经济社会发展的不均衡问题,要突出重点,针对群众最关切的就业、教育、医疗、住房、养老、脱贫等问题发力。为此,既要集中力量解决人民群众急难愁盼的关键问题,通过补齐民生领域存在的诸多短板,切实改善人民生活,"完善兜底救助体系,加快缩小社会救助的城乡标准差异,逐步提高城乡最低生活保障水平,兜住基本生活底线"②;又要着力解决好发展不平衡不充分的问题,实现更高质量、更有效率、更加公平、更可持续的发展,促进人的全面发展和社会全面进步,"让每个人获得发展自我和奉献社会的机会,共同享有人生出彩的机会,共同享有梦想成真的机会,保证人民平等参与、平等发展权利,维护社会公平正义,使发展成果更多更公平惠及全体人民,朝着共同富裕方向稳步前进"③。

总之,"创新、协调、绿色、开放、共享的新发展理念,集中体现了我国的发展思路、发展方向、发展着力点,是管全局、管根本、管长远的导向"④。既是紧密联系、相辅相成、相互贯通、有机统一的集合体,构成从价值导引、现实目标到战略布局、重点发力的完整体系;也体现出新发展理念的整体性、协调性、平衡性、包容性、可持续性特征,具有管全局、管根本、管方向、管长远的效能。正如习近平强调:"坚持创新发展、协调发展、绿色发展、开放发展、共享发展,是关系我国发展全局的一场深刻变革。这五大发展理念,是具有内在联系的集合体,要统一贯彻,不能顾此失彼,也不能相互替代。"⑤

三、坚持人民至上和以人民为中心的治国理念

为什么人、靠什么人的问题,是检验一个政党、一个政权性质的试金石。

---

① 中共中央文献研究室.习近平关于全面建成小康社会论述摘编[M].北京:中央文献出版社,2016:42.
② 习近平.扎实推进共同富裕[J].求是,2021(20):1-4.
③ 习近平.在中法建交50周年纪念大会上的讲话[N].人民日报,2014-03-29(01).
④ 习近平.在中共中央政治局第三十次集体学习时的讲话[N].人民日报,2016-01-31(01).
⑤ 习近平在党的十八届五中全会第二次全体会议上的讲话(节选)[J].求是,2016(1):1-4.

"人民的立场是中国共产党的根本政治立场,是马克思主义政党区别于其他政党的显著标志。"①坚持以人民为中心的治国理政方略,是习近平新时代中国特色社会主义思想的理论基点、价值支点和实践原点,习近平提出:"我们要始终把人民立场作为根本政治立场,把人民利益摆在至高无上的地位。"②

1. "始终把人民放在心中最高的位置"③

中国共产党人的初心和使命,就是为中国人民谋幸福,为中华民族谋复兴,"人民是我们党执政的最大底气,是我们共和国的坚实根基,是我们强党兴国的根本所在"④。党的根基在人民、血脉在人民、力量在人民,"党的一切工作,必须以最广大人民根本利益为最高标准"⑤。始终保持党同人民群众的血肉联系,始终代表最广大人民根本利益,是中国共产党永葆先进性和社会主义事业无往不胜的法宝,"人民是历史进步的真正动力,群众是真正的英雄,人民利益是我们党一切工作的根本出发点和落脚点"⑥。习近平总书记强调:"必须坚持以人民为中心的发展思想,把增进人民福祉、促进人的全面发展作为发展的出发点和落脚点。"⑦

全心全意为人民服务是党的根本宗旨,也是我们战胜一切困难和风险的根本保证。牢固树立以人民为中心的发展理念,"就是要把实现好、维护好、发展好最广大人民根本利益作为出发点和落脚点,坚持以民为本、以人为本"⑧。做到一切为了人民、一切依靠人民,同人民风雨同舟、血脉相通、生死与共,始终以广大人民的利益为重、以人民群众期盼为念,用心用情用力解决好群众急难愁盼问题,真诚倾听群众呼声,真情关心群众疾苦,"努力解决群众的生产生活困难,坚定不移地走共同富裕的道路"⑨,只有坚持人民至上,始终把人民放在心中最高的位置,想群众之所想、急群众之所急、解群众之所困,才能真实反

---

① 习近平.习近平谈治国理政(第2卷)[M].北京:外文出版社,2017:40.
② 习近平.习近平谈治国理政(第2卷)[M].北京:外文出版社,2017:52.
③ 习近平.习近平谈治国理政(第1卷)[M].北京:外文出版社,2014:409.
④ 习近平.习近平谈治国理政(第3卷)[M].北京:外文出版社,2020:137.
⑤ 习近平.习近平谈治国理政(第1卷)[M].北京:外文出版社,2014:28.
⑥ 习近平.习近平谈治国理政(第2卷)[M].北京:外文出版社,2017:189.
⑦ 中共中央关于制定国民经济和社会发展第十三个五年规划的建议[J].求是,2015(22):4.
⑧ 习近平.习近平谈治国理政(第1卷)[M].北京:外文出版社,2014:154.
⑨ 习近平.习近平谈治国理政(第1卷)[M].北京:外文出版社,2014:4.

映群众愿望,"牢记人民重托,牢记责任重于泰山,让人民群众有更多获得感"①。

2. "人民对美好生活的向往,就是我们的奋斗目标"②

江山就是人民,人民就是江山。习近平新时代中国特色社会主义思想着眼于新时代社会主要矛盾已经转化为人民日益增长的美好生活需要和不平衡不充分的发展之间的矛盾,把促进全体人民共同富裕和满足人民对美好生活的向往摆在更加重要的位置,心怀"国之大者",以不断增进人民福祉、实现人的全面发展为价值追求,精准施策,定向发力,着力破解不平衡不充分发展的问题,科学回答了"为什么要坚持以人民为中心"和"怎样坚持以人民为中心"的重大理论问题和实践问题,创造性地回应了人民对美好生活的新期盼,为推进高质量发展、增进人民福祉和创造高品质生活提供了重要遵循。

人民对美好生活的向往,是人民利益最直接最现实的体现。中国特色社会主义进入新时代,社会生产力水平明显提高,人民生活显著改善,对美好生活的向往有了更高更新和更加强烈的期待,不仅期盼更稳定的工作、更满意的收入、更可靠的社会保障、更高水平的医疗卫生服务、更舒适的居住条件,而且期待更好的教育、更优美的环境、更丰富的精神文化生活,"民之所望就是施政所向,人民群众期盼什么就努力实现什么、人民群众拥护什么就始终坚持什么、人民群众反对什么就坚决改进什么"③,只有把人民的期待和追求作为发展的根本方向,不断满足人民日益增长的多样化、多层次、多方面需求,才能为实现人的全面发展提供坚实的基础。"面对新形势新任务,我们必须通过全面深化改革,着力解决我国发展面临的一系列突出矛盾和问题,不断推进中国特色社会主义制度自我完善和发展"④。

一个时代有一个时代的主题,一代人有一代人的使命。人民对美好生活的新向往赋予全面建设社会主义现代化的新要求新动能,只有把以人民为中心的发展思想体现在经济社会发展各个环节,始终站稳人民立场,尊重人民创造,集中人民智慧,反映人民愿望,"把人民拥护不拥护、赞成不赞成、高兴不高

---

① 习近平.习近平谈治国理政(第1卷)[M].北京:外文出版社,2014:409.
② 中共中央文献研究室.十八大以来重要文献选编(上)[M].北京:中央文献出版社,2014:70.
③ 习近平.习近平谈治国理政(第1卷)[M].北京:外文出版社,2014:4.
④ 习近平.习近平谈治国理政(第1卷)[M].北京:外文出版社,2014:71.

兴、答应不答应作为衡量一切工作得失的根本标准"①,坚持在发展中保障和改善民生,把实现人民幸福、国家富强作为治国理政的核心要义,着眼于"人民是否真正得到了实惠,人民生活是否真正得到了改善,人民权益是否真正得到了保障"②,把实现人民幸福作为发展的目的和归宿,"做到发展为了人民、发展依靠人民、发展成果由人民共享"③。让一切创造社会财富的源泉充分涌流,让发展成果更多更公平惠及全体人民,才能使人民群众的获得感、幸福感、安全感更加充实,更有保障。

3. "中国梦归根到底是人民的梦"④

实现中华民族伟大复兴的中国梦,凝聚了几代中国人的夙愿,体现了中华民族和中国人民的整体利益,承载着全体中华儿女的共同期盼,中国梦既是历史的、现实的和未来的,也"是和平、发展、合作、共赢的梦"⑤。"近代以来久经磨难的中华民族迎来了从站起来、富起来到强起来的伟大飞跃,迎来了实现中华民族伟大复兴的光明前景。"⑥中国特色社会主义进入新时代,"我们比历史上任何时期都更接近、更有信心和能力实现中华民族伟大复兴的目标"⑦。中国梦作为全体人民的共同梦想、奋斗目标和价值追求,体现着以人民为中心和以人民为主体的价值理念,"中国梦与人民追求美好生活的梦想是相连的,也是与各国人民追求和平与发展的美好梦想相通的"⑧。

中国梦蕴涵着国家情怀、民族情怀、人民情怀的有机统一,具有强大的凝聚力和感召力。"中国梦的本质是国家富强、民族振兴、人民幸福"⑨,将国家

---

① 习近平.在庆祝中国共产党成立95周年大会上的讲话[M].北京:人民出版社,2016:18.
② 习近平.习近平谈治国理政(第1卷)[M].北京:外文出版社,2014:28.
③ 中共中央宣传部.习近平总书记系列重要讲话读本[M].北京:学习出版社,人民出版社,2016:128.
④ 中共中央宣传部.习近平总书记系列重要讲话读本[M].北京:学习出版社,人民出版社,2016:8.
⑤ 中共中央文献研究室.习近平总书记关于实现中华民族伟大复兴的中国梦论述摘编[M].北京:中央文献出版社,2013:71.
⑥ 习近平.决胜全面建成小康社会夺取新时代中国特色社会主义伟大胜利:在中国共产党第十九次全国代表大会上的报告[M].北京:人民出版社,2017:10.
⑦ 习近平.决胜全面建成小康社会夺取新时代中国特色社会主义伟大胜利:在中国共产党第十九次全国代表大会上的报告[M].北京:人民出版社,2017:15.
⑧ 中共中央文献研究室编.习近平关于实现中华民族伟大复兴的中国梦论述摘编[M].北京:中央文献出版社,2013:74.
⑨ 习近平.习近平谈治国理政(第1卷)[M].北京:外文出版社,2014:56.

命运、民族前途与个人利益融为一体,其中国家富强是根本保障,民族振兴是精神动力,人民幸福是价值归宿,国家富强、民族振兴的根本落脚点在于实现人民幸福,三者之间是相辅相成、缺一不可的辩证统一关系。也就是说,中国梦不仅是国家、民族的强盛梦,更是人民的幸福梦,凝结着全体人民对美好生活的向往,也需要依靠全体人民来创造和实现。中国梦既是亿万个梦想编织在一起的集体梦,也是萦绕在每个中国人心头的个人梦,每个人的前途命运都与国家和民族的前途命运紧密相连,国家好,民族好,大家才会好。"只有把自己的小我融入祖国的大我、人民的大我之中,与时代同步伐、与人民共命运,才能更好实现人生价值、升华人生境界。"[1]只有每个人都承担起应尽责任,自觉把个人理想融入中国梦,不负时代,不辱使命,"把社会责任放在首位,自觉践行社会主义核心价值观,做真善美的追求者和传播者"[2],共同享有人生出彩和梦想成真的机会,共同享有同伟大祖国和伟大时代一起开展伟大实践的机会,才能把众人的梦汇聚成民族复兴之梦,使中华民族更加坚强有力地立于世界民族之林。

中国梦必须立足中国的国情、文化传统和现实条件,坚守中国特色社会主义方向,"历史和现实都告诉我们,只有社会主义才能救中国,只有中国特色社会主义才能发展中国"[3]。中国特色社会主义不断取得的重大成就,意味着近代以来久经磨难的中华民族实现了从站起来、富起来到强起来的历史性飞跃,意味着社会主义在中国焕发出强大生机活力并不断开辟发展新境界,也昭示着科学社会主义在21世纪的中国焕发出新的蓬勃生机,实现中华民族伟大复兴进入了不可逆转的历史进程,从而使中国式现代化为人类实现现代化提供了中国智慧、中国方案。

坚持党的全面领导是建设中国特色社会主义的必由之路,坚持中国特色社会主义道路是实现中华民族伟大复兴的必由之路。"坚持和完善党的领导,是党和国家的根本所在、命脉所在,是全国各族人民的利益所在、幸福所在。"[4]伟大的时代孕育伟大的担当精神,在新时代新征程,中国共产党的中心

---

[1] 习近平.在纪念五四运动100周年大会上的讲话[N].人民日报,2019-05-01(02).
[2] 习近平.在哲学社会科学工作座谈会上的讲话[N].人民日报,2016-05-19(02).
[3] 习近平.习近平谈治国理政(第1卷)[M].北京:外文出版社,2014:22.
[4] 习近平.在庆祝中国共产党成立95周年大会上的讲话[M].北京:人民出版社,2016:20.

任务就是团结带领全国各族人民全面建成社会主义现代化强国、实现第二个百年奋斗目标,以中国式现代化全面推进中华民族伟大复兴,"实现中国梦必须走中国道路,必须弘扬中国精神,必须凝聚中国力量。"①只有始终坚持党性与人民性的辩证统一,"全心全意为人民服务,担当起该担当的责任"②,动员、组织和团结社会成员达成参与改革、支持改革、推动发展和协力奋斗的价值共识,注重改革的系统性、整体性、协同性,建设人人有责、人人尽责、人人享有的社会治理共同体,"以对民族负责、对历史负责的担当,做出经得起历史检验的正确选择"③,从人民群众关心的事情做起,从让人民群众满意的事情做起,加快发展社会主义民主政治、先进文化、和谐社会、生态文明,持续深化社会主义思想道德建设,坚持不懈"用社会主义核心价值观凝魂聚力,更好构筑中国精神、中国价值、中国力量,为中国特色社会主义事业提供源源不断的精神动力和道德滋养"④,形成同心共圆中国梦的强大合力,共同创造中华民族更加幸福美好的未来。

四、提出构建人类命运共同体的全球治理方案

为推动全球治理朝着更加公正合理的方向发展,促进各国人民相知相亲,共同应对各种全球性挑战,习近平全球治理思想以世界情怀和国际视野看待发展问题,站在人类前途与命运的道义制高点,深入思考"建设一个什么样的世界,怎样建设这个世界"这一重大命题,创造性地提出构建人类命运共同体的中国方案。习近平指出,各国相互联系、相互依存的程度空前加深,"越来越成为你中有我、我中有你的命运共同体"⑤,构建人类命运共同体回应了各国人民求和平、谋发展、促合作的普遍诉求,"人类命运共同体,顾名思义,就是每个民族、每个国家的前途命运都紧紧联系在一起,应该风雨同舟,荣辱与共,努力把我们生于斯、长于斯的这个星球建成一个和睦的大家庭,把世界各国人民

---

① 何毅亭.学习习近平总书记重要讲话[M].北京:人民出版社,2013:20.
② 习近平.习近平谈治国理政(第1卷)[M].北京:外文出版社,2014:101.
③ 习近平.习近平谈治国理政(第2卷)[M].北京:外文出版社,2017:428.
④ 中共中央文献研究室.习近平关于社会主义文化建设摘编[M].北京:中央文献出版社,2017:146.
⑤ 习近平.顺应时代前进潮流促进世界和平发展:在莫斯科国际关系学院的演讲[N].人民日报,2013-03-24(01).

对美好生活的向往变成现实"①。构建人类命运共同体、实现共赢共享的中国方案体现了开放中国的责任担当、智慧中国的守正创新和文明中国的天下情怀,为全球发展贡献了中国智慧。

1. 人类命运共同体是基于经济全球化的利益共同体

人类是一个整体,地球是一个家园,任何国家和民族都无法置身之外独善其身。面对复杂严峻的全球性挑战,世界越来越成为一个利益相关、休戚与共的命运共同体。"人类已经成为你中有我、我中有你的命运共同体,利益高度融合,彼此相互依存。"②各个民族、各个国家共处于同一个世界,各国人民逐渐认识到人类命运的相互关联和相互依存关系,"随着商品、资金、信息、人才的高度流动,无论近邻还是远交,无论大国还是小国,无论发达国家还是发展中国家,正日益形成利益交融、安危与共的利益共同体和命运共同体"③。

人类命运共同体属于一种合作共赢的利益共同体。人类社会由广泛的共同利益联结成一体,进入利益共享和深层次合作的新发展阶段。所谓共同体是基于主观上和客观上的共同特征(包括种族、观念、地位、身份等)而组成的各层次社会群体和组织,"一切共同体都是由某种能够把人们联系起来的纽带形成的,例如,共同的地缘、血缘以及共同的文化和利益,能够分别形成地缘共同体、血缘共同体、文化共同体和利益共同体"④。社会共同体即人与人之间基于共同的利益和需求、共同的价值认同和生活方式,依据一定的社会规范和组织形式为纽带而建立起来的命运共同体和发展共同体。"人类命运共同体就是为了同甘共苦,患难与共,努力把各个国家和民族的前途命运紧密相连,努力把我们所共同生存的地球建成一个温暖和睦的大家庭,努力把各国人民对未来美好生活的向往变成现实。"⑤

人类命运共同体具有包容性、开放性和整体利益的一致性特征,符合人类社会发展和经济全球化的时代要求。市场经济全球化趋势需要国际社会遵循

---

① 习近平.论坚持推动构建人类命运共同体[M].北京:中央文献出版社,2018:510.
② 习近平.共担时代责任共促全球发展:在世界经济论坛 2017 年开幕式上的主旨演讲[N].人民日报,2017-1-28(01).
③ 习近平在伦敦金融城发表重要演讲[N].人民日报,2015-10-23(01).
④ 汪信砚.构建人类命运共同体的本真意涵[J].社会科学辑刊,2018(6):5-11.
⑤ 习近平.携手建设更加美好的世界:在中国共产党与世界政党高层对话会上的主旨讲话[M].北京:人民出版社,2017:4.

市场竞争的公认规则和市场经济运行的统一规律,各国相互依存、合作共赢是人类的整体利益得以扩大与提高的前提和纽带,要实现自身利益就必须维护这种纽带。"每个国家都有发展权利,同时都应该在更加广阔的层面考虑自身利益,不能以损害其他国家利益为代价。"①世界已联结成一个价值链中"你中有我、我中有你"的利益共享与风险同担共同体,一个国家只有在与其他国家互联互通中才能优化资源配置、降低生产成本并共享全球发展的红利。

为"携手构建广泛的利益共同体"②,构建开放型世界经济,习近平提出'一带一路'倡议,把中国梦同沿线各国人民的梦想结合起来,把我国发展同沿线国家发展结合起来,维护以世界贸易组织为基石的多边贸易体制,推动各国之间加强国际合作、平等协商与共同发展,从而继承和发扬了丝绸之路精神并赋予其全新的时代内涵。以"一带一路"为依托,创造性地提出和平、繁荣、开放、绿色、创新、文明之路的"六路"发展目标,积极推动政策沟通、设施联通、贸易畅通、资金融通、民心相通的"五通"实施路径,从而扩大了不同文明之间的"利益交汇点","共建'一带一路'正在成为我国参与全球开放合作,改善全球经济治理体系,促进全球共同发展繁荣,推动构建人类命运共同体的中国方案"③。

2. 人类命运共同体是世界和平共处合作发展的责任共同体

和平与发展是时代主题和人类社会进步的首要前提。"和平、发展、公平、正义、民主、自由,是全人类的共同价值。"④维护世界和平是各国人民的共同愿望和全人类的共同利益,发展则是解决当前全球主要问题的总钥匙和实现合作共赢的根本出路。经济全球化并不意味着全球经济是按照同一模式在运行,由于各国市场经济发育程度、体制机制模式及历史文化的差异性客观存在,发展的不平衡、分配的不平等以及贫富差距、发展鸿沟等突出问题导致的国际信任赤字、和平赤字与发展赤字剧增,这既不符合各国人民的根本利益和长远利益,也使得全球经济治理的难度加大。就国内而言,没有和平的环境,

---

① 习近平.共担时代责任共促全球发展:在世界经济论坛 2017 年开幕式上的主旨演讲[N].人民日报,2017-1-28(01).
② 习近平.论坚持推动构建人类命运共同体[M].北京:中央文献出版社,2018:437.
③ 习近平.习近平谈治国理政(第 3 卷)[M].北京:外文出版社,2020:486.
④ 习近平.习近平谈治国理政(第 2 卷)[M].北京:外文出版社,2017:522.

发展就无从谈起,只有和平稳定的环境,才能保障国家的经济发展、社会进步、人民幸福。

构建人类安全共同体需要在全球形成价值共识,化解因文明差异、政治分歧等导致的冲突。当今世界传统安全威胁与非传统安全威胁相互交织、相互渗透,和平与发展面临诸多挑战,一方面,人类面临的各种系统性难题日益增多,风险和挑战层出不穷,没有哪个国家能够独自应对这些共同的挑战,也没有哪个国家能退回到自我封闭的孤岛,更不可能被人为割裂。只有携手合作、互利共赢才是唯一正确选择,和衷共济、和合共生才是唯一出路。如习近平倡导国际社会要"建立平等相待、互商互谅的伙伴关系,营造公道正义、共建共享的安全格局,谋求开放创新、包容互惠的发展前景,促进和而不同、兼容并蓄的文明交流,构筑尊崇自然、绿色发展的生态体系"①。另一方面,国际环境的不确定性和国际矛盾日趋复杂,特别是"冷战思维和强权政治阴魂不散,恐怖主义、难民危机、重大传染性疾病、气候变化等非传统安全威胁持续蔓延"②,对整个人类生存和发展都构成了严重威胁,只有旗帜鲜明反对单边主义、保护主义、霸权主义,反对垄断地区安全事务和纵容危害他国安全的网络侵权行径,打击恐怖主义、分裂主义、极端主义,才能构建人类世界和平与安宁的安全共同体。为此,各国应以开放包容的姿态尊重每个国家的独立发展,遵循相互尊重、平等协商、互利共赢、多元融合的发展理念,繁荣才能持久,安全才有保障。正如习近平强调"世界命运应该由各国共同掌握,国际规则应该由各国共同书写,全球事务应该由各国共同治理,发展成果应该由各国共同分享"③。

3. 人类命运共同体是世界文明交流互鉴的包容共同体

人类命运共同体承认和尊重文明的多样性。每一种文明都是世界文明的重要构成,为人类文明作出了独特贡献,不同文明凝聚着不同民族的智慧,没有高低之别,更无优劣之分,也都具有自身的优势、特长和闪光点。"人类文明多样性赋予这个世界姹紫嫣红的色彩,多样带来交流,交流孕育融合,融合产

---

① 习近平.习近平在联合国成立70周年系列峰会上的讲话[M].北京:人民出版社,2015:15-18.
② 习近平.习近平谈治国理政(第2卷)[M].北京:外文出版社,2017:538.
③ 习近平.共同构建人类命运共同体:在联合国日内瓦总部的演讲[N].人民日报,2017-01-20(01).

生进步。"①文明之间要对话而不能排斥,要交流而不是取代,文化交流交往在人类社会进步中发挥着重要作用,人类文明发展既是历史与现实、包容与多样的统一,又是一幅不同文明相互交流、互鉴、融合的宏伟画卷。"文明因交流而多彩,文明因互鉴而丰富。文明交流互鉴,是推动人类文明进步和世界和平发展的重要动力。"②只有顺应平等交往、和而不同、兼收并蓄的历史潮流,促进各种文明交流互鉴、彼此借鉴、和谐共存,才能使人类文明变得丰富多样和实现共同繁荣发展。

文明交流互鉴是构建人类命运共同体的重要动力。就整个世界文明来说,发展过程本质上是异质文明之间的交流与融通,尽管每个国家、民族创造了独特的文化形态,但由于受到多种条件限制,总是具有一定的局限性。只有推动文明要素在全球范围内的交流、传播、沟通,"加强民心相通和人民友好往来,增进相互了解和传统友谊,为开展区域合作奠定坚实民意基础和社会基础"③,缩小文明与文化差距,消除不同文明之间的误解,弥补分歧和文化屏障,增进彼此相互了解、真诚相待和求同存异、求同化异,"以文明交流超越文明隔阂、文明互鉴超越文明冲突、文明共存超越文明优越,推动各国相互理解、相互尊重、相互信任"④。倡导各美其美、美人之美、美美与共、天下大同,夯实世界安全共同体、文明共同体的基础,推动建设开放包容、共存共享的世界文明新形态,让文明交流成为增进各国人民友谊的桥梁、推动人类社会进步的动力、维护世界和平的纽带。

构建人类命运共同体代表了世界人民的新期待,既是世界大同的美好目标和前途所在,也是一项长期、复杂、系统的历史过程。每个国家和民族都应该和衷共济、责任同担、互利共赢、和合共生,树立全球利益共同体意识和团结合作的文化共同体意识,"坚持对话协商、共建共享、合作共赢、交流互鉴、绿色

---

① 习近平.携手构建合作共赢新伙伴 同心打造人类命运共同体:在第七十届联合国大会一般性辩论时的讲话[N].人民日报,2015-09-29(02).
② 习近平.文明因交流而多彩,文明因互鉴而丰富:在联合国教科文组织总部的演讲[N].人民日报,2014-3-28(03).
③ 习近平.习近平谈"一带一路"[M].北京:中央文献出版社,2018:5.
④ 习近平.携手推进"一带一路"建设:在"一带一路"国际合作高峰论坛开幕式上的演讲[N].人民日报,2017-05-15(03).

低碳,建设一个持久和平、普遍安全、共同繁荣、开放包容、清洁美丽的世界"①。倡导各国人民做世界和平的建设者、全球发展的贡献者、国际秩序的维护者,把全球治理成为远离贫困、普遍安全、和平发展、开放包容的世界,共同创造更加美好的未来。习近平强调:"推动构建人类命运共同体,不是以一种制度代替另一种制度,不是以一种文明代替另一种文明,而是不同社会制度、不同意识形态、不同历史文化、不同发展水平的国家在国际事务中利益共生、权利共享、责任共担,形成共建美好世界的最大公约数。"②人类命运共同体作为构建国际新秩序和世界新格局的新发展理念,顺应了人类社会过上美好生活的热切期盼,顺应了世界文明进步的时代潮流,为推动全球治理朝着更加公平合理的方向发展,共建共享世界大同的利益共同体、安全共同体、文化共同体及发展共同体提供了具有系统性、前瞻性、全球化、时代化的创新理念和方案。

---

① 习近平.习近平谈治国理政(第2卷)[M].北京:外文出版社,2017:537.
② 习近平出席中华人民共和国恢复联合国合法席位50周年纪念会议并发表重要讲话[N].人民日报,2021-10-26(01).

第六章
公民道德责任的体系建构

　　公民的道德责任体系建构是一项长期而紧迫的任务,为适应新时代要求,要坚持目标导向和问题导向相统一,"坚持马克思主义道德观、社会主义道德观,倡导共产主义道德,以为人民服务为核心,以集体主义为原则,以爱祖国、爱人民、爱劳动、爱科学、爱社会主义为基本要求,始终保持公民道德建设的社会主义方向"①。一方面,道德责任作为一定的社会关系所规定的公民应当履行的行为担当,对个体的规范作用体现为一种道德力量,"道德责任的形成有赖于主体意志对外在的客观要求的主观认同,即对道德应当的责任自觉,道德责任具有个体性、内在性、主观性、应然性和自觉性"②。当一个人认知到自我生存发展的责任、关爱家庭和尊重他人的责任、回馈国家和社会发展的责任、关切民族和人类未来发展的责任,明晰哪些事情可以做,哪些不能做,哪些是应当履行的义务,哪些是需要摒弃的行为陋习时,才会自觉承诺和担当责任,以新时代道德责任规范和约束自身行为。"坚持提升道德认知与推动道德实践相结合,尊重人民群众的主体地位,引导人们向往和追求讲道德、尊道德、守道德的生活。"③另一方面,社会主义核心价值观是公民道德责任的灵魂,为社会成员的道德评判、道德选择与道德践行提供行动指南与价值导向,通过每一位公民的道德认知、道德判断、道德选择和道德实践,把社会主义核心价值观

---

① 新时代公民道德建设实施纲要[M].北京:人民出版社,2019:4.
② 田秀云,白臣.当代社会责任伦理[M].北京:人民出版社,2008:3.
③ 新时代公民道德建设实施纲要[M].北京:人民出版社,2019:5.

内化为公民日常的行动实践,"使之成为人们日用而不觉的道德规范和行为准则"①,"将国家、社会、个人层面的价值要求贯穿到道德建设各方面,以主流价值建构道德规范、强化道德认同、指引道德实践,引导人们明大德、守公德、严私德"②。

第一节 公民对自我的应尽责任

公民对自我的道德责任,主要是指公民对个人生存、成长、发展负责的担当意识,包括树立自尊、自爱、自信、自律、自立、自强等的意识,自觉、自愿、自主地提升自身知识、能力和素质的责任意识,以及关爱自我生命、维护人性尊严、发展个性潜能的责任行为等。道德责任作为一种对行为及其后果的评价与担当意识,追问行为本身及行为后果的善恶,因为"负责任表达了一种对自我呈现的关注,表明个体具有较强的自我监控能力,愿意根据情境来评价和调整自身的行为,使自身的行为更符合社会规范的要求"③。公民自我责任是"为我性"与"我为性"的统一,作为一个负责任的人,最基本的要求是对自己负责,即具有自由意志的道德主体应当对自身行为后果负责,进而才能谈到对他人和社会负责。"每个人只有作为自我目的(自我的存在)才能成为另一个人的手段(为他的存在);每个人是手段同时又是目的,而且只有成为手段才能达到自己的目的,只有把自己当作自我目的才能成为手段"④。对自我的责任优先于对他人的责任和义务,正如格里芬所说:"现代性不是把社会或共同体看成首要的东西,'个人'只是社会的产物,仅仅拥有有限的自主性;而是把社会理解为达到某种目的而自愿地结合在一起的独立的个人的聚合体。"⑤

一、关爱生命之责

公民对自身的生命负责是履行责任的最起码表现。因为每个人的生命都

---

① 新时代公民道德建设实施纲要[M].北京:人民出版社,2019:7.
② 新时代公民道德建设实施纲要[M].北京:人民出版社,2019:4.
③ 陈欣.责任意识新探:基于行为博弈论视角[J].南京师大学报(社会科学版),2009(6):105-109.
④ 马克思,恩格斯.马克思恩格斯全集(第46卷)[M].北京:人民出版社,2003:196.
⑤ 格里芬.后现代精神[M].王成兵,译.北京:中央编译出版社,1998:5.

具有唯一的、独特的、珍贵的价值和意义,具有不可取代和不可逆转性。如马克思所说:"任何人类历史的第一个前提无疑是有生命的个人的存在。"①人以生命的方式存在,是人的一种生存状态的体现,生命的存在是人存在的根基,也是实现人生理想和价值的最基本前提。公民珍惜和关爱生命既是一种价值理念,更是一种责任行为,人的存在本身就是实现人生价值的过程,一个人把自己的存在当作目的时,才能自觉自为地完善道德人格,如康德所说:"只有这样的人,才能成为美的一个理想,正如唯有人类在其人格中,作为理智者,才能成为世间一切对象中的完善性的理想一样。"②

1. 敬畏生命是人之为人不可或缺的内在使命

始终葆有对生命的敬重和对死亡的畏惧,是人类最基本的认知和生存情感,也是约束人自我行为准则的底线和伦理规范。自然生命是人生命存在的物质载体和本能性的存在方式,是人的一切高级生命存在的物质前提。"生存本质上是人的存在价值的展示与实现。生命的丧失是无可挽回与弥补的,故功利主义鼓励个体自我牺牲的价值导向或许适用于处理利益关系,但绝不适用于人们对个体生命的态度。"③珍惜自身生命是指人们对生命尊重、关爱和维护的价值认同,以生命为最高价值是道德品性的内在体现。

敬畏生命包含着对人生命质量的关注和对生命价值的尊重。"敬畏感是人类在生存与演进的过程中逐渐形成的,是一种不可或缺的道德情感。"④敬畏生命是普遍的绝对的善恶标准,如法国哲学家阿尔贝特所说:"善是保持生命、促进生命,使可发展的生命实现其最高的价值。这是必然的、普遍的、绝对的伦理原则。"⑤一个人的生命权是任何个人或社会机构都不可剥夺的,只有感知生命之崇高、生命之无限、生命之神圣,方能持守生命内在的敬畏品格,"生命情感即个体对自我生命的体认、肯定、接纳、珍爱,对生命意义的自觉、欣悦、沉浸,以及对他者生命乃至整个生命世界的同情、关怀与钟爱"⑥。

培育公民珍爱生命的道德情感是生命价值实现的前提,特别是在社会竞

---

① 马克思,恩格斯.马克思恩格斯选集(第1卷)[M].北京:人民出版社,1995:146.
② 康德.判断力批判[M].邓晓芒,译.北京:人民出版社,2002:69.
③ 甘绍平.以人为本的生命价值理念[J].北京:中国人民大学学报,2005(3):69-75.
④ 郭淑新.敬畏伦理研究[M].合肥:安徽人民出版社,2007:133.
⑤ 施韦泽.敬畏生命:五十年来的基本论述[M].陈泽环,译.上海:上海社会科学院出版社,2003:9.
⑥ 赵文静.试论责任和责任教育[J].山东教育科研,2000(10):15-17.

争日趋激烈、工作生活节奏加快、各种矛盾凸显的时期,由于人们在工作、学习、交往、成才、情感、就业等方面的压力明显增多,随之而来的心理问题和负面情绪日渐突出,急需加强生命伦理教育,唤醒人们关爱生命的内在动机,树立乐观、健康、向上的人生态度和生活方式。"人只有成为他自身的主人的时候,才能将自己当作独立的存在物,而且只有当他把自己的存在归之于他自身的时候,他才是自己的主人。"①也就是说,人只有实现生命的存在、生命的质量和人生价值的统一,才称得上一个完整的人,才能引领人在生存与发展中展现生命的意义,实现生命价值的最大化。

人的生命价值是在生产实践和创造活动中得以实现的,生命延续的价值体现为人的生产对社会发展的意义。"人被看作自我实现,主体的物化,也就是实在的自由——而这种自由见之于活动恰恰就是劳动。"②人的实践的主要方式是劳动,劳动创造了人本身,"在更大程度上是个人的一定的活动方式,是他们表现自己生活的一定方式、他们的一定的生活方式"③。人不仅是维护自身生命安全的主体,也是物质生活、精神生活以及社会生活的主体,既要摆脱物质上的匮乏,又要消除工业社会对人的威胁所带来的精神沮丧,"人类精神的自主性是人类道德的第一要义,没有意志的自主与自由,也就没有道德存在的本体"④。积极引导人们追求心理健康、精神快乐和美好生活,实现自我完善、自主发展和自我超越,既是提高生命质量和实现人生价值的题中应有之义,也是推动人类社会文明进步的客观要求。

2. 关爱一切生命是体现人的"类"本质的价值诉求

人身处"类存在"的生命发展状态之中,每个人的生命存在价值是平等的,马克思、恩格斯指出:"人把自身当作现有的、有生命的类来对待,因为人把自身当作普遍的因而也是自由的存在物来对待。"⑤正因为每个个体的生命都是宝贵的,所以敬重一切生命作为一种善待自己也善待他人的伦理要求,理应成为每一个责任主体的价值坐标和行为准则。

---

① 罗国杰.人道主义思想论库[M].北京:华夏出版社,1993:753.
② 马克思,恩格斯.马克思恩格斯全集(第3卷)[M].北京:人民出版社,2002:297.
③ 马克思,恩格斯.马克思恩格斯选集(第1卷)[M].北京:人民出版社,1995:67.
④ 龚群.社会伦理十讲[M].北京:中国人民大学出版社,2008:5.
⑤ 马克思,恩格斯.马克思恩格斯选集(第1卷)[M].北京:人民出版社,1995:55.

人发展到一定阶段形成敬畏一切生命的价值坐标,"必须把生命的尊严看作最高价值,并作为普遍的价值基准,就是说,生命是尊严的,比它再高贵的价值是没有的"①。确立负责任的、心怀敬意的对待一切生命的人生态度,"因为仁、善之性即生命的本质之性,人生命的价值与意义不在于小我,即自然之本我、自私之我、自利之我的享有与实现,而在于大我,即仁善利他之我、和平超越之我的实现。人只有在超越本我之中才能享有自由幸福的境界"②。人作为具有心灵和精神的理性生命,除对自身生命负责和对自我的关心关爱之外,还必须对他人和他类生命负责,"人,一般说来,每个有理性的东西,都自在地作为目的而实在着,不单纯是这个或哪个意志所使用的工具。在其一切行为中,不论对于自己还是对其他有理性的东西,任何时候都必须被当作目的"③。

社会性是人的根本属性,人的社会关系本质决定人应正确处理与他人、他类生命以及人类社会发展的关系。个人只有对他者乃至整个生命世界充满同情、关怀与钟爱,才能以良善的道德责任维持社会和谐,"正是在共同体中,我们的存在、我们的特征以及我们的才能才获得了意义"④。同时,自然界的其他生命是人的生命生存、发展、完善不可或缺的重要保障,人与自然界的非人生命是相互依存的命运共同体,失去了其他生命也就意味着失去了人本身。"人只能存在于同他人的内在一体性关系,也只能存在于同外部世界内在统一性的一体关系;而且这种一体性关系不但构成人的有意识活动的对象,同时还是人的自为活动所遵行的基本原则。"⑤为此,只有在全社会培育生命高于一切和爱护一切生命的伦理精神,人与人、人与社会、人与自然的关系中遵循以关爱生命、和谐共生的价值原则,才能真正体现"人与人完成了本质的统一、人与外部世界完成了本质的统一、人与自身本质也完成了本质的统一"⑥。

二、维护尊严之责

尊严与生俱来,人人皆有,体现着人的肉体、生命、心灵、人格和精神等的

---

① 罗国杰.人道主义思想论库[M].北京:华夏出版社,1993:785.
② 王永智.中国"和"文化与中国人的生命伦理观探析[J].齐鲁学刊,2013(3):31-34.
③ 康德.道德形而上学原理[M].苗力田,译.上海:上海人民出版社,2002:46.
④ 所罗门.大问题:简明哲学导论[M].张卜天,译.桂林:广西师范大学出版社,2014:270.
⑤ 高清海.人就是"人"[M].沈阳:辽宁人民出版社,2001:261.
⑥ 高清海.人就是"人"[M].沈阳:辽宁人民出版社,2001:261.

尊贵庄严,尊严属于人人享有其作为"人"的内在需求,"尊严是指人的生命的尊贵和不可侵犯性,亦即人的生命形式所享有的、区别于物和其他生命形式的一种特殊的尊贵和庄严"①。从尊严的范畴来看,人的尊严包括生命尊严、人格尊严、身体尊严、心理尊严、道德尊严、劳动尊严、社会尊严等,具有不可替代、不可剥夺和不受侵犯的特征,"尊严指的是人基于所处的社会关系和人自身的需求,通过一定的形式而具有或表现出的一种不可冒犯、不可亵渎、不可侵越或不可剥夺的社会存在状态"②。从尊严的伦理价值看,人的尊严具有平等性、普遍性和客观实在性,人人皆有实现自己的人格尊严、生命价值的道德权利,也都有努力维护自身尊严的道德责任,追求过上一种有尊严的生活是现代公民的必然需求,"它要求把人真正当成人,承认人作为一个人所应有的最起码的社会地位并且保证每个人受到社会和他人最起码的尊重"③。从人的社会属性来看,尊严既包含着对自己的自尊、自重、自爱、自律、自主的道德要求,也包含着对他人尊重、平等待人、不蔑视人、不伤害人的道德要求,是自尊与他尊的辩证统一。

1. 每个人都拥有平等的人性尊严和人格尊严

人的尊严作为普遍性拥有、平等地享有的权利,是人的生命形式所享有的、区别于物和其他生命形式的一种特殊的尊贵和庄严,"尊严是每个人应当享有的权利,而且优先于国家法律所规定的所有权利"④。每个人都拥有与生俱来的平等尊严,这种普遍性的平等是无条件的客观实在,每个有生命的个体都是独立的主体,也都平等地享有不可让渡的尊严,虽然人的性别、肤色、年龄、健康状况、民族习惯等先天性因素千差万别,但在生命尊严人格尊严方面则无质无量的差别;虽然人的需要、能力、个性、身心状况、社会关系等发展水平各不相同,但在持有最基本的尊严权方面则一视同仁,"平等尊重意味着要给予所有的人本身以平等的尊重和敬意,且人与人之间不可避免的差异,绝不能意味着给予每个人尊敬之程度的差异"⑤。这种平等源于人之为人的共同

---

① 韩跃红,孙书行.人的尊严和生命的尊严释义[J].哲学研究,2006(3):63-67.
② 韩德强.人的秩序性尊严之构成:论尊严形态在不平等社会关系中的现实性[J].文史哲,2008(3):162-166.
③ 王利明,杨立新.人格权与新闻侵权[M].北京:中国方正出版社,1995:97.
④ 乔治·恩德勒,等.经济伦理学大辞典[M].王淼洋,等译.上海:上海人民出版社,2001:324.
⑤ 薇依·扎根.人类责任宣言绪论[M].徐卫样,译.北京:生活·读书·新知三联书店,2003:12.

属性,恩格斯强调:"一切人,作为人来说,都有某些共同点,在这些共同点所及的范围内,他们是平等的。"①

一方面,人性尊严是基于"人"的存在所具有的道德价值,"人的根本就是人本身"②。个人在人性上是平等的,"所有人的自我价值一律平等,因而所有的人,无论其财富、地位和德性具体情况如何,都具有平等的尊严"③。人所具有的尊严是没有程度差别的,"世间人人平等,是指他们作为人在尊严上的平等"④。人性尊严的维护价值在于使个人在社会实践中摆脱依附性,服从自己理性的安排,保持自身的独立人格,人性尊严的维护价值在于,使人成为不依附于任何人并自立于世的独立人格,如孟子提出的"一箪食,一豆羹,得之则生,弗得则死。呼尔而与之,行道之人弗受;蹴尔而与之,乞人不屑也"⑤。以及"富贵不能淫,贫贱不能移,威武不能屈,此之谓大丈夫"⑥。人的理性个性表现为差异性、独立性与自主性,能以自己的意识、思维支配自己的行动,这种能动性和创造性是人性尊严的基础。"如果尊严主体放弃完善自我的权利和义务而沦为德性卑下的人,即丧失了尊严的人,自己须为此承担完全的道德责任。"⑦人性尊严体现着人的生命独特性和发展的目的性,"人性尊严之理念是以个人为基础,每个人都保留不受非法支配的独立生活领域,以此作为理性之个人自主性之生活原则"⑧。

另一方面,人格尊严是人作为万物之灵所具有的精神需要。"人变成一种人格,这样他就能够把他整个的自我放入他生活的每一个方面,因此,他要对他的每一特殊行为负责。"⑨人格是人的本质属性,既包括人的心理人格、道德人格,也包括人的法律人格、理想人格。人格尊严是人与其他动物相区别的内在规定性,是人的尊严、价值和品质的统一,也是人的个性潜能能否充分自由发展的前提。"人格既与现实相联系,又超越现实,并内含着人类理想成分,它

---

① 马克思,恩格斯.马克思恩格斯选集(第3卷)[M].北京:人民出版社,1995:444.
② 马克思,恩格斯.马克思恩格斯选集(第1卷)[M].北京:人民出版社,1995:9.
③ WOOD A W. Kant's Ethical Thought[M]. Cambridge: Cambridge University Press, 1999:134.
④ 艾得勒.六大观念[M].郗庆华,译.北京:生活·读书·新知三联书店,1998:200.
⑤ 《孟子·告子上》
⑥ 《孟子·滕文公下》
⑦ 任丑.人权视阈的尊严理念[J].哲学动态,2009(1):24-29.
⑧ 李震山.人性尊严与人权保障[M].台北:元照出版公司,1999:286.
⑨ 康德.道德形而上学原理[M].苗力田,译.上海:上海人民出版社,2002:7.

的本质由现在和未来所规定,取向于个人的精神完善与全面发展和社会关系的和谐这一理想目标。"①人格尊严,使每个人认识到自己是一个独立的、自由的、与他人地位平等的人,具有不依附于任何人并自立于世的独特个性和健全人格,能够按照自己的兴趣、爱好、愿望、能力、智力、理想、信念等,自觉、自愿、自主地发展个性才能。马克思指出:"尊严是最能使人高尚,使他的活动和他的一切努力具有更加崇高品质的东西,是使他无可厚非、受到众人钦佩并高出于众人之上的东西。"②人格尊严作为精神需求的最高形式,通过人的主体意识、独立人格、自由意志、自主精神等在现实社会中得以实现,并凝结于人性尊严之中,推动人们对崇高道德的向往与追求,实现从依附性人格向独立型人格的转变。

2. 维护自身和他人的尊严是实现人生价值的底线伦理

人的尊严的独特性,是"我之为我"的特殊符号,即每个人在社会现实中不断形成的自我价值的确证,凸显出人的个性差异性、主观能动性。"所谓尊严,作为个人意识,它是人对自己存在的社会价值的自我评价和自我确认;作为个人的情感和心理,它是人由于认识到自己的社会价值而产生的自尊心或尊严感。"③尊严的价值高于一切、重于一切,"超越于一切价值之上,具有不可替代性,才可以称作尊严"④。每个人作为道德主体都有维护自身尊严不受侵犯的权利和自尊义务,也有平等地尊重他人人格尊严与社会价值的责任。如康德所说:"每个人都有权要求他的同胞尊重自己,同样他也应当尊重其他每一个人;每个人都不能被他人当作纯粹的工具使用,而必须同时当作目的看待。人的尊严(人格)就在于此,正是这样,人才能使自己超越世上能被当作纯粹的工具使用的其他动物,同时也超越了任何无生命的事物。"⑤

一方面,尊严的价值建立在责任自律的基础上。康德以理性的人的相互关系为基础,将人的尊严同人的意志自由、道德自觉、责任自律联系起来,强调对他人应有的尊重是一种道德责任,具有必要性、约束性、强制性,"道德就是

---

① 唐凯麟.道德人格论[J].求实,1994(5):45-51.
② 马克思,恩格斯.马克思恩格斯全集(第 1 卷)[M].北京:人民出版社,1995:6.
③ 肖雪慧.论尊严[J].伦理学与精神文明,1984(5):12-14.
④ 康德.道德形而上学原理[M].苗力田,译.上海:上海人民出版社,2002:55.
⑤ KANL I. The Metaphysics of Morals[M]. Cambridge: Cambridge University Press, 1996:209.

一个有理性东西能够作为自己目的而存在的唯一条件，因为只有通过道德，他才能成为目的王国的一个立法成员。于是，只有道德以及与道德相适应的人性，才是最有尊严的东西"①。人的理性是高贵、尊严的基础，"每个有理性的东西都须服从这样的规律，不论是谁在任何时候都不应该把自己和他人仅仅当作工具，而应该永远看作自身就是目的"②。每一个理性的存在者只有把自己和别人当作目的而不是手段，通过尽己之责来实现人的自由和提升人的尊严，"一个有价值的东西能被其他东西所代替，这是等价；与此相反，超越于一切价值之上，没有等价物可代替，才是尊严"③。

一个人的尊严更多地取决于其是否实现个人的价值，即选择好生活和追求好生活的能力，以及这些因素是否得到他人与社会的承认。实现自己本质力量的愿望内蕴含着受他人尊重的需要，也体现出"为他价值"的社会尊严。人的意志是自由的，"善良意志作为整体是自在目的，具有最高价值与尊严，因而是尊严的唯一主体"④。每个独立自由的个体，只服从自己的意志自律，通过理性来规定自己的目的，"有理性的东西的一切行动都必须以道德规律为基础"⑤，善良意志服从道德法则，使人获得完整而真实的尊严。如康德所言："目的王国中的一切，或者有价值，或者有尊严。一个有价值的东西能被其他东西所代替，这是等价；与此相反，超越于一切价值之上，没有等价物可代替，才是尊严。"⑥

另一方面，人的尊严是在人与人交往的社会生活中实现的。人生活在复杂的社会关系之中，都期望自身的主体性地位和人生价值被他人和社会认可、承认和尊重，"一个社会成员从社会的伙伴成员那里要求对其权利给予尊重，同时，也就有责任承认并且尽可能履行与那些人的权利相关的义务。一个社会成员若要求伙伴成员尊重其权利，但又不尊重他人的权利，就不是同等情况同样对待。"⑦人与人之间只有相互尊重、承认和认可，才能维持一种良好的社

---

① 康德.道德形而上学原理[M].苗力田,译.上海：上海人民出版社,2002：54.
② 康德.道德形而上学原理[M].苗力田,译.上海：上海人民出版社,2002：52.
③ 康德.道德形而上学原理[M].苗力田,译.上海：上海人民出版社,2002：53.
④ DEAN R. The Value of Humanity in Kant's Moral Theory[M]. Oxford University Press, 2006：35.
⑤ 康德.道德形而上学原理[M].苗力田,译.上海：上海人民出版社,2002：77.
⑥ 康德.道德形而上学原理[M].苗力田,译.上海：上海人民出版社,2002：6.
⑦ 沈宗灵,黄相森.西方人权学说(下)[M].成都：四川人民出版社,1994：215.

会秩序,为社会成员的尊严普遍实现提供有利环境。"保护尊严就不允许对任何类型的人有任何歧视。当提到尊严的时候,就是指与每个人都联系在一起的尊严。"①人的尊严是具体的、历史的,既存在于一定的阶级社会中,又与社会、政治、经济、文化等的发展水平正相关。有尊严的生活既包括通过体力劳动满足衣、食、住、行基本物质需求,通过精神追求满足爱与被爱的情感、心理成长需要,以及依靠自尊、自爱、自重、自信、自立、自强等主体意识实现自我完善、自我提升和自主全面发展的目标。实现人的尊严,最紧要、最基础的工作就是要保障和改善以教育、医疗、住房为重点的民生,确保学有所教、劳有所得、病有所医、老有所养、住有所居。

体面劳动既是人的尊严实现的必要前提,又是人的尊严体现的重要表征,现代社会是一个以职业生活为中心的时代,职业是以社会分工和劳动分工为前提而形成的一种社会关系,"是人们赖以进行基本社会活动的专门业务,以及因此人们对社会承担的特定职责"②。能给人以尊严的职业就是体面的职业,在从事这样的职业时我们是在自己的领域内独立地进行创造,怀着崇高的自豪感去从事它。"每个人都保留不受非法支配的独立生活领域,以此作为理性之个人自主性之生活原则"③,每个人都摒弃"自贵而相贱"④的狭隘自私观念,勇于担当对自己和对他人的责任,履行维护自尊和他尊之责,"只有这样,才能成为美的一个理想,正如唯有人类在其人格中,作为理智者,才能成为世间一切对象中的完善性的理想一样"⑤。人格尊严和社会尊严与人的发展内在关联,决定了个体为他人和社会作出的贡献越大,其尊严就越是得到认可和提升,而尊严的实现与人的解放和发展一样,有赖于一定的社会条件,只有到了生产力高度发展、消灭了私有制和阶级的未来理想社会,每个人的尊严才能得到提升,整个社会才能过上真正有尊严的生活。

三、全面发展之责

人是社会发展的主体,也是社会发展的主要动力源泉,社会发展与人的发

---

① 布斯奈里.意大利私法体系之概观[J].中外法学,2004(6):651-661.
② 龚群.社会伦理十讲[M].北京:中国人民大学出版社,2008.145.
③ 李震山.人性尊严与人权保障[M].台北:元照出版公司,1999:286.
④ 《庄子·秋水》
⑤ 康德.判断力批判[M].邓晓芒,译.北京:人民出版社,2002:69.

展是同步共进的有机统一过程,社会的发展决定了人发展的程度,总是历史地、具体地体现在人自身的发展水平上。随着社会形态的依次更替,人的发展也经历了原始完整的人、片面独立的人、全面自由的人三个不同阶段和特征,即从自然经济人对人依赖为基础的"直接的社会关系",到市场经济"以物的依赖性为基础的人的独立性",再到以人的全面发展为基础的"自由人联合体"。马克思指出:"全面发展的个人——他们的社会关系作为他们自己的共同的关系,也是服从于他们自己的共同的控制的——不是自然的产物,而是历史的产物。要使这种个性成为可能,能力的发展就要达到一定的程度和全面性。"①马克思主义认为,人的解放、自由和人的全面发展是社会发展的终极目标,人的全面发展是指每个人即社会全体成员实现充分而自由发展,包括人的劳动能力的充分发展,人的社会关系的丰富发展,人的个性才能的自由发展以及人的思想道德素质、心理健康素质、科学文化素质、实践创新素质的全面协调发展。个人的全面发展即个人自由地按照自己的意志和愿望积极充分地展现个性潜能,朝着"有个性的人"以及"完整的人"方向发展,使人的全部才能得以自由充分的施展。

1. 劳动能力是人履行全面发展之责的前提条件

主体性是人的自由全面发展的根本特征和重要保证,体现出人在改造自然、社会和自身的自由自觉活动中,通过自主性、能动性和创造性的发挥,不断完善自我、提高自我、超越自我。生产劳动既是自由生命的表现和生活的乐趣,也是人类支配自然资源的主体性活动,"我们把劳动能力理解为一个人的身体,即活的人体中存在的、每当他生产某种使用价值时就运用的体力和智力的总和"②。

人的劳动能力是潜在于生命体内的能量,体力象征人的自然力,智力属于人的精神上的生产力,劳动能力就是人的体力和智力的集合,其中蕴含着创造力、学习力、意志力、情感等多种潜能。劳动符合人的本质需要,有利于激发人的主体性和创造潜能,"是对人本身的一般生产力的占有,是人对自然界的了解和通过人作为社会体的存在来对自然界的统治,总之,是社会个人的发

---

① 马克思,恩格斯.马克思恩格斯全集(第46卷)[M].北京:人民出版社,2003:109.
② 马克思.资本论(第1卷)[M].北京:人民出版社,2004:195.

展"①。人们在生产实践中正是凭借劳动能力的充分发挥,才创造出更多的社会财富和价值,"体力和智力获得充分的自由的发展和运用","人终于成为自己的社会结合的主人,从而也就成为自然界的主人,成为自身的主人——自由的人"②。

马克思认为,作为具体的、现实的人首先应满足自身的最基本需要,"在现实生活中,人有各种需要","任何人如果不同时为自己的某种需要和为这种需要的器官做事,他就什么也不能做"③。因为需要是推动人类生产活动的原动力,需要同满足需要的手段一同发展,"人们为了能够'创造历史',必须能够生活,但是为了生活,首先就需要衣、食、住以及其他东西。因此第一个历史活动就是生产满足这些需要的资料"④。而历史发展"从一开始就表明人们之间是有物质联系的,这种联系是由需要和生产方式决定的"⑤,"一当人们开始生产他们所必需的生活资料的时候,他们就开始把自己和动物区别开来"⑥。

可见,人的全面发展的实质是人的劳动的全面发展,通过社会生产不断满足人的日益增长的物质文化生活需要,"生产者也改变着,他炼出新的品质,通过生产而发展和改造着自身,造就新的力量和新的观念,造就新的交往方式、新的需要和新的语言"⑦,人的交往范围扩大和社会关系日益丰富,每个人在生产实践中都呈现出独立的个性,"这种个性无论在生产上和消费上都是全面的,因而个性的劳动也不再表现为劳动,而表现为活动本身的充分发展"⑧。

2. 个性潜能的自由发展是人的全面发展的集中体现

人的个性潜能包括劳动能力、智力体力、社会关系、创新能力、道德品质、科学素质等,是人所具有的能够表现、确证自己主体地位的内在力量,是人从事一切活动的基础。人的个性潜能开发主要有三个层面的含义:作为自然的个性潜能、作为主体的个性潜能和作为社会性的个体潜能,人的个性开发"不

---

① 马克思,恩格斯.马克思恩格斯全集(第31卷)[M].北京:人民出版社,1998:101.
② 马克思,恩格斯.马克思恩格斯选集(第3卷)[M].北京:人民出版社,1995:760.
③ 马克思,恩格斯.马克思恩格斯选集(第3卷)[M].北京:人民出版社,1995:286.
④ 马克思,恩格斯.马克思恩格斯选集(第1卷)[M].北京:人民出版社,1995:32.
⑤ 马克思,恩格斯.马克思恩格斯全集(第3卷)[M].北京:人民出版社,2002:34.
⑥ 马克思,恩格斯.马克思恩格斯选集(第3卷)[M].北京:人民出版社,1995:26.
⑦ 马克思,恩格斯.马克思恩格斯全集(第30卷)[M].北京:人民出版社,1995:487.
⑧ 马克思,恩格斯.马克思恩格斯全集(第30卷)[M].北京:人民出版社,1995:286.

是在某一种规定性上再生产自己,而是生产出他的全面性;不是力求停留在某种已经变成的东西上,而是处在变易的绝对运动之中"①。作为自然的个性潜能,是通过不同个人之间的特质所体现出来的独特个性,具有自身的唯一性、不可重复性和不可取代性,个性的张扬使人的潜力得到充分发展;作为主体的个性潜能,是在劳动实践中通过人的能力发挥体现出来的特性,人的责任能力越突出,个性也就表现得越充分;作为社会性的个体潜能,则是在社会关系中通过扮演不同的社会角色展现出来的独特性,人在各种角色中承担相应权利和义务的能力越强,独立自主的个性特征也就越明显,如马克思指出:"人懂得按照任何一个种的尺度来进行生产,并且懂得处处都把内在的尺度运用于对象;因此,人也按照美的规律来构造。"②

人全面发展的核心在于能力的发展,"任何人的职责、使命、任务就是全面地发展自己的一切能力"③。人的本质力量不仅表现在对自然规律的认识利用和促进生产力的发展上,而且表现为对社会规律的认知把握和推动生产关系的变革上,"人们每次都不是在他们关于人的理想所决定和所允许的范围之内,而是在现有的生产力所决定和所允许的范围之内取得自由的"④。通过自由发展自己的才能,人的本质力量由潜在转为现实,"每一个社会成员都能够完全自由地发展和发挥他全部力量和才能"⑤。马克思强调"每个人都无可争辩地有权全面发展自己的才能"⑥,通过摆脱各种内在和外在的束缚,使"自由个性"得到普遍提高和充分发展,从而"培养社会的人的一切属性,并且把他作为具有尽可能丰富的属性和联系的人,因而具有尽可能广泛需要的人生产出来"⑦。

3. 社会关系的全面丰富是人的全面发展的基本要义

马克思主义认为,人的本质是一切社会关系的总和,人的自由发展始终与社会关系的不断丰富同步共进,因为"人对自身的任何关系,只有通过人对他

---

① 马克思,恩格斯.马克思恩格斯全集(第46卷)[M].北京:人民出版社,2003:486.
② 马克思,恩格斯.马克思恩格斯选集(第1卷)[M].北京:人民出版社,1995:47.
③ 马克思,恩格斯.马克思恩格斯全集(第3卷)[M].北京:人民出版社,2002:330.
④ 马克思,恩格斯.马克思恩格斯全集(第3卷)[M].北京:人民出版社,2002:507.
⑤ 马克思,恩格斯.马克思恩格斯选集(第1卷)[M].北京:人民出版社,1995:217.
⑥ 马克思,恩格斯.马克思恩格斯全集(第2卷)[M].北京:人民出版社,2005:614.
⑦ 马克思,恩格斯.马克思恩格斯全集(第30卷)[M].北京:人民出版社,1995:389.

人的关系才得到实现和表现"①，人的发展有赖于对象性关系的全面生成，人要满足自身的各种需要，实现智力、体力、个性、能力和情感的全面发展，就必须建立人与人之间普遍的联系和交往关系，使个体真正成为社会性的人。一方面，社会关系是人进行全面社会活动的本质要求，人的自由个性发展和自身素质提升，只有在建立广泛联系与合作的基础上，通过人的实践活动才能得以实现，"只有在集体中，个人才能获得全面发展其才能的手段，也就是说，只有在集体中才可能有个人自由"②。对于现实的人来说，社会关系越丰富就越能突破各种局限，形成自己丰富的个性，并不断借助他人的实践能力而发展自身。另一方面，个人发展的层次和状态与他所处的社会关系直接关联，人只能在所处社会关系的互动中才能获得自身的发展。"文化上的每一个进步，都是迈向自由的一步。"③习近平指出："人，本质上就是文化的人，而不是'物化'的人，是能动的、全面的人，而不是僵化的'单向度'的人。人类不仅追求物质条件、经济指标，还要追求'幸福指数'；不仅追求自然生态的和谐，还要追求'精神生态'的和谐；不仅追求效率和公平，还要追求人际关系的和谐与精神生活的充实，追求生命的意义。"④社会关系的发展不但表现为个人社会关系的广泛拓展，而且表现为人在社会关系中自由度的全面提升，"一个人的发展取决于和他直接或间接进行交往的其他一切人的发展"⑤。

人在社会关系中的自主性和自由度是衡量人的发展程度的根本标准。个人全面发展能在多大程度上实现，取决于社会在多大程度上提供其可能实现的客观条件，任何个人的发展都无法脱离赖以生存的社会关系。由于人与人之间的关系本质上是一种利益关系，即人们在物质交换与精神交往过程中发展和建立起来的相互关系，这种关系越和谐，社会就愈加安定有序，人就越能自由而全面地发展。也就是说，"社会关系实际上决定着一个人能够发展到什么程度"⑥。相反，如果没有和谐的社会关系，人与人之间缺乏沟通、关爱、宽容和诚信，社会充满冷漠、对立、冲突、敌对，"每个人都互相妨碍别人利益的实

---

① 马克思,恩格斯.马克思恩格斯选集(第1卷)[M].北京:人民出版社,1995:58.
② 马克思,恩格斯.马克思恩格斯全集(第3卷)[M].北京:人民出版社,2002:84.
③ 马克思,恩格斯.马克思恩格斯选集(第3卷)[M].北京:人民出版社,1995:456.
④ 习近平.之江新语[M].杭州:浙江人民出版社,2007:150.
⑤ 马克思,恩格斯.马克思恩格斯全集(第3卷)[M].北京:人民出版社,2002:330.
⑥ 马克思,恩格斯.马克思恩格斯全集(第3卷)[M].北京:人民出版社,2002:290.

现,这种一切人反对一切人的战争所造成的结果,不是普遍的肯定,而是普遍的否定"①。那么,必然导致人的发展会是片面的、畸形的,无法真正实现自由和充分的发展。马克思指出:"发展着自己的物质生产和物质交往的人们,在改变自己的这个现实的同时也改变着自己的思维和思维的产物。"②道德作为一种社会意识形态,是社会进步和社会关系发展的产物,道德体系以"应当怎样"的道德准则和严格的行为规范,调节现实生活中与利益有关的一切关系,通过道德评价、道德调节等多种方式指导和纠正人们的行为和实践活动,以达到协调人际关系、维持社会秩序、化解各种矛盾、促进社会和谐的根本目的。道德的价值归根到底是通过人自觉自愿按照道德准则约束和规范行为而实现的,每一个社会成员把社会道德规范内化为自身行善疾恶的良心、诚实尽职的义务和更高层次道德信念的过程,也是提升责任素质和道德水平的过程,从而为人的全面发展提供了精神动力,让社会的每一个成员都能完全自由地发展和发挥他的全部才能和力量,产生社会关系和个人能力的普遍性和全面性,个人的全面性不再是想象的全面性,而是其现实关系和观念关系的全面性,使人的创造潜能得以释放,自由个性由理想的价值规定变为现实的发展目标,"每个人的自由发展也成为一切人自由发展的条件"③。

马克思主义认为,人的全面发展是一个从畸形到合理、从贫乏到丰富、从片面到全面的历史递进过程。人的解放同人的全面发展是互为条件、相互促进的,人的全面发展既包含着人的解放价值目标,也是实现人类解放的最有效方式,"任何一种解放都是把人的世界和人的关系还给人自己"④,使每个人获得"同样的、合乎人应有的发展","要不是每一个人都得到解放,社会本身也不能得到解放"⑤。只有当现实的个人"在自己的经验生活、自己的个人劳动、自己的个人关系中间,成为类存在物的时候,只有当人认识到自己的'原有力量'并把这种力量组织成为社会力量的时候,人类解放才能完成"⑥。到了生产力高度发达和人人平等的共产主义社会,每个人都能充分占有社会生产力

---

① 马克思,恩格斯.马克思恩格斯全集(第30卷)[M].北京:人民出版社,1995:106.
② 马克思,恩格斯.德意志意识形态[M].北京:人民出版社,2003:17.
③ 马克思,恩格斯.马克思恩格斯选集(第1卷)[M].北京:人民出版社,1995:273.
④ 马克思,恩格斯.马克思恩格斯全集(第1卷)[M].北京:人民出版社,1995:443.
⑤ 马克思,恩格斯.马克思恩格斯全集(第20卷)[M].北京:人民出版社,1973:318.
⑥ 马克思,恩格斯.马克思恩格斯全集(第1卷)[M].北京:人民出版社,1995:443.

和社会关系,自由地从事创造性活动,充分发展各种能力,"给每一个人提供全面发展和表现自己全部的即体力和脑力能力的机会"①,社会关系也不再作为异己的力量与人自身相对立,"每个人在个性、精神、道德和其他方面的独立获得最充分和最自由的发展"②,实现人本质的全面占有和人的自由解放相统一。正如马克思所说:"个人的全面发展,只有到了外部世界对个人才能的实际发展所起的推动作用,为个人本身所驾驭的时候,才不再是理想、职责等等,这也正是共产主义者所向往的。"③

第二节　公民对他人的应尽责任

道德责任作为社会关系的产物,是人与人在社会交往中自主形成的合理的、为人所接受的伦理关系。人不是游离于社会而独立存在的个体,而是在现实生活中建立起人与人相互依存、普遍联系的社会关系,马克思指出:"人的生活包括了一个广阔范围的多样性活动和对世界的实际关系,因此是过着一个多方面的生活,这样一个人的思维也像他的生活的任何其他表现一样具有全面的性质。"④每个人的生存发展都与其他人的存在和发展休戚相关、互为条件,"个人为别人而存在,别人也为他而存在"就成了"现实生活的要素"⑤,人与人相互负责的伦理关系得以形成和确立,每个人在与他人的相互履行应尽义务中认识自我、确证着自身价值,"人对自身的任何关系,只有通过人对他人的关系,才能得到实现和表现"⑥。个人道德人格的完善和精神生活的充盈取决于其现实关系的丰富性,当个体在社会关系中被赋予某种责任时,就意味着该道德主体与其对象形成了契约关系,使得彼此诚信、友善、关爱成为维系和谐社会关系的必要条件,每个人都有责任关注他者的需求、尊重他人的人格,形成与社会发展相适应的价值取向和道德责任观念,正确处理个人利益与他人利益、集体利益之间的关系,"和其他人一起来维持某些关系、重建其他的关

---

① 马克思,恩格斯.马克思恩格斯选集(第1卷)[M].北京:人民出版社,1995:332.
② 胡锦涛.在中央人口资源环境工作座谈会上的讲话[N].人民日报,2004-04-05(1).
③ 马克思,恩格斯.马克思恩格斯全集(第3卷)[M].北京:人民出版社,2002:330.
④ 马克思,恩格斯.马克思恩格斯选集(第4卷)[M].北京:人民出版社,1995:238.
⑤ 马克思,恩格斯.马克思恩格斯全集(第42卷)[M].北京:人民出版社,2017:122.
⑥ 马克思,恩格斯.马克思恩格斯全集(第3卷)[M].北京:人民出版社,2002:296.

系,并且还创造道德上令人钦佩的关系"①,才能促进社会和谐与人的全面发展有机统一。

一、诚信做人之责

诚信作为中华民族的传统美德,早已被公认为人们普遍遵守的道德规范、行为准则、做人之本和处世之基。《说文解字》中将诚和信并用,"诚,信也,从言从声","信,诚也,从人从言",都是言语真实之意。"诚"侧重强调内在的品质,即内诚于心,是一个内心自省的过程;"信"则侧重外在言行表现,即外信于人,是社会交往中讲信用、守信誉的实践过程。"诚信"即诚实守信,要求人们诚善于心,以诚待人,说老实话、办老实事、做老实人,言必行、行必果,言行一致,表里如一。在社会主义市场经济发展和小康社会建设中,诚信伦理观所倡导的诚实做人、不欺不诈、言而有信、信守承诺等价值取向,理应成为每一个公民的道德底线。

1. 诚实守信是人的安身立命之本

诚信是中华民族的传统美德,被公认为是立人之本、修身之道、为政之基的价值观念和道德准则。诚实是道德主体的一种内在自律和道德信念,体现出一个人以诚待人、表里如一的道德品格,是人们相互联系的道义凭借和健康人际关系形成的基础;守信则是人的内心深处及行为中所蕴含的遵守承诺、言而有信的品德操守。孔子主张"以四教:文、行、忠、信"②,以诚实不欺、信以诚之来教化人的德性,认为"民无信不立"③,"信近于义,言可复也;人而无信,不知其可也。"④人讲信用要符合"义",说话要诚实、要有根据,诚在于仁、信近乎义,如果不讲信用在社会上就无立足之地,提出应该亲近忠诚和讲信用的人,不与不忠不信的人交朋友,"为人谋而不忠乎?与朋友交而不信乎?传不习乎?""与朋友交,言而有信"⑤,"君子之言,信而有规"⑥。孟子认为诚信是做

---

① 赫尔德.关怀伦理学[M].苑莉均,译.北京:商务印书馆,2014:215.
② 《论语·述而》
③ 《论语·颜渊》
④ 《论语·学而》
⑤ 《论语·学而》
⑥ 《左传·昭公八年》

人的道理,提出"诚者,天之道也。思诚者,人之道也"①,追求诚信之道是做人的道理。荀子则明确提出"耻不信,不耻不见信"②,认为不守信是非常可耻的,而不耻于不被别人信任,强调:"水火有气而无生,草木有生而无知,禽兽有知而无义,人有气、有生、有知,亦且有义,故最为天下贵也。"③《庄子·渔父》说:"真者,精诚之至也","真在内者,神动于外,是所以贵真也。"真心在内,神态在外,表里如一,这是真的可贵之处,也是诚的力量所在。《管子·枢言》中认为"诚信者,天下之结也",诚信能集结民心,使天下人团结一致。

诚信作为一种价值标准,其功能体现在道德准则和伦理准则两个方面。"诚"作为一种修己的道德品质,体现为一种向善的道德规范,通过"内诚于心,外信于行"而实现自我道德修养的不断提升。《礼记·中庸》则把"诚"上升到"天之道"的高度,认为诚贯穿于事物始终的内在规定,"诚者,物之始终;不诚,无物"④。"诚"是万物之本,与个人之"诚"存在紧密关联,故"唯天下至诚,为能尽其性","诚之者,择善而固执之者也"⑤。"诚"是以个人修养为始,做一个诚实之人,必须选择至善的道德,并一以贯之地去践行,才能达到至诚的境界。宋代周敦颐则认为"诚,五常之本,百行之源"⑥,诚信是仁义礼智信的根本,也是各种行为的源泉。朱熹则强调:"诚者,真实无妄之谓,天理之本然也。诚之者,未能真实无妄,而欲其真实无妄之谓,人事之当然也。"⑦诚的内涵在于真实不伪,既是天道运行的自然本性,也关乎人之道,真诚地为人行事和遵诺守约是人道的自然体现,由"诚"向"诚之"的转换过程,就是天地之道化为人类之德的过程。

诚信不仅是修身齐家的道德准则,也蕴含着经世致用的实践理性,是治国平天下的道德价值标准。《左传》说:"信,国之宝也。"《礼记·大学》里将格物、致知、诚意、正心作为修身、齐家、治国、平天下的必要条件,认为只有通过对万事万物的深入研究获取知识,认识把握自然规律,才能做到忠实于天地,

---

① 《孟子·离娄上》
② 《荀子·非十二子》
③ 《荀子·王制》
④ 《中庸·第二十五章》
⑤ 《中庸·第二十章》
⑥ 周敦颐《通书·诚下》
⑦ 朱熹《中庸章句》

顺应于自然,达到天人合一的理想追求。"敬事而信"[①]是为政者以德服人的前提和治国安邦必备的素养,因为民众的守信行为来源于对为政者的信任,"上好信,则民莫敢不用情"[②],只有取信于民,才可使民守信;反之,"上不信,则无以使下"[③],为政者不讲诚信,就得不到民众的拥护,这是施行德政的重要前提。可以说,"崇尚诚信,耻奸伪诈"在传统伦理道德体系中占有重要地位,成为人们普遍认同和自觉遵守的道德观念、道德品质和行为规范,经过两千多年的文化积淀和社会检阅,诚信伦理观不仅对维护社会和谐稳定起到了积极作用,而且为涵养社会主义核心价值观提供了宝贵的思想源泉。习近平所指出的:"中华优秀传统文化已经成为中华民族的基因,植根在中国人内心,潜移默化影响着中国人的思想方式和行为方式。今天,我们提倡和弘扬社会主义核心价值观,必须从中汲取丰富营养,否则就不会有生命力和影响力。"[④]随着时代的发展和进步,诚信伦理思想也在变化和升华,被赋予了因时而进、因势而新的丰富内涵,只有深入挖掘和阐发中华优秀传统文化讲诚信、守信用、尚和合、求大同的时代价值,让诚信成为人们普遍的做人信念和道德信仰,充分发挥诚信在培育理想人格、维护公序良俗和培养时代新人中的重要作用,从而为加强新时代公民道德建设和推动民族伟大复兴奠定厚重的道德底色。

2. 诚信是人的安身立命之本

在现代社会,诚信已经超越了个人的道德修养范畴,成为社会公德和社会主义核心价值观的重要组成部分。"从本质意义上看,社会诚信观是一种理性认识真实的信用行为、可靠的信任态度、高度的信誉价值中所形成的广泛的、深刻的、持久的认同观念,是一种积极引导社会经济活动朝健康有序方向发展的社会意识。"[⑤]只有引导公民树立以诚信为核心的价值观念和责任意识,倡导人与人、人与社会之间诚实不欺、相互信任、真诚合作、和睦相处,把"内诚于心"与"外信于人"结合起来,推进诚信道德责任由外在他律向内在自律、由道德品德向道德行为、由价值理念向价值目标的逐步转化,才能实现社会的和谐

---

① 《论语·学而》
② 《论语·子路》
③ 司马光.资治通鉴[M].上海:上海古籍出版社,1987:53.
④ 习近平.青年要自觉践行社会主义核心价值观:在北京大学师生座谈会上的讲话[N].人民日报,2014-05-05(02).
⑤ 庞跃辉.诚信观与社会认同意识[J].江海学刊,2003(3):31-35.

安定及市场经济秩序的良性运转。

诚信是现代市场经济有效运行的必要条件,也是保证市场经济公平竞争和健康发展的客观需要。诚信价值观所倡导的诚实不欺、遵守承诺、践行成约、言行一致等道德原则,更加突出地体现社会主义市场经济的制度精神和价值导向,符合和谐社会的建设实际。市场经济是以信用为基础的经济,市场经济中各种经济交往都是以契约的确立和履行来进行的,客观要求交换双方必须按照约定承担责任,遵守诚实守信的原则,履行合同、恪守信用,才能保证交易活动快速高效的进行。经济活动中的分工协作和公平竞争,都是建立在诚信交往、彼此践诺、相互信任、互惠互利的基础上,可见,人们的经济交往不仅仅是一种物质关系,也是一种道德责任关系。机会均等、权利平等、公平竞争、信守契约是社会主义市场经济的内在要求,而不讲诚信、恶意欺诈、假冒伪劣、坑蒙拐骗等不良行为,不仅损害着诚实守信者的切身利益,更重要的是破坏了社会公正与公平机制。为此,人们对建设社会信用体系的内在需要更加迫切,"诚信的社会需求日益增长,范围也日益拓展,从传统的人际诚信到普遍的社会诚信"①。尤其是随着社会主义市场经济向纵深发展,人与人建立起更广泛的人际关系,交往的社会化程度不断提高,由传统意义上的熟人群体拓展到没有血缘、地缘关系的陌生人之间的交往,促使经济主体自觉树立诚信价值观,按照市场运行规则来规范自己的行为,追求自身利益时不损害他人和社会利益,才能适应现代市场经济的发展要求,在信守契约中最大限度地降低交易的成本。

诚信是人们遵纪守法和形成良好社会风尚的道德基础。诚信作为一个道德范畴,体现着主体自我的修养以及由此形成的个人道德品质,本质上是主体自觉信守承诺和履行责任的一种道德精神。诚实守信不仅是私人领域的道德准则,也是公共领域人际交往的基本规范。在建设和谐小康社会及全面实施依法治国的新时代,只有人人恪守诚信道德,才能做到见利思义,以义取利,保障社会的公平正义,只有社会成员之间互相认同、相互信任,才能正确处理个人利益与他人利益的关系,形成互诚互信、和睦相处、真诚合作、崇尚信用的社会风尚。诚信和守法是公共生活中互为补充、相互统一的,一方面,诚信是法

---

① 罗能生.从人际信用到普遍信用[N].光明日报,2005-03-01(05).

治的灵魂和基本要求，能够引导人们扬善抑恶，把法律外部约束内化为自己的基本行为准则，形成服从法律、遵守法律的责任意识和履行公民义务的道德观念，要把诚信价值观融入法治社会建设全过程，使诚信观念和价值准则对人们的自觉守法行为产生持续的约束导向作用，实现道德诚信和法律诚信的内在自律到外在他律的双重保证；另一方面，充分发挥法律对诚信行为的导向、规范和促进作用，完善社会诚信体系和失信惩罚机制，法律制度以必须做或禁止做的明确、具体规范，为人们的行为选择提供了是非、善恶、对错的标准和界限，也为社会诚信建设提供了保障，"制度是一系列被制定出来的规则、守法程序和行为的伦理道德规范，它旨在约束追求主体福利或效用最大化的个人行为"①。法治对培育诚信价值观起着保障作用，既让那些重诚实、守信用、遵规约的诚信者得到肯定和奖励，也使那些利欲熏心、不讲信用、背信弃义、自私自利的失信行为受到惩罚和制约，"借助于法律的强力机制来推行一种平易切实而又是人类所必需的道德规范，使大家在学法、守法的同时也提升了道德素养，当守法变成公众的习惯的时候，一种良好的道德风尚也就在社会上自然出现了"②。从而提升社会成员的诚信意识，保障最起码的公平与正义，促进社会信用的普遍实现。

二、友善待人之责

友善待人是规范个体责任行为、引导人们修身行善的基本伦理准则，也是协调人与人之间关系的价值取向和促进社会和谐的必然要求。所谓"友善待人"就是现实生活中与人为善、宽以待人、友好和睦、平等相处的价值观念与责任意识，如孔子提出："己所不欲，勿施于人"，"己欲立而立人，己欲达而达人。"③友善作为一种发自内心的善意表达，既有不侵犯他人的合法权益、不损人利己的低层次道德要求，也有关心他人、友善待人、团结互助、乐于助人的较高层次道德境界。友善待人不仅表现为内在的道德修养，更表现为外在的积极行动，这种超越个体自身利益的价值观，是以社会公正的氛围和人的崇高道德素养为前提条件的，"社会品德诸如诚实、可靠、乐于合作、对他人的责任感

---

① 诺斯. 经济史中的结构与变迁[M]. 陈郁，等译. 上海：三联书店，2003：225.
② 崔永东. 中西法律文化比较[M]. 北京：北京大学出版社，2004：105.
③ 《论语·子路》

等,对个体的培养至关重要"①。友善待人根植于传统道德的仁爱伦理思想中,也体现着友善思想在新时代的创新性发展,蕴含着对中国特色社会主义共同理想的崇高追求和价值内涵。

1. 尊重他人是公民培育友善价值观的第一要义

尊重他人不仅是一种态度,也是一种美德。公民在社会生活中能够平等、友爱、宽容地对待其他社会成员,既是人的文明素质和伦理道德修养的外在展现,也是实现人的社会性本质及人际关系和谐的客观要求。康德认为:"尊重并不是人的喜好和恐惧之类的自然情感,也不及爱的情感强度,它只是一种使我的意志服从于法则的意识,一种通过理性概念自己产生出来的情感,一种使利己之心无地自容的价值觉察,包含着理性支配的因素。"②友善的内涵包括尊重和宽容,要求人们"能以尊重和宽容之心对待其他的社会成员,能够在促进、实现自我权利的同时关照他人的权利"③。

一方面,人的社会关系建立在人格尊严平等的基础上,虽然人的志趣、爱好、成长环境、教育背景、社会关系等各不相同,人的需要、能力、个性、心理、观念等千差万别,但人的尊严没有高低、贵贱、贫富之分。如美国学者穆蒂莫·艾德勒提出:"人所具有的尊严是没有程度差别的,世间人人平等,是指他们作为人在尊严上的平等。"④尊重作为现代社会生活基本的道德价值,是友善待人的应然性、理性表达,只有在人格尊严的平等交往关系中,才可能成为现实的价值。"尊重人,把人当人看,意味着人作为人格主体在现实政治生活中具有不可侵犯、不可剥夺的权利,这种权利的存在,是人作为共同体的成员得到社会和他人普遍尊重的社会前提。"⑤因为人的尊严和价值是"在人与人的相互尊重中表现出来的,对人的敬重,便是对人的内在价值的确认,或者说对人超乎自然的本质特征之肯定"⑥。所以,个人在自尊的同时应尊重他人的人格,将平等、宽容、尊重的理念映射到对待他人的态度中,如牛津大学法哲学教授约瑟夫·拉兹所说:"当我们做到了以道德上应当的方式对待他人的时候,

---

① 《论语·子路》
② 康德.道德形而上学原理[M].苗力田,译.上海:上海人民出版社,2002:14.
③ 李建华.友善何以成为一种核心价值观[J].伦理学研究,2013(2):1-3.
④ 艾德勒.六大观念[M].郗庆华,译.北京:生活·读书·新知三联书店,1998:200.
⑤ 廖加林.尊重:公共生活的基础性道德价值[J].道德与文明,2008(6):23-26.
⑥ 杨国荣.善的历程:儒家价值体系研究[M].上海:上海人民出版社,2005:12.

我们就是在尊重他人,而当我们在负有责任的状况下,未能这样做时,我们就表现出对他人缺乏尊重。"①

另一方面,公民的身份地位和履行相互尊重的义务是平等的,互尊互敬建立在交往主体平等的基础上,互惠性、平等性是社会主义的本质在人际关系上的具体体现。"尊重人,把人当人看,意味着人作为人格主体在现实政治生活中具有不可侵犯、不可剥夺的权利。这种权利的存在,是人作为共同体的成员得到社会和他人普遍尊重的社会前提。"②每个人的意志自由、个性独立都是平等而不容侵犯的,在潜意识中也都有尊重他人时得到善意的回应和友善回报的期待与需求,"一个社会成员要求伙伴尊重自己的权利,也就必须尽可能履行尊重伙伴的权利之责任;如果一个社会成员要求伙伴尊重自己,却又不尊重他人,就不是彼此尊重和彼此尽责"③。平等主体之间在人格和情感上的相互包容和彼此尊重,不仅是对友善行为的价值认可和精神激励,而且也是促进社会关系融洽的必要条件。"人们有一种自己的身份感、一种自身是有价值的感觉,也因此在不被尊重的时候受到伤害,而尊重人的义务也就具有特殊的严格性。"④不论在社会生活中扮演何种角色,处于何种社会地位,公民之间都应遵循相互尊重和平等对待的伦理准则,个体在享有被人尊重的权利的同时,也负有对别人尊重的义务。正像法国伦理学家西蒙娜·薇依所说:"平等尊重意味着要给予所有的人本身以平等的尊重和敬意,且人与人之间不可避免的差异绝不能意味着给予每个人尊敬之程度的差异。"⑤社会主义社会的每个公民都既有被平等尊重的基本权利,也负有以平等的态度履行对他人的尊重之责,因为自尊是个体道德人格的起点,而尊重他人则是公共生活中最基本和最普遍的道德责任。

在公共生活领域相互尊重、友善待人,不仅体现出社会的文明程度和公民的道德素质,而且也关系着社会主义和谐社会的建设与人的全面发展。党的十九大报告提出,要打造"共建共治共享"的社会治理格局,实现这一目标,离

---

① 拉兹.价值、尊重和依系[M].蔡蓁,译.北京:商务印书馆,2016:119.
② 廖加林.尊重:公共生活的基础性道德价值[J].道德与文明,2008(6):23-26.
③ 沈宗灵,黄柟森.西方人权学说(下)[M].成都:四川人民出版社,1994:215.
④ 拉兹.价值、尊重和依系[M].蔡蓁,译.北京:商务印书馆,2016:160.
⑤ 薇依.扎根:人类责任宣言绪论[M].徐卫翔,译.北京:生活·读书·新知三联书店,2003:12.

不开积极培育和践行"友善"价值观。"作为公民规定性,人通过交互作用构成社会存在基础,也须臾离不开社会。"①人们在社会交往的过程中都期待被他人认可、尊重和信任,如果人与人之间没有起码的相互尊重和彼此友善,任何社会实践活动都无法开展。尤其现代文明社会中人与人之间的联系更加紧密,通过网络信息交往和互动日益密切,人的尊严意识、权利意识、法律意识、责任意识明显提升,这就客观要求每一个公民在处理与他人和社会的相互关系中,学会尊重和关爱他人,实现自尊与他尊的辩证统一,共同营造人人为我、我为人人的和谐人际关系,才能实现"共建共治共享"的社会善治目标。

2. 与人为善是构建和谐社会的道德纽带

与人为善作为公民的基本道德规范,本质上是指公民能够在内心接纳与自己的社会生活方式不同的其他社会成员,以诚实、宽厚、和气、善良的伦理准则善待他人,其核心是"利人乎,即为;不利人乎,即止"②,即对所有交往的人平等对待,一视同仁。友善价值观让人们能够以善意的眼光求同存异,以更加开放、包容的心态对待人与人之间在生活方式、文化、观点等方面的差异性和多样性,在社会生活中充分尊重他人的自由权利和私人领域。道德的向善本身就属于一种价值,友善的价值存在于道德主体的相互关系中,是人类社会实践的内在要素,其价值"在抽象形式上是普遍有效的,是通过依赖于社会条件的方式来证实自身,并通过依赖于社会条件的方式为我们所接受"③。友善待人所体现的是完全平等的道德关系,如果没有"友善"的存在,人与人之间的交往就会出现障碍,和谐的人际关系就无法实现甚至会产生冲突。

友善待人具有社会的属性,既是社会对每个个体的一种外在约束与要求,也是人们实现与人交往、成功融入社会的一项基本要求,"有助于社会成员的团结,推动社会民主的实现,有利于社会张力的消解,促进社会互信体系的完善"④。孟子提出:"仁者,爱人。爱人者,人恒爱之;敬人者,人恒敬之。"⑤主张在爱己、利己的基础上,推己及人,"扩而充之"⑥。墨子则认为:"利人者,人

---

① 福山.信任:社会美德与创造经济繁荣[M].彭志华,译.海口:海南出版社,2001:42.
② 李建华.友善何以成为一种核心价值观[J].伦理学研究,2013(2):1-3.
③ 拉兹.价值、尊重和依系[M].蔡蓁,译.北京:商务印书馆,2016:7.
④ 拉兹.价值、尊重和依系[M].蔡蓁,译.北京:商务印书馆,2016:7.
⑤ 《孟子·离娄下》
⑥ 《孟子·公孙丑上》

必从而利之;害人者,人必从而害之。"①仁爱亲民和善待他人作为人的善良本性而衍生出来的价值观念,既是人进入社会的最基本最广泛的德性,也是基于人的道德责任意识而产生的一种自觉自愿的行为,善待他人的"意志"品质是在个体获得友善"认知"、形成友善"情感"的基础上确立的,而且"友善在观念上不是静止的,它是一种活动和行动的关系"②。实际上,作为社会主义核心价值观的友善是要通过日常生活中的言行得以表现和落实的,它是集责任和义务、理想和现实于一体的实践过程。

善待他人作为个体的道德自律,强调在履行对他人的责任承诺中权利与义务对等的统一。从人与人的关系角度看,与人为善的道德责任蕴含着尊重他人、宽容他人、理解他人和关爱他人,在平等和公正基础上建立相互宽容、礼让、关爱、友善的关系,彰显人际关系"贤而能容罢,知而能容愚,博而能容浅,粹而能容杂"③的公共理性,"公共的道德品质不仅意味着一个人具有基本的道德意识和道德行为能力,更意味着一个人具备公共精神、公共理性以及公共品质"④。社会主义和谐社会中阶级矛盾不再是社会的主要矛盾,人们的根本利益趋于一致,人际关系总体上不再具有对立、对抗的性质,从而使友善获得了可普遍化的现实生活条件,这就要求人们跨越民族、阶层、地域、职业等差异和局限,实现广泛的人际友善和关爱,从熟人群体扩展到更大范围的陌生人之间,表达发自内心的真诚友好、和善态度。总之,"友善是爱的外化和拓展,是构建社会成员之间和谐关系的道德纽带"⑤。与人为善具有社会凝聚功能,不仅是人们应遵循的基本信念和价值导向,而且还规定了公共生活领域公民应履行的道德责任。从一定意义上说,与人为善也是促进社会公平正义的应有之义,"因为社会公正既是平等实现个人自由的社会要求和保障,也是人的一种内在的道德情感,它既可以通过社会制度层面的设计和安排来实现,也可以通过人们道德良心的内在制约而实现"⑥。

---

① 《墨子·兼爱中》
② 宋希仁.西方伦理思想史[M].北京:中国人民大学出版社,2004:355.
③ 王符《潜夫论·非相》
④ 叶飞.公共交往与公民教育[M].北京:人民出版社,2014:15.
⑤ 李建华.友善何以成为一种核心价值观[J].伦理学研究,2013(2):1-3.
⑥ 张曙光,陈占友.个人自由、社会公正、人际友善:论现代社会的和谐[J].中国高校社会科学,2013(3):154.

3. 互助友爱是新时代公民道德责任的重要维度

团结友爱、乐于助人是友善的最高境界,也是新时代构筑社会主义道德关系的伦理准则。助人为乐包含着公民关心、体谅、友爱、协作的道德责任观,是现代文明社会应有的心理品质和道德素质,体现着公民对他人和社会高度的道德责任感。"作为社会主义核心价值观的友善,是传统的儒家仁爱精神在新时代的延续和发展。"①在社会的大家庭中任何人都离不开其他社会成员的帮助,人人都需要得到别人的关爱,人人也都应尽到关爱与帮助他人的道德义务,从而实现利己与利他的统一,构建互尊互信、互帮互助、宽容礼让的良好人际关系。

互助友爱是每个人事业有成和幸福生活不可或缺的精神动力。助人需要道德主体超越个人功利,把友善的品德转化为"乐"于助人的责任行为,只有内心怀有真诚待人的道德情感,才会心甘情愿、积极主动地关心、帮助别人。"道德情感是主体理解世界的一种特殊方式,是在一定利益关系的基础上,通过主体对世界(人、关系、活动)的体验和自身情绪的认识、控制而形成的一种高级情感。"②而每个人在给予帮助或接受帮助的过程中,传递友爱和真情,使社会责任感增强,道德人格得以提升,有利于拉近人与人之间的情感距离,提升相互之间的信任程度,消除道德冷漠,形成团结友爱、和谐相处、助人为乐、利己利人的社会道德风尚。

公民善良和社会善治是一个社会形态优越性的显性标志,社会主义道德观以人民为中心、以集体主义为原则,以追求个人和集体利益的统一为价值取向,人与人是平等互利、团结友爱的关系,友爱互助精神正是集体主义的根本特征。一方有难、八方支援,互帮互助、患难与共是中华民族的传统美德,是人类历史上最进步、最高尚、最现实的社会公德,也是社会主义制度优越性的集中体现。人与人的社会生活是交织在一起的,乐于助人是实现人类自身价值的有效方式和提升幸福感成就感的重要手段,马克思曾说:"假定人就是人,而人对世界的关系是一种人的关系,那么你就只能用爱来交换爱,只能用信任来交换信任。"③积极向善的社会心态可以强化"友善"价值观的正面效用,让友

---

① 黄明理.社会主义核心价值观研究丛书(友善篇)[M].南京:江苏人民出版社,2015:149.
② 姚新中.道德活动论[M].北京:中国人民大学出版社,1990:65.
③ 马克思.1844年经济学哲学手稿[M].北京:人民出版社,2000:146.

善意识、友善情感、友善信念、友善习惯、友善行为自觉融入公民的日常生活之中,使友善价值观成为自觉追求,"有助于人们划分自我与他人、与社会的边界,在行使公民权利的过程中意识到自我行为的社会意义和对于其他公民的影响"①,从而能够缓和与消除社会矛盾,构建互助互利的新型人际关系,"让每个人获得发展和奉献社会的机会,共同享有人生出彩的机会,共同享有梦想成真的机会,保证人民平等参与、平等发展的权利,维护社会公平正义,使发展成果更多更公平惠及全体人民,朝着共同富裕方向稳步前进"②。

第三节　公民对家庭的应尽责任

"天下之本在国,国之本在家。"③家庭作为社会最基本的构成元素,是社会生活的基本组织形式,也是人生的第一所学校和每个人梦想启航的地方。"家庭是指在婚姻关系、血缘关系或收养关系基础上产生的亲属之间所构成的社会生活单位。"④马克思、恩格斯把关系作为历史范畴加以考察,认为家庭是历史发展的产物,"家庭和社会是国家的真正的构成部分,是意志所具有的现实的精神实在性,它们是国家的存在方式。家庭和市民社会本身把自己变成国家,它们才是原动力"⑤。家庭关系既受社会经济条件的制约,也随着社会历史的发展而发展。"一定历史时代和一定地区内的人们生活于其下的社会制度,受着两种生产的制约:一方面受劳动的发展阶段的制约;另一方面受家庭的发展阶段的制约。"⑥家庭文化是社会文化的基础和重要组成部分,对整个社会的和谐、稳定和发展具有极为重要的作用。正如习近平指出:"家庭是社会的细胞,家庭和睦则社会安定,家庭幸福则社会祥和,家庭文明则社会文明。千家万户都好,国家才能好,民族才能好。历史和现实告诉我们,家庭的

---

① 李建华.构筑新时代的中国精神[N].光明日报,2018-10-18(06).
② 中共中央文献研究室.习近平关于全面深化改革论述摘编[M].北京:中央文献出版社,2014:102.
③ 《孟子·离娄上》
④ 本书编写组.思想道德修养与法律基础[M].北京:高等教育出版社,2018:123.
⑤ 马克思,恩格斯.马克思恩格斯全集(第1卷)[M].北京:人民出版社,1995:252.
⑥ 马克思,恩格斯.马克思恩格斯全集(第21卷)[M].北京:人民出版社,2003:494.

前途命运同国家和民族的前途命运紧密相连。"①

家庭建设建立在爱情和亲情的伦理基础上,是一个涵盖家庭美德、家庭教育、家风传承等在内的系统工程。其中,家庭美德对家庭成员具有潜移默化的道德教化作用,向上向善作为新时代家庭美德的集中体现,是新时代家庭建设的关键所在,有助于家庭成员培育健全自律的道德人格,升华爱国爱家的家国情怀,形成相亲相爱的家庭关系;家庭教育的首要任务是教会做人,对个体的道德认知、道德情感培育和道德人格塑造、道德行为习惯养成等产生深刻而持久的影响,"家庭是人生的第一个课堂,父母是孩子的第一任老师"②,家庭的情感依赖性、启蒙教化性、过程连续性、家长身教性、即时灵活性、行为矫正性等独特优势,决定了家庭教育成为贯穿人的一生的恒久性过程;家风是家庭文化的软实力,"家风是一个家庭的精神内核,也是一个社会的价值缩影。良好家风和家庭美德正是社会主义核心价值观在现实生活中的直观体现"③。体现一个家庭的生活方式、精神风貌、道德观念和文化氛围,也对家庭成员的为人、处世、治家、育德等价值标准起到耳濡目染的导向作用。习近平强调:"不论时代发生多大变化,不论生活格局发生多大变化,我们都要重视家庭建设,注重家庭、注重家教、注重家风。"④只有全社会担负起家庭建设、家庭教育和家风建设的责任,把爱家和爱国统一起来,把实现个人梦、家庭梦融入国家梦、民族梦之中,才能"以好的家风支撑起好的社会风气","使千千万万个家庭成为国家发展、民族进步、社会和谐的重要基点,成为人们梦想启航的地方"⑤。

一、建设家庭美德之责

家庭不仅是婚姻关系、血缘关系的呈现,也是个体道德践履的平台和品德养成的起点。马克思主义认为,家庭中人与人的关系本质上是一种社会关系,家庭建设的重点就是通过家庭道德规范,协调家庭成员之间的关系,既注重家

---

① 中共中央文献研究院.习近平关于注重家庭家教家风建设论述摘编[M].北京:中央文献出版社,2021:4.
② 习近平.在 2015 年春节团拜会上的讲话[N].人民日报,2015-02-18(02).
③ 习近平同全国妇联新一届领导班子集体谈话[N].人民日报,2013-11-01(01).
④ 中共中央党史和文献研究院.习近平关于注重家庭家教家风建设论述摘编[M].北京:中央文献出版社,2021:3.
⑤ 习近平.习近平谈治国理政(第 2 卷)[M].北京:外文出版社,2017:355.

庭成员享有的权利,也注重相互间应尽的义务,以良好的家庭美德促进人的全面发展和凸显人的本质属性,从而实现家庭与社会的良性互动。家庭美德作为家庭成员共同生活中应遵循的基本行为准则,包括对晚辈的慈爱、对同辈的友爱、对老人的敬爱、对邻里的关爱等,涵盖了夫妻爱情、长幼亲情、邻里友情的道德规范。《新时代公民道德建设实施纲要》提出:"推动践行以尊老爱幼、男女平等、夫妻和睦、勤俭持家、邻里互助为主要内容的家庭美德,鼓励人们在家庭里做一个好成员。"①这对新时代的家庭美德建设和家风传承提供了道德遵循和价值取向。家庭美德作为一种与个体生活联系最早,也最为密切、最为长久的文化环境,既对个人品德的形成和社会公德、职业道德的提升、扩展起着重要的影响,也对个体的社会化具有积极的促进作用,"亲密的夫妻关系、和谐的亲子交往、浓烈的兄妹情谊、平等的家庭氛围等,对个体热情、开朗、进取、正直等诸多品质的形成乃至整个人格的形成,都具有正面的价值"②。

1. 夫妻恩爱与平等互信是实现家庭幸福的伦理基础

夫妻关系是家庭关系的基础,也是家庭美德建设的核心。马克思、恩格斯指出:"每日都在重新生产自己生命的人们开始生产另外一些人,即繁殖。这就是夫妻之间的关系,父母和子女的关系,也就是家庭,这种家庭起初是唯一的社会关系。"③社会主义道德以爱情和婚姻的统一作为家庭美德的重要评价标准,只有以爱情为基础结成的婚姻才是合乎道德的,婚姻的质量、状况也与道德密切相关。爱情作为人类的崇高情感,理应是维系夫妻关系的唯一纽带,两性间以共同的生活理想为基础,以平等互爱和自愿承担相应义务为前提,以结成终身伴侣为目的;而婚姻作为一种承诺,则是按照社会道德标准结成的具有排他性和持久性的一种特殊关系,赋予了夫妻双方相应的权利与义务。

协调夫妻关系首要的道德要求,夫妻之间只有平等相待、互敬互爱、互忠互信、相濡以沫,才能促进家庭和谐与幸福美满。古人云:"夫妇之际,人道之大伦也"④,夫妻关系是人与人之间重要的伦常关系,《礼记·中庸》主张"妻子

---

① 新时代公民道德建设实施纲要[M].北京:人民出版社,2019:6.
② 沈壮海.论家庭美德建设的重要性与紧迫性[J].武汉大学学报(哲学社会科学版),1998(3):111-114.
③ 马克思,恩格斯.马克思恩格斯文集(第1卷)[M].北京:人民出版社,2009:532.
④ 司马迁《史记·外戚世家》

好合,如鼓瑟琴",明代李贽提出:"夫妇之际,恩情甚。"①倡导夫妻之间"相敬如宾",以实现"夫妇之道,不可不久也,故受之以'恒',恒者,久也"②。汉代董仲舒主张:"夫妻之道,如阴阳表里。无阳则阴不能立,无表则里无所附。"③夫妻关系犹如阴与阳、表与里相对应而存在一样,相容互补,缺一不可。为此,夫妻地位平等还体现在家庭中双方在平等地享有权利的同时,责无旁贷地履行好应尽义务,只有彼此担负起忠于爱情、相互尊重、互相勉励、互谅互让和同甘共苦的责任,才能构建互爱、互信、文明、和谐的新型夫妻关系。

平等团结是家庭关系的根本特征,也是家庭幸福长久的先决条件。平等意识是指男女双方对自己两性关系中的平等地位和权利、独立人格和尊严有自觉的认识和理性的觉醒,本质是建立在相互尊重、仰慕对方人格基础上的互敬互爱。马克思主义认为,家庭伦理最重要的一点就是实现两性的自由平等。人和人之间是平等的关系,不存在附属关系,女性在家庭、社会中的地位是社会进步的一个重要标志,马克思指出"社会的进步可以用女性的社会地位来精确地衡量"④,婚姻真正建立在平等自愿的基础上,维系夫妻关系和睦长久的动因是"真正的爱情","而这一代妇女除了真正的爱情以外,也永远不会再出于某种考虑而委身于男子,或者由于担心经济后果而拒绝委身于她所爱的男子"⑤。为真正实现婚姻家庭关系中的夫妻平等,使妇女摆脱被看作生育工具的命运,"妇女解放的第一个先决条件就是一切女性重新回到公共的事业中去"⑥,参加社会生产劳动,在分工越来越细的社会化生产中男女处于同等的地位,人身关系和财产关系都是平等的,从而彻底推翻那些男女不平等时代的人身依附和从属关系以及"受屈辱、被奴役、被遗弃和被蔑视的一切关系"⑦。恩格斯在预测未来社会的发展时强调,最佳的家庭形态依然是一夫一妻制,"真正的专偶制"这种家庭形式"不仅不会消失,而且相反地,只有那时它才能

---

① 《焚书·与庄纯夫》
② 《周易·序封传》
③ 董仲舒《春秋繁露·基义》
④ 马克思,恩格斯.马克思恩格斯选集(第4卷)[M].北京:人民出版社,1995:586.
⑤ 马克思,恩格斯.马克思恩格斯选集(第4卷)[M].北京:人民出版社,1995:81.
⑥ 马克思,恩格斯.马克思恩格斯选集(第4卷)[M].北京:人民出版社,1995:72.
⑦ 马克思,恩格斯.马克思恩格斯选集(第4卷)[M].北京:人民出版社,1995:74.

完全地实现"①。由此可见,夫妻在家庭中地位平等不仅是巩固社会主义夫妻关系的前提,而且是建设家庭美德应遵循的基本原则。

夫妻关系是派生其他一切家庭关系的起点,婚姻质量也日益上升为家庭生活质量的决定性因素。在社会主义现代化建设的新时代,夫妻在相互尊重、平等相待、忠于爱情、互信互助的基础上,共同承担起教育子女、赡养父母、分担家务的责任,树立男女平等的观念,消除性别歧视,反对重男轻女、传宗接代的封建生育观,体现了社会主义夫妻伦理关系的价值诉求,也实现了真正意义上的家庭幸福,从而为满足家庭成员的情感需求、人格完善、个性塑造和健康成长成才提供避风港、加油站。如习近平所说:"国家富强,民族复兴,人民幸福,不是抽象的,最终体现在千千万万个家庭都幸福美满上,体现在亿万人民生活不断改善上。"②

2. 勤俭持家与团结和睦是家庭美德的重要范畴

勤俭持家是中华民族的传统美德,也是当代公民的道德规范和道德修养。"勤俭"即勤劳、勤奋、俭朴、节俭;"持家"即操持家务、实现家庭和睦、家业兴旺。《左传》中提出"俭,德之共也;侈,恶之大也",节俭是有德之人共同的品质,奢侈则是不道德的大恶,"德者皆由俭来",所以"民生在勤,勤则不匮"③,人民的生计在于勤俭,勤俭就不会物资匮乏。《尚书·大禹谟》提倡"克勤于邦,克俭于家",意即勤劳为邦国,节俭为家庭,这与荀子所说的"足国之道,节用裕用,而善藏有余"④是同一个道理。诸葛亮在《诫子书》中主张:"静以修身,俭以养德,非淡泊无以明志,非宁静无以致远。"勤劳和节俭之间既有区别,又密切相连,如清代石成金所说:"勤俭两件,犹夫阴阳表里,缺一不可。勤而不俭,譬如漏卮,虽满积而亦无所存;俭而不勤,譬如石田,虽谨守亦无所获。须知勤必要俭,俭必要勤。"⑤可见,以俭养德、勤俭持家的传统美德对于中华民族形成节约光荣、浪费可耻的主流价值观提供了传家宝和动力源。成由勤俭败由奢,习近平指出,任何时候,我们过"苦日子"的作风不能丢,过"紧日

---

① 马克思,恩格斯.马克思恩格斯全集(第3卷)[M].北京:人民出版社,2002:208.
② 习近平.在会见第一届全国文明家庭代表时的讲话[N].人民日报,2016-12-16(02).
③ 《左传·宣公十二年》
④ 《荀子·富国》
⑤ 石成金《传家宝·初集卷五》

子"的自觉要增强,努力去奢求俭、勤而求进。因为"艰苦奋斗和勤俭节约不仅是我们一路走来、发展壮大的重要保证,也是我们继往开来、再创辉煌的重要保证"①。

勤俭节约既体现公民对家庭责任的主动担当,也反映出公民对社会主义核心价值观的自觉践行。勤劳致富、勤俭持家不仅仅是个人品德,更是一种社会公德,对于促进国家富强、社会进步和人的全面发展具有积极作用。一方面,"提倡艰苦奋斗、勤俭节约,开展以劳动创造幸福为主题的宣传教育"②。在社会主义小康社会建设中,发展不平衡不充分的问题成为制约人民日益增长的美好生活需要的主要因素,只有人人担当勤劳之责,热爱自己的事业,勤奋努力工作,通过辛勤劳动解放和发展生产力,才能着力破解"不平衡不充分"的发展"瓶颈"问题,提升家庭生活的幸福感、获得感、安全感。正如胡锦涛所指出的"艰苦奋斗、勤俭节约是一种精神状态,能够起到砥砺意志、陶冶情操的重要作用,形成凝聚人心、战胜困难的强大力量"③。另一方面,倡导节俭生活和绿色低碳生活方式,节俭不仅是一种价值取向,而且是一种崇高境界,体现着中华民族俭以养德、艰苦奋斗、励精图治、自强不息的传统美德。如孔子提出"俭近仁,信近情"④;韩非子认为只有节制对物质享受的过分追求才合乎道德,"以俭得之,以奢失之"⑤,凡志向远大有所作为的人,必然是以理性控制欲望、以勤俭朴素作为道德准则的人。严复主张"治家者,勤苦劳作矣,又必节食省衣,量入为出,夫而后仓有余粮之积,门无索逋之呼"⑥。家庭治理要崇尚勤奋劳作,克勤克俭,量入为出,形成合理节制的生活方式,才能使家庭宽裕。可见,"俭是一种极其宝贵的世界观,它能使人尊重劳动、珍惜劳动成果、爱护大自然的所有资源,把个人的消费限制在不奢侈的范围内,把对自然资源的消耗,控制在可持续发展的限度内,使社会得以永续演进"⑦。只有引导人

---

① 习近平在参加内蒙古代表团审议时强调保持加强生态文明建设的战略定力 守护好祖国北疆这道亮丽风景线[N].人民日报,2019-03-06(01).
② 中国共产党第十九届中央委员会第五次全体会议文件汇编[M].北京:人民出版社,2020:49.
③ 中共中央文献研究室.十六大以来重要文献选编(下)[M].北京:中央文献出版社,2008:875.
④ 《礼记·表记》
⑤ 《韩非子·十过》
⑥ 《严复集·代北洋大臣扬拟筹办海军奏稿》
⑦ 周仕凭.俭以养德[J].环境教育,2017(2):1.

们履行节俭之责,形成节约光荣、浪费可耻的价值观念,珍惜来之不易的劳动果实,把个人的消费限制在适度合理的范围内,养成自觉履行节俭义务的习惯,人的意志力和道德人格得到提升,促使人挖掘自身潜力,各种好的品德就会涌现出来。从中国共产党的百年奋斗历史来看,艰苦奋斗、勤俭节约也是党的优良传统,彰显出党为民服务和忠诚干净担当的政治本色,习近平强调:"过去我们党靠艰苦奋斗、勤俭节约不断成就伟业,现在我们仍然要用这样的思想来指导工作。"①

邻里团结和睦是家庭关系和谐的延伸,是家庭美德向社会的拓展,也是建设家庭美德的内在要求。邻里关系是以地域相近为基础的各个家庭之间相互联系、相互沟通而建立起来的群体关系,家庭之间和睦相处、守望相助是邻里交往的道德准则和行为规范,如《左传》中提出"亲仁善邻,国之宝也"②,孟子主张"出入相友,守望相助"③,团结友爱和互帮互助,则邻里亲睦;墨子强调"有力者疾以助人,有财者勉以分人,有道者劝以教人"④,每个人都应尽其所能,从体力、财富、知识等方面为他人提供帮助,以此来满足自身的道德需要,实现"兼爱"的伦理价值。随着传统社会向现代社会、农业社会向工业社会、从封闭性社会向开放性社会的变迁和发展,邻里关系的组织成分、交往方式、行为动机、价值观念、沟通机制等也不断变化与发展,但恒久不变且愈久弥深的是中华民族对"远亲不如近邻"和"邻里和睦、守望相助"的心理期盼与伦理义务。尤其是现代城乡一体化的步伐加快使得乡村新型社区组织结构、人际关系、文化观念和交流空间等发生着深刻变革,在邻里交往方式上,由传统农业社会以血缘、姻缘、地缘等多重关系叠加基础上,形成的长期性、稳定性、亲密性、本土性邻里关系,逐步转向生活节奏快捷化、情感沟通弱化、信息交流网络化、社会交往公共化和功利化的社区关系,如费孝通所说:"熟悉是从时间里、多方面、经常的接触中所发生的亲密的感觉。"⑤在邻里关系的伦理规范上,由传统村落社会"邻我互助"的人情往来、注重面子、互惠信任的情感型互

---

① 习近平在参加内蒙古代表团审议时强调保持加强生态文明建设的战略定力 守护好祖国北疆这道亮丽风景线[N].人民日报,2019-03-06(01).
② 《左传·隐公六年》
③ 《孟子·滕文公上》
④ 《墨子·章尚贤下》
⑤ 费孝通.乡土中国与生育制度[M].北京:北京大学出版社,1998:10.

动模式,蜕变为社区居民心理距离拉大、人际信任程度降低、人口流动性强、邻里关系淡漠的"熟悉的陌生人"交往趋势。值得肯定的是,在转型期个人与个人之间的交流日益拓展到人与社区、人与社会的交流互动,互联网空间"群"也丰富了邻里间交流的形式,邻里之间在日常生活和互动过程中追求更高层次的"亲仁善邻"道德需求,更加自觉地把维护合法权益、遵守规则制度内化为对邻里群体帮助、对社会奉献的责任,从而实现个人价值与社会价值、邻里和睦与社区和谐的统一。

总之,在全社会倡导家庭成员团结友爱、邻里之间互帮互助的道德规范,有助于维护社会秩序,满足人们的心理倾诉与全面发展需要,通过人与人之间的情感沟通,邻里互动"是社区居民间通过信息的传播而发生的某种具有相互依赖性的社区交往活动"①,大力倡导平等、开放、互助、合作、诚信、友善等社会主义人际交往原则,增进相互之间的了解与信任,利于缓解生活节奏不断加快、生存竞争日趋激烈、人际关系更加复杂给人们带来的强大的心理压力,使人得到心灵慰藉和精神寄托,也为未成年人健康茁壮成长营造团结互助、诚信友善、人文关怀等良好氛围,大力倡导平等、开放、互助、合作、诚信、友善等社会主义人际交往原则,才能为邻里关系的和谐发展奠定伦理基础,并有效地带动全社会道德和文明水平的提高。

二、承担家庭教育之责

家庭是以血缘和亲情关系为前提形成的自然性与社会性相统一的伦理关系,"家庭是以婚姻为基础,以血缘为纽带而形成的社会生活的基本单位,是社会最微小的细胞"②。爱是家庭伦理的核心内涵,不仅包括基于两性基础上的情感和爱情,还包括父母子女之间、兄弟姐妹之间的慈爱、孝爱、友爱等伦理关系,从而赋予家庭成员每一角色的特定权利和义务。如黑格尔所说:"家庭关系是人的最初社会关系,家庭作为一种伦理实体和基本制度,是现代社会伦理体系的逻辑起点。"③家庭既是一个人人生起点的地方,也是一个人"梦想启航的地方","家庭不只是人们身体的住处,更是人们心灵的归宿,正所谓积善之

---

① 郑杭生.社会学概论新修[M].北京:中国人民大学出版社,1994:163.
② 赵忠心.家庭教育学[M].北京:人民教育出版社,2000:2.
③ 黑格尔.法哲学原理[M].范扬,张企泰,译.北京:商务印书馆,1982:49.

家,必有余庆;积不善之家,必有余殃"①。家庭教育的突出优势就是能最大限度地实现"教"与"养"的有机结合,父母通过"言传"与"身教",以自身行为习惯潜移默化地引导教育子女,厚植家庭成员的个人品德、职业道德、社会公德和家庭美德,实现"爱"与"教"的无缝衔接。新时代在加快教育现代化、建设教育强国的新征程中,家庭教育和学校教育、社会教育一起成为现代化教育的三大支柱,家庭教育的地位和作用更加突显,所肩负的使命更加艰巨。只有"千家万户都好,国家才能好,民族才能好"②,为此,习近平强调要发扬光大中华民族传统家庭美德,促进家庭和睦与相亲相爱,促进下一代健康成长,"推动人们在为家庭谋幸福、为他人送温暖、为社会作贡献的过程中提高精神境界、培育文明风尚"③,"努力使千千万万个家庭成为国家发展、民族进步、社会和谐的重要基点"④。

1. 父母应把子女教育作为家庭建设的第一要务

家庭教育主要指父母或家庭中其他年长者自觉地、有意识地按照社会需要和子女身心发展的特点,通过言传身教对子女实施一定教育和影响的社会活动。《中国大百科全书》把家庭教育定义为:"父母或其他年长者在家庭内自觉地、有意识地对子女进行的教育"⑤。广义的家庭教育指家庭对每个成员的一切直接或间接、有意或无意的影响、教育活动,以及家庭成员之间日常生活的情感交流、心理互动和彼此间相互影响,家庭教育的特性决定了对个体一生的成长起着特殊的重要作用。而"狭义的家庭教育是指在家庭生活中,由家长即由家庭里的长者(主要是父母)对其子女及其他年幼者实施的教育和影响"⑥。家庭教育的重要功能在于为人的社会化创造条件,每个人都出生于家庭并在家庭中长大成人,"家庭教育是指家长通过自己的言传身教和家庭生活实践,对子女施以一定教育影响的活动"⑦。父母和子女之间关系具有原发

---

① 中共中央党史和文献研究院.习近平关于注重家庭家教家风建设论述摘编[M].北京:中央文献出版社,2021:24.
② 习近平.习近平谈治国理政(第2卷)[M].北京:外文出版社,2017:354.
③ 习近平.习近平谈治国理政(第2卷)[M].北京:外文出版社,2017:355.
④ 习近平.习近平谈治国理政(第2卷)[M].北京:外文出版社,2017:353.
⑤ 中国大百科全书编写组.中国大百科全书(教育)[M].北京:中国大百科全书出版社,1980:140.
⑥ 赵忠心.家庭教育学[M].北京:人民教育出版社,2000:5.
⑦ 孙俊三,邓身先.家庭教育学基础[M].北京:教育科学出版社,1991:1.

性、紧密性、长久性特征,使得每个人对家庭的情感依靠是真实的、长期的和不可替代的,"就父母对子女的教育而言,从本质上来说,不是他们本人对子女的教育,而是伦理实体对于子女的教育"①。家庭教育既有培育人的个性化的义务,也有促进人的社会化的责任,美国社会学家埃什尔曼认为:"社会化,特别是幼儿的社会化,是家庭最独特、最一般的职能。"②家庭教育涉及很多方面,不仅包括智力开发、知识教育和求知欲培养,还包括爱的教育、生命教育、道德教育、人生观价值观教育等非智力因素的培养。习近平指出:"广大家庭都要重言传、重身教,教知识、育品德,身体力行、耳濡目染,帮助孩子扣好人生的第一粒扣子,迈好人生的第一个台阶。"③

家庭教育最重要的是品德教育,即教会子女如何做人。家庭是道德认知形成的基础和学习做人做事的最初课堂,也是人格人性教育的启蒙和道德情感的最初体验,法国教育家保罗·朗格朗认为:"教育并非终止于儿童期和青年期,并不仅仅限于特定的年龄阶段,它应伴随人的一生而持续地进行。而且人的一生所受的教育往往是相互作用、相互影响的,某一年龄阶段的教育是由先前的教育所决定或影响,又将对未来的教育起决定或影响作用的。"④家庭教育主要是通过父母言传身教的示范作用来进行的,父母的人生价值观、对待工作生活的态度、为人处世的道德准则、待人接物的行为方式,对子女起着潜移默化的示范作用,会耳濡目染地渗透到孩子的心灵中,直接影响着子女的世界观、人生观、价值观的形成和道德判断标准的确立。习近平指出:"应该把美好的道德观念从小就传递给孩子,引导他们有做人的气节和骨气,帮助他们形成美好心灵,促使他们健康成长,长大后成为对国家和人民有用的人。"⑤

2. 家庭教育要尊重子女的独立人格与主体地位

培育子女的独立意识和道德人格是每一个家长的职责。道德人格是身心健康发展的基础,是一个人区别于他人的独特心理面貌和较为稳定、相对持久的行为倾向,"人格包括一个人的气质、性格、体貌、特征、智力和创造性,与人

---

① 高兆明.黑格尔《法哲学原理》导读[M].北京:商务印书馆,2010:417.
② 埃什尔曼.家庭导论[M].潘允康,等译.北京:中国社会科学出版社,1991:508.
③ 习近平.在会见第一届全国文明家庭代表时的讲话[M].北京:人民出版社,2016:5.
④ 朗格朗.终身教育引论[M].周南照,陈树清,译.北京:中国对外翻译出版社,1996:46-47.
⑤ 习近平.习近平谈治国理政(第2卷)[M].北京:外文出版社,2017:354.

交往和适应变化着的环境的能力、动机、意向、兴趣、信念和人生观"①。人格也包括自我意识,反映着个体的道德素质、价值观念、道德品质,独立健全的人格需要自觉的锤炼才能逐步形成。青少年是人格发展的关键时期,正直、诚实、宽容、自信等品质是个体社会化的基础,而家庭对个体道德素养的培养和人格的完善起到奠基性、持续性、长期性的影响。家庭教育中尤其要重视人格培养,帮助子女养成良好的道德素质,塑造子女高尚的道德情操和人文精神。

在家庭教育中家长与孩子同为主体,要尊重个体的成长规律,尊重孩子的个性和差异,为每个子女提高合适的、个性化的、多样化的教育,让孩子健康快乐地成长。一方面,身教重于言教,"父母和家长要时时处处给孩子做榜样,用正确行动、正确思想、正确方法教育引导孩子"②。只有父母具有乐观的人生态度、高尚的道德情操、坚忍不拔的意志品质、强烈的敬业奉献精神、高雅的志趣爱好等,才能对子女养成独立自信的个性心理、健全的人格以及正确的人生观、道德观产生润物细无声的教育影响。如苏联教育家马卡连柯认为:"父母对自己的要求,父母对自己家长的尊敬,父母对自己一举一动的检点,这是首要的和最基本的教育方法。"③另一方面,家庭教育是父母和子女之间的双向交流、平等互动和真诚沟通,家长要以民主宽容的态度尊重子女的独立人格、自由个性、发展权利和主体地位,为青少年的健康成长成才营造轻松温馨的家庭氛围和追逐梦想的自由空间。北宋司马光认为:"爱之不以其道,适所以害之也。"④父母爱护子女的方式如果不正确,一味地过度溺爱或严厉惩罚孩子,或只重视智力开发而忽视子女的内心需求,"如果父母只是从自身利益出发,以自己的经验、爱好作为制定目标的依据,不考虑孩子的实际能力和水平,不考虑社会需要和现实的可能性,即使为孩子制定的目标很伟大,设计的蓝图很宏伟,也是徒劳的"⑤。父母同子女缺乏平等的交流,特别是"传统家长制氛围笼罩下的亲子关系,孩子始终被视为卵翼下的雏鸟,或者被认为是需要完全依赖成人庇护却不能与之平等对话的群体"⑥,不利于孩子自强、自立、自律、自

---

① 李丹,等.儿童发展心理[M].上海:华东师范大学出版社,1987:427.
② 习近平.习近平谈治国理政(第2卷)[M].北京:外文出版社,2017:184.
③ 马卡连柯.马卡连柯教育文集(下)[M].吴式颖,等编.北京:人民教育出版社,2004:256.
④ 《司马光·资治通鉴》
⑤ 冯喜珍.浅谈家庭教育中的目标定位[J].教育理论与实践,1998(2):62.
⑥ 皮艺军.儿童权利的文化解释[J].山东社会科学,2005(8):30-36.

信的健全人格形成和乐观积极处事态度的培养。

家庭教育有别于其他教育形态的重要特征在于亲子互动。父母在教会孩子做人的教育中担负着传生活之道、授人生之业、解成长之惑的责任。习近平强调:"家长要时时处处给孩子做榜样,用正确行动、正确思想、正确方法教育引导孩子。要善于从点滴小事中教会孩子欣赏真善美、远离假丑恶。""因为每个人的生活都是由一件件小事组成的,养小德才能成大德。"① 在朝夕相处中,家长对子女的思想、学习、生活习惯、兴趣爱好、内心情感等了如指掌,使教育更具有针对性、及时性,帮助化解不同年龄阶段出现的各种思想问题,"亲子关系的质量远远比某一具体的教育方法来得重要,在影响家庭教育的诸因素中,亲子关系直接决定着家庭的教养水平,从而影响着孩子的发展"②。良好的家庭民主氛围,能架起家庭教育心灵与心灵沟通的桥梁,真正走进子女的内心世界,使子女感悟家庭的温暖和父母的宽容。事实上,个体在成长中得到的尊重与关爱越多,走上社会后就会越懂得尊重和关爱他人。美国密歇根大学的弗雷德里克森认为:"人的积极情感包括快乐、宁静、感恩、希望、兴趣、自豪、幽默、激励、敬佩、爱他人等,这些表面上看起来分散的积极情感,都有助于支配一个人在某一时刻进行思想和活动的指令系统得到增强和扩张,并促使个体形成一种积极人格。"③

三、传承家风建设之责

家庭是人们心灵的归宿和道德观念树立、行为习惯养成的起点。家风是指一个家庭或家族在长期生活和发展过程所形成的行事风格、道德风尚和精神面貌,"反映着一个家庭或家族的生活方式、情感态度、文化氛围、精神品质、价值观念、人生信仰等,并成为家族成员共同的文化基因和价值共识,建构的是一个家族成员共有的精神家园"④。家风是家庭家族伦理道德的集中体现,

---

① 习近平.从小积极培育和践行社会主义核心价值观:在北京市海淀区民族小学主持召开座谈会时的讲话[N].人民日报,2014-05-31(01).
② 缪建东.家庭教育学[M].北京:高等教育出版社,2009:104.
③ FREDRICKSON B L. The Role of Positive Emotions in Positive Psychology: The Broaden and Build Theory of Positive Emotions[J]. American Psychologist, 2001(56):218-226.
④ 王泽应.中华家风的核心是塑造培育与树立正确的价值观[J].上海师范大学学报(哲学社会科学版),2015(4):5-11.

并通过其成员的言谈举止表现出来。作为一种显性的文化形态,家风蕴含于家训、家规、家教、家谱中,对家庭成员尤其是青少年的道德启蒙、人格塑造、品性养成、价值观念、处世之道等产生最自然、最有效的教化和影响,"家庭的长期影响、教育,从某种意义上说,将决定一个人的性格、品行"①。作为一种隐性的形态,家风渗透于日常生活中,通过家长的身体力行、言传身教,使家庭成员形成一种相对稳定且世代承袭的道德风尚、精神风范和价值共识。家风聚为民风,民风汇成国风,家风"不仅关系到一个家庭、家族的兴衰,更关系到一个民族和一个国家未来的和谐稳定与发展繁荣"②。如习近平所说:"家风好,就能家道兴盛、和顺美满;家风差,难免殃及子孙、贻害社会。"③在全面建成小康社会、全面建设社会主义现代化强国和全面推进社会公德、职业道德、家庭美德、个人品德建设的新时代,既要深入挖掘自强不息、敬业乐群、扶正扬善、扶危济困、见义勇为、孝老爱亲等传统美德,结合时代要求进行继承与创新,使之与现代家庭文化、现实家庭生活相融相通;又要引导人们把社会主义核心价值观作为明德修身、立德树人的根本遵循,使之具体化、生活化地融入家风建设中,成为人们日用而不觉的道德规范和行为准则,大力倡导忠诚、责任、亲情、学习、公益的理念,培育和践行尊老爱幼、男女平等、夫妻和睦、勤俭持家、邻里互助的家庭美德,"以千千万万家庭的好家风支撑起全社会的好风气","推动人们在为家庭谋幸福、为他人送温暖、为社会作贡献的过程中提高精神境界、培育文明风尚"④。

1. 传统家庭美德为新时代家风建设提供了宝贵财富

家风承载家庭文化延续的使命,是一个家庭长期形成的价值观念和思维模式,在凝聚家庭合力、提炼家庭传统、推动家庭成员素质整体提升方面发挥着不可代替的作用。家庭是人们处理人与人、人与社会和人与自然关系的起点,在个人与社会的关系上发挥着情感根基和枢纽作用,"家庭从社会本质上说是一种社会关系,而且家庭起初是唯一的社会关系,但是后来随着社会发展

---

① 张耀灿,陈万柏.思想政治教育学原理[M].北京:高等教育出版社,2001:218.
② 林伯海,师晓娟.家风的意蕴及其当代价值[J].思想政治教育研究,2017(10):113.
③ 习近平.习近平谈治国理政(第2卷)[M].北京:外文出版社,2017:355.
④ 习近平.习近平谈治国理政(第2卷)[M].北京:外文出版社,2017:355.

进步的需要,增长产生了其他更多的新的社会关系,家庭关系便成为从属的关系了"①。中华民族历来重视家庭,正所谓"天下之本在家",《礼记·大学》有言"自天子以至于庶人,壹是皆以修身为本",而"一家仁,一国兴仁;一家让,一国兴让"。《周易·坤》中认为"积善之家,必有余庆;积不善之家,必有余殃"。积德行善之家泽被后世,其子孙必有享不尽的福,而那些常做恶事之人则会有许多灾祸在等着。唐代张九龄主张"治国之道,实由家治也"②。《钱氏家训》中说"欲造优美之家庭,须立良好之规则"③,宋代赵湘《本文》中提出"古之人将教天下,必定其家,必正其身",教育感化天下之人,必须先治理好家庭和修养自身的品德,才能实现"心正而后身修,身修而后家齐,家齐而后国治,国治而后天下平"④。由此可见,家风文化作为传统文化与家庭单元结合的文化形态,在协调个人、家庭与国家的关系中发挥着关键作用。

家风文化传承需要家庭教育来实现,每一个人无不从小就受到家庭氛围的熏陶,家庭教育具有启蒙性、基础性、终身性特点,"家庭是一切教育的第一场所,并负责情感和认识上的联系及价值准则的传授"⑤。虽然不同阶段家庭教育的作用大小不一样,但始终伴随人的一生,"从某种意义上说,中国传统文化就是一种教育化的文化,传统的家风家教就是一种'文化化的教育'"⑥,家庭教育的核心在于立德修身、言传身教、教会子女如何做人,既直接影响着家庭成员的终身发展,也关系到千家万户的未来和国家民族的兴衰成败。

新时代家庭文明建设要深入挖掘优秀传统文化蕴含的思想观念、人文精神、道德规范,结合时代要求继承创新,让优良家训和家风展现出永久魅力和时代风采。家训家规是家庭文化的高度概括和思想精髓,是家庭中祖辈对子孙、长辈对晚辈、父母对子女在言行举止、道德修养、人生追求、为人处世原则等方面的告诫、训示、劝谕和期盼,对家风的继承和家庭成员的做人做事起到一定的思想引领、价值形塑和行为规范功能,有利于家风的代代相传。"在人

---

① 马克思,恩格斯.马克思恩格斯选集(第4卷)[M].北京:人民出版社,1995:34.
② 《张九龄·千秋金鉴录》
③ 牛晓彦.钱氏家训[M].北京:北京理工大学出版社,2012:90.
④ 朱柏庐.治家格言(卷1)[M].北京:中国友谊出版社,1997:24.
⑤ 联合国教科文组织.教育:财富蕴藏其中[M].北京:教育科学出版社,1996:96.
⑥ 孙兰英,卢婉婷.家风家教是培育和践行社会主义核心价值观的基础[J].思想教育研究,2014(12):80-83.

类社会变迁的任何历史阶段中,婚姻家庭制度总是有一整套与社会时代发展相适应的规范。家庭中的每一个成员,包括父母、夫妻、子女与其亲属都必须接受这些社会伦理道德观念,遵守与履行基本的行为规范。"①家庭文明建设深深植根于优秀传统文化的沃土中,并随着历史和时代的发展而不断与时俱进,优良家风中"睦亲勤俭的治家之道、蒙以养正的教子之方、重品崇德的修身之法、亲仁济众的处世之则"②等,成为促进家庭和睦、社会安定、国家发展、民族进步的基石和保障,而传统文化中尊老爱幼、妻贤夫安、母慈子孝、兄友弟恭、耕读传家、勤俭持家、知书达礼、遵纪守法、家和万事兴等家庭美德,都铭记在中国人的心灵中,成为支撑家庭文明建设的宝贵精神财富。

　　家风建设既是家事,也是国事,优良家风滋润着人们的精神家园,是整个社会乃至国家风清气正的基础,"风成于上,俗形于下。领导干部的生活作风和生活情趣,不仅关系着本人的品行和形象,更关系到党在群众中的威信和形象,对社会风气的形成、对大众生活情趣的培养,具有'上行下效'的示范功能"③。家风好,则党风正;党风正,则政风清;政风清,则社风纯;社风纯,则民风淳。在培育良好家风方面,许多老一辈无产阶级革命家严于律己,从严治家,为引领全社会的家庭文化建设发挥了榜样示范作用。作为党的第一代中央领导集体核心的毛泽东,其家风注重的"教子严,律己严,持家严"④充分体现了毛泽东从修身齐家到治党治国、平天下的深层思考,他经常告诫子女,学习和事业要向上看,但生活要向下看,从而把对家人浓郁的爱化作严格的要求。作为党的第二代中央领导集体核心的邓小平,其家风是"尊老爱幼、相亲相爱、夫妻恩爱、相濡以沫、衣着简单、生活俭朴、不为做官、只为做事"⑤。杰出的无产阶级革命家习仲勋勤俭节约、廉洁奉公,始终把党的利益放在第一位,严格要求子女以国事为重,家教的严格,是众所周知的,"为人坦诚忠厚、谦虚谨慎、光明磊落、宽宏大度。一辈子没有整过人,坚持真理不说假话;勤勤恳恳、艰苦奋斗,为党和人民建功立业,从不居功,从不张扬;对共产主义的信念

---

　　① 刘宝驹.社会变迁中的家庭:当代中国城市家庭研究[M].成都:四川出版社集团,2006:78.
　　② 张琳,陈延斌.传承优秀家风:涵育社会主义核心价值观的有效路径[J].探索,2016(1):166-171.
　　③ 习近平.之江新语[M].杭州:浙江人民出版社,2007:261.
　　④ 聂文婷,罗平汉.毛泽东同志的家风[N].学习时报,2017-01-27(01).
　　⑤ 卫炜.邓小平同志的家风[N].学习时报,2017-02-03(01).

坚定不移,用言行为子女指明正确的前进方向;以自己博大的爱,影响着周围的人们,像一头老黄牛,为中国人民默默地耕耘着;平生一贯崇尚节俭,有时几近苛刻"①。习近平自小就在这样严格的家庭教育下成长起来,养成勤俭持家的文明家风。父母的言行在子女心目中最具权威性和最具楷模的力量,他在写给父亲八十八岁生日的贺信中提到,从父亲身上继承和学习的高尚品质很多:"一是学父亲做人,二是学父亲做事,三是学父亲对信仰的执着追求,四是学父亲的赤子情怀,五是学父亲的俭朴生活。这样的好家风要世代相传。"②从而为党员领导干部的家风建设作出了表率,也为带动整个社会形成崇德向善、见贤思齐的氛围提供了具体标准。红色家风是中国共产党革命实践的智慧结晶,体现着中国共产党人的风骨、信仰和道德品质。

伟大的时代需要高尚的精神,崇高的事业需要榜样的引领,"榜样的力量在于榜样的内部特性所释放出来的并影响社会成员进行榜样学习、追求高尚道德品质的内在的、本质的力量"③。有什么样的家风,就能培育出什么样的人。家庭作为构成社会整体的基本单位,家庭幸福则社会祥和,家庭文明则社会文明,为实现"两个一百年"奋斗目标和民族伟大复兴中国梦,广大家庭都要重言传、重身教、教知识、育品德,"共同为促进家庭和睦、亲人相爱、下一代健康成长、老年人老有所养而努力,共同为提高全社会文明程度而努力"④。

2. 家风建设的重点是家国情怀和向上向善

家风是一个家庭的精神内核,也是一个社会的价值缩影。家风建设涉及价值理念、文化氛围、行为习惯、生活态度等层面的内容,对个体道德认知和道德行为养成的影响最深刻最持久,对人的德智体美劳的全面发展奠定思想基础、品德基础和人格基础。良好的家风不仅是和谐社会建设的重要环节,而且成为实现中国梦的重要推动力和"中华民族强大的精神力量,为整个社会和每一个社会个体提供丰润的道德滋养"⑤。只有对家庭负责的人,才会对社会负责,进一步对民族和国家负责,"一个人可以有很多志向,但人生最重要的志向

---

① 《习仲勋传》编委会.习仲勋传(下)[M].北京:中央文献出版社,2013:642-643.
② 习仲勋革命生涯[M].北京:中国党史出版社、中国文史出版社,2005:668-669.
③ 陈华洲,张明华.榜样力量的构成及其转化条件和路径研究[J].思想理论教育导刊,2015(6):128-132.
④ 习近平.习近平谈治国理政(第2卷)[M].北京:外文出版社,2017:353.
⑤ 习近平.在中央全面深化改革领导小组第十次会议上的讲话[N].人民日报,2015-02-28(01).

应该同祖国和人民联系在一起,这是人们各种具体志向的底盘,也是人生的脊梁"①。家长特别是父母对子女的影响很大,往往可以影响一个人的一生,只有以崇高的责任心和义务感担负起教育后代的责任,促进子女身心健康成长、人格发展和道德品质养成,培养健康、积极、乐观的人生态度和良好的人际关系,才能"推动形成爱国爱家、相亲相爱、向上向善、共建共享的社会主义家庭文明新风尚"②。

其一,"爱国爱家"是家国情怀的具体体现。家国情怀将个人、家庭、国家紧密联系在一起,突显了中华传统文化中对家庭热爱和对国家忠诚的优秀基因,既包含着自觉承担家庭责任的朴素纯粹情感,又蕴含着心怀天下、报效祖国的深厚情怀,以及对国家富强、社会和谐、人民幸福的理想追求。一方面,家风的传承建立在最真挚、最自然的亲情基础上,重视亲情是实现家国同构的心之所系、情之所归,也是促进个体道德与社会道德高度融合的基础。"家庭是每一个体在生命过程中必然首先遇到的第一个人的生活群体或生活的共同体,因而也就当然地成为个体善的本质得以表达与体现的最初场域,而所谓'血亲'关系,只不过为养成这一本质之体现的'习惯'提供了一个'天然的'场所而已。"③家风家训承载着道德责任教育的重要职能,每个人对家庭的责任感与对国家的使命感是在成长过程中逐步形成的,只有受到良好家庭氛围的熏陶和父母爱岗敬业、履职尽责精神的影响,青少年在走上社会和工作岗位后才会确立认真负责的态度和恪尽职守的责任意识。另一方面,家风建设既关乎每一个小家庭的发展,也关乎社会大家庭的进步。国是家的延伸,家是国的依托,"弘扬新时代健康向上的家风观念,就是要引导家庭成员特别是下一代热爱党、热爱祖国、热爱人民、热爱中华民族"④。无论是中华优秀传统家风、红色革命家风,还是新时代社会主义好公民家风,都把培养报国之才和爱国情怀纳入家风家训中,价值理念,从而使爱国主义成为世代赓续传承的家庭美德。在实现民族伟大复兴的新征程中,倡导"广大家庭把爱国和爱家统一起

---

① 习近平寄语全国各族少年儿童:美好的生活属于你们 美丽的中国梦属于你们[N].人民日报,2015-06-02(01).
② 习近平.论党的宣传思想工作[M].北京:中央文献出版社,2020:284.
③ 董平."差等之爱"与"博爱"[J].哲学研究,2015(3):40-49.
④ 本书编写组.历史视野下的中国家风文化[M].广州:广东人民出版社,2016:148.

来,把实现家庭梦融入民族梦之中"①,从而引导青少年把发扬优良传统与承担历史使命、把个人梦与国家梦结合起来,"以民族复兴为己任,自觉把人生理想、家庭幸福融入国家富强、民族复兴的伟业之中,做新时代的追梦人"②。

其二,"相亲相爱"要求家庭成员互帮互爱、同甘共苦、和睦相处。亲情是一切爱的起点,家庭成员相互依靠、相互扶持和相互关照,家长对子女倾注满腔纯洁的挚爱,传续一代代父母对子女的殷切厚望,塑铸孩子健全的人格和高洁的心灵,才能真正成为个体心理的稳压器、精神的避风港和奋斗的加油站。父母是孩子成长中的一面镜子,如马克思所说:"他出自好人的纯洁的心,出自慈爱的父亲、温存的母亲、恩爱的夫妻、感恩的儿子的纯洁的心,这种牺牲赋予生命以无与伦比的魅力,使生命不论遭受多少苦难都变得更加美丽。"③家庭生活与社会生活有着密切的联系,和谐的家庭则是和谐社会的缩影,只有在一个宽松和睦、亲切协调、平等民主、幼孝长慈、夫妻恩爱的环境中,"青少年的责任感会受到榜样的感染,模仿过程本身会产生积极的情感体验,从而达到间接培养责任感的目的"④,才能承担起家庭责任,学会对自己负责、对他人负责,成为对国家和社会能够尽职尽责的人,把所有的爱体现在日常的各种权利和义务履行中。

尊老爱幼是中华民族的传统美德,是优良家风得以传承的情感基础。《礼记·孝经》有言"夫孝,德之本也,教之所由生也",敬亲是所有品行道德的根源,是一个人安身立命的基本素养;《孟子》提出的"爱人者,人恒爱之;敬人者,人恒敬之"⑤以及"老吾老,以及人之老;幼吾幼,以及人之幼"⑥的伦理主张,正是我国传统社会尊老爱幼的思想精华。在家庭中强调尊老爱幼、崇德尚礼、谦恭和善等传统美德,是保持家庭和睦、忠厚传家和履行家庭责任的最基本要求。一方面,尊敬老人不仅包括物质生活方面的孝敬和照顾,而且包括对老人精神生活方面的赡养,关心老人的身心健康。北宋司马光在论及家庭礼

---

① 中共中央党史和文献研究院.习近平关于注重家庭家教家风建设论述摘编[M].北京:中央文献出版社,2021:4.
② 习近平.在全国劳动模范和先进工作者表彰大会上的讲话[M].北京:人民出版社,2020:6.
③ 马列著作编辑室.马克思家书集[M].北京:人民出版社,1995:35.
④ 陈宁,丁强,黄洪基.论青少年责任感及其培养[J].中国青年研究,2014(5):108-110.
⑤ 《孟子·离娄下》
⑥ 《孟子·梁惠王上》

仪时提出"凡子事父母,乐其心,不违其志,乐其耳目,安其寝处,以其饮食奉养之,幼事长,贱事贵,皆仿此也"①,认为子女应尽量让父母身心愉悦,不仅要让家长物质方面得到充分的享受,而且还要使家长精神愉悦,快乐长伴。当然,我们今天提倡的孝顺、孝敬父母,并不是无原则的顺从,而是弘扬传统美德中"孝"的合理成分,尽自己的应尽义务去赡养父母和尊敬老人。另一方面,关心关爱子女既是优良传统家风的重要内容,也是每个家庭义不容辞的责任。我国《民法典》规定父母有保护和教育未成年子女的权利和义务,《未成年人保护法》则明确提出"父母或者其他监护人应当以健康的思想、品行和适当的方法教育未成年人"。爱幼既包括责无旁贷地对子女进行抚养和哺育,也包括肩负起教育、垂范、引领子女健康成长和全面发展之责。现代心理学研究表明,孩子在和谐友爱的家庭中才有归属感、有信心去培养良好的道德习惯,父母身体力行教会子女"爱"的能力,才会培养心智健全和爱自己、爱家庭、爱他人、爱社会、爱国家的有用之才。如果每个家庭都把敬老爱幼作为家风建设的根基,使老有所养、幼有所长,并转化为社会生活中推己及人的友爱互助公德意识、价值观念和行为规范,那么人与人之间、人与社会之间的关系就会更和谐、更亲密、更融洽。

其三,"向上向善"是家风建设的道德标准和价值取向。亚里士多德认为:"幸福的人总是或至少经常做着和思考着合德性的事情,不在于一时一事上,而是在一生中都努力合德性地活动着。"②道德之于个人、之于社会,都具有基础性意义,无论是家庭成员之间的亲情伦理关系,还是社会中人与人之间的普遍联系,道德都是一个必不可少的规范与约束条件,"道德是人以自我为尺度而确立的行为规范,是人的自我规定,道德的判定和对道德的服从,都基源于人依据自身的情感、意志、动机、良知、欲求和内心体验综合化而产生的责任意识和意义冲动"③。家庭是人们的自我观念和自我意识形成的摇篮,也是个体与社会沟通的桥梁纽带,每个人都是由家庭开启社会化进程的,"家庭对儿童的社会化教育包括学习生活知识、学习社会规范、培养性格情操、协调人

---

① 《司马氏书仪(卷4)》
② 亚里士多德.尼各马可伦理学[M].廖申白,译.北京:商务印书馆,2003:28.
③ 万斌.和谐论纲[J].学术界,2005(4):7-19.

际关系、指导生活选择等各个方面"①,良好家风的最重要价值就在于通过代际传承培养人的各种德性,一个人的品德修养和行为习惯往往是在家庭中形成的。习近平认为:"世界上最难的事情,就是怎样做人、怎样做一个好人。要做一个好人,就要有品德、有知识、有责任,要坚持品德为先。"②向上向善既是崇德修身的价值理念和理想追求,也是公民道德建设的行为规范和伦理准则。习近平强调:"修德,既要立意高远,又要立足平实。要立志报效祖国、服务人民,这是大德,养大德者方可成大业。同时,还得从做好小事、管好小节开始起步,'见善则迁,有过则改',踏踏实实修好公德、私德,学会劳动、学会勤俭,学会感恩、学会助人、学会谦让、学会宽容,学会自省、学会自律。"③

其四,共建共享是新时代中国特色社会主义家庭文明的新风尚。共建与共享是辩证的统一,体现了家庭建设的广泛参与性和实践性,共建是共享的基础和前提,一个家庭家风的形成是家庭成员的使命与担当,共享文明成果则是共建的目的和归宿。北宋理学家程颐认为:"家正则天下治矣。自古圣王未有不以恭己正家为本,故有家之道既至,则不忧劳而天下治矣。"④2020年5月十三届全国人大三次会议通过的《中华人民共和国民法典》中明确提出了"家庭应当树立优良家风,弘扬家庭美德,重视家庭文明建设"的规定,突出了家风建设的重要性。只有动员全社会共同参与、共同担当家庭建设责任,共同享受家庭文明成果,把培育和弘扬社会主义核心价值观融入社会生活,以良好社会风气引领新时代优良家风的形成,才能使家风对个人的成长发挥更稳定和持久的作用,"体现在我们的点滴言行中,渗透进我们的文化建设里,彰显在我们的精神面貌上,真正成为我们国家软实力的精神利器"⑤。从每个家庭内部来讲,家庭成员共同参与家风建设,共同承担家庭的责任和义务,通过情感上相互依赖、精神上互相支撑、工作上相互支持,共同分享成功的收获,共同渡过家庭的难关,共同感受家庭的温馨氛围,"有助于家庭的兴旺与美满,不仅要在生

---

① 邓伟志,徐新.家庭社会学导论[M].上海:上海大学出版社,2006:58.
② 习近平寄语全国各族少年儿童:美好的生活属于你们 美丽的中国梦属于你们[N].人民日报,2015-06-02(01).
③ 中共中央文献研究室.十八大以来重要文献选编(中)[M].北京:中央文献出版社,2016:7.
④ 程颢,程颐.二程集[M].王孝鱼,点校.北京:中华书局,2004:240.
⑤ 习近平.把培育和弘扬社会主义核心价值观作为凝魂聚气强基固本的基础工程[N].人民日报,2014-02-26(01).

活上互相关心、互相扶持,而且要在道德上互相提携、共同进步"①,满足每位家庭成员的差异化、个性化发展需求,形成积极向上的精神品质和价值追求,携手创造家庭的美好生活。同时,从家庭在社会和国家发展中的基础性地位来看,每个家庭都肩负参与社会建设的责任,良好家风建设不仅关系到一个家庭的幸福,更关系到整个社会风气的形成。新时代的家庭、家教、家风建设被赋予了更多的责任和内涵,只有每个人都"珍惜这个时代、担负时代使命,在担当中历练,在尽责中成长"②,每个家庭在共同追梦、创造一切美好的生活中"形成人人参与、人人尽力、人人都有成就感的生动局面"③,才能"共同享有人生出彩的机会,共同享有梦想成真的机会,共同享有同祖国和时代一起成长与进步的机会"④。

总之,培育良好的家风是家庭美德、个人品德建设的重要组成部分,对于引导人们自觉承担家庭责任、形成家庭教育的良好氛围、培育未来社会的合格建设者,以及促进社会的和谐与稳定、国家的长治与久安都具有重要的意义。"家庭为'本',家风为'魂'"⑤,家庭是一个人成长成才的摇篮,每个人在特定家庭观、家教观、家风观的教育影响下形成日用而不觉的道德观念、价值导向和行为准则,成为影响每个人一生的立身之本、处世之道和伦理之则,所以家庭美德建设"从表象上是个人行为,从本质上则是社会行为,家庭之事不仅是个人之事,更是社会之事"⑥,而且国家富强和民族复兴,最终要体现在千千万万个家庭的幸福美满上,落实在亿万人民的生活改善和素质全面提升上。新时代公民道德建设赋予了家风建设以新内涵新任务,只有把明礼诚信、团结友善、勤俭自强、敬业奉献等基本道德规范融入家庭美德中,成为人们日常生活的基本遵循,才能更好地"促进家庭和睦,促进亲人相亲相爱,促进下一代健康成长,促进老年人老有所养,使千千万万个家庭成为国家发展、民族进步、社会

---

① 罗国杰.社会主义道德体系研究[M].北京:中国人民大学出版社,2018:391.
② 习近平.在纪念五四运动 100 周年大会上的讲话[M].北京:人民出版社,2019:8.
③ 习近平.在省部级主要领导干部学习贯彻党的十八届五中全会精神专题研讨班上的讲话[N].人民日报,2016-05-10(01).
④ 习近平.在第十二届全国人民代表大会第一次会议上的讲话[N].人民日报,2013-03-18(01).
⑤ 陆树程,郁蓓蓓.家风传承对培育和践行社会主义核心价值观的意义[J].苏州大学学报,2015(3):14-20.
⑥ 潘允康.建设和谐家庭的社会标准[J].江苏社会科学,2010(1):132-136.

和谐的重要基点"①。

第四节 公民对社会的应尽责任

公民的道德责任根源于人的社会本质,体现在个体与群体、个人与社会的关系中。只有当公民认识到个体的存在与发展与社会的和谐发展具有高度一致性时,才会形成一种理性自觉的社会责任意识,主动担当起在社会公共生活中的遵守公德之责、在职业岗位上的敬业奉献之责以及在处理人际关系中的互助合作之责。社会生活是人的道德责任的客观基础,责任作为伦理范畴的道德自律是道德社会的内在规定,"既然每一个社会成员对于社会的发展都负有一定的责任,那么,共同的创造便应当成为全体社会成员所遵循的准则"②。在全面建成小康社会、全面建设社会主义现代化强国的新时代,强化每个公民对社会责任的担当意识,"践行以爱岗敬业、诚实守信、办事公道、热情服务、奉献社会为主要内容的职业道德,鼓励人们在工作中做一个好建设者"③。这既是提高全社会道德水平和共建共享美好生活的迫切需要,也是促进社会全面进步和实现人的全面发展的必然要求。

一、爱岗敬业之责

职业为完善人的个性、开发人的潜能、拓展人的素质和实现人的全面发展搭建了平台,也为推进生产力的发展和社会文明进步奠定了基础。马克思主义认为,人的生产活动是最基本的实践活动,而人的职业生活作为最主要的社会生活,为人的存在感、获得感、幸福感和成就感提供了自由展示的空间,与此相联系,人的职业道德就成为所有从业者应履行的基本义务和行为准则。爱岗敬业是社会主义的职业道德规范和传统美德,也是对公民提出的责任要求和所有从业者应有的道德责任意识,每种职业都意味着承担一定的社会责任,职责既是职业产生和存在的基础,也是劳动者职业道德和社会责任的核心体现。"一旦选定了某种职业,就不仅把它视为一种谋生的手段,而是要把它当

---

① 习近平.在2015年春节团拜会上的讲话[N].人民日报,2015-02-18(02).
② 吴忠民.社会公正论[M].北京:商务印书馆,2019:16.
③ 新时代公民道德建设实施纲要[M].北京:人民出版社,2019:5-6.

成一种必须全心服膺的生存方式和生活方式,对它付出全部的热诚和努力。"①加强新时代社会公德、职业道德建设,是在"两个一百年"历史交汇期,推进社会建设的一项基础性工程,引导人们履行各尽所能、岗位奉献的道德责任,使敬业、乐业成为全体社会成员认同并遵守的职业准则,并内化为公民的道德信仰与行为习惯,从而激发全社会的创造活力,提高人民的道德水准、担当意识,为建设中国特色社会主义现代化强国而汇聚磅礴的力量。

1. 职业道德以敬业乐业和辛勤劳动为价值取向

职业道德与人的职业角色和职业行为相联系,是从业者在工作、劳动过程中所应遵循的、与其特定职业活动相适应的道德准则和行为规范,职业道德作为一种高度社会化的职业道德与角色责任,本质上是以协调个人、集体与社会的关系为核心,以敬业之德、爱岗之责、诚信之为、奉献之心为价值取向。职业道德既体现着从业者的职业理想信念、道德情操、文化素养、责任意识、职业良心和纪律观念,也反映着社会公德的建设状况,成为衡量一个社会的文明程度和劳动者道德素质的标志。恩格斯指出:"道德始终是阶级的道德",因为"每个阶级,甚至是在每一个行业,都有其各自的道德。"②职业道德与一般社会道德和阶级道德相比较,具有明显的时代性、社会公共性和实践性特征,是社会整体道德在各种职业活动中的特殊表现,既体现了社会道德的多样性、具体性,也体现着某一职业特有的道德传统、道德习惯、道德品质和道德准则,职业道德的特点决定了在道德建设乃至整个精神文明建设中的重要地位。

任何一种职业惠及的不仅是从业者个人,还惠及他人和社会。职业是人得以存在和发展的基本前提,也是体现人的生命价值和实践能力的重要保证,习近平指出:"劳动是财富的源泉,也是幸福的源泉。人世间的美好梦想,只有通过诚实劳动才能实现;发展中的各种难题,只有通过诚实劳动才能破解;生命里的一切辉煌,只有通过诚实劳动才能铸就。"③职业劳动是创造经济、政治、文化、社会、生态效益的主渠道,也是满足人们对美好生活的向往和追求的物质文化保障。人的社会性决定了人只有在集体中才能获得个人利益,如马克思恩格斯所说:"既然正确理解的利益是整个道德的基础,那就必须使个别

---

① 贺来.边界意识和人的解放[M].上海:上海人民出版社,2007:191.
② 马克思,恩格斯.马克思恩格斯选集(第3卷)[M].北京:人民出版社,1995:134.
③ 习近平.习近平谈治国理政(第1卷)[M].北京:外文出版社,2014:46.

人的利益符合于全人类的利益。"①随着社会分工越来越精细化,职业角色更加多样化,使得各行各业用来规范调节职业行为的道德手段和职业规范更加具体灵活多样,但职业道德必须共同遵循社会主义和集体主义的基本原则,提倡把为人民服务作为职业道德的灵魂,通过敬业、乐业、勤业、精业的职业态度和职业行为表现出来。列宁提出"要努力把人人为我、我为人人的原则灌输到群众的思想中去,变成他们的习惯,变成他们的生活常规"②,引导全社会从业人员积极履行职业义务,承担职业责任,以热情、诚实、进取、奉献的精神投身岗位贡献、建功立业的职业活动中,不断提高从业人员的道德素质,把遵守职业道德转化为自觉行动,形成分工协作、忠于职守、诚实劳动、团结奋进的社会主义职业道德风尚。

爱岗敬业是中华民族的优良传统和宝贵精神财富,也是新时代职业道德的行为准则。敬业是人们在社会实践中对本职工作的热爱、敬重和全身心投入,是在人与人、人与社会的交往活动中所形成的一种职业操守和工作态度。孔子提出"执事敬"③,主张"敬事而信"④,职业能满足人的基本生存需要,"敬其事而后其食"⑤,《礼记·学记》中提倡"行笃敬"和"敬业乐群";宋代朱熹强调"敬是始终一事"⑥,认为敬业和乐业是一致的,一个人只有对自己的职业怀有敬畏之心和热爱之情,才能成就一番事业,"爱而不敬,非真爱也;敬而不爱,非真敬也"⑦。为弘扬传统美德,共建共享富强、民主、文明、和谐、美丽的社会主义现代化强国,实现全体人民共同富裕的目标,要发挥全体从业者的主人翁责任感、职业尊严感、劳动荣誉感和事业成就感,倡导"干一行爱一行,爱一行钻一行,精益求精,尽职尽责"⑧的职业道德观,引导公民树立"大公无私、积极努力,克己奉公、埋头苦干的精神"⑨,专心致志、兢兢业业、严谨负责的实践精神,艰苦奋斗、自力更生、顽强拼搏的创新精神,以及忠于职守、勤恳工作、吃苦

---

① 马克思,恩格斯.马克思恩格斯全集(第2卷)[M].北京:人民出版社,2005:167.
② 列宁.列宁全集(第31卷)[M].北京:人民出版社,1995:104.
③ 《论语·子路》
④ 《论语·学而》
⑤ 《论语·卫灵公》
⑥ 《朱子语类》卷十二
⑦ 《朱子语类》卷二十三
⑧ 本书编写组.思想道德修养和法律基础[M].北京:高等教育出版社,2018:105.
⑨ 毛泽东.毛泽东选集(第2卷)[M].北京:人民出版社,1991:522.

耐劳的奉献精神,在平凡的工作岗位上创造出不平凡的业绩,实现人的全面发展与社会永续发展的有机统一。

2. 职业道德以倡导工匠精神和岗位奉献为时代特征

劳动作为人有意识的、自觉改变环境改变世界的活动,是人类社会存在和发展的首要条件。马克思认为:"劳动是整个人类生活的第一个基本条件,而且达到这样的程度,以致我们在某种意义上不得不说:劳动创造了人本身。"① 劳动作为人的自由的有意识的生命活动,既是人的基本生存方式,又构成了人的"类特性"。人与自然的关系"首先是实践的即以活动为基础的关系",人类历史就是人通过劳动认识自然改造自然并与自然共生的过程,"整个所谓世界历史不外是人通过人的劳动而诞生的过程,是自然界对人来说的生成过程"②。劳动是提高人类生活水平的基础,也是推动人类社会历史前进的动力,正是由于人的自由劳动和体面劳动,才为人的解放和自由全面发展奠定了现实的基础。

勤于劳动、善于创造是中华民族的宝贵精神基因,"民生在勤,勤则不匮"③,劳动创造是人的生命活动的核心与根本,也是创造美好幸福生活的源泉。习近平指出:"劳动是推动人类社会进步的根本力量。幸福不会从天而降,梦想不会自动成真。实现我们的奋斗目标,开创我们的美好未来,必须紧紧依靠人民、始终为了人民,必须依靠辛勤劳动、诚实劳动、创造性劳动。"④正是基于一代又一代人的创造性劳动和接续奋斗,我们才拥有了辉煌的历史并铸就了伟大的成就。"一个健康向上的民族,就应该鼓励劳动、鼓励就业、鼓励靠自己的努力养活家庭,服务社会,贡献国家。"⑤特别是进入新时代以来,我国工人阶级和广大劳动群众"用智慧和汗水营造了劳动光荣、知识崇高、人才宝贵、创造伟大的社会风尚,谱写了'中国梦·劳动美'的新篇章"⑥,诠释出幸福源自奋斗、成功在于奉献、平凡孕育伟大的创造精神和梦想精神,从而把个人劳动梦、工作梦与国家梦紧密联系起来,为决胜全面建成小康社会发挥了主

---

① 马克思,恩格斯.马克思恩格斯选集(第3卷)[M].北京:人民出版社,1995:988.
② 马克思,恩格斯.马克思恩格斯全集(第42卷)[M].北京:人民出版社,2017:131.
③ 《左传·宣公十二年》
④ 习近平.在同全国劳动模范代表座谈时的讲话[N].人民日报,2013-04-29(01).
⑤ 习近平.在深度贫困地区脱贫攻坚座谈会上的讲话[N].人民日报,2017-09-01(02).
⑥ 习近平.在全国劳动模范和先进工作者表彰大会上的讲话[N].人民日报,2020-11-25(02).

人翁作用。

一方面,加强劳动教育有助于培养公民热爱劳动、尊重劳动、珍惜劳动和辛勤劳动、诚实劳动、创造性劳动的素质和职业道德。"人只有受过恰当教育之后,才能成为一个人。"①无论是劳动观念的形成、劳动技能的提升,还是劳动意志的培养、劳动品格的铸就,都离不开教育。教育决定着社会主义建设者和接班人的劳动精神面貌、劳动价值取向和劳动技能水平,因为人类劳动的知识化、技术化甚至智力化的程度越来越高,个人仅靠自然的体力和从日常生活中获得的基本经验,是无法参与到社会主导性劳动之中的。"所谓劳动教育,是教育者向受教育者施加的一种以劳动观念、劳动习惯、生产技术知识、劳动技能为内容的教育活动,其目的在于培养他们热爱劳动,尊敬劳动者,珍惜劳动成果的习惯,并使他们获得一些基本的生产知识和劳动技能,从而促进受教育者的全面发展。"②作为人类教育活动的一种独特的形式,劳动教育不仅包括体力、智力的培养,而且涵盖意志力、忍耐力、坚持力的历练,对德育、智育、体育、美育和人的全面发展起着基础性的支撑保障作用。"以劳促德、以劳增智、以劳强体、以劳育美、以劳创新,促进学生身心全面发展是劳动教育自身应有的内在目的。"③家庭具有不同于学校教育的独特性,是"父母或其他年长者在家庭内自觉地、有意识地对子女进行的劳动教育"④,在孩子的成长与发展过程中不可或缺。

另一方面,大力弘扬劳模精神和工匠精神,"让全体人民进一步焕发劳动热情、释放创造潜能,通过劳动创造更加美好的生活"⑤。劳动模范以实际行动诠释劳动者的主体地位、创新潜能和奉献精神,"爱岗敬业、争创一流,艰苦奋斗、勇于创新,淡泊名利、甘于奉献"⑥的劳模精神,是伟大时代精神的生动体现,也是劳动者的职业素养、职业能力、职业道德、职业行为的集中展现。为激励广大人民勤奋做事、勤勉为人、勤劳致富,增强劳动的获得感、尊严感、幸福感,要肯定和保护依靠诚实劳动所获取的个人正当利益,让"一切劳动,无论

---

① 夸美纽斯.大教学论[M].傅任敢,译.北京:教育科学出版社,1999:24.
② 孙俊三,邓身先.家庭教育学基础[M].北京:教育科学出版社,1991:202.
③ 李珂.嬗变与审视:劳动教育的历史逻辑与现实重构[M].北京:社会科学文献出版社,2019:220.
④ 陈桂生.教育原理[M].上海:华东师范大学出版社,2000:250.
⑤ 习近平.在全国劳动模范和先进工作者表彰大会上的讲话[M].北京:人民出版社,2020:8.
⑥ 习近平.在知识分子、劳动模范、青年代表座谈会上的讲话[N].人民日报,2016-04-30(01).

是体力劳动还是脑力劳动,都受到尊重和鼓励"①。在全社会弘扬劳模精神,内化为人民的职业素养和道德情怀,"建设一支宏大的知识型、技术型、创新型劳动者大军"②,让勤勉工作者在政治上有待遇、经济上有保障、社会上有地位,"坚持社会公平正义,排除阻碍劳动者参与发展、分享发展成果的障碍,努力让劳动者实现体面劳动、全面发展"③,使中国梦真正成为造福广大劳动者的奋斗梦、幸福梦和强国梦。

"执着专注、精益求精、一丝不苟、追求卓越的工匠精神"④是新时代技术能手和先进工作者的职业品格和行为准则。工匠精神融实干精神、创新精神、奋斗精神、奉献精神、爱国精神等为一体,生动体现了以爱国主义为核心的民族精神和以改革创新为核心的时代精神,成为鼓舞全国各族人民风雨无阻、勇敢前进的强大精神动力。其中,"执着专注"体现出匠人对从事职业内心笃定的执着、时间上的投入、精力上的专注和事业心的追求;"精益求精"体现一种精雕细琢的敬业精神,"既琢之而复磨之,治之已精,而益求其精"⑤的严谨态度,追求质量上完美、技术上极致的职业水准,以及敢为人先、善于创新和勇于超越自我的思想境界;"一丝不苟"体现的是"工欲善其事,必先利其器"⑥的强烈责任心,耐得住寂寞、下得了苦功夫的意志品质,淡泊名利、无私奉献的崇高精神,以及视职业为生命的道德信仰;"追求卓越"则体现出肯钻研、思进取、求创新的工匠情怀,技艺精湛、独具匠心的专业素养,报效祖国、服务人民的理想境界,以及增长真才干、练就真本领的创新活力。工匠精神源于劳动者对精益求精、成就卓越、锐意创新、忠诚奉献的执着追求,体现从崇尚劳动、辛勤劳动、诚实劳动到高效劳动、完美劳动、创造性劳动的价值升华,在爱干、苦干、实干的基础上展示出会干、能干、巧干的职业技能,实现对自我价值的完整确证。劳动的本质就在于创新和创造,工匠精神的动力之源就在于勤恳竞业、追求卓越,像柏拉图所说:"按其天赋安排职业,弃其所短,用其所长,让他们集中毕生

---

① 习近平.在庆祝"五一"国际劳动节暨表彰全国劳动模范和先进工作者大会上的讲话[N].人民日报,2015-04-29(02).
② 习近平.习近平关于科技创新论述摘编[M].北京:中央文献出版社,2016:123.
③ 习近平.习近平谈治国理政(第1卷)[M].北京:外文出版社,2014:46.
④ 习近平.在全国劳动模范和先进工作者表彰大会上的讲话[M].北京:人民出版社,2020:4.
⑤ 朱熹.四书集注[M].长沙:岳麓书社,1985:76.
⑥ 《论语·卫灵公》

精力专搞一门，精益求精，不失时机。"①为培养胸怀大局、心有大我、担当大义、服务社会的大国工匠，要在各行各业传导乐业精业、忠诚奉献的奋斗精神，厚植工匠文化，恪守职业道德，"增强创新意识、培养创新思维，展示锐意创新的勇气、敢为人先的锐气、蓬勃向上的朝气"②。习近平指出："一切劳动者，只要肯学肯干肯钻研，练就一身真本领，掌握一手好技术，就能立足岗位成长成才，就都能在劳动中发现广阔的天地，在劳动中体现价值、展现风采、感受快乐。"③

二、遵守公德之责

作为公民道德体系的重要组成部分和最基本层次，"社会公德是全体公民在社会交往和公共生活中应该遵循的行为准则，涵盖了人与人、人与社会、人与自然之间的关系"④。公民既有在公共生活中遵循基本道德规范的义务，也有在社会交往中维护人与人、人与社会、人与自然和谐的道德责任。社会公德是一定社会经济关系的产物，源于社会公共生活领域的发展和人际交往的需要，"公共性"成为公德区别于私德的主要特征，也规定了社会公德特有的价值内涵，成为衡量一个国家公民道德素质高低和社会文明进步程度的重要标志。社会公德的伦理内涵与社会历史的发展互为条件、相互促进，马克思指出："每一时代的理论思维，都是一种历史的产物，在不同的时代具有非常不同的形式，并因而具有非常不同的内容。"⑤在改革开放初期为保证社会主义市场经济的健康发展，促进整个民族素质的不断提高，推动形成追求高尚、激励先进的良好社会风气，《公民道德建设实施纲要》中提出以为人民服务为核心、集体主义为原则，以爱祖国、爱人民、爱劳动、爱科学、爱社会主义为基本要求，在全社会大力倡导"以文明礼貌、助人为乐、爱护公物、保护环境、遵纪守法为主要内容的社会公德"⑥，"倡导爱国守法、明礼诚信、团结友善、勤俭自强、

---

① 柏拉图.理想国[M].郭斌和,张竹明,译.北京:商务印书馆,1986:66.
② 习近平.在全国劳动模范和先进工作者表彰大会上的讲话[M].北京:人民出版社,2020:8.
③ 习近平.在庆祝"五一"国际劳动节暨表彰全国劳动模范和先进工作者大会上的讲话[N].人民日报,2015-04-02(01).
④ 公民道德建设实施纲要[N].人民日报,2001-10-25(01).
⑤ 马克思,恩格斯.马克思恩格斯选集(第3卷)[M].北京:人民出版社,1995:465.
⑥ 公民道德建设实施纲要[N].人民日报,2001-10-25(01).

敬业奉献的基本道德规范,努力提高公民道德素质,促进人的全面发展,培养一代又一代有理想、有道德、有文化、有纪律的社会主义公民"①。

在全面建成小康社会、全面建设社会主义现代化强国的新时代,为适应社会主要矛盾变化、满足人民对美好生活向往的迫切需要,促进社会全面进步和人的全面发展,提高全社会道德水平,《新时代公民道德建设实施纲要》提出"推动践行以文明礼貌、助人为乐、爱护公物、保护环境、遵纪守法为主要内容的社会公德,鼓励人们在社会上做一个好公民"②,培育和践行社会主义核心价值观,"引导人们把社会主义核心价值观作为明德修身、立德树人的根本遵循。坚持贯穿结合融入、落细落小落实,把社会主义核心价值观要求融入日常生活,使之成为人们日用而不觉的道德规范和行为准则"③,持之以恒、久久为功,推动全民道德素质和社会文明程度达到一个新高度。

1. 社会公德是道德风尚形成的基石

社会公德是人们在公共事务、公共行为、公共角色和公共关系上的道德规范和行为准则,反映了人们在社会生活中的共同要求和共同利益。"社会公德反映的是人们在公共伦理上的道德修养,即人们认同、践履公共伦理要求所体现出来的优秀品质,主要包括个人以社会成员身份在与他人交往中体现的德性、个人在公共场域(包括实体的和虚拟的)行为中体现的德性、个人在主观上为公共利益而努力的行为中体现的德性。"④社会公德所反映的是公共领域中人们不带阶级性身份色彩的关系,公共性需要蕴含着人类对理想公共生活的憧憬和价值追求,是公共善产生的源头和体现公德价值的关键所在。"道德公共性不仅指道德发生场所的公共性、道德交往对象的公共性,而且包含着道德要求的公共性和普遍性。"⑤社会公德的基础性、普遍性、公平性和公认性特点,要求人们在公共领域要有规则意识、责任意识,不能仅考虑个人私利,更应考虑公共利益,是维系人们之间的正常交往和友好相处的最起码道德要求,也是维护社会生活安定有序的道德基础。

---

① 公民道德建设实施纲要[N].人民日报,2001-10-25(01).
② 新时代公民道德建设实施纲要[M].北京:人民出版社,2019:6.
③ 新时代公民道德建设实施纲要[M].北京:人民出版社,2019:7.
④ 张建英,等.公德与私德概念的辨析与厘定[J].伦理学研究,2010(1):81-86.
⑤ 余玉花.论社会公德的价值内涵[J].江海学刊,1999(6):99-104.

人与人的交往活动为公共意识的形成创造了条件。交往是现代社会生活的标志,也是实现人的自由全面发展的必要条件。"公共性是公共生活的本质属性,公共性的存在是通过特定共同体成员之间理性、自觉的交互主体性行为与结构性活动而建立起来的"①。公共性超越了个人的私利,以谋求社会公共生活的福祉和追求公共善为价值旨归,通过公民之间的交往、互动,提升参与公共生活的意识、关怀公共事务的品德以及维护公共秩序的责任,从而为社会人际关系的和谐提供内在动力。现代社会随着公共生活领域的不断扩大,人们的交往日益频繁,个体与社会的联系更加紧密,公共生活领域越扩大,社会公德规范就越多,突显出社会公德在维护公众利益、公共秩序和社会稳定方面的重要作用。如马克思指出:"单个人随着自己的活动扩大为世界历史性的活动,越来越受到对他们来说是异己的力量的支配,受到日益扩大的、归根到底表现为世界市场力量的支配。"②熟人社会中每个人的行为都处在较为透明式的监督之中,践行美德就容易获得美誉,不道德行为会因"丢面子"而感到耻辱和失去信任;而陌生人社会中人们往往需要对新的道德处境进行分析判断,对陌生环境和不熟悉的人容易产生不信任感,进行道德选择时其自信心和定力会大打折扣,交往对象的不确定性、随机性和偶遇性,使个人处在一个陌生人的环境中,"从'熟人社会'向'陌生人社会'的转型中,以往调节'熟人社会'的道德机制受到削弱,而调节'陌生人社会'的道德机制尚在建立和完善之中"③。

社会公德作为公民责任意识和行为规范的核心要素,是全体成员共同遵循的最基本、最起码的道德,体现出一种发自内心的、以社会规则为行动准绳的理性意识,包括个体对公共道德的认知、理解、认同和遵守等,"道德公共性需要不仅指人类物质性的公共需要,如对公共物体的爱护,对公共秩序的遵守,对公共利益的维护等等;还包括人类精神性的公共需要,如对人格的尊重、对美好人性的追求"④。

---

① 袁祖社."公共性"的价值信念及其文化理想[J].中国人民大学学报,2007(1):78-84.
② 马克思,恩格斯.马克思恩格斯选集(第1卷)[M].北京:人民出版社,1995:89.
③ 正视道德问题加强道德建设:三论正确认识我国社会现阶段道德状况[J].求是杂志,2012(7):10-14.
④ 余玉花.论社会公德的价值内涵[J].江海学刊,1999(6):99-104.

一方面，社会公德对社会风尚的影响稳定而深刻、广泛而持久，是培育良好社会风尚的基石和支柱。社会公德作为公共生活领域道德规范的内在价值尺度，既"是每个社会成员完善道德与人格、实现个体社会化最基本的途径，更是与个人的全面发展息息相关"①，也反映出一个群体的共同道德准则和价值观念，对于培养人的高尚品质和养成良好的道德习惯起着重要的保障作用，当整个社会形成良善的社会风气和坚定的道德信念时，个别不道德行为和现象会受到公众一致的舆论谴责，促使个体形成与社会主导价值观相一致的道德认同、道德标准、道德信念，通过道德价值判断、道德习惯养成协调社会公共领域人与人的利益关系。"道德的高尚性正在于它的为他性，道德只有在维护他人的正当利益和社会集体利益中才能显示其尊严和价值。人们也只有在自己的正当的利益得到道德的呵护中，才能体验到道德的必要性和重要性，才能萌生自己的道德心，因而引发出对道德的向往和追求。"②

另一方面，良好的社会风尚是社会文明程度的重要标志，也是全面建设社会主义现代化的内在要求。"社会风尚是一个社会文明状况的反映，同时也是其优劣的指示灯，一个国家、一个民族、一种文明的精神怎么样，总是首先从普遍的社会风气中表现出来。"③社会风尚涵育着公民追求和谐、道德上善的理想目标，既引导人们合理确定利益目标、自觉调整利益需求和选择实现利益的正确行为方式，又推动着社会和谐的有序运转。"夯实国内文化建设根基，一个很重要的工作就是从思想道德抓起，从社会风气抓起，从每一个人抓起。"④只有在社会公德普遍被人们所自觉遵循的基础上，才能有效地转变整个社会风气，把社会主义道德建设和社会主义精神文明建设推向更高阶段。

2. 公民遵守公德才能创造美好生活

社会公德能合理规范公众在公共生活和社会交往领域的思想与行为，促使个体对群体产生归属感，心理上产生安全感，继而达到自身的心理和谐状态。随着经济体制、社会结构、利益格局的深刻调整与变革，人们的生活方式、交往方式、道德观念都发生着急剧变化，群体分化、阶层分化、利益分化、价值

---

① 谭德礼.论社会公德与人的全面发展[J].重庆师范学院学报(哲学社会科学版),2003(1):108.
② 唐凯麟.建构和谐社会的道德思考[J].江苏社会科学,2005(4):97-104.
③ 陈根法.德性论[M].上海:上海人民出版社,2004:176.
④ 习近平.习近平谈治国理政(第1卷)[M].北京:外文出版社,2014:160.

观念分化的新情况、新问题日益显现,由此带来社会矛盾的多样性和复杂性增多,公共生活领域突破公序良俗底线、不讲信用和妨害人民幸福生活的现象时有发生,迫切需要发挥道德的规范、约束作用来调节人们的关系,"要解决好这一时代重大课题,必须上好社会公德这门必修课,构建与我们传统礼仪之邦的身份相承接、与我们不断提升的物质文明相适应、与我们负责任大国的地位相匹配的精神文明和社会文明"①。

　　社会公共秩序的和谐安定依赖每个公民承担起明大德、守公德的责任自律。公民的道德责任渗透社会生活的各个领域,彰显于个人与群体、个人与社会的关系中,要求社会成员具有主人翁的责任感和使命感、权利观和义务观,形成正确对待人与社会、人与国家关系的价值取向和道德观念,认同接受社会公共领域的道德规范与价值观念,"个体不仅真正相信、接受和遵守社会的政治思想、道德要求,而且自愿将这些要求作为自己的价值准则与行为依据的过程"②,进而转化为自觉履行社会义务的道德认识、道德情感、道德信念和行为准则,实现自我价值和社会价值的有机统一。如果脱离了社会的责任,社会公德建设就会成为无源之水、无根之木。事实上,"在现代社会中,责任感之所以被削弱,一方面是因为个人责任的范围被过分扩大了,而另一方面则是因为个人对其行动的实际后果不敢负责"③。

　　履行社会公德责任,根本要义在于遵循公共领域扬善抑恶的道德要求、维护公共生活秩序的和谐以及处理人与人、人与社会之间利益关系的平等公正。马克思强调:"只有维护公共秩序、公共安全、公共利益,才能有自己的利益。"④规则意识是现代社会每个公民必备的行为准则,没有规矩,不成方圆,古人云:"欲知平直,则必准绳;欲知方圆,则必规矩。"⑤一个社会如果没有道德和规矩,人们将会随心所欲、为所欲为,社会将会陷入无序和混乱。公共交往中规则面前人人平等,梁启超认为"人人独善其身者谓之私德,人人相善其群者谓之公德",真正的公德在于"牺牲一己之私益以图公益之保存"⑥。道德

---

① 姚郁卉.加强新时代社会公德教育的新思考[J].社会主义核心价值观研究,2020(2):14-25.
② 邱伟光,张耀灿.思想政治教育学原理[M].北京:高等教育出版社,1999:81.
③ 哈耶克.自由秩序原理[M].邓正来,译.北京:生活·读书·新知三联书店,1997:103.
④ 马克思,恩格斯.马克思恩格斯全集(第2卷)[M].北京:人民出版社,2002:609.
⑤ 《吕氏春秋·自知》
⑥ 梁启超.新民说[M].宋志明,选注.沈阳:辽宁人民出版社,1994:16.

责任具有普遍适用性和群众参与性,如果每个人作为社会共同体的一员,都能在公共领域、职业领域及社会交往中担负自己的应尽之责,那么,和谐稳定的社会局面就容易形成。为此,既要"构建系统完备、科学规范、运行有效的制度体系,使各方面制度更加成熟更加定型"①,又要"高度重视和切实加强道德建设,推进社会公德、职业道德、家庭美德、个人品德教育,倡导爱国、敬业、诚信、友善等基本道德规范,培育知荣辱、讲正气、作奉献、促和谐的良好风尚"②。

三、回馈社会之责

回馈社会的责任意识既是公民道德行为的内在动力,也是公民履行社会责任的重要保障。回馈社会之责就是公民怀着一种感恩之情和反哺之德,"切实感受到自己所担负的道义上的责任,从而萌生责任动机,履行自己的责任"③。回馈责任不仅是个体对给予过自己帮助的人和社会一种感恩戴德,而且是和谐社会中公民不可或缺的责任伦理精神,因为"要体现责任者的社会价值,就必须从责任者之外即从社会关系之中建立某种参照给予解读,即从社会利益角度反观责任者并对之作出价值规定"④。从功能上来说,回馈社会的责任意识"能使成员与他人合作,在角色期望一致的情况下,共同构成了这个系统的工作,而这个组织或社会作为一个整体给它的人民带来利益,而且该组织或社会中的成员大致知道这个系统怎样运作,以及他们对该组织或社会的贡献是什么"⑤。

1. 回馈社会体现个体价值与社会价值的一致性

社会化是个人融入社会的必要途径,人只有在社会实践中才能不断满足自身日益增长的物质和精神文化生活需要,才能感受到社会对个人品格、能力、社会关系、个性发展的外在要求和内在动力,从而形成对自身能力、个性特长及德智体美劳全面发展的正确认知和目标导向,获得符合特定社会要求的知识、能力、素质和价值观念、道德准则、行为方式,通过承担社会责任发挥主

---

① 胡锦涛.坚定不移沿着中国特色社会主义道路前进 为全面建成小康社会而奋斗[M].北京:人民出版社,2012:18.
② 习近平.习近平谈治国理政(第1卷)[M].北京:外文出版社,2014:159.
③ 赵文静.试论责任和责任教育[J].山东教育科研,2000(10):15-17.
④ 胡河宁,孙树平.论责任范畴的伦理内蕴[J].石油大学学报(社会科学版),2001(6):65-69.
⑤ BRANDT R B. A Theory of the Good and the Right[M]. Oxford: Clarendon Press, 1979:164.

观能动性和创造性,在改造世界的同时也在完善着自我,推动自身的全面发展,在创造社会价值的过程中体现着个人价值,实现个体价值与社会价值的有机统一。换言之,个体价值与社会价值具有内在的一致性,人的发展本质上是人的社会化程度提高的过程,"人只有以社会生活为中介才能发现他自己,才能意识到他的个体性"①。

回馈社会是公民道德责任意识的最深层次体现,也是个体追求道德至善和理想人格的行为展示。只有当公民对社会负有强烈的回馈责任感时,才能自愿履行个人对社会的应尽责任而体现人生价值。马克思主义认为,人是社会的主体,人的社会性决定着人的价值追求不可能脱离所处的社会经济文化环境,任何人的生存和发展都是在社会提供条件的基础上才得以实现的,"只有在社会中并通过社会来获得他们自己的发展"②,离开了社会价值的实现,个人的发展也就失去了基础和条件。正因为每个人的个体价值实现离不开对社会价值的追求,所以个体要想实现自我价值,就必须追求社会价值的实现,通过个体的自觉价值创造活动来参与促进社会发展。这就内在规定了个体必须承担回报社会的相应责任,每个人在按照兴趣和意愿自由发展个性才能时,只有为社会作贡献,把促进社会发展和增进人民福祉作为价值目标,才能更好地体现个人价值。马克思指出:"正像社会本身生产作为人的人一样,人也生产社会。"③社会发展要求每个人充分发挥其内在价值,个人价值发挥得越好,社会的发展水平就越高。如罗尔斯所说:"正是通过建立在社会成员们的需要和潜在性基础上的社会联合,每一个人才能分享其他人表现出来的天赋才能的总和。"④可见,社会价值是个人价值的升华,个体价值要以有益于社会为前提,人的自由发展与人为社会作贡献的过程是同步的,个人主体性需要的满足及自我完善、自我发展的动态过程,必然是其社会价值实现的过程。一个人对社会作出的贡献越多,个人价值及自身的全面发展也就体现得越充分。

人类基本需求的满足形成了人与人的价值关系,社会的共同利益则是每个成员作为相互依存、相互联系的社会存在追求个人利益的一种聚合,社会的

---

① 卡西尔.人论[M].甘阳,译.上海:上海译文出版社,2013:282.
② 马克思,恩格斯.马克思恩格斯全集(第3卷)[M].北京:人民出版社,2002:235.
③ 马克思,恩格斯.马克思恩格斯全集(第42卷)[M].北京:人民出版社,2017:121.
④ 罗尔斯.正义论[M].何怀宏,等译.北京:中国社会科学出版社,2009:510.

共同利益决不是"仅仅作为某种'普遍的东西'存在于观念之中",而是"作为彼此分工的个人之间的相互依存关系存在于现实之中"①,现实社会中的人都有实现利益最大化的需求,只有通过满足社会或他人的需要才能满足自己的需要,人人履行回馈社会之责,才能实现个人利益和整体利益的统一。如恩格斯所说:"每个人追求自己的私人利益……也就不知不觉地为一切人的私人利益服务,为普遍利益服务。"②如果离开社会的发展,离开共同利益片面地去追求个人价值,不但不能为社会创造价值,还会使社会利益受到损害,最终影响的是社会关系和谐以及人自身的自由充分发展。特别是随着中国特色社会主义进入新时代,社会建设与人民幸福安康息息相关,人民对美好生活的向往"不仅需要有健康充足的文化生活,以满足自身的精神需求,同时把社会生活的和谐,即过一种有秩序的平安生活和寻求社会人际关系的理解与沟通,以及在社会生活中获得合适的角色定位,作为一种基本的人类价值"③。

2. 感恩和奉献社会是公民履行回馈责任的具体体现

懂得感恩是一种传统美德和为人处世最起码的修养,意味着从本质上坚守了良心的底线。习近平总书记曾在纪念五四运动100周年大会上对广大青年提出要求:"面对美好岁月,要有饮水思源、懂得回报的感恩之心,感恩党和国家,感恩社会和人民"④,并强调"在实现中华民族伟大复兴的新征程上,应对重大挑战、抵御重大风险、克服重大阻力、解决重大矛盾,迫切需要迎难而上、挺身而出的担当精神"⑤。提升个体的感恩意识和责任情怀,有助于培养乐于助人、关爱他人、与人为善、回报社会的良好品德,确立对人、社会和自然的爱心和善意,把"滴水之恩、涌泉相报"作为基本准则和道德责任,从而保持社会关系和谐,增进人与人之间的互助与合作,更好地"建立彼此间的信任和友谊,使公共生活充满乐趣"⑥。

感恩奋进,方得始终。一个人懂得感恩,深谙感恩的重要性,懂得感恩的

---

① 马克思,恩格斯.马克思恩格斯全集(第42卷)[M].北京:人民出版社,2017:360.
② 马克思,恩格斯.马克思恩格斯全集(第46卷)[M].北京:人民出版社,2003:102.
③ 万斌.和谐论纲[J].学术界,2005(4):7-19.
④ 习近平.在纪念五四运动100周年大会上的讲话[N].光明日报,2019-05-01(02).
⑤ 习近平.在纪念五四运动100周年大会上的讲话[N].光明日报,2019-05-01(02).
⑥ BELLAH R. Habits of the Heart:Individualism and Commitment in American Life[M]. University of California Press, 1985:335.

崇高性,才会知是非、明诚信,真正体验到他人和社会对自己的鼓励和帮助,学会回馈父母、回报社会和报效祖国。如果人与人之间缺乏感恩之心,必然会导致人际关系的冷漠。感恩萌发爱心,爱心催生责任感,公民履行感恩之责,体现了人对赖以生存的共同体及共同体中其他伙伴的认同和责任心,不仅有助于满足社会成员的发展需要,而且有利于提升社会的文明程度和人与人之间的互信互助水平,促使"单个的人认识到自己的利益和他人的利益的一致性"①。人的社会关系本质决定了相互合作既是个体生存和发展的内在需要,也是人类文明和社会进步的前提条件,"为了共同利益,当然能够合群,各如其本分而享有优良的生活。就我们各个个人来说以及就社会全体来说,主要的目的就在于谋取优良的生活"②。没有人与人之间最普遍的交往合作,也就谈不上感恩与回报,因为"离开了相互间的共同关系,个人就彼此隔离而凋残零落,或互相敌对而损害个人的发展"③。所有的交往都基于给予和回馈相平衡的模式,通过对他者主体人格及价值的肯定,实现对自我主体人格的确认和价值的充分展现。

懂得感恩的前提条件在于营造互帮互助、友爱和睦的氛围,相互合作是公民的重要责任,人与人的合作建立在互尊、互敬、互信和互惠的基础上,对于推动社会进步起着最根本的保障作用。互助合作是为了共享社会利益,追求一种互利共赢的理想状态,"在生产力的发展与进步的条件下,人们的基本生存需要得到满足,在追求更高层次需求、更高级别利益的过程中,合作共赢作为一种社会理念约束、指引着人们的行为,以增强信任水平实现目标追求"④。只有每个人承担起社会角色相应的责任,在社会分工、合作交往中都以不损害他人利益和社会利益为道德准则,才能为推进社会和谐及人的发展创造良好环境,正如英国哲学家塞缪尔说:"人们并不仅仅是只为自己而生存,除了为自己的幸福而生活外,他也为别人幸福而生存,每个人都有自己需要履行的职责。"⑤基于"无论什么行业,无论过哪一种生活,都需要与别人合作"⑥,社会

---

① 金生鈜.规训与教化[M].北京:教育科学出版社,2004:19.
② 亚里士多德.政治学[M].吴寿彭,译.北京:商务印书馆,2013:130.
③ 杜威.哲学的改造[M].许崇清,译.北京:商务印书馆,1989:101.
④ 张贤明,薛佳.合作共赢:改革发展成果共享的核心理念[J].理论探讨,2016(5):5-9.
⑤ 斯迈尔斯.人生的职责[M].李柏光,等译.北京:北京图书馆出版社,1999:1.
⑥ 西塞罗.西塞罗三论:老年、友谊、责任[M].徐奕春,译.北京:商务印书馆,1998:18.

成员之间的关系越紧密,相互合作的愿望越强烈,就越能激发出助人利他的良知、爱心和责任意识。"惟有通过这样的结合关系,我们才能走向真正的自我实现。"①尤其是现代社会交往的范围拓展和社会分工的细化,客观要求公民履行互助与奉献之责,积极主动地融入集体生活,将"利己"和"利他"、"小我"与"大我"有机统一起来。

奉献社会的美德并不是与生俱来的,而是人们基于共同发展的需要而逐步确立的。奉献源自内心对社会和人民的感恩情感,是一种不求回报的爱和全身心的付出,与其说"所强调的是那种充满了强烈激情的渴望,倒不如说它强调的是那种无私的帮助、共同的分享和相互的依存"②。只有每个公民努力做好每一件事、认真善待每一个人、积极完成每一项任务和忠实履行每一项职责,包括日常生活中的助人为乐、扶贫济困,职业生活中的爱岗敬业、任劳任怨,公共生活中的团结互助、友善关爱等,才能构建"人人为我、我为人人"的和谐共同体、发展共同体,"当同胞之间亲密无间合作时,他们彼此都将从中得到很大的好处"③。从这个意义上讲,一切为了社会、他人而作出奉献的行为都是具有崇高道德价值的责任担当。

总之,善于合作、懂得感恩是公民重要的责任素质,也是调节人与人、个人与社会之间互利共生关系的准则,而奉献社会作为一种有利于社会和他人的道德行为,则促使个体主动承担并切实履行对他人、社会的应尽职责。美国政治学家罗伯特说:"自愿的合作可以创造出个人无法创造的价值,公民共同体合作的社会契约基础,不是法律的,而是道德的。"④每一个人都是新时代的见证者、开创者、建设者,只要精诚团结、共同奋斗,才能共创美好生活和共享民族复兴的伟大荣光。

---

① 郝大维,安乐哲.先贤的民主:杜威、孔子与中国民主之希望[M].何刚强,译.南京:江苏人民出版社,2004:112.
② 纳斯鲍姆.善的脆弱性:古希腊悲剧和哲学中的运气与伦理[M].徐向东,陆萌,译.南京:译林出版社,2007:490.
③ 西塞罗.友谊责任论[M].林蔚真,译.北京:光明日报出版社,2006:151.
④ 帕特南.使民主运转起来[M].王列,赖海榕,译.南昌:江西人民出版社,2001:215.

第五节　公民对国家的应尽责任

公民履行对国家的责任和义务,既是爱国主义、社会主义、集体主义基本道德规范的核心要求,也体现出公民对国家的忠诚与信赖、实现爱国之情与报国之行内在统一的责任意识。时代呼唤担当,"每一个人都是新时代的见证者、开创者、建设者"①。引导公民践行爱国奉献之责、有序参与之责、回馈社会之责,既是社会主义政治文明建设的迫切需要,也是社会主义公民价值追求和道德行为的本质要求,为此,习近平号召广大人民特别是时代新人要"树立远大理想、热爱伟大祖国、担当时代责任、勇于砥砺奋斗、练就过硬本领、锤炼品德修为"②,树立和践行社会主义核心价值观,自觉用中华优秀传统文化、革命文化、社会主义先进文化培根铸魂、启智润心,加强道德修养,明辨是非曲直,增强做中国人的志气、骨气、底气,矢志追求更有高度、更有境界、更有品位的人生,努力成为德智体美劳全面发展的社会主义建设者和接班人。

一、爱国奉献之责

热爱祖国的伦理精神是责任情感的升华。爱国主义作为公民忠诚和热爱祖国的一种最朴素、最真挚、最深厚、最稳定的道德情感和价值目标,体现出对国家、民族的前途与命运的高度责任感和使命感。如列宁所说:"爱国主义就是千百年来巩固起来的对自己祖国的一种深厚感情。"③热爱祖国是立身之本、成才之基,拥有强烈而深沉的爱国情怀,才会促使人们将回报国家、建设社会内化为一种强烈的责任情感和担当意识。"爱国,是人世间最深层、最持久的情感,是一个人立德之源、立功之本。"④爱国主义深深植根于中华民族的精神基因中,是心之所系、情之所归,维系着各民族的团结统一,成为激励一代代中华儿女为祖国发展繁荣而不懈奋斗的最强大精神支柱。

---

① 习近平.在第十三届全国人民代表大会第一次会议上的讲话[N].人民日报,2018-03-21(01).
② 习近平.在纪念五四运动100周年大会上的讲话[N].人民日报,2019-05-01(02).
③ 列宁.列宁全集(第28卷)[M].北京:人民出版社,1995:168.
④ 习近平.在北京大学师生座谈会上的讲话[M].北京:人民出版社,2018:11.

1. 爱国奉献是公民的基本行为准则

爱国奉献既是人们在长期的社会实践中形成的爱国情感、意志和行为的理性升华,也是当代公民履行的基本道德规范和道德责任。爱国主义作为一种体现人民群众对自己祖国深厚感情的崇高精神,是同促进历史发展密切、维护国家独立和广大人民的根本利益密切联系在一起的,以爱国主义为核心的团结统一、独立自主、爱好和平、自强不息的民族精神,是中华民族发展壮大、继往开来的重要精神支柱。如江泽民所说:"一个民族、一个国家,如果没有自己的精神支柱,就等于没有灵魂,就会失去凝聚力和生命力。"[1]爱国主义精神作为中华民族精神的核心,无疑是中华民族精神形成的基础和生长、壮大的强大力量,也是国家凝聚力最具广泛性的道德基石,民族凝聚力"就是使民族结成统一的有机整体以确保其生存和发展的内在力量"[2],一个民族之所以伟大,根本在于面对任何艰难险阻决不放弃、永不退缩和从不止步,百折不挠为自己的前途命运而奋斗。

爱国主义是具体的、历史的,在不同的历史时期具有不同的内涵和主题。

改革开放以来,爱国主义作为一种伦理精神,本质上体现出爱国、爱党、爱社会主义的高度统一,公民把爱国主义与爱社会主义汇聚成中国特色社会主义建设事业的磅礴力量,在中国共产党的领导下战胜了经济社会发展中遇到的各种艰难险阻,在伟大工程、伟大事业、伟大斗争中创造出一个又一个伟大的时代精神,成为当代爱国主义精神的生动写照。"只有坚持爱国和爱党、爱社会主义相统一,爱国主义才是鲜活的、真实的,这是当代中国爱国主义精神最重要的体现。"[3]爱国主义成为公民履行爱国奉献之责的强劲思想动力,激发人民报效祖国的责任感和使命感,把个人的追求同祖国的前途、民族命运紧紧联系起来,把树立远大的理想同时代的要求统一起来,把实现自身价值与促进社会发展统一起来。

党的十八大以来,中国共产党人担当为中国人民谋幸福、为中华民族谋复兴的历史使命,唱响实现中华民族伟大复兴中国梦的爱国主义鲜明主题,成为

---

[1] 江泽民.论社会主义精神文明建设[M].北京:中央文献出版社,1999:145.
[2] 孔庆榕,张磊.中华民族凝聚力学[M].北京:中国社会科学出版社,2008:11.
[3] 习近平.大力弘扬伟大爱国主义精神,为实现中国梦提供精神支柱[N].人民日报,2015-12-31(01).

激发民族自尊心、自信心、自豪感和进取心的凝心聚力的强国之魄。习近平强调:"实现中国梦必须弘扬中国精神。这就是以爱国主义为核心的民族精神,以改革创新为核心的时代精神。"①为实现经济、政治、文化、社会、生态文明"五位一体"的总体布局,建设富强、民主、文明、和谐、美丽的社会主义现代化强国,坚持以人民为中心的发展新理念,不断满足人民日益增长的对美好生活的向往和需求,必须把培育爱国主义情怀融入中国梦,"中国梦是民族的梦,也是每一个中国人的梦。只有我们紧密团结,万众一心,为实现共同梦想而奋斗,实现梦想的力量就无比强大"②,提高公民的政治认同、国家认同、历史认同、文化认同,增强中国特色社会主义的道路自信、理论自信、制度自信、文化自信,"必须发扬爱国主义精神,提高民族自尊心和民族自信心,否则我们就不可能建设社会主义"③。引导广大人民群众把弘扬以爱国主义为核心的民族精神,转化为促进祖国统一和实现中华民族伟大复兴的具体行动,争做"走在时代前面的奋进者、开拓者、奉献者,努力成为祖国建设的有用之才、栋梁之材,为实现中国梦奉献智慧和力量"④。

2. 爱国奉献以实现民族复兴伟业为价值目标

中国特色社会主义进入新时代,中华民族迎来了从站起来、富起来到强起来的伟大飞跃,比历史上任何时期都更接近、更有信心和能力实现中华民族伟大复兴的目标。能否为实现中国梦贡献自己最大的力量,是衡量一个人是否有理想、有本领、有担当的根本标准。习近平曾指出:"历史只会眷顾坚定者、奋进者、搏击者,而不是等待犹豫者、懈怠者、畏难者。"⑤勇于担当、敢于担当、善于担当是成就事业的人生态度、精神境界和价值指向,担当精神与道德素质密不可分,道德水平越高,担当能力也就越强;反之,道德水平越低,担当意识也就越低。也就是说:"有多大担当才能干多大事业,尽多大责任才会有多大

---

① 中共中央文献研究室.十八大以来重要文献选编(上)[M].北京:中央文献出版社,2014:235.
② 习近平.习近平谈治国理政(第1卷)[M].北京:外文出版社,2014:40.
③ 邓小平.邓小平文选(第2卷)[M].北京:人民出版社,1994:369.
④ 中共中央文献研究室.习近平关于青少年和共青团工作论述摘编[M].北京:中央文献出版社,2017:45.
⑤ 习近平.决胜全面建成小康社会 夺取新时代中国特色社会主义伟大胜利:在中国共产党第十九次全国代表大会上的报告[M].北京:人民出版社,2017:69.

成就。"①

中华民族伟大复兴依靠能担当民族复兴大任的时代新人和德智体美劳全面发展的社会主义事业建设者。空谈误国、实干兴邦,每一项事业都是靠脚踏实地、一点一滴干出来的,尤其是"中华民族伟大复兴,绝不是轻轻松松、敲锣打鼓就能实现的"②,要求每位社会成员要有更强的责任感、更高的使命感,准备付出更为艰巨、更为艰苦的努力。梦想从学习开始,事业靠本领成就,公民承担每一项职责和完成每一项任务,都需要付出辛勤劳动,苦干实干才会有更多的获得感与成就感,中华民族伟大复兴的中国梦终将在一代代青年的接力奋斗中变为现实。

一方面,要激发每个人的道德责任意识,引导社会成员从自身做起,履行好自己的职责,提升道德素养和自觉践行能力,做有理想的奋进者,"共同享有人生出彩的机会,共同享有梦想成真的机会,共同享有同祖国和时代一起成长与进步的机会"③。既要正确认识世界和中国发展大势,"从我们党探索中国特色社会主义历史发展和伟大实践中,认识和把握人类社会发展的历史必然性,认识和把握中国特色社会主义的历史必然性,不断树立为共产主义远大理想和中国特色社会主义共同理想而奋斗的信念"④;又要把自己的小我融入祖国的大我、人民的大我之中,"弘扬爱国主义、集体主义、社会主义精神,提倡爱家爱国相统一,让每个人、每个家庭都为中华民族大家庭作出贡献"⑤。用实际行动诠释爱国之情,砥砺强国之志,实践报国之行,"只要我们一代人接着一代人不间断地追求崇高道德境界,中华民族就会永远充满希望"⑥。

另一方面,一个民族的文明素养很大程度上体现在青年一代的道德水准和精神风貌上,"青年一代的理想信念、精神状态、综合素质,是一个国家发展活力的重要体现,也是一个国家核心竞争力的重要因素"⑦。青年的理想信念

---

① 习近平.习近平谈治国理政(第2卷)[M].北京:人民出版社,2017:145.
② 习近平.决胜全面建成小康社会 夺取新时代中国特色社会主义伟大胜利:在中国共产党第十九次全国代表大会上的报告[M].北京:人民出版社,2017:15.
③ 习近平.习近平谈治国理政(第1卷)[M].北京:外文出版社,2014:40.
④ 习近平.习近平谈治国理政(第2卷)[M].北京:人民出版社,2017:377-378.
⑤ 习近平.在2019年春节团拜会上的讲话[N].人民日报,2019-02-04(01).
⑥ 习近平.习近平谈治国理政(第1卷)[M].北京:外文出版社,2014:106.
⑦ 中共中央文献研究室.习近平关于青少年和共青团工作论述摘编[M].北京:中央文献出版社,2017:45.

关乎国家未来,青年的价值观决定了未来整个社会的价值取向。习近平指出:"青年兴则国家兴,青年强则国家强。青年一代有理想、有本领、有担当,国家就有前途,民族就有希望。"①当代青年是实现"两个一百年"奋斗目标的生力军,是全面建设社会主义现代化的重要力量。为此,要注重"培养能够担当民族复兴大任的时代新人"②,引导青年立大志、明大德、成大才,用奋斗扬起理想的风帆,将青春梦融入中国梦,在为人民服务中茁壮成长,在实现民族复兴大业的时代坐标中确立人生目标,以坚定、自信、奋进、担当的精神状态,在担当中砥砺意志品质,在尽责中发挥聪明才智,"以执着的信念、优良的品德、丰富的知识、过硬的本领,同全国各族人民一道,担负起历史重任"③,在创业奋斗中升华理想信念,在学习工作中增长才干、锤炼本领,"只有求得真学问练就真本领,才能增益其所不能,成为可堪大用、能担重任的栋梁之材"④,成为有理想、有才干的实干家和有本领、有担当的开拓者,才能无愧于国家、无愧于时代,承担起民族复兴伟业的神圣使命。

二、民主参与之责

公民参与是指社会成员作为道德权利与责任主体,通过各种方式和途径合法参与公共领域的政治、社会、文化生活,影响和推动国家政治、经济、文化及社会治理的实践活动过程。"凡是旨在影响公共决策和公共生活的行为,都属于公民参与的范畴"⑤。参与意识是现代公民的民主意识至关重要的部分,公民的参与意识越普遍、越自觉,参与的行为越广泛、越深入,则民主政治的发展和社会文明进步的现代化程度也就越高。如马克思所说:"人们通过每一个人追求他自己的、自觉期待的目的而创造自己的历史,而不管这种历史的结局如何,而这许多按不同方向活动的愿望及其对外部世界的影响所产生的结果,就是历史。"⑥公民作为国家的主人翁,为了保证社会公平正义,必须自觉参与

---

① 习近平.决胜全面建成小康社会 夺取新时代中国特色社会主义伟大胜利:在中国共产党第十九次全国代表大会上的报告[M].北京:人民出版社,2017:69.
② 习近平在全国宣传思想工作会议上的讲话[N].人民日报,2018-08-23(01).
③ 中共中央文献研究室.十八大以来重要文献选编(中)[M].北京:中央文献出版社,2016:2.
④ 习近平.在同各界优秀青年代表座谈时的讲话[N].人民日报,2013-05-05(01).
⑤ 俞可平.公民参与的几个理论问题[N].学习时报,2006-12-18.
⑥ 马克思,恩格斯.马克思恩格斯全集(第4卷)[M].北京:人民出版社,2002:243-244.

政治生活和公共治理,及时、准确、合法、合理、有序地表达自己的各种诉求,并担负起相应的责任;公民有序参与既是实现权利与义务内在统一性的具体体现,也是稳定社会秩序和提高政治体制认同水平的必然要求,要扩大人民有序政治参与,保证人民依法实行民主选举、民主协商、民主决策、民主管理、民主监督。

1. 公民参与社会治理体现着权利与责任的统一

公民有序参与是社会主义民主政治的本质要求。公民作为经济、政治、文化、社会和生态文明建设的主体,在对国家和社会治理制度认同的基础上,通过依法、有序参与社会治理,合理表达自身利益诉求,既使自身价值得以彰显,也使社会公平正义得到维护。《中国大百科全书》中将公民参与界定为"公民自愿地通过各种合法方式参与政治生活的行为"①,参与意识是公民的民主意识至关重要的理性表达,公民有序参与即"公民在认同现有政治制度的前提下,为促进国家与社会关系良性循环、为提高政府治理公共事务的能力与绩效而进行的各种有序的活动,它包括各种利益表达、利益维护的行动"②。民主政治的协调运行与发展主要靠社会成员的自觉、主动参与来实现,公民参与意识越自觉,参与的行为越广泛,参与的过程越深入,民主政治的进步和社会治理现代化程度也就越高。

公民参与的权利保障、利益维护和责任担当,是相互联系、互为统一的整体。其一,权利保障体现在公民参与民主管理、民主决策和民主监督的过程中,具有充分表达合理诉求和维护合法利益的权利,彰显民主政治建设中的主体地位和作用,"公民有热情和积极性参与事关自己利益事务的决策,有意识和有能力去检验公民权利,这均来于公民资格的塑造和培育"③。政治参与是"社会成员按照一定的法律程序参与政治生活的政治行为"④,公民积极、主动地参与公共事务的治理,切实维护自身的正当利益,意味着公民是权利的终极拥有者,"决策民主化是政治民主的一种实现方式,其本质

---

① 中国大百科全书总编委会.中国大百科全书(政治学)[M].北京:中国大百科全书出版社,1992:485.
② 魏星河.当代中国公民有序政治参与研究[M].北京:人民出版社,2007:20.
③ 徐君.公民治理理论析论[J].北京行政学院学报,2006(3):26-28.
④ 当代世界政治实用百科全书[M].北京:中国社会出版社,1993:173.

是落实公民的知情权、表达权、参与权和监督权"①。其二,维护公共利益是公民参与的内在驱动力,而利益表达则是扩大公民参与的关键和健全公共决策过程的基础。"公共利益是一切公共政策的出发点和最终目的,一项公共政策的社会效果如何,要看一个时期的公共政策是否惠顾了社会的不同利益主体。"②公民作为参与社会治理的主体,基于公共理性进行平等协商和自由表达,提升维护公共利益的责任意识和参与能力,从而使社会的整体利益符合绝大多数人的利益诉求。推进社会治理体系和治理能力的现代化,就要健全公民参与机制,完善程序和保障制度,充分调动公民参与社会治理的积极性、主动性,促进民主参与的"广度"和有序参与的"深度"的有机统一,公民参与不仅是一个民主的认识过程,更是一个民主的实践过程,"我们可以把公民身份看作是民主政治的前提。即使没有正式加以规定,民主的治理体系还是包括了权利和义务两者。民主与平等参与的理念联系在一起,把公民在政治体中的臣民资格转变成为公民资格"③。其三,公民履行参与之责是构建和谐社会的重要保障,参与责任"是指公民承担起应有的政治责任,积极参与政治活动,依法维护自己的政治权利和民主权利,推动民主政治的发展,受到社会组织和社会成员的鼓励肯定"④。社会主义和谐平安社会是政府、社会和公民良性互动、共同治理及全面协调发展的社会,"培养公民具有独立理性判断能力的权利和义务主体,使公民逐步养成宽容精神"⑤,提升主人公的责任感,充分发挥聪明才智与创造活力,以积极的行动和正确的态度参与社会治理,这不仅是提高公共政策决策的民主化、科学化水平的需要,而且也是社会正义和文明进步的体现。

2. 公民有序参与是衡量民主政治建设的标尺

公民参与民主政治建设以促进社会公平正义、增进人民福祉为出发点和落脚点,公民通过各种途径参与国家政治生活和公共事务的决策,为不同利益群体之间提供有效的协商、沟通和交流机会,既增进各方面的相互了解与理

---

① 周光辉.推进国家治理现代化的有效路径:决策民主化[J].理论探讨,2014(5):5-10.
② 张国庆.公共政策分析[M].上海:复旦大学出版社,2004:82.
③ 福克斯.公民身份[M].郭忠华,译.长春:吉林出版集团有限责任公司,2009:92.
④ 韩承鹏.民主政治视野下的公民政治责任教育[J].天府新论,2005(6):59-62.
⑤ 孙关宏,胡雨春.政治学[M].上海:复旦大学出版社,2002:195.

解,凝聚最大的社会共识,寻求公共价值的最大公约数,也会增强社会成员的公共意识、规则意识、责任意识,提升社会治理水平和共建一种理性、包容、文明、和谐的公共生活。通过社会责任的承担实现对公共事务的积极参与,"问题的关键在于如何将公民积极参与的热情和行动与有效的公共管理过程有机平衡或结合起来,即如何将有序的公民参与纳入公共管理过程中来,在公共政策的制定与执行中融入积极、有效的公民参与"[1],通过多元主体之间的对话和协商,能够为政治决策提供较为全面的资源整合及信息交汇。如美国学者詹姆斯·博曼指出:"有效参与的平等能力是参与主体平等的基础,在这个基础上政治参与主体之间才有可能达成更多的共识。"[2]

公民参与的主动性、有序性和有效性,既是衡量一个国家民主政治建设水平的基本标尺,也是推进国家治理体系和治理能力现代化的重要目标。"在所有现代国家里,公民是直接参与政府事务并受其影响的。"[3]有序性是有效性的前提和社会秩序安定的保障,而有效性则是有序性的结果导向,以保证参与目标的实现,"因为无论如何,只有直接的政治参与——明显具有公共性的活动——才是一个民主公民教育完全成功的形式"[4]。公民政治参与既是一种价值理念,也是一种行为实践,公民的参与意识和责任能力密不可分,"如果政治主体没有扮演政治角色的能力,就无法参与政治生活,更无法充分利用各种民主政治形式"[5]。只有以公民在政治、法律和道德人格等方面的人人平等为基础,以普遍提升社会成员的民主意识、权利意识、责任意识和公德意识为保障,才能使社会成员担负起自主参与、有序参与、有效参与的责任。公共领域为公民提供了更多的参与机会,"使国家与社会以及社会内部各个要素之间,都能通过制度化的协商机制进行协商、合作和整合"[6],有效整合各方的利益诉求,调节利益失衡、化解社会矛盾,做到决策程序公开、透明,决策目标充分反映民意。从这个意义上讲,"处于现代化之中的政治体系,其稳定依赖于政党的力量,而政党的强大与否又要视其制度化公众支持的情况,其力量正好反

---

[1] 托马斯.公共决策中的公民参与[M].孙柏瑛,等译.北京:中国人民大学出版社,2010:3.
[2] 博曼.公共协商:多元主义、复杂性与民主[M].黄相怀,译.北京:中央编译出版社,2006:106.
[3] 亨廷顿.变化社会中的政治秩序[M].王冠华,等译.北京:生活·读书·新知三联书店,1989:32.
[4] 巴伯.强势民主[M].彭斌,译.长春:吉林人民出版社,2006:276.
[5] 马振清.中国公民政治社会化问题研究[M].哈尔滨:黑龙江人民出版社,2001:234.
[6] 林尚立.协商民主:中国的创造与实践[M].重庆:重庆出版社,2014:48.

映了这种支持的规模及制度化的程度"①。

政治参与本质上是一定阶级和社会群体为谋求经济利益而进行的实践活动,人民群众是推动社会发展的决定因素和创造物质财富的主体,"人们奋斗所争取的一切,都与他们的利益有关"②。最大限度地增进公共利益是公民参与的基本动力和最终目的,"政治权力不过是用来实现经济利益的手段"③。在民主政治建设中,不断扩大公民参与的广度与深度,既是实现人民民主的内在要求,也是实现决策的科学化、民主化的重要途径,有利于整合各方利益诉求,最大限度地凝聚共识,提升决策反映民意和符合绝大多数人利益的普惠性,"如果在公共政策的制定中能广泛地吸引公民参与,可以使公共政策的制定者与相对方之间进行良好的沟通,可以弥补和改善公共政策所谓的专业化方面的问题"④。

公民参与社会治理要在宪法所赋予的范围内有序进行。如果说公民的公共意识、协作精神、责任情感和利益诉求构成有序参与的主观动因的话,那么公民参与的制度化、规范化和程序化则是行为正当性、有序性、有效性的客观保证。为此,要坚持国家一切权力属于人民,进一步完善人民代表大会制度、协商对话制度、基层群众自治制度、舆论信访制度等,对公民政治参与的内容、程序、方式、途径作出明确规定,有效避免公民政治参与的随意性、盲目性,以刚性的制度和权威的法律,最大限度地保障人民政治上的知情权、参与权、表达权和监督权,最广泛地动员和组织人民依法管理国家事务和社会事务,推动政治生活不断走向开放、民主、平等和包容,加快社会治理的民主化和现代化进程,为保障人民当家做主、政治和谐稳定及长治久安营造良好的社会环境。

第六节 公民对人类的应尽责任

公民的责任赋予人类前所未有的历史使命,昭示出个体与社会共存、人

---

① HUNTINGTON S P. Political Order in Changing Societies[M]. New Haven and London, Yale University Press Copyrigh, 1968:408.
② 马克思,恩格斯.马克思恩格斯全集(第1卷)[M].北京:人民出版社,1995:82.
③ 马克思,恩格斯.马克思恩格斯选集(第4卷)[M].北京:人民出版社,1995:236.
④ 周晓丽,马晓东.公民参与:公共政策合法性的路径选择[J].理论探讨,2005(4):118-121.

类与自然和谐共生的必要性。全人类只有一个地球,我们共同生活在同一片星球,共同形成了"你中有我,我中有你"的生存格局,"人是作为类来到这个社会上的,社会性及其存在的共同体性,这是人类无法摆脱的存在样式与特质。人作为共同体存在,在共同的日常生活中会形成一些最起码的交往规则、行为习惯。正是这些交往规则与行为习惯,使得类本身得以存在下去"①。从马克思恩格斯关于人的本质、人的全面发展思想,到科学发展观的人与自然和谐共生理念,再到习近平新时代中国特色社会主义思想中关于人类命运共同体的全球治理理念,都为丰富人的社会关系本质,促进人与人、人与社会、人与自然的和谐共生,以及在更高层次上实现个人与社会的本质统一、人的全面发展与整个人类发展的内在统一,提供了理论指导和根本遵循。人作为特殊的个体,既是现实的、单个的社会存在物,"人也是总体,是观念的总体,是被思考和被感知的社会的自为的主体存在,正如人在现实中既作为对社会存在的直观和现实享受而存在,又作为人的生命表现的总体而存在一样"②。为此,每个公民作为社会中的一员,都对人类社会整体的和谐与发展负有一定的责任,也对人类自身的可持续发展以及生态文明建设的全球治理起着人人共建共享之责。

一、以命运与共推动人类进步为己任

人的"社会性"本质决定了个人全面发展与他人的自由发展、与社会的文明进步以及与整个人类的共同发展相互依存、互为条件,因为人类共有一个家园在同一个地球村,生活在历史和现实交汇的同一个时空,每个国家、每个民族、每个个人都被卷入"类"的交互关系中,都与人类大家庭的共同命运紧紧相连,尤其是经济全球化进程的加快使得不同民族、不同国家相互联系和交流往来日益密切,也在更大范围内紧密地联系在一起,人与人、人与社会交往呈现出多样性、丰富性、广泛性和个体化、网络化、全球化特征,人类社会越来越成为你中有我、我中有你的命运共同体。这种命运与共的"地球人"身份,不仅使各国各民族开始关切人与世界的关系,而且对每一个世界公民融入人类

---

① 高兆明.伦理学理论与方法[M].北京:人民出版社,2005:19.
② 马克思,恩格斯.马克思恩格斯文集(第1卷)[M].北京:人民出版社,2009:188.

社会发展的责任意识提出了较高要求。"人类的共同命运、共同利益已经成为每个人必须关注和考虑的切身利益和切身命运问题。"①

1. 人的类本质赋予公民命运与共的世界责任

马克思主义认为,人始终是处于社会关系中的人,不仅有个体性、独立性而且具有群体性、社会性特征,"类思维"是在处理人与人、人与社会的复杂关系中体现出来的具有开放性、包容性的思维方式,人作为一种自觉自为的理性存在者摆脱种种民族局限和地域局限而同整个世界的生产(也同精神的生产)发生实际联系,在具体的社会实践活动中不仅创造自己的劳动产品和社会物质财富,而且也创造了人与人、人与社会之间的关系,形成"人类社会"和"社会化的人类"。

一方面,人的社会性使人成为"真正合乎人性的东西","人是一个特殊的个体,并且正是他的特殊性使他成为一个个体,成为一个现实的、单个的社会存在物,同样地他也是总体,观念的总体,被思考和被感知的社会的自为的主体存在"②。每个人都生存在人类整体的相互依存中,个体的存在需要以另一个个体的存在为前提,没有任何孤立于社会之外的个人,"我们越往前追溯历史,个人,从而也是进行生产的个人,就越表现为不独立,从属于一个较大的整体"③。这个"较大的整体"就是建立在个体本位和类本位逻辑关系基础上的命运共同体和发展联合体,因为"社会本身就是一个共同体,或者说,社会是通过共同体这种形式而把个体的人联结为一个整体的"④。从这个意义上讲,人与社会、国家、世界是一体的,"人就是人的世界,就是国家、社会"⑤。人的类存在把一切个体统一为整体,不仅"表现为不同个体间的统一性、聚合性、凝聚性,把个体活动紧密地连接在一起"⑥,而且通过这种连接、聚合促使个体在形成独立人格的基础上发挥个性潜能,创造自身的社会价值,形成更高的社会发展活力。

另一方面,实践活动是人的类特性,成为人维持生存发展需要的手段。

---

① 习近平.论坚持推动构建人类命运共同体[M].北京:中央文献出版社,2018:5.
② 马克思.1844年经济学哲学手稿[M].北京:人民出版社,2000:80.
③ 马克思,恩格斯.马克思恩格斯文集(第8卷)[M].北京:人民出版社,2009:6.
④ 张康之,张乾友.共同体的进化[M].北京:中国社会科学出版社,2012:19.
⑤ 马克思,恩格斯.马克思恩格斯文集(第1卷)[M].北京:人民出版社,2009:3.
⑥ 高清海.人的类生命与类哲学[M].长春:吉林人民出版社,1998:238.

"一个种的整体特性、种的类特性就在于生命活动的性质,而自由的有意识的活动恰恰就是人的类特性。"①人对世界的改造过程实际上是确证人本身是类存在的过程,人的活动始终是社会性质的活动,即使是从事单个人的实践活动也是具有社会性的,"甚至当我从事科学之类的活动,即从事一种我只是在很少情况下才能同别人直接交往的活动的时候,我也是社会的,因为我是作为人而活动的"②。人的本质属性不是与生俱来的,而是通过人的有意识的实践活动逐步形成和发展的,人的个体本质也离不开类本质,"只有在共同体中,个人才能获得全面发展其才能的手段,也就是说,只有在共同体中才可能有个人自由"③。社会化的人为实现共同需求而建立起普遍联系和交往,在改造世界的活动中推动人类进步和自身全面发展。如马克思所说:"生命活动的性质包含着一个物种的全部特性,它的类特性,而自由自觉的活动恰恰就是人的类特性。"④

总之,社会主体之间的命运息息相关,每个人既是一个具体国家的公民,又都是"属于世界"的平等的、无差别的"人","每个人既是独立的人,也是普遍的人,即都是小我和大我的统一体;人与人之间不再有'人'的分别,而只有个性的不同,也就是说它们在人格上是完全平等的,个性上是充分自由的"⑤。主体性地位获得的前提是个体是否具备自主意识、自觉意识与自为意识,只有每个人都获得主体的解放和人格的独立,才能在此基础上建立全面的社会联系,实现自由人联合体和社会的广泛统一。全球化正在促成超越民族国家界限和社会文化空间的新的身份认同,如努斯鲍姆所言:"一个人作为世界公民并不一定要放弃他的本土身份和隶属关系,相反,这种本土身份和隶属关系常常使生命丰富性更加广大。"⑥特别是面对全球疫情公共卫生危机和各种重大风险的挑战,需要各国和地球村的"村民"共同负起责任,只有增强命运共同体的价值认同和人与世界关系身份认同,唤醒人们对共同人性的关怀,提升彼此依存、相互包容、团结合作、携手共进的责任感,形成深切的人类命运共同体

---

① 马克思,恩格斯.马克思恩格斯全集(第3卷)[M].北京:人民出版社,2002:273.
② 马克思.1844年经济学哲学手稿[M].北京:人民出版社,2000:79.
③ 马克思,恩格斯.马克思恩格斯选集(第1卷)[M].北京:人民出版社,1995:119.
④ 马克思.1844年经济学哲学手稿[M].北京:人民出版社,2000:50.
⑤ 高清海.人的类生命与类哲学[M].长春:吉林人民出版社,1998:242.
⑥ Nussbaum M. Kant and Stoic Cosmopolitanism[J]. The Journal of Political Philosophy, 1997(5):1.

2. 人类命运共同体倡导公民担负守望相助之责

人类命运共同体以实现各民族共同福祉为旨归,赋予公民和平共处及共同发展的世界责任。人类社会发展由生产力的发展水平所决定,正是在生产力与生产关系的矛盾运动中,人类社会逐步从低级阶段发展到高级阶段,而人作为生产力最活跃和起决定性作用的因素,人与人之间的交往通过调整生产力要素的结合,促进生产力的发展、生产关系的变革和社会的进步。"各民族之间的相互关系取决于每一个民族的生产力、分工和内部交往的发展程度。然而不仅一个民族与其他民族的关系,而且这个民族本身的整个内部结构也取决于自己的生产以及自己内部和外部的交往的发展程度。"①现代社会各国在经济、文化、生态方面的相互依存程度逐渐加深,各民族之间的交往更加密切,加上互联网、大数据、云计算、人工智能的迅猛发展,人类拥有更为广泛的共同利益,同时也需要应对日益增多的全球危机,"人类面临的全球性问题数量之多、规模之大、程度之深也前所未有,世界各国人民前途命运越来越紧密地联系在一起"②。人类是一个命运相互关联不可分割的整体,"没有哪个国家能够独自应对人类面临的各种挑战,也没有哪个国家能够退回到自我封闭的孤岛"③。为谋求解决人类面临的共同问题,"只有团结协作,才能凝聚力量,有效克服国际政治经济环境变动带来的不确定因素"④。

人类命运共同体需要公民以全球视野、开放观念看待社会发展与人类文明,在尊重差异、包容多样中共建文明交流新秩序,"既要不断稳固相互之间的利益关联,赋予人类命运共同体更加稳固的内核,还需在利益相通的基础上进一步增加责任与伦理内蕴,供给人类命运共同体持续发展的动力"⑤。人类文明因多样才有交流互鉴的价值,每一种文明都扎根于自己的生存土壤,凝聚着

---

① 马克思,恩格斯.马克思恩格斯选集(第1卷)[M].北京:人民出版社,1995:147.
② 习近平.携手建设更加美好的世界:在中国共产党与世界政党高层对话会上的主旨讲话[N].人民日报,2017-12-02(01).
③ 习近平.习近平谈治国理政(第3卷)[M].北京:外文出版社,2020:46.
④ 中共中央文献研究室.习近平关于社会主义生态文明建设论述摘编[M].北京:中央文献出版社,2017:140.
⑤ 桑建泉,陈锡喜.人类命运共同体与自由人联合体理论关系新论[J].青海社会科学,2017(6):7-14.

一个国家、一个民族的非凡智慧和精神追求，也都有自己存在的价值，"如果人们真的做到'美美与共'，也就是在欣赏本民族文明的同时，也能欣赏、尊重其他民族的文明，那么，地球上不同文化、不同民族、不同国家之间就达到了一种和谐，就会出现持久而稳定的和而不同"①。文明是平等的，人类文明因平等才有交流合作的前提，共同体的所有成员不分民族、信仰、文化、地域等都是平等、独立的有尊严存在，都是"道德世界自由平等的立法者和守法者，是道德世界的公民，对其他人具有最基本的道德责任"②。同时，每一种文明都不可能孤立存在，都与其他文明有着千丝万缕的联系，"文明是包容的，人类文明因包容才有交流互鉴的动力"③。只有摒弃狭隘的故步自封观念，勇于吸收和借鉴其他文明的先进成果，共享人类共同创造的文明成果，积极谋求人类"共同利益"和"共同价值"的统一，"真正认识到人类是一个命运共同体，形成深切的人类命运共同体意识，家国情怀才能扩展为人类情怀并导向于构建人类命运共同体的实际行动"④。

构建以持久和平发展为前提、以公平正义为原则、以自由民主为旨归的人类命运共同体，反映着世界各国人民的共同愿景和美好追求。"人类情怀是对整个人类的关爱之情及对人类成员之间亲密合作、和睦相处的认同和向往之情，是构建人类命运共同体的直接心理动因。"⑤和平与发展是人类的共同事业，关乎所有人的生存权和发展权，和平是发展的前提，发展必须要有和平作保障，国际的和平是人类和平的基本要义，只有各国公民之间"相互尊重、平等相处、和平发展、共同繁荣"⑥，形成守望相助的全球责任共同体，才能维护世界和平发展与推动人类社会进步。由于"每一个单个人的解放程度，是与历史完全转变为世界历史的程度一致的"⑦，在相互联系和依存日益紧密的全球化

---

① 费孝通.美美与共和人类文明(上)[J].群言,2005(1):17-20.
② 康德.康德著作全集(第4卷)[M].李秋零,主编.北京:中国人民大学出版社,2007:471.
③ 习近平.论坚持推动构建人类命运共同体[M].北京:中央文献出版社,2018:76-78.
④ 陈杰.家国情怀、人类情怀与人类命运共同体的构建[J].中国矿业大学学报(社会科学版),2021(2):1-12.
⑤ 陈杰.家国情怀、人类情怀与人类命运共同体的构建[J].中国矿业大学学报(社会科学版),2021(2):1-12.
⑥ 习近平.在纪念中国人民抗日战争暨世界反法西斯战争胜利70周年大会上的讲话[J].人民日报,2015-09-04(02).
⑦ 马克思,恩格斯.马克思恩格斯文集(第1卷)[M].北京:人民出版社,2009:541.

时代，每个人只有超越孤立的个体意识，以正确的态度对待个人与社会、个人与世界的关系，培育"和平、发展、公平、正义、民主、自由"①的价值理念，学会从全球视野看待各种社会问题，"以团结、智慧、勇气扛起历史责任"②，才能实现人类社会天下大同的理想目标，"建设持久和平、普遍安全、共同繁荣、开放包容、清洁美丽的世界"③。

二、以共建共享生态文明为己任

生态文明是构建人类命运共同体不可或缺的重要维度。自然界是人类的生存之本、发展之基和安身立命的摇篮，"地球是人类唯一赖以生存的家园，珍爱和呵护地球是人类的唯一选择"④。无论自然界还是人类社会，都是因为多样性、多元化、差异性而更加精彩。人与自然是共生共荣的统一体，人可以利用自然、改造自然，"我们对自然界的全部统治力量，就在于我们比其他一切生物强，能够认识和正确运用自然规律"⑤。自然界有着不以人的意志而改变的内在规律，人类不能凌驾于自然之上，"人类只有遵循自然规律才能有效防止在开发利用自然上走弯路，人类对大自然的伤害最终会伤及人类自身，这是无法抗拒的规律"⑥。人类在实践中尊重自然、顺应自然，为自然界提供价值和创造价值，实质上也就是尊重和呵护人的自身发展。如约纳斯所说："自然不仅仅是责任的对象，而是责任基础本身。人在技术上怎样损害了生命，人就有义务怎样去保护生命。即人既不能漠然地同人以外的生命世界打交道，又不能漠然地和人自身打交道，而要肩负起对自然和未来人的责任。"⑦为了满足人们对美好生活、美好社会、美好世界的向往，构建人与自然和谐的生命共同

---

① 习近平.论坚持推动构建人类命运共同体[M].北京：中央文献出版社，2018：253.
② 习近平.携手共命运，同心促发展：在2018年中非合作论坛北京峰会开幕式上的主旨讲话[N].人民日报，2018-09-03(01).
③ 习近平.决胜全面建成小康社会 夺取新时代中国特色社会主义伟大胜利：在中国共产党第十九次全国代表大会上的报告[M].北京：人民出版社，2017：59.
④ 习近平.共同构建人类命运共同体：在联合国日内瓦总部的演讲[N].人民日报，2017-01-20(01).
⑤ 马克思，恩格斯.马克思恩格斯全集(第4卷)[M].北京：人民出版社，1979：384.
⑥ 习近平.决胜全面建成小康社会 夺取新时代中国特色社会主义伟大胜利：在中国共产党第十九次全国代表大会上的报告[M].北京：人民出版社，2017：53.
⑦ 约纳斯.技术、医学与伦理学：责任原理的实践[M].张荣，译.上海：上海译文出版社，2008：15.

体、生态共同体,"国际社会应该携手同行,共谋全球生态文明建设之路,牢固树立尊重自然、顺应自然、保护自然的意识,坚持走绿色、低碳、循环、可持续发展之路"①。

1. 人人承担保护自然之责才能共建生态文明家园

生态环境保护是公民义不容辞的责任和现代文明素质的显著标志。从人与自然的关系来看,人是自然界的产物,自然界不仅是人的生命来源,而且是人的生命价值的来源,"人本身是有创造力的,但是,人的创造力是有前提的,人绝不是自然界的'立法者',而是自然界'内在价值'的实现者和执行者"②。生态环境和自然资源是人类赖以生存和发展的永恒基础,人无法离开自然环境而孤立存在,必须同自然进行各种不间断的物质、能量和信息交换。"自然不是供人自由支配的客体,相反是具有一种独立于人的自身价值的主体。"③生态环境没有替代品,用之不觉,失之难存。"我们所有的人都应该对生命的地球共同体负责。"④大自然不仅孕育抚养了人类,而且把良好的生态环境赠予人类,美丽、完整的生态环境"能够创造出有利于有机体的差异,使生态系统丰富起来,变得更加美丽、多样化、和谐、复杂"⑤。历史反复证明,当人类友好保护自然时,自然的回报是慷慨的,"人类既栖身于文化共同体中,也栖身于自然共同体中,因此,伦理学的一个未完成的主要议题,就是我们对大自然的责任"⑥。而当人类粗暴掠夺自然时,自然的惩罚也是无情的,恩格斯曾告诫我们:"不要过分陶醉于我们人类对自然界的胜利。对于每一次这样的胜利,自然界都对我们进行报复。每一次胜利,起初确实取得了我们预期的结果,但是往后和再往后却发生完全不同的、出乎意料的影响,常常把最初的结果又消除了。"⑦

建设美丽家园是人类的共同梦想。充分利用自然是为了满足人类日益增

---

① 习近平.携手构建合作共赢新伙伴 同心打造人类命运共同体:在第七十届联合国大会一般性辩论时的讲话[N].人民日报,2019-09-29(02).
② 蒙培元.人与自然:中国哲学的生态观[M].北京:人民出版社,2004:5.
③ 司徒博.环境与发展:一种社会伦理学的考量[M].邓安庆,译.北京:人民出版社,2008:311.
④ 克莱顿,海因泽克.有机马克思主义[M].孟献丽,等译.北京:人民出版社,2015:149.
⑤ 罗尔斯顿.环境伦理学[M].杨通进,译.北京:中国社会科学出版社,2000:303.
⑥ 罗尔斯顿.环境伦理学[M].杨通进,译.北京:中国社会科学出版社,2000:2.
⑦ 马克思,恩格斯.马克思恩格斯选集(第4卷)[M].北京:人民出版社,1995:383.

长的对美好生态文明向往的新需求,而尊重自然规律和保护自然环境,则是为了人类自身的整体利益和长远利益,防范和化解自然灾害型公共危机,以实现人与自然的永续发展。如汉斯·约纳斯所说:"自然不再仅仅是责任的对象,而是责任基础本身。人在技术上怎样损害了生命,人就有义务怎样去保护生命。即人既不能漠然地同人以外的生命世界打交道,又不能漠然地和人自身打交道,而要肩负起对自然和未来人的责任。"①人与自然的和谐是人与人、人与社会和谐的前提条件,"人把自身当作现有的、有生命的类来对待,因为人把自身当作普遍的因而也是自由的存在物来对待"②,作为自由自主的存在物,人类有责任和义务保护好赖以生存的自然环境。"只有体验到对一切生命负有无限责任的伦理才有思想根据。人对人行为的伦理决不会独自产生,它产生于人对一切生命的普遍行为。从而,人必须要做的敬畏生命本身就包括所有这些能想象的德行:爱、奉献、同情、同乐和共同追求。"③从这意义上讲,敬畏和关爱一切生命的道德责任"不仅是人类道德文明史上的一大进步,也为生态文明的发展提供了重要的伦理思想基础"④。

构建责任共同担当、危机共同解决的全球治理体系,是实现人与自然生命共同体可持续发展的必由之路。"环境危机是工业文明的结构性特征"⑤,伴随工业文明进步,人类征服自然的能力显著提高,导致对自然资源的掠夺性开发,使得全球环境质量每况愈下,生态危机日趋严重。"现代文明的物理、化学、生物的伴随随处可见。除非我们这个时代支配自然的倾向得到控制,否则,我们将会把地球自然环境变成一个巨大的人工产物。"⑥为促进人类生存发展与生态的平衡,维护生命共同体的丰富性和多样性,要"把其他物种和自然生态系统看作具有自我价值的,并把其视为一个共同命运体的合作伙伴"⑦,唤醒人类保护自然的责任情感,形成人人崇尚生态文明的新风尚。"建

---

① 约纳斯.技术医学与伦理学[M].张荣,译.上海:上海译文出版社,2008:15.
② 马克思,恩格斯.马克思恩格斯选集(第1卷)[M].北京:人民出版社,1995:55.
③ 施韦泽.敬畏生命:五十年来的基本论述[M].陈泽环,译.上海:上海社会科学院出版社,2003:9.
④ 夏东民,陆树程.后敬畏生命观及其当代价值[J].江苏社会科学,2009(5):217-222.
⑤ 杨通进.环境伦理:全球话语中国视野[M].重庆:重庆出版集团,2007:2.
⑥ 泰勒.尊重自然:一种环境伦理学理论[M].雷毅,等译.北京:首都师范大学出版社,2010:2.
⑦ 克莱顿,海因泽克.有机马克思主义[M].孟献丽,等译.北京:人民出版社,2015:194.

设生态文明关乎人类未来,国际社会应该携手同行,共谋全球生态文明建设之路。"①唯有形成全球生态治理的整体合力,才能有效应对气候变化、海洋污染、生物保护等生态危机,让绿色发展理念深入人心,让全球持久和平、普遍安全的生态文明之路行稳致远,"保护生态环境,应对气候变化,维护能源资源安全,是全球面临的共同挑战,世界各国应深入开展生态文明领域的交流合作,携手共建生态良好的地球家园"②。

2. 人人履行节约资源之责才能共享生态文明福祉

"良好的生态环境是最普惠的民生福祉"③,节约资源之责与保护环境之责是相辅相成、相互统一的,节约资源是保护生态环境的根本之策。节约有限的资源,是为了追求更少资源消耗、最大限度地保护生态环境、取得尽可能好的经济效益和社会效益,实现可持续发展。习近平总书记指出:"生态文明建设事关中华民族永续发展和'两个一百年'奋斗目标的实现,保护生态环境就是保护生产力,改善生态环境就是发展生产力。"④只有正确对待生产实践中人与自然的和谐统一关系,促进生产消费过程减量化、再利用、再循环的方式转变,才能更可持续地发展生产力。"只有人类内部、人类与全球生态系统及共处一个生物圈的其他物种之间,保持和谐与平衡,才会实现人类自身的健康发展。"⑤为顺应社会主要矛盾的新变化,我国把优化国土空间开发格局、全面促进资源节约、加大自然生态系统和环境污染治理力度、加强生态文明的"四梁八柱"作为生态文明建设的主要任务。"生态文明是人民群众共同参与共同建设共同享有的事业,要把建设美丽中国转化为全体人民自觉行动。"⑥建设资源节约型和环境友好型社会,要在全社会树立节约集约利用资源的理念。"如果公民们不愿意降低自己的消费量、重新使用循环再生的产品,国家就无法保护环境。"⑦要以资源的高效利用和循环利用为根本,大幅降低能源、水、

---

① 习近平.习近平谈治国理政(第2卷)[M].北京:外文出版社,2017:525.
② 习近平向生态文明贵阳国际论坛2013年年会致贺信强调携手共建生态良好的地球美好家园[N].人民日报,2014-11-12(01).
③ 中共中央宣传部.习近平总书记系列重要讲话读本[M].北京:学习出版社,人民出版社,2014:123.
④ 习近平.之江新语[M].杭州:浙江人民出版社,2007:224.
⑤ 克莱顿,海因泽克.有机马克思主义[M].孟献丽,等译.北京:人民出版社,2015:226.
⑥ 习近平.推动我国生态文明建设迈上新台阶[J].求是,2019(3):4-19.
⑦ 金里卡.当代政治哲学(下)[M].刘莘,译.上海:上海三联书店,2004:513.

土地消耗强度,形成低耗能、低排放、低污染的生产方式和消费模式。实现碳达峰、碳中和是我国向世界作出的庄严承诺,也是一场广泛而深刻的经济社会变革,要坚持不懈推动绿色低碳发展,建立健全绿色低碳循环发展经济体系,促进经济社会发展全面绿色转型。习近平指出:"坚持绿色发展是发展观的一场深刻革命。要从转变经济发展方式、环境污染综合治理、自然生态保护修复、资源节约集约利用、完善生态文明制度体系等方面采取超常举措,全方位、全地域、全过程开展生态环境保护。"①

生态文明关乎全人类生存权利和切身利益,节约资源不仅是当代人应承担的共同责任,而且也是对子孙后代应尽的义务。"后代人的基本需要与我们的基本需要是大致相同的,因而满足这些基本需要的条件也是基本相同的,即都需要安全的食物、洁净的饮用水、清洁的空气、足够的土地以及一个有利于身心健康的功能健全的生态系统。"②自然资源的枯竭是一种长期的、日积月累的问题,由于人类中心主义对物质财富的疯狂获取和对自然的征服掠夺,而缺乏对自然应有的尊重,才最终引发了人类社会的生态灾难和社会危机。"在开发自然、利用自然中,人类不能凌驾于自然之上。"③现代科技的发展"表面上体现为一种和平的、建设性的全球技术力量的应用,这种应用使我们通过不断增加的产品、消费品、人口的绝对增长等作为不可避免的受益者被拴在一起,然而这种威胁解决起来远为困难。所有这些威胁的要点在于自然的负担过重,这负担包括环境,也许还有人类"④。

人与自然是休戚与共的生命共同体,人类共同面临着"人与自然、社会、人际、心灵、文明间五大冲突,并由此而造成生态、人文、道德、信仰、价值五大危机"⑤。这些冲突危机具有"跨国界"和"无边界"的全球性特征,与各个国家的发展水平、经济状况、生活方式、消费观念、人口规模、资源结构、科技实力紧

---

① 习近平.在山西考察工作时强调扎扎实实做好改革发展稳定工作 为党的十九大胜利召开营造良好环境[N].人民日报,2017-06-24(01).

② 杨通进.论正义的环境:兼论代际正义的环境[J].哲学研究,2006(6):100-107.

③ 中共中央宣传部.习近平总书记系列重要讲话读本[M].北京:学习出版社,人民出版社,2016:231.

④ JONAS H. The Imperative of Responsibility: In Search of an Ethics for the Technological Age[M]. Chicago: University of Chicago Press, 1985:1.

⑤ 张立文.和合学三界的建构[J].新华文摘,2012(18):42.

密相关。全球范围内人们围绕生态资源占有、生态利益分配等问题而产生的各种矛盾和冲突,本质上体现出人与自然的关系异化。"应对气候变化,维护能源资源安全,是全球面临的共同挑战"①,迫切需要各国人民胸怀对自然生命共同体和人类代际命运共同体高度负责的精神,勇于承担节约资源、保护环境的道德责任,倡导适度物质消费、绿色消费习惯、减量环境破坏和低碳资源消耗的生活方式,"从而逐步形成人的生态与自然生态相互协调的生产生活方式,人们更加尊重自然,避免对物欲的过分追求,人们也尊重利益和需求的多元化,避免由于资源分配不公、人群的斗争以及权力的滥用而造成对生态的破坏"②。可以说,承担责任是一种内在于共同体意识的认同与担当,只有人们能够意识到这个共同体的相互依存、和谐统一性,人类才会把"对动物、植物和自然环境的关怀,对人类创造的物质世界的关怀等"③纳入责任伦理范畴,逐步内化为人类的共同信仰,从而将"敬畏自然、尊重自然、顺应自然、保护自然"④的责任情怀提升为人类普遍的道德品质。

生态文明根本上取决于人的文明素质和人文情怀。"公民生态文明意识的养成是生态文明建设的根本目标和关键所在,也是推进生态文明建设的重要途径和基本保证。"⑤人类承担起对整个自然及生物圈的道德责任,彰显出人对自然关系的主体性提升,"生态文明建设既是一个复杂的系统工程,又是一个长期的历史过程,能否顺利推进,虽取决于多重因素,但关键在于人,在具有生态化人格的新人"⑥。只有将人的关怀伦理和责任伦理扩展到自然界所有生命领域,既注重人类生存和发展的权利,又保障自然界生存和发展的权利,"把人类道德关怀的对象范围,从人际关系和社会生活的领域和层面,扩展到整个生命和自然界,一个可持续的世界必须基于将共同幸福置于个人利益之上的那种使命"⑦。依靠全球的共同参与和齐心协力推进社会发展与生态

---

① 中共中央文献研究室.习近平关于社会主义生态文明建设论述摘编[M].北京:中央文献出版社,2017:127.
② 邓如辛.以人为本:科学发展观的价值取向研究[M].长春:吉林大学出版社,2011:259.
③ 诺丁斯.学会关心:教育的另一种模式[M].于天龙,译.北京:教育科学出版社,2003:3.
④ 习近平.在纪念马克思诞辰200周年大会上的讲话[M].北京:人民出版社,2018:21.
⑤ 王学俭,宫长瑞.生态文明与公民意识[M].北京:人民出版社,2011:2.
⑥ 刘湘溶,罗长军.生态文明建设视域下的环境教育[M].长沙:湖南师范大学出版社,2017:2.
⑦ 克莱顿.走向一种为了共同福祉的建设性后现代主义[J].周邦宪,译.武汉理工大学学报(社会科学版),2010(5):619-621.

文明相协调,在利用自然资源、满足自身利益上机会均等、责任共担,既要增强社会成员的节约意识、环保意识和生态意识,又要倡导绿色、适度、文明、健康的消费观念,摒弃人类中心主义和生态利己主义对人与自然关系的异化,以维护人与自然的和谐共存作为人类的共同使命,逐步实现"人和自然界之间、人和人之间的矛盾的真正解决,也是存在和本质、对象化和自我确证、自由和必然、个体和类之间的斗争的真正解决"[1]。

---

[1] 马克思.1844年经济学哲学手稿[M].北京:人民出版社,2000:77.

第七章
公民道德责任教育面临的挑战和实施原则

公民对责任的承担和履行是在各种特定的文化价值观念背景和复杂的现实社会关系中进行的。新时代人们对高质量的文化需求日益强烈,对真善美的道德追求更加向往,对社会整体的道德风尚期望值更高,对美好生活向往的热情和要求更高,公民道德总体上呈现积极健康、向上向善的良好发展态势。但也不容忽视的是,在公共生活领域中还存在着公德意识弱化、责任自律意识不强、道德责任信仰缺失、公民参与意识淡漠等现实问题,"尤其是在当今的社会转型期,人们的公共意识面临着严重的错位、缺位和缺失现象,对公共利益问题或者是持事不关己高高挂起的冷漠态度,或者是秉持损公肥私、追求个人利益最大化的立场。这已经成为社会主义和谐社会建设的精神桎梏之一"①。迫切需要强化公民的责任意识,构建适应时代发展要求的公民责任教育体系。

第一节 新时代公民责任教育面临新形势新任务

中国特色社会主义事业新时代赋予公民的责任比以往任何时候都更为重大,实现中华民族伟大复兴不仅关系到国家的前途和命运,关系到子孙万代的幸福,而且也影响着人类社会的进步和世界历史的进程,中国梦归根到底是人民的梦,需要每一个人的辛勤付出和履职尽责。而一个社会是否文明进步、国家能否长治久安,很大程度上取决于社会成员的思想道德素质。"道德素质是

---

① 杨仁忠.论公共领域对培养当代中国公民意识的独特作用[J].理论探讨,2013(1):74-77.

人们的道德认识和道德行为水平的综合反映,包含着一个人的道德修养和道德情操,体现着一个人的道德水平和道德风貌。"①无论是国家治理体系现代化,还是国家治理能力现代化,最终都必然指向人的道德素质的现代化。毋庸置疑,在新的历史方位上,公民道德建设取得显著成效,总体上展现出向上向好、持续推进的良好态势,为中国特色社会主义事业发展提供了强有力的精神支撑。与此同时,"由于市场经济规则、政策法规、社会治理还不够健全,受不良思想文化侵蚀和网络有害信息影响,道德领域依然存在不少问题"②。加强公民道德建设,必须凸显并发展人们的道德主体性,促使人们有足够的道德勇气与道德责任去解决道德问题,"激发人们形成善良的道德意愿、道德情感,培育正确的道德判断和道德责任,提高道德实践能力尤其是自觉实践能力"③,使每个公民都享有人生出彩的机会,共同享有梦想成真的机会,从而汇聚成实现中国梦的磅礴力量。

一、百年未有之大变局为公民责任教育带来新挑战

"当今世界正处在大发展大变革大调整时期,世界多极化、经济全球化深入发展,科学技术日新月异,各种思想文化交流交融交锋更加频繁。"④百年未有之大变局加速演进,世界之变、时代之变、历史之变的特征更加明显,全球治理体系和国际秩序变革加速推进,新一轮科技革命和产业变革正孕育兴起,文化多样化和社会信息化深入发展,国际力量对比正在发生近代以来最具革命性的变化。特别是新冠疫情全球大流行,改变着人们的生活方式和生存方式,各国相互联系和依存日益加深,人类社会发展利益一致性的命运共同体正逐步形成。而"单边主义、保护主义、霸凌行径上升,经济全球化遭遇逆流,则加剧了世界经济中的风险和不确定性"⑤。社会思潮相互激荡,不稳定性明显增加,不仅使意识形态领域的斗争面临新挑战,而且也使公民道德建设和价值观培育受到影响和冲击。我国公民道德建设面临的环境更复杂、任务更艰巨,只

---

① 本书编写组.思想道德修养与法律基础[M].北京:高等教育出版社,2010:16.
② 新时代公民道德建设实施纲要[M].北京:人民出版社,2019:2.
③ 新时代公民道德建设实施纲要[M].北京:人民出版社,2019:5.
④ 中国共产党第十七届中央委员会第六次全体会议文件汇编[M].北京:人民出版社,2011:14.
⑤ 习近平.在亚太经合组织工商领导人对话会上的主旨演讲[N].人民日报,2020-11-20(02).

有适应新形势新要求,继往开来,守正创新,着力构建与现代文化相适应、与现实生活相融通、与当代社会相协调、与时代新人的培养目标相契合的责任伦理体系,建立科学的道德教育及实践养成机制,使之成为公民精神生活、道德实践的鲜明标识,才能推动全民道德素质和社会文明程度达到一个新高度。

1. 网络意识形态斗争的复杂性增加了道德建设的紧迫性

网络空间日益成为意识形态斗争的主战场和公民道德建设的重要平台。"新一轮科技革命和产业变革加速演进,人工智能、大数据、物联网等新技术新应用新业态方兴未艾,互联网迎来了更加强劲的发展动能和更加广阔的发展空间。"① 网络信息鱼龙混杂、良莠不齐和真假难辨,具有开放性、即时性和传播速度快、覆盖面广等特征,在满足网民日常交往需要的同时,也充斥着信息污染、网络失信、网络犯罪等方面内容。互联网发展不平衡、规则不健全等问题日益凸显,助推多样价值取向的传播日趋"多源","继而对多元价值的共存乃至价值多元社会的形成起着推波助澜的作用"②。特别是以美国为首的西方发达国家加紧进行意识形态渗透,全球共 13 台根服务器美国就独占 10 台,利用其掌握的网络资源和技术优势大肆兜售拜金主义、享乐主义、极端个人主义思潮,散播诋毁污蔑中国共产党和中国特色社会主义的不实言论,企图实现其"和平演变"的政治图谋,从而对我国主流意识形态造成严重威胁。

首先,互联网的普及使公民对网络重度依赖,凸显网络道德建设的紧迫性。我国网民规模、国家顶级域名注册量均为全球第一,成为世界第一网络大国。中国互联网络信息中心发布的第 50 次《中国互联网络发展状况统计报告》显示,"截至 2022 年 6 月,我国网民规模为 10.51 亿,互联网普及率达74.4%。网络正以其特有的传播优势和舆论功能,改变和重塑着当下人们的交往方式、行为逻辑和话语指向,为推动信息交流、促进文化繁荣、凝聚社会共识提供新的媒介途径和手段"③。网络虚拟世界的匿名性,使人容易摆脱与真实身份相对应的道德责任,以金钱至上取代道德准则和善恶不分、美丑不辨、是非不明、荣辱不清等失德行为屡禁不止,频频挑战公序良俗的道德底线,从垃圾邮件、网络暴力到侵犯公民隐私权,从网络谣言、色情、赌博到网络诈骗,造

---

① 习近平.向第六届世界互联网大会致贺信[N].人民日报,2019-10-21(01).
② 朱小蔓.道德教育论丛[M].南京:南京师范大学出版社,2000:96.
③ 倪明胜.双向发力打造安全清朗的网络家园[N].光明日报,2022-09-05(02).

谣惑众、欺诈蒙骗、背信弃义等失信问题久治不绝……凡此种种,这些亟待解决的突出问题不仅败坏了社会风气,而且引起人际交往中的不信任感和疏离感。

其次,网络安全既关乎国家安全,又关乎亿万网民的福祉。习近平总书记指出:"意识形态工作是一项极端重要的工作,事关党的前途命运,事关国家长治久安,事关民族凝聚力和向心力。"①只有把网络空间道德建设提升到国家战略高度,发展好、运用好、治理好互联网,既要加强网络内容建设,营造网络空间的健康生态,"把握好网上舆论引导的时、度、效"②,发展积极健康向上的网络文化;又要完善网络行为规范,培养文明自律网络行为,丰富网上道德实践,构建与网络技术相匹配、符合互联网发展规律并能体现现代化要求的网络道德体系,构筑起网络空间"道德防火墙",用科学有效管理体制维护好网络道德秩序,"使网络空间清朗起来"③,从而推动互联网这个最大变量成为公民道德建设的最大增量。

2. 社会转型期的责任缺失现象凸显道德建设的艰巨性

我国正处于传统社会向现代社会转型发展的时期,这种转型是市场化、城市化和全球化的必然结果。"我国社会正处在思想大活跃、观念大碰撞、文化大交融时代,出现了不少问题,其中比较突出的一个问题就是一些人价值观缺失。"④任何一个社会都存在多样性的道德观和价值观,随着改革开放进入深水区、体制改革步入攻坚期,各种利益矛盾和社会问题凸显,不同社会阶层和群体的利益诉求趋于多元化,正确的与错误的、积极的与消极的、先进的与落后的价值观彼此交织、叠加共存,主流意识形态和非主流意识形态相互碰撞,使人们的价值取向和行为方式呈现多样性、多变性。特别是在改革攻坚期和社会变革时期,由于市场经济规则不完善、社会治理体系不健全、法治约束机制乏力等客观因素,再加上网络黄赌毒有害信息的渗透和影响,导致一些人道德信仰迷茫、价值观念错位、诚信意识缺失、社会责任感淡漠。社会生活领域拜金主义、享乐主义思潮泛滥,"一些社会成员道德观念模糊甚至缺失,是非、

---

① 中央文献研究室.十八大以来重要文献选编(上)[M].北京:中央文献出版社,2014:464.
② 习近平.习近平谈治国理政(第1卷)[M].北京:外文出版社,2014:198.
③ 习近平.习近平谈治国理政(第1卷)[M].北京:外文出版社,2014:198.
④ 中央文献研究室.十八大以来重要文献选编(中)[M].北京:中央文献出版社,2016:133-134.

善恶、美丑不分,见利忘义、唯利是图,损人利己、损公肥私;造假欺诈、不讲信用的现象久治不绝,突破公序良俗底线、妨害人民幸福生活、伤害国家尊严和民族感情的事件时有发生"①。这些突出问题既动摇着人们的理想信念,污染着人们的价值观念,也成为影响公民道德建设健康发展的堵点,"如果任由这些价值观泛滥,必将造成公众价值观念的混乱,使得民众难以抉择、无所适从"②。

首先,道德观、价值观的多元化对网络空间的核心价值观建设提出新要求。价值观的多元化形成于多样化的社会环境,带有明显的时代烙印。价值追求越是多样化,越要重视核心价值观的主导作用,只有弘扬主流价值取向,为人们价值选择指明方向,获得最广泛的社会共识和心理内化,才能使多元价值统一于社会主义核心价值观建设中,更好地抑制落后价值观、反对腐朽价值取向和消解西方价值观的负面影响,从而促进价值认同转化为行为自觉。从公民道德建设与核心价值观建设的辩证统一关系来看,人的道德行为选择之所以会呈现出差异性和自主性,就在于人的价值观起着更深沉、更持久的导向作用,"价值观念、态度与人格结构决定人的行为,行为反过来又改变人的价值观念、态度与人格结构,这个过程相互交替"③。核心价值观为公民道德建设不仅提供了系统而全面的精神支撑,而且提供了最广泛、最普遍、最具体的实践导向,因为公民道德建设旨在帮助社会成员形成共同的理想信念、价值理念、道德观念,实质上就是引导人们不断认同、接受、践行社会主义核心价值观的过程,充分彰显出道德建设的民族化、大众化、生活化的时代特征。

其次,道德责任作为现代公民意识的基础性要素,既体现着人的道德认知水平,也是衡量公民道德素质和实践能力的重要标志。如果道德责任意识缺失,道德建设也就无从谈起,因为"任何一种生活,无论是公共的还是私人的,事业的还是家庭的,所作所为不管是只关系到个人的还是牵涉他人的,都不可能没有其道德责任;生活中一切有德之事均由履行这种责任而出,而一切无行之事皆因忽视这种责任所致"④。事实上,社会生活中的各种道德失范现象,

---

① 新时代公民道德建设实施纲要[M].北京:人民出版社,2019:2-3.
② 王维国.新时代加强公民道德建设的战略思考[J].思想理论教育,2019(12):47-53.
③ 布莱克.比较现代化[M].杨豫,等译.上海:上海译文出版社,1996:16.
④ 西塞罗.西塞罗三论:老年、友谊、责任[M].徐奕春,译.北京:商务印书馆,1998:9.

都与道德责任对人的行为规范引导作用乏力密切相关。基于此,必须把培育和践行社会主义核心价值观作为道德教育的重要任务,使核心价值观建设与公民道德建设同频共振、相融互通,将核心价值观在道德领域生活化、具体化、形象化,注重引领公民的道德责任意识和荣辱观教育,使之成为广大公民普遍认同、自觉践行的行为规范,真正内化于心、外化于行,为凝聚中国力量和推动社会进步筑牢坚实的精神家园。

二、道德治理能力现代化对公民责任素质提出新要求

公民道德建设作为社会治理的必要环节,是各项事业健康发展的重要基石。"道德是人类把握世界的特殊方式,是人类完善发展自身的活动。"①道德既是规范社会成员行为、实现社会秩序的手段,又是满足人的内在需要、实现自我发展的手段。作为一种"柔性"的社会治理手段,道德治理主要通过制度规约和伦理规范相结合的方式,发挥对社会成员的行为规范引导和对社会利益关系的调节作用,达到抑恶、扬善的根本目的,从而维护社会秩序稳定和促进社会和谐发展与人的全面发展的有机统一。"道德治理不仅是国家的一种治理模式,而且是一种以价值理性和社会信仰广泛而深刻地影响人们精神世界和生存方式的社会管理模式。"②道德治理与法律、经济、政治、信仰等方式相容互补,协同推动社会治理体系和治理能力的现代化建设。

1. 道德规范的制度化是适应社会转型发展的应时之举

道德治理主要针对道德领域存在的突出问题,通过对社会伦理道德进行整合、提炼和弘扬,更好地规范人们的行为,提升公民道德素质,特别是在社会处于变革时期、道德领域存在突出问题的时代背景下,突显道德"抑恶"的功能优势,实现"扬善"的根本目的。

首先,现代化进程的步伐加快凸显出制度建设与道德治理的紧迫性。制度与道德作为确保社会良性运行的两种规范,共同塑造和维护着社会秩序。道德作为意识形态的重要组成部分,是社会现实在道德领域的反映。正如马克思、恩格斯所说:"人们的观念、观点和概念,一句话,人们的意识,随着人们

---

① 罗国杰.伦理学[M].北京:人民出版社,1989:54.
② 马振清.社会主义道德治理的政治价值、文化功能与社会效用[J].科学社会主义,2008(6):91-95.

的生活条件、人们的社会关系、人们的社会存在的改变而改变。"①随着新型工业化、信息化的深度融合和城镇化、农业现代化的同步发展,社会交往活动的空间不断拓展,既使道德领域的主流呈现出积极健康向上的良好态势,道德主体的理性个性、道德理想的务实性和道德建设的层次性明显增强,也导致利益主体多元化、道德评价标准的多元化和利益诉求多样化。社会变革既意味着旧的社会规范的式微与解体,也需要重新建构与社会发展相适应的道德规范体系,由于新旧道德规范的交替必然有一个过程,不可能一蹴而就,不仅新道德规范体系的提出完善需要过程,而且这种规范被人们所接受与认同亦需要过程,当原有的道德规范体系受到冲击甚至被瓦解而新的道德规范体系尚未健全时,人们会感受到道德生活的某种不知所措甚至发生失范行为。当人们走出熟人共同体而进入陌生人的现代社会,人与人之间的交往关系、行为方式随之发生变化,"陌生人还没有理由去信任,也没有理由被信任,由于他们共有的行为虚无假设,他们互不了解,因此在彼此遇见时是小心翼翼,互不信任的态度"②。社会转型时期适应陌生人社会的新规则暂时缺位,传统道德模式对人的约束力弱化,社会信任危机明显增多,亟须依靠具有强制力的制度整合离散性的交往关系并重构社会道德秩序。

可以说,道德消极现象的蔓延,既根源于一些人的责任意识淡化、是非观念模糊和道德信仰迷失,也与社会道德制度的规范乏力密切相关。如邓小平指出:"制度好可以使坏人无法任意横行,制度不好可使好人无法充分做好事,甚至会走向反面。"③由于对失德行为的惩治力度不够,一些假恶丑的现象没有得到及时有效制止,使得日常生活中责任缺失问题难以根治。"如果社会上一部分人的非正义行为没有受到有效的制止或制裁,其他本来具有正义愿望的人就会在不同程度上效仿别人,乃至造成非正义行为的泛滥。"④

其次,公共生活领域的道德冷漠现象剧增凸显道德治理的必要性。法律制度虽然可以对社会成员的行为起到威慑作用,但如果没有一以贯之的道德教化和价值引导,人们对于究竟什么是道德的、什么是不道德的善恶标准缺乏

---

① 马克思,恩格斯.马克思恩格斯选集(第1卷)[M].北京:人民出版社,1995:270.
② 沃伦.民主与信任[M].吴辉,译.北京:华夏出版社,2004:52.
③ 邓小平.邓小平文选(第2卷)[M].北京:人民出版社,1994:333.
④ 慈继伟.正义的两面性[M].北京:生活·读书·新知三联书店,2001:1.

系统了解和普遍认同,只是凭个人意愿评价自己的行为价值,容易陷入个人主观主义的误区。"由于道德认识的有限或者其对环境特征和行为结果的预期是不确定的,所以,人内心容易产生道德冲突。"①这些冲突如得不到有效化解,势必引起人们的无所适从和盲目行动,导致一些人对社会规范要求的漠不关心和消极麻木的道德冷漠现象,"道德冷漠根据性质的不同,它的内涵和表现可划分为两大类型:一是道德主体责任推拒,拒绝履行应该履行的道德义务或者不愿实施任何道德援助;二是道德主体道德麻木,丧失同情怜悯之心,对道德问题麻木不仁,甚至把自己的快乐建立在他人的痛苦之上"②。

道德治理应保持在合理的限度中,注重发挥制度规范的"抑恶"约束作用,以"应当"的命令方式为社会成员提供基本行为规范,化解各种利益矛盾与冲突。"人是追求目的的同时也是遵循规则的动物。他之所以成功,并不是因为他知道他为什么遵循规则,也不是因为他能够用语言表达出这些规则,而是他的思维与行动已经为他所生活于其中的代代相传的社会规则所控制。"③而道德对社会的作用是弹性的而非刚性的,道德权威来自人们对它的信仰和自觉遵从,美国哲学家弗兰克纳认为"道德的产生是有助于个人的好的生活,而不是对个人进行不必要的干预"④。从社会长远发展目标和深层次需要来看,道德治理的功能则更多体现在"扬善"上,意在引导人们在判断行为善恶、作出道德选择、确定价值取向、维护社会秩序的过程中,确立崇德向善的目标导向,并内化为稳定性的道德操守。

2. 道德的法治化是提升公民责任素质的有力保障

完善道德体系是法治建设不可或缺的重要补充,而道德治理也必须以具有普遍约束力的法律和制度为保障。"自人类社会进入文明社会后,道德和法律就相辅相成、互为支持,成为维护社会秩序须臾不可或缺的规范。"⑤既要注重把一定社会的伦理原则和道德规范提炼、上升到制度层面,推进道德规范的制度化、规范化、法律化,"以法治承载道德理念,道德才有可靠制度支撑"⑥,

---

① 傅维利.真实的道德冲突与学生的道德成长[J].教育研究,2005(3):13-16.
② 马丽萍.论道德冷漠的形成机制[J].武汉理工大学学报(社会科学版),2015(1):51-55.
③ 哈耶克.通往奴役之路[M].王明毅,等译.北京:中国社会科学出版社,1997:11.
④ 弗兰克纳.善的求索:道德哲学导论[M].黄伟合,等译.沈阳:辽宁人民出版社,1987:247.
⑤ 高国希.道德哲学[M].上海:复旦大学出版社,2005:162.
⑥ 习近平.论坚持全面依法治国[M].北京:中央文献出版社,2020:134.

通过刚性制度约束对人们应该做什么、不应该做什么、应该怎么做、不应该怎么做等提供明确性的行为规范和道德标准,并为明确道德治理主体的责任、规范道德治理的具体活动、促进道德治理程序和行为的合法化提供坚强后盾,又要加强舆论监督和道德劝导,弘扬主旋律,传播正能量,增强社会主义核心价值观的传播力、引导力、影响力,强化人们对主流价值规范的认同,"道德治理往往通过社会的舆论评价、风俗习惯、典范教化、惩恶扬善等方式发挥着作用"①,从而为引导人们以合法合德的方式实现个人利益、追求有道德守规则的美好生活提供有力支持。习近平总书记强调:"摆在我们面前的一项重大历史任务,就是推动中国特色社会主义制度更加成熟更加定型,为党和国家事业发展、为人民幸福安康、为社会和谐稳定、为国家长治久安提供一整套更完备、更稳定、更管用的制度体系。"②只有道德与制度、法律等治理手段各归其位、相互配合、互为补充,坚持德法并重、综合施策,运用刚性约束与柔性规范两种力量,才能实现道德治理能力的现代化。"法律是准绳,任何时候都必须遵循;道德是基石,任何时候都不可忽视。"③法治和德治在国家治理中相互补充、相互促进、相得益彰,如习近平总书记指出:"依法治国是维护社会秩序的刚性手段,以德治国是维护社会秩序的柔性手段,只有把两者结合起来,才能有效维护社会的和谐。"④

首先,道德治理作为一种调节手段,对人们有秩序、有道德地参与社会生活起着重要的导向作用。"制度是一个规范的范畴,通过设置边界影响人们的行为选择,人们在制度的规范下选择可以做或必须做的事情,同时避免禁止的行为。"⑤道德规范作为社会成员共同遵循的行为规则、标准和尺度,是促使行为主体提升道德认识、培育道德情感和确立道德信念的外在动因,"通过善恶规范、准则、义务、良心等形式,来反映和概括人类共同生活、共同发展、共同完善的客观的秩序需要,并用人类自我觉醒、自我约束的实践精神方式,来表现人类对现有或实有世界的价值评估,表现人类对未来或应有世界的价值追求,

---

① 张溢木.中国古代社会道德治理的运行机制及其时代价值[J].伦理学研究,2015(5):87-91.
② 习近平.习近平谈治国理政(第1卷)[M].北京:外文出版社,2014:104-105.
③ 习近平.在中共中央政治局第三十七次集体学习时的讲话[N].人民日报,2016-12-11(01).
④ 习近平.之江新语[M].杭州:浙江人民出版社,2007:206.
⑤ 康芒斯.制度经济学[M].于树生,译.北京:商务印书馆,2006:87.

从而以人类自我需要的内驱力的方式,激励和推动人类上升到更高的文明境界"①。如果缺乏道德标准的衡量,人们不仅难以判断制度好坏,而且难以自觉遵循良法善治。"道德是法律的基础,只有那些合乎道德、具有深厚道德基础的法律才能为更多人所自觉遵行。"②换言之,"再多再好的法律,只有转化为人们内心自觉才能真正为人们所遵行"③,如果"没有相应的道德信念作为心理和文化背景,任何制度和法律都将得不到真正的遵守和执行"④。

其次,必须以道德滋养法治精神,强化道德对制度文化的支撑作用。法律和制度规范作为一种他律手段,体现社会的底线伦理,反映了社会基本的道德准则,"法律是道德的保障,可以通过强制性规范人们行为、惩罚违法行为来引领道德风尚"⑤。通过"用法律的准绳去衡量、规范、引导社会生活"⑥,促使人们"把粗野的本能变成合乎道德的意向,把天然的独立性变成精神的自由;使个人以整体的生活为乐事,整体则以个人的信念为乐事"⑦。为提升社会成员的道德水平确证了善恶标准,激励人们自觉扬善抑恶、履行应尽责任。

培育公民的法治意识、公共意识、规则意识、责任意识,是道德治理现代化的重要任务。为此,要把道德的精神融入制度体系中,"制度不仅包含有人的理性和意志,而且还包含了人的情感"⑧,探索适合现代公民心理和行为习惯的道德治理方式,既要"在道德教育中突出法治内涵,注重培育人们的法律信仰、法治观念、规则意识,引导人们自觉履行法定义务、社会责任、家庭责任,营造全社会都讲法治、守法治的文化环境"⑨,又要注重人文关怀和心理疏导,确保社会成员对遵从规则的信任感、归属感和敬畏感,"使全体人民成为社会主义法治的忠实崇尚者、自觉遵守者、坚定捍卫者"⑩,从而达到影响人、鼓舞人、塑造人的目的。

---

① 夏伟东.道德本质论[M].北京:中国人民大学出版社,1991:275.
② 习近平.习近平谈治国理政(第2卷)[M].北京:外文出版社,2017:117.
③ 习近平.习近平谈治国理政(第2卷)[M].北京:外文出版社,2017:117.
④ 麦金泰尔.德性之后[M].龚群,等译.北京:中国社会科学出版社,1995:15.
⑤ 习近平.论坚持全面依法治国[M].北京:中央文献出版社,2020:117.
⑥ 中共中央文献研究室.习近平关于全面依法治国论述摘编[M].北京:中央文献出版社,2015:9.
⑦ 马克思,恩格斯.马克思恩格斯全集(第1卷)[M].北京:人民出版社,1995:217.
⑧ 伯尔曼.法律与宗教[M].梁治平,译.北京:生活·读书·新知三联书店,1991:28.
⑨ 习近平.习近平谈治国理政(第2卷)[M].北京:外文出版社,2017:134.
⑩ 习近平.论坚持全面依法治国[M].北京:中央文献出版社,2020:135.

三、提升公民的担当意识是新时代道德建设的重要任务

加强公民道德责任教育,提高社会成员的担当意识和能力,是全面建设社会主义现代化强国的一项基础性、战略性工程,也是适应社会主要矛盾变化、满足人民对美好生活向往的迫切需要。"道德责任归根到底是人类社会本身发展的内在需求,社会成员自觉履行责任是社会稳定、和谐、幸福的关键。"① 意志自由是行为的内在动力,主体行为是意志自由的外在表现,每个人的主体意志都是独立、自由和不受他人支配的,恩格斯指出:"一个人只有在他握有意志的完全自由去行动时,他才能对他的这些行动负完全的责任。"②道德主体认知并承担应尽责任是公共生活的必然要求,也是促进人的全面发展的内在动力,"实现人的全面发展,应是人的价值的充分体现,这种价值实现需要以人具备高尚的德性为必要条件"③。

1. 担当意识是公民道德责任素质的核心体现

公民道德责任素质是提升社会文明程度的必要条件。"道德承载着一个民族、一个国家的精神追求,体现着一个社会评判是非曲直的价值标准。"④实现民族复兴的伟大事业、伟大梦想、伟大斗争、伟大工程,有赖于时代新人的担当和奋斗。担当就是承担并负起责任,体现一种由外在他律转化为内在自律的责任意识、行为习惯和践行能力,也体现一个人精神内核中最深层次的道德素质和诚信品质。从历史的发展演变和社会的进步来看,任何公民自由的承认与确立、私人领域空间的拓展与深化,都是通过个体的责任行为而实现的。制约人们美好生活需要不平衡不充分发展的状况既有地理环境、历史条件等客观因素的作用,也与人的精神生活、道德水平和担当能力密不可分。互联网的普及和社会分工越来越细拉大了人际距离,人们各自在自己的领域工作、生活,人际关系不再是紧密依赖而是彼此疏离,如费孝通先生认为,人与人的友善和信誉:"像石子一般投入水中,和别人所联系成的社会关系,不像团体中的分子一般——大家处在一个平面上,而是像水的波纹一般,一圈圈推出去,愈

---

① 郭金鸿.道德责任论[M].北京:人民出版社,2008:27.
② 马克思,恩格斯.马克思恩格斯选集(第 4 卷)[M].北京:人民出版社,1995:78.
③ 李明.加强新时代公民道德建设意义重大[N].经济日报,2019-11-08(08).
④ 习近平.习近平谈治国理政(第 2 卷)[M].北京:外文出版社,2017:168.

推愈远,也愈推愈薄。"①这种"差异格局"使得公民道德责任意识渐远渐弱,导致人际交往中的待人冷漠,职业道德中的不愿尽责、不敢担责,以及对公共生活领域的漠不关心、逃避义务。为此,"公民必须具备相互依赖、相互支持、相互帮助的公德精神,不仅要对自己负责任,也要对其他公民负责任,用社会公德来自发地调节和处理公民之间、公民与社会之间以及公民与国家之间的矛盾"②。

首先,道德责任的约束力源于公民内心普遍存在的价值尺度。英国哲学家休谟认为:"道德上的善恶的确是由我们的情绪而不是由理性加以区分的,但这些情绪可能要么只是由性格和情感的单纯影响或现象所发生的,要么是通过我们对它们促进人类或特定的人的幸福的趋向的反省所发生的。"③现代化的快速发展,人与人的交往频繁、公共空间加大、责任范畴扩展,从承担人与人、人与社会、人与国家的责任,扩大到人与生态和谐共生的责任,从而对人的担当能力提出更高的要求。"因为承担责任可能比行使责任要承受更重的心理压力,这可从以下四个方面得到理解:一是要承担道德要求方面的心理压力;二是要承担因疏忽而造成的过失以及因过失而带来风险的心理压力;三是要在承担责任的过程中始终保持一种警醒状态;四是要对自己的自由生活有所节制。在一个人们普遍追求个人自由和自我实现的社会中,责任所带来的心理冲突最集中地体现在责任总是要对人们的自由生活有所限制。"④只有当利他责任内化为人的自律意识时,人的道德主体性才会充分发挥,形成自觉承担责任的行为习惯。

其次,公民责任能力的提升有赖于自身的主体性张扬和道德自律意识激发。人是道德活动的主体,主体性是一切道德活动的内在依据,"道德责任所要求的那种自主性根本上在于两个要素:其一,不受外在强制的自由;其二,按照自己正确地获得的理由和信念来评价自己欲望和调节自己行动"⑤。主体性使人获得独立地位和道德人格,从而在公共生活中不是屈从于外界的压力,

---

① 费孝通.乡村中国[M].北京:生活·读书·新知三联书店,1985:25.
② 吴锦旗.论公共领域中的公民有序参与[J].理论月刊,2011(8):80-83.
③ 休谟.人性论[M].孙明新,编译.南昌:江西教育出版社,2014:455.
④ 本巴赫尔.责任的哲学基础[J].易小明,聂文军,译.齐鲁学刊,2005(4):127-133.
⑤ 徐向东.来源的不相容论与道德责任[J].世界哲学,2018(5):56-65.

而是按照自己的意愿和思考，明辨真伪、褒善贬恶，并作出惩恶扬善的责任行为抉择。如马克思指出："人却懂得按照一个种的尺度来进行生产，并且懂得处处都把固有的尺度运用于对象；因此，人也按照美德规律来改造。"① 离开了人的主体性，道德就不是真正的道德，"忽视或无视个体生活的权利、人性的尊严与道德选择的自由，只能使个体在道德的重负下，遵从道德，伪饰道德，表现为言行不一，口是心非，而不是个体对德性的内在追求"②。人之所以能依照社会道德标准对自己的行为有所控制，能承担行为的社会道德后果，正是长期在优秀传统文化熏陶、社会道德教育以及个人生活实践日积月累基础上形成的能力。

2. 强化责任担当是实现人的全面发展的必然诉求

道德责任作为一种优秀的心理品质，是对分内事情的一种内心感受和外在行动。从本质上说，道德责任是人自我肯定、自我实现、自我发展的一种社会实践，如唐凯麟所说："道德是人生存的一种形式，是人实现自我和完善自我的一种社会规定和价值诉求。"③ 道德责任本身依赖于人的自觉性，是人的主体性、积极性、创造性发挥和自由个性发展的过程，道德责任"具有帮助人更好地认识社会现实，调节人我关系、群己关系，激励人不断向上，使人能够得到自由的、全面的、和谐的发展等功能；是因为道德能够丰富、充实人的内心世界，使人性发扬光大，人格完善高尚，使人变得更美好，生活得更幸福"④。人们正是通过履行社会生活的各种分内之责，促进道德人格的自我完善和个性的自由发展，才实现了能力的自主发挥和个人价值的体现。

首先，责任担当是一个从责任规范认知到认同、从行为习惯养成到责任信仰确立的循序渐进过程。道德责任作为一种自律性规范，体现人们依据自己的道德信念和价值追求对行为方式作出合乎道德要求的选择，道德内化是受教育者在教育者的帮助和各种教育因素的影响作用下，"接受社会要求的政治观点、思想体系、道德规范并转化为自己的个体意识，也是个体不仅真正相信、

---

① 马克思,恩格斯.马克思恩格斯选集(第1卷)[M].北京:人民出版社,1995:157.
② 冯建军.人的道德主体性与主体道德教育[J].南京师范大学学报(社会科学版),2002(2):84-89.
③ 唐凯麟.试论道德价值的生成[C]//首届中国公民道德论坛.北京:学习出版社,2001:147.
④ 魏英敏.新伦理学教程[M].北京:北京大学出版社,2003:136.

接受和遵守社会的政治思想、道德要求,而且自愿将这些要求作为自己的价值准则与行为依据的过程"①。

道德责任情感的培育和道德人格的完善,离不开对道德责任的认知和把握,对于应尽责任的了解、内化、认同是道德认知的核心要义。恩格斯曾说:"外部世界对人的影响表现在人的头脑中,反映在人的头脑中,成为感觉、思想、动机、意志,并且以这种形态变成'理想的力量'。"②个体通过道德内化和责任认知形成履职尽责的情感,使得自己的责任行为符合社会道德的评价标准,"公民才会经由自己所拥有的权利去体认履行义务和承担责任对个体生存与社会发展的重要性及其价值,并为其履行责任和义务创设内在动力"③。

其次,公民养成履责行为习惯的动机源于道德自律和责任信念。任何道德行为都是在对他人、对社会的利益关系中符合社会善恶评价评价标准的行为,也体现着理性个体在现实社会生活中有意识、有意志、有目的的实践活动。责任信念即主体按照社会的道德规范要求,经过内化产生责任情感并转化成自觉的道德行为习惯。道德信念是"一个人对某种人生观、道德理想和道德要求等的正确性和正义性的深刻而有根据的笃信,以及由此而产生的对履行某种道德义务的强烈责任感"④。个体在道德责任认知、情感、意志和实践的基础上,不断提高自身的道德水平和选择能力,确立同社会评价标准相一致的责任意识,形成自觉承担责任的稳定性、一贯性自律习惯。可见,道德责任反映了人的自律精神,是人们通过有目的的行为选择实现自我价值和自由全面发展的过程。习近平指出:"中国梦的本质是国家富强、民族振兴、人民幸福。要实现国家富强,就需要我们不断增强包括公民道德素质在内的国家软实力;要实现民族振兴,就需要我们不断提高包括道德素质在内的民族素质;要实现人民幸福,就需要我们不断打造能为人民提供幸福感的道德环境。"⑤

---

① 邱伟光,张耀灿.思想政治教育学原理[M].北京:高等教育出版社,1999:80-81.
② 马克思,恩格斯.马克思恩格斯选集(第4卷)[M].北京:人民出版社,1995:238.
③ 龙静云.论我国公民教育中的"四个结合"[J].道德与文明,2010(1):97-100.
④ 马克思,恩格斯.马克思恩格斯全集(第8卷)[M].北京:人民出版社,2002:269.
⑤ 习近平.在会见第四届全国道德模范及提名奖获得者时强调深入开展学习宣传道德模范活动为实现中国梦凝聚有力道德支撑[N].人民日报,2013-09-27(01).

第二节　加强和改进公民责任教育的实施原则

道德素质体现着一个人的道德修养、道德情操、道德水平和道德风貌,责任素质和自律行为习惯是现代公民意识最基础、最重要的组成部分,"责任感、义务感是人成长中的关键心理因素,对德、智、体、美等方面全面发展具有举足轻重的作用"①。道德责任意识的培育既离不开个体的实践经验,也离不开有组织、有计划的道德教育和引导,因为一定社会的道德规范要转化为公民的责任自律行为,将经历一个知、情、信、意、行的内化到外化的过程。只有不断完善责任教育内容和体系,充实道德内容,将社会公德、职业道德、家庭美德、个人品德建设贯穿责任教育的全过程,融入道德治理体系和治理能力的现代化建设中,"责任从理论转化为实践需要同国家治理的基本问题与基本要求相结合,从观念、结构与行动三个方面展开;利用责任观念重塑社会的联结机制;明确定责结构与究责结构,以及打造不同主体践行'共同事务'的治理网络"②,使道德教育起到净化人心、防微杜渐、导人向善、促进和谐的作用,每个人能够行有所遵、心有所守,守牢承担基本义务的道德底线,提升社会成员参与新时代公民道德建设的主体意识、公共精神、道德品质和担当能力,形成人人明责、人人尽责的社会文明风尚,为实现中华民族伟大复兴的宏伟目标奠定坚实的道德基础和提供强大精神动力。

一、坚持以人为本的原则

以人为本是科学发展观的核心,也是道德责任教育的基本原则,"科学发展观,第一要义是发展,核心是以人为本,基本要求是全面协调可持续,根本方法是统筹兼顾"③。党的十八大以来以习近平同志为核心的党中央提出以人民为中心的治国理政思想,把人民至上、人民主体、人民共享、人民评判作为新时代坚持和发展中国特色社会主义的根本立场、基本动力、主要目的和价值标

---

① 孙亚庭,等.论责任感与儿童成长[J].教育探索,1996(2):38-40.
② 张贤明,张力伟.论责任政治[J].政治学研究,2018(2):89-97.
③ 胡锦涛.坚定不移沿着中国特色社会主义道路前进为全面建成小康社会而奋斗:在中国共产党第十八次全国代表大会上的报告[N].人民日报,2012-11-18(03).

准,深刻地回答了"为了谁""依靠谁""由谁享"和"由谁评"的核心问题,既丰富和拓展了以人为本的理论内涵,也是对全心全意为人民服务思想的坚守与表达。在责任教育中坚持以人为本和以人民为中心,就要立足于人的发展需要和公民道德建设实际,将国家价值目标、社会价值准则和公民价值规范融入公民责任教育全过程,充分发挥人民的道德之主体、责任之主体、价值之主体、实践之主体的作用,激发人们形成积极进取、崇德向善的道德意愿和道德情感,培育人们形成正确的道德判断和道德责任,实现美好生活和人的全面发展的有机统一。

1. 责任教育以立德树人为根本任务

道德责任教育要以人为核心来开展,人是教育的起点,也是教育的终点,因为社会的发展最终是为了人的发展,"社会发展以人的发展为归宿,人的发展以精神文化为内核"①。人的现代化是社会主义现代化建设中最根本的要素,如美国英格尔斯所说:"一个国家,只有当它的人民是现代人,它的国民从心理和行为上都转变为现代的人格,它的现代政治、经济和文化管理机构中的工作人员都获得了某种与现代化发展相适应的现代性,这样的国家才可真正称之为现代化的国家。"②精神生活反映着人们对道德的认识、感受、体会与践行,人的知、情、意外化为真、善、美的追求,也是道德作用于人的精神世界的过程。"从人本身及其需要上看,道德是属于人的精神世界的一个层次,任何人都有道德伦理上的需要。"③只有全面提升社会成员的道德责任认知、情感和意志,将责任转化为人的内在需求,才能使人们把自觉担责和主动尽责落实到社会生活中。

首先,责任教育的目标要契合新时代对公民道德素质的要求,着力培养具有高尚道德人格"能够担当民族复兴大任的时代新人"④,习近平指出:"一个民族的文明素养很大程度上体现在青年一代的道德水准和精神风貌上"⑤,

---

① 习近平.之江新语[M].杭州:浙江人民出版社,2007:150.
② 英格尔斯.人的现代化:心理思想态度行为[M].殷陆君,译.成都:四川人民出版社,1985:8.
③ 魏英敏.新伦理学教程[M].北京:北京大学出版社,2003:136.
④ 习近平.在全国宣传思想工作会议上的讲话[N].人民日报,2018-08-23(01).
⑤ 习近平.在各界优秀青年代表座谈时的讲话[N].人民日报,2013-05-05(02).

"青年一代有理想、有本领、有担当,国家就有前途,民族就有希望"①。有担当既体现时代新人的奋斗姿态和精神面貌,也是公民道德素质的核心。为此,要从广大人民群众的思想实际、道德水平和社会责任的基本要求出发,满足人民群众不同层次的道德需要和精神追求,引导人们特别是青年一代树立国家意识、民族意识、公德意识和责任意识,将个人成长与国家发展、民族复兴紧密结合起来,把实现个人远大理想与实现中国特色社会主义共同理想统一起来,以青春之我、奋斗之我担当起民族复兴大任的光荣使命。

其次,在教育内容和方法上,遵循不同年龄阶段的道德认知规律,由浅入深、循序渐进地开展。既要注重选择适合人的年龄知识水平的教育内容,体现责任认知的阶段性,又要采用与之相适应的教育引导方式,突出道德责任教育的连续性。避免教育过程中出现对儿童实施抽象的共产主义道德、职业道德教育,而对成人则进行最基本的社会公德和责任行为养成教育的"本末倒置"现象;也要避免出现追求短期效应的功利性责任教育,如诚信危机时就在全社会倡导"诚信"责任、公共生活领域责任感滑坡时就赶紧开展公德教育等,这种应景似的教育难以持久发挥教育人、引导人、规范人、激励人、完善人、发展人的社会功能。涂尔干在阐述儿童道德教育时说:"若从道德的角度去影响儿童,并不是在他身上培养出一个接一个的特殊的德性;而是采用适当的方法去培育,甚至全面构造那些一般意义的性情,它们一旦被创造出来,就会使自己轻而易举地适应特殊的人类生活环境。"②也就是说,责任教育如果不贴近人的思想实际和现实生活,难以使受教育者将社会的道德要求和责任规范内化为自觉的责任品质,就无法实现促进现代人和谐发展的目标。

2. 责任教育以尊重人的主体地位为前提条件

主体性是人的本质属性和道德的内在依据,是实现人的现代化和社会发展进步的重要动力。人在自我发展过程中建构起主体与客体两个对立的世界,成为改造自然客观世界与改造自身主观世界的主体,凸显人之为人的本质特征。马克思指出:"动物和自己的生命活动是直接同一的,动物不把自己同自己的生命活动区别开来,它就是自己的生命活动,人则使自己的生命活动本

---

① 习近平.决胜全面建成小康社会夺取新时代中国特色社会主义伟大胜利:在中国共产党第十九次全国代表大会上的报告[M].北京:人民出版社,2017:70.

② 涂尔干.道德教育[M].陈光金,等译.上海:上海人民出版社,2001:23.

身变成自己意志的和自己意识的对象。"①主体性是在对他人和社会的伦理关系中得以确立和体现出来的,道德责任作为调控社会成员之间伦理关系的准则,要求每个道德主体首先对自己负责,养成自觉遵循社会规则、规范的责任意识,才能使道德生活更加有序、人与人的关系更加和谐。"个体是现代社会的基础,个体观念以及与此相应的自主意识是现代价值观念的核心和根本,也是现代道德观念中核心和最基本的道德观。"②从这个意义上讲,主体性与责任性是一致的,主体是承担责任的主体,主体性在很大程度上表现为勇于履行应尽责任,"这种'为他'的主体性是在与他者的关系中形成的,为他人承担责任正是自己主体性的表现"③。为他人承担责任的能力越大,自主性越强,主体性也就展现得越充分。

首先,道德责任教育的效果根本上取决于教育对象主体性的发挥。从责任教育的接受机理来看,受教育者主体意识的觉醒,既是人提升思想道德觉悟的重要前提,也是人自觉主动地去认识自我、完善自我、发挥主观能动性的关键所在。人作为主体具有道德选择的自由,能够根据自己的意愿独立作出责任判断和行为选择,"在对现成的社会道德规范有了充分的了解以后,根据自己的理解,确立起自己内心的自觉的道德原则、道德规范,并按照这种道德原则、道德规范来选择和确定自己的行为"④。为此,责任教育应注重激发人的主体意识,发挥人的能动性与创造性,"公民教育除了公民知识的传授之外,应注重公民意识的养成和公民的实践品性的培养,只有以此为目标,个体才能真正地参与到公共生活中去"⑤。旨在引导受教育者自主自愿地接受、内化教育内容和教育信息,正确认识自己的权利和责任,切身领悟责任的真正内涵,理解和把握不同社会角色所赋予的责任要求,培养勇于担责的道德情感,自主调节自己的道德行为,学会对自我负责。因为主体对自己的责任是最基本的责任,如对自己的生命和健康负责、对自己的行为方式负责、对自己的道德品质

---

① 马克思,恩格斯.马克思恩格斯选集(第1卷)[M].北京:人民出版社,1995:46.
② 戴茂堂,等.传统价值观念与当代中国[M].武汉:湖北人民出版社,2001:358.
③ LEVINAS E. Ethics and Infinity[M]. Translated by COHEN R A. Pittsburgh: Duquesne University Press, 1985:95.
④ 沈晓阳.自由层次论[M].合肥:安徽大学出版社,1999:166.
⑤ 刘铁芳.公共生活与公民教育:学校公民教育的内涵与目标[J].河南大学学报(社会科学版),2014(3):122-132.

负责、对自己的成长成才负责等,也只有对自身有责任,才有可能成为对他人和社会负责的合格公民。

其次,责任教育的目的在于塑造人的主体人格和培养人的实践能力。"教育的意义本身就在于改变人性以形成那些异于朴质的人性的思维、情感、欲望和信仰的方式。"①责任自律对道德人格形成起着自主调节作用,决定着自我完善和发展的水平,而"通过补充的他律责任的概念和所谓惩罚的概念所达到的道德平衡是一种不稳定的平衡,原因是这种不稳定的平衡不能使人格发展,更不能使人格发展到完全的程度"②。责任教育要真正起到价值引领和行为导向功能,必须尊重个体的独立人格和道德尊严,"教育是以完善人格为目标的,只有人格才是人的各种素质和能力的本质价值,即教育的目的不仅在于适应国家和社会的要求,开发人的能力,而且还在于培养作为形成国家和社会主体的人本身"③,引导人们深刻体悟公民道德建设的意义和价值,实现道德他律向责任自律的自主转化,确立自己的行为准则,把履行道德义务作为促进个人全面发展的内在需求,养成主动担当的自觉习惯,实现内在精神与外在行为的知行合一,自觉意识到自己是国家和社会的主人,主动履行关心他人、奉献社会、报效祖国的道德责任,争做社会主义道德的示范者、良好风尚的维护者。

二、坚持循序渐进的原则

道德责任本身是有层次性的,个体责任意识的形成是一个由对自己负责到对他人负责、由对家庭负责到对社会负责、由对国家民族负责到对自然和人类负责的逐步扩展过程。如叶澜认为:"负责是对每一个人在人生各阶段承担的多种角色的共同性道德要求,并在人生的不同阶段通过不同的方式和内容表现出来,也就有不同的层次性。"④在开展责任教育过程中,应针对不同成长阶段群体的心理特征和责任意识生成规律,由浅入深、循序渐进地分层次实施。

1. 责任教育内容应与人的道德意识发展规律相吻合

道德责任教育的内容应随着年龄学历的增长而不断深化,"个体从小到大

---

① 杜威.人的问题[M].傅统先,邱椿,译.上海:上海人民出版社,2006:155.
② 皮亚杰.儿童的道德判断[M].傅统先,陆有铨,译.济南:山东教育集团出版社,1984:399-400.
③ 瞿葆奎,钟启泉.教育学文集·日本教育改革[M].北京:人民教育出版社,1991:249.
④ 叶澜.试析中国当代道德教育内容的基础性构成[J].教育研究,2001(9):3-7.

逐步形成的各种道德品质,是按照一定的次序和水平,由低级到高级、由感性到理性逐步形成的"①。既要针对人的认知发展水平由易到难、由浅入深,又要由较低层次责任认知向较高层次担当能力的培养相互衔接、逐步深化,引导青少年在对自己、对父母、对他人负责任的基础上,升华对社会、对民族、对国家的责任感。"人从根本上来说更应当成为一个道德人,成为一个对自己负责和对自然负责的人,是一种比政治经济要求更为根本的诉求。"②

其一,小学阶段的儿童处于道德他律的认知发展水平,意识到每个人有义务和责任遵守规则,并以社会的文明公约和道德准则作为行为判断的是非善恶标准,这一时期的责任教育应重点围绕关爱生命教育、维护人格尊严教育、理想成才观教育和诚信教育来开展,使少年儿童深刻认识责任对于个人自身发展的重要性,诱导和启发责任意识的生成。

其二,初中阶段青少年处于道德自律意识发展的关键时期,认识到道德规则对于人的成长的重要作用以及社会规范的非强制性,责任教育应以感恩意识培养、社会公德教育、尊重他人和友善待人的人际关系教育、全面发展的个人责任教育为重点,引导青少年了解责任感目标的具体内容,明确责任感的培养对自身成长成才的重要性,从而激发起责任感培养的心理需要和行为动机,"对责任感培养目标的具体感知,就如同在学生心灵的土地上播下了责任感的种子,只有在这样的基础上,学生内心深处才会产生积极的情绪,认同责任感培养目标"③。

其三,高中阶段是青少年世界观、人生观、价值观形成与发展的重要阶段,也是培养责任道德观、责任情感内化和行为习惯养成的关键时期,责任教育的重点以个人品德、家庭美德、社会公德教育以及核心价值观教育为主要内容,以爱国奉献、爱岗敬业、保护环境和节约资源的责任教育为基础环节,"使诚信精神和责任意识得到青少年的价值认同、情感认同和行为认同,进而内化到人格结构中,使他们在面临道德选择时,作出既符合国家、社会整体利益又符合

---

① 詹万生.整体构建德育体系总论[M].北京:教育科学出版社,2001:313.
② 郭金鸿.道德责任论[M].北京:人民出版社,2008:266.
③ 赵西俊.中小学生责任感培养中的"内化"[J].四川教育,2011(10):19.

个人利益的正确选择"①。

其四,大学阶段是青年责任自律意识确立和责任价值观发展与定型的成熟期,责任教育应突出爱国主义、集体主义、社会主义思想教育,侧重开展敬老扶幼、勤俭持家、夫妻恩爱、互助合作、回馈社会、报效祖国的责任教育,注重引导未来的建设者和接班人正确认识权利与义务、民主与法治、自由与责任的相互关系,明确自身所肩负的职责和使命,激发责任情感、提升责任能力和培育担当精神,逐步升华对他人、对社会、对民族、对国家、对人类的责任感。

2. 责任意识培养要坚持学校教育与家庭教育相衔接

家庭教育、学校教育和社会教育对一个人的成长发展都至关重要,具有各自的功能、价值取向和不同的作用,但在实现教育的整体性、一贯性方面,三者缺一不可,其中家庭教育是关键,学校教育是核心,社会教育是基础。"人是教育的、受教育的和需要教育的生物,这一点本身就是人的形象的最基本标志。"②

首先,家庭教育是人生的第一学校,是连接学校教育、社会教育和终身教育的起点,在引导儿童从他律到自律的道德判断、行为习惯方面发挥着先导性作用。在未成年时期,家庭的责任教育以行为规范、智力开发、思想品德、礼貌待人等为主要内容,建立家庭成员之间相互尊重、和谐相处、民主沟通、平等交流的宽松氛围至关重要;成年之后,家庭的责任教育则以婚恋观教育、成家立业教育、为人处世家风、夫妻关系责任教育等为主要内容,这种教育和影响成为个体继续接受各种形式教育的基础,并持续终身。

其次,学校责任教育是目的性、系统性、组织性最强的教育活动。相对于家庭教育,学校教育虽然只是人生历程中的某一阶段性过程,但对于系统传授公民知识、培养学生的责任情感、提升人的责任自律意识和促进人的社会化发展等起着不可或缺的重要作用。"学校教育应系统地向学生传授现代公民应具备的政治、经济、法律、伦理道德和社会生活准则等方面的基本知识,侧重公民责任意识的启发和责任行为能力的提高,使青少年明确责任与理想、责任与

---

① 勇素华,邱粒芮.道德选择的困境分析与逻辑建构[J].河北师范大学学报(社科版),2014(5):130-134.

② 博尔诺夫.教育人类学[M].李其龙,等译.上海:华东师范大学出版社,1999:36.

能力、责任与法纪、责任与成才之间的关系。"①

最后,社会教育对人的成长有着不可替代的作用,社会是一所大学校,文化环境潜移默化地影响着人的价值观念、行为模式、生活方式和道德原则,关系着人的社会适应能力的发展水平,尤其是个人的公德观念、责任意识、行为规范和价值理念的形成,与社会教育有着密切的关系。可以说,社会文明发展程度越高,社会教育中的正面积极因素越多,公民的整体责任素质和道德水平也就越高。为此,全社会应承担起教育责任,营造以尽责为荣、不负责任为耻的社会环境和舆论氛围,才能更好地引导公民提升社会责任感,实现个人健康成长与社会进步的统一。道德责任只有通过个人的内在认同和自觉实践,"当人们不是仅仅从服从的意义上接受道德规范的约束,而且还把道德修养作为自我完善化的精神追求,并以此体验自身生存与发展的最基本价值和终极性意义的时候,道德要求才能成为行为选择的第一要求"②。

家庭教育、学校教育和社会教育作为有机统一的整体,既要在发挥各自功能上保持独立性,又要在实现育人目标上保持共同性。家庭和学校都是受教育的主要场所,各自承担的责任不同,既不能让渡各自的责任,也不能彼此替代。因此,无论是家庭教育、学校教育,还是社会教育都必须以尊重人的自由为前提,以促进人的全面发展为共同目标,实现教育内容的互为补充、教育任务的相互衔接、教育方式的相互配合、教育效果的相互促进以及培养目标的整体贯通,才能更好地满足人生各个阶段学习教育的自主性、多样性。正如叶澜所说:"中国社会教育力的发展人人有责,唯有具备这样的责任自觉,中国教育和社会教育力才有真正令人欢喜的明天。"③

三、坚持尊重差异的原则

人与人之间具有差异性。道德人格作为一个人个体特质的总和,是每个独立个体区别于他人的特殊规定性与差异性,"这种特殊的规定性和差异性,由一个人比较稳定的精神结构和由此决定的比较稳定的行为倾向和生活态度

---

① 陈思坤.论学生责任教育的切入点与着力点[J].教学与管理,2009:35-37.
② 闫孟伟.道德信念、道德权威性与人的自由[J].教学与研究,2002(11):22-27.
③ 叶澜.社会教育力:概念、现状与未来指向[J].课程·教材·教法,2016(10):3-10.

构成"①。在开展责任意识教育时,既尊重差异、包容多样,又因人制宜、因材施教,针对个体差异的多元性、多变性和动态性特征,采取不同的工作方法,开展有的放矢的教育引导活动,使每个受教育者在原有基础上、不同起点上获得最优发展。

1. 包容多样性才能激发人的个性自主全面发展

道德责任教育旨在培养具有正义感、责任感和合作精神的公民,即有积极生活态度、政治参与热情、民主法治素养并能与其他公民和谐共处、富有利他品格与奉献精神的有德之人。由于每个人的家庭环境、教育背景、道德水准和身心素质等不尽相同,思想认识、价值观念、文化素质、心理特点等各不相同,差异性构成了人类丰富多彩的创造力基础。每个人的个性差异,既是道德教育的先决条件,又是道德教育的终极关怀目标。如皮亚杰所说:"相互尊敬的道德是一种善的道德和自律的道德,在公正的领域里,它导致平等感的发展,而平等感是平等的公正和回报的最基本的概念。"②只有尊重个体的个性差异性和发展的多样性,把人的各种差异的潜能发掘出来,把关注受教育者的个性差异作为责任教育的基点,把发展和完善人的自由个性作为道德教育的归宿,才能真正体现道德责任教育的人文关怀价值。

首先,注重个性化的责任教育才能促进受教育者身心和谐发展。马克思主义认为,人的实践活动是推动社会历史发展的根本力量,而人的创造能力则是由各个历史时期个性发展水平所决定的,也就是说,人的自由个性不仅是个体全面发展的重要组成部分,而且是推动社会进步的源泉和活力。《礼记·学记》中提出:"教人不尽其材,其施之也悖,其求之也佛。"道德责任教育只有在尊重受教育者的主体精神和能动作用前提下,贴近人的现实生活和个性化发展,适应人的道德发展和责任能力的独立性、自主性特征,"遵循不同年龄阶段的道德认知规律,结合基础教育、职业教育、高等教育的不同特点,把社会主义核心价值观和道德规范有效传授给学生"③,使传授知识过程成为道德教化过程,从教育目标、内容、方法、途径等方面适应人的多样性发展需求,提供个性化的道德教育,"所谓个性化道德教育,即指在尊重人的个性的前提下,根据社

---

① 唐凯麟.尊严:以人为本的新诠释[N].光明日报,2011-01-31(11).
② 皮亚杰.儿童的道德判断[M].傅统先,陆有铨,译.济南:山东教育集团出版社,1984:400.
③ 新时代公民道德建设实施纲要[M].北京:人民出版社,2019:10.

会发展和人发展的需求,以个体现有的道德个性特点为出发点,以集体主义价值观为导向,促进人的道德个性不断的发展、完善的一种教育活动"①。

其次,注重差异性教育才能使每个人在原有基础上得到全面发展。"人受教育的最终目的是个体自由和谐的发展,只有尊重每一个体的基本人格与自由的发展,才符合教育平等的原则"②。责任教育的价值在于引导每个具有独立个性的公民自愿地认同自己的分内之责,履行和承担公共生活领域的应尽责任,自觉体认"个体有自由选择的权利但也必须承担选择造成的结果的责任,并且逃避责任、拒绝责任,以及责任失败找借口都是不道德的表现"③。通过激发受教育者的创造能力和自由个性,使每个人成为有个人品德、守家庭美德、遵社会公德和履职业道德的人,承担起家庭成员、社会一员、国家主人等身份角色地位的相应责任。如邓小平所说:"我们在鼓励帮助每个人勤奋努力的同时,仍然不能不承认各个人在成长过程中所表现出来的才能和品德的差异,并且按照这种差异给以区别对待,尽可能使每个人按不同的条件向社会主义和共产主义的目标前进。"④

2. 尊重差异要把先进性与广泛性结合起来

为尊重个体道德素质的差异性和体现社会道德要求的层次性,责任教育要坚持先进性要求与广泛性要求的统一,既要考虑大多数公民的道德责任素质,又要发挥少数先进分子的责任垂范作用,使人们在达到广泛性要求的道德基础上,向先进性要求的更高道德层次提升,从而逐步提升全民族的道德水平、责任意识和担当能力。

首先,在全社会倡导基本的道德规范,体现责任教育的广泛性要求。以启发人们的自律意识为主,强化公民的道德责任感,使每个人都接受和遵守最基本的社会公德、职业道德、家庭美德和个人品德。虽然不同行业、不同领域、不同群体的社会责任要求存在差异、各有侧重,但都以在社会上做一个好公民、在工作中做一个好建设者、在家庭中做一个好成员、在日常生活中养成好品行为道德建设的共同目标。为此,道德责任教育要坚持以为人民服务为核心,以

---

① 陈坚.论个性化道德教育[J].天津市教科院学报,2004(3):32-35.
② 马和民,高旭平.教育社会学研究[M].上海:上海教育出版社,1998:87.
③ 饶娣清.人的存在、人的自由与人的责任:萨特自由观新释[J].广东社会科学.2006(1):65-70.
④ 邓小平.邓小平文选(第2卷)[M].北京:人民出版社,1994:254.

集体主义为原则,以爱祖国、爱人民、爱劳动、爱科学、爱社会主义为基本要求,"把权利与义务结合起来,树立把国家和人民利益放在首位而又充分尊重公民个人合法利益的社会主义义利观"①,把伦理精神、道德原则、道德规范等具体要求融入教育体系中,把笼统、抽象的道德责任转化为具体的职责要求,便于人们更好地理解和把握,弘扬与社会主义市场经济相适应的诚信理念、诚信文化、契约精神,以良好的制度影响和塑造人们的责任观念,引导人们自觉遵守社会交往、公共领域的道德准则,坚守道德底线,培育社会主义核心价值观,实现由外在规范向内在自律、由责任认知向行为实践的转化,不断增强道德的获得感与幸福感。

其次,提倡高层次的道德责任,以先进模范引领道德风尚。道德责任教育的先进性要求和广泛性要求之间具有对应和契合关系,广泛性要求是先进性要求的基础,而先进性要求则是广泛性要求向高层次的延伸,二者相互贯通、互为依托,体现出新时代公民道德责任教育的渐进式和层次性递进。"公民道德建设与治理既要面向全体社会成员开展,也要聚焦重点、抓住关键。"②要充分发挥榜样的示范作用,"领导干部、公众人物、先进模范都要为全社会做好表率、起好示范作用,引导和推动全体人民树立文明观念、争当文明公民、展示文明形象"③。坚持用共产主义道德约束共产党员的言行,倡导无私奉献、为人民竭诚服务的道德境界,党员干部在履行道德责任方面的模范带头作用,"直接影响到其周围群众的道德建设,进而影响到整个社会公民道德建设"④。党风政风是公民追求向上向善的风向标,越是在社会转型发展、公民道德重建的关键时期,越需要党员干部发挥道德责任的标杆作用。同时,要精心选树时代楷模、道德模范等先进典型,广泛宣传先进人物、身边好人的突出事迹,让各行各业学有榜样、行有示范,在全社会形成学习时代楷模、争做道德模范的浓厚氛围,顺应人民对美好道德生活的新期待、新要求。

---

① 公民道德建设实施纲要[M].北京:学习出版社,2001:7.
② 新时代公民道德建设实施纲要[M].北京:人民出版社,2019:14.
③ 习近平.习近平谈治国理政(第2卷)[M].北京:外文出版社,2017:324.
④ 邱乘光.领导干部在公民道德建设中的作用[J].党政论坛,2012(2):47-48.

四、坚持寓教于情的原则

责任情感是公民对自己在承担责任中作出的行为选择、行为过程及后果是否符合需要而产生的内心体验，也是对现实生活中责任行为善恶的情绪反映及态度，包括对守德履责行为的自豪、感恩、崇敬等积极的情感，对违德失责行为的内疚、羞耻、后悔等消极的情感。"情感是意识直接可达及的最终心灵深度"①，道德责任情感本身的沉淀、净化与调适可以成为道德情操和道德品质的源头，具有激励道德行为和阻止不道德行为的作用，有了责任情感的丰富体验，才能形成良好的责任习惯，从而使道德教育更具感染力和内生动力。为此，道德责任教育应从情感入手，寓教于情、寓教于理，重视受教育者的心灵体验，激发人们形成善良的道德意愿和责任情感，才能将责任规范内化为个体的道德追求，凸显道德责任教育的时代价值。"教育本身就意味着：一棵树摇动另一棵树，一朵云推动另一朵云，一个灵魂唤醒另一个灵魂。如果一种教育未能触及人的灵魂，未能引起人的灵魂深处的变革，它就不成其为教育。"②

1. 责任教育首要任务在于激发个体的道德情感

情感高于认知和推理，人类的情感是道德的基础和激发责任行为的原动力。从人的个体发展来看，情感交流是主体间交往的基本形式，人们的道德判断不是基于理性而是基于情感的，道德行为也并不总是遵循道德原则，可能是在个人的情感、意志、经验、信念等非理性因素驱动下付诸实践的。如休谟所说："没有道德情感就没有道德行为，只有当下、直接的情感才能激发意志，产生行动。"③道德责任行为的产生是由道德情感引发的，人们在进行行为抉择的时候，大多靠的不是对道德事实进行推理分析，而恰恰是在情感需要的基础上，使人迅速作出决策和判断。

首先，道德情感与道德理性具有相通性，在促进人的行为动机上相互渗透、相互促进和相互影响。个体在行为选择和对行为后果的善恶进行评断时，理性知识为人们提供价值判断标准和合理性依据，让人们了解和接受什么是道德责任，思考为何要付诸合乎道德性的行为实践；而道德情感的直观性、自

---

① 哈特曼.道德意识现象学：情感道德篇[M].倪梁康，译.北京：商务印书馆，2012：15.
② 杨东平.教育：我们有话要说[M].北京：中国社会科学出版社，1999：156.
③ 周辅成.西方著名伦理学家评传[M].上海：上海人民出版社，1987：361.

发性,则为人们的自愿担责、自主行动奠定良心选择的动机,促使人表明态度、决定应该如何作出良善之行和正义之举。"道德情感的形成是道德发展过程中不可缺少的环节,人们道德认识的逐步提高,只有在实践中与道德情感反复结合,才能逐步树立道德信念,养成道德行为习惯,形成道德品质。"①基于此,责任教育要把激发人的道德热情特别是责任情感作为切入点,引导受教育者形成与道德理性相一致的积极向上、崇德向善情感,抑制那些与社会道德要求相悖的消极落后、自私自利情感,培养人们良善的生活情趣和高尚的道德情操,使人们学会用道德理性来规范自己的道德情感和行为习惯。

其次,道德教育源于人的情感发展的需要,"教育中的一个本源性、根基性的问题就是人的情感发展"②,如果道德教育忽视人的情感发展这一根本性问题,就难以真正触及人的灵魂,成为背离人的内心道德需要的生硬说教。正如苏联教育家苏霍姆林斯基认为:"情感——这是道德信念、原则性及精神力量的核心和血肉,没有情感,道德就会变成枯燥无味的空话,只能培养伪君子。"③没有心灵的交流和情感的共鸣,就不可能实施有效的教育。"真正的道德教育需要形成共同的意义感,而不仅仅是信息的传递。"④培养人的道德情感是道德教育的首要任务,无论是家庭教育、学校教育还是社会的终身教育,在传授和灌输理性知识的同时,都必须顾及教育对象的内心感受和情感需要,营造彼此关怀和情感互动的教育氛围,才能在潜移默化中丰富人的道德心灵,提升受教育者的情感智力,使受教育者在情感体验中生成对自己、对他人、对环境和对社会的关心责任感。

2. 责任教育建立在人与人情感互动的基础上

激发人的责任情感既是教育的手段,也是道德教育的目标。责任教育基于人与人之间的情感交流,寓教于情并非以理服人与以情感人的简单相加,而是两者相融合后的提炼和升华。"情感在道德教育中扮演着催化剂的作用,在很大程度上决定了一个人的思想道德品质,相对于说理教育而言,情感教育更

---

① 张志勇.情感教育论纲[M].北京:北京师范大学出版社,1993:181.
② 朱小蔓,梅仲荪.儿童情感发展与教育[M].南京:江苏教育出版社,1998:6.
③ 王富平.苏霍姆林斯基的情感教育论[J].外国教育动态,1989(2):29-31.
④ NODDINGS N. Educating Moral People[M]. New York: Teachers College Press, 2002:131.

强调寓理于情。"①因为道德教育是"人与人之间一种特殊的情知相连的互动交往活动"②,情感和认知是教育互动的两个主要领域,"而进行道德学习的教育性互动则主要发生在情感领域,以教育者和教育对象之间的情感互动为基本表现形式"③。

首先,情感关怀是一切成功教育的基石。"教育不仅是社会文化传承的活动,而且是一种唤醒人的生命意识、启迪人的精神世界,建构人的生存方式,以实现人生价值的特殊活动。"④每个人都有情感关怀的需要,责任教育中实施道德关怀,就是要关注受教育者的现实生活和精神世界,关心其道德情感、价值观念、思想品德、责任素质,关怀其内心情感体验和道德发展需求,增进彼此间的感情交流,营造平等沟通的氛围,拉近人与人之间的心理距离。

关怀意味着责任,任何领域的关怀都需要道德行为能力做支撑。"关怀由关心、照顾、给予关怀和接受关怀四个环节构成,相应地有四个道德要素:关注、能力、责任、反应。"⑤寓教育于道德关怀和情感互动中,有利于建立相互信任的关系,促进受教育者的道德人格和谐发展,"在教育内容上,应突出'关心'的主题和人文关怀;在教育原则上,应贴近学生的现实生活和个性发展;在教育方法上,应发挥教育者的榜样示范作用"⑥。使受教育者感受到来自教育者的关注和关心,从而培养包容心态和关怀意识,深切感悟"关心人、待人好和帮助弱者,是一种从对自己转向对他人的情感"⑦,进而学会对他人的关怀,激发内心的道德情感和责任行为动机,逐步确立融道德认知、道德情感和道德意志为一体的责任信念。如诺丁斯所说:"如果我们希望人们过一种符合道德的生活,关心他人,那么我们应该为人们提供机会,使他们练习关心的技巧。更重要的,使他们有机会发展必需的个性态度。"⑧

其次,责任情感对人的道德行为具有抑恶扬善的作用。道德情感构成良

---

① 张耀灿.思想政治教育学原理[M].武汉:华中师范大学出版社,1988:216.
② 特纳,斯戴兹.情感社会学[M].孙俊才,文军,译.上海:上海人民出版社,2007:56.
③ 朱小蔓.情感德育论[M].北京:人民教育出版社,2005:54.
④ 李小鲁.教育本质新探[J].现代哲学,2007(5):121-125.
⑤ 肖巍.女性主义伦理学[M].成都:四川人民出版社,2000:63.
⑥ 诺丁斯.关心:伦理和道德教育的女性路径[M].武云斐,译.北京:教育科学出版社,2014:163.
⑦ 苏霍姆林斯基.苏霍姆林斯基选集(第1卷)[M].蔡汀,等译.北京:教育科学出版社,2001:159.
⑧ 诺丁斯.学会关心:教育的另一种模式[M].于天龙,译.北京:教育科学出版社,2003:32.

心的核心与本质,"情感是人格系统的核心概念"①,道德情感与主体所处的时代背景和生活环境密切相关,蕴含了主体基本的价值取向。美国心理学家海德特认为,道德情感就是与作为整体的社会与作为个体的他人之利益、福祉相关的情感,也就是说,凡是关系到社会与他人福祉的具有利他性的情感,都属于道德情感。"每一种感情,当为成功所满足时,就产生一种与其力度和强度相应的心满意足;而仁爱和友谊、人道和仁慈,除了这种为一切感情所共通的好处,还不依赖于整个命运和偶因而直接给予人甜蜜、平静、温柔和愉快的感受。不但如此,这些德性还伴有一种令人快乐的意识或回忆,并使我们以愉快的心情对待自己和他人,当我们保留对人类和社会尽了我们应尽的一份职责这种令人愉快的反思之时。"②诚如列维纳斯主张:"只有在我不计回报地爱'他者'和为'他者'担责的情形下,或者说,只有在我的责任要大于我的权利的情形下,社会的正义才是可能的。"③为协调人们之间的利益关系,社会道德驱动利他主义的行为规范和责任规范,"社会期望每个成员表现出某种行为,并强加给他们不计其数、各种各样的规则,所有这些旨在'规范'其成员,使他们循规蹈矩,以排除自发的行动"④。但如果忽视道德情感在个体发展中的作用,让所有人任何时刻都绝对遵守这样的道德律令,难免会因与道德主体利益相悖而触及容忍度的底线,不能真正引导人们去建构适合自己个性的责任自律生活方式。

为体现责任教育关心人、教育人、引导人、帮助人的价值目标,润物无声地培养人的积极情感,必须建立道德行为的公正评价和奖惩机制,表扬和激励那些遵循道德规范的责任行为,"鼓励个人发挥他的天才能力和个人的表达方式,密切注意每一个人的独特性,而不忽视创造也是一种集体活动"⑤。及时批评纠正不符合社会道德要求的失责行为,引导个体形成独立健全的道德人格,这不仅是对受教育者尊严价值的维护,而且"是对受教育者的理性和自由

---

① 朱小蔓.情感教育论纲[M].南京:南京师范大学出版社,2019:138.
② 休谟.道德原则研究[M].曾晓平,译.北京:商务印书馆,2001:134.
③ 杨大春.列维纳斯的世纪或他者的命运[M].北京:中国人民大学出版社,2008:247.
④ 阿伦特.人的条件[M].竺乾威,等译.上海:上海人民出版社,1999:31.
⑤ 联合国教科文组织国际教育发展委员会.学会生存:教育世界的今天和明天[M].北京:教育科学出版社,1996:188.

的尊重,也是对他们人性发展的尊重"①。

五、坚持教育与实践相统一

道德责任不仅是一种认知观念,而且是一个实践范畴,是人的道德认识过程、情感体验过程、意志确立过程和行为实践过程的统一。"道德之所以为道德,在于不仅是思想认识,而更是行为的规范。道德决不能徒托于空言,而必须是见之于实际行动。"②坚持提升责任认知与推动责任实践相结合,既要"坐而论",更要"起而行",使公民在履行责任的亲身体验中,认知权利与责任之间的关系,在自主选择的过程中勇于对自己的行为及其后果负责,从而实现知、情、意、行的相互转化。

1. 坚持道德责任认知与行为习惯养成相统一

责任认知与实践是不可分割、互为统一的,认知是实践的动力基础,实践是行为习惯养成的关键。"知是行之始,行是知之成"③,只有把责任意识转化为具体的道德行为,才能激发人的道德情感,产生履行责任的行为动机,养成学会负责的行为习惯,进而在实践中逐步确立坚定的责任信念。习近平指出:"道不可坐论,德不能空谈。于实处用力,从知行合一上下功夫,核心价值观才能内化为人们的精神追求,外化为人们的自觉行动。"④

首先,责任认知是道德实践的基础。认知是情感、意志和行为的先导,人的一切行动,往往要以自身对具体事物的基本认知为前提。责任意识的形成主要受道德认知主导和同化,"所谓同化就是人们在理智的基础上发自内心的相信并接受他人的新观点、新思想,并把它纳入自己的态度体系中,彻底转变自己的原有态度"⑤。这一过程也是道德知识转化为责任信念的过程,个体是否勇于承担自己的社会角色所赋予的责任,必然建立在对角色责任认知和将责任理论、道德规范内化为精神需求、情感动机的基础上,这种内化在责任情感的体验中得以升华,也在行为选择和责任履践中得到检验。如果缺乏正确

---

① 金生鈜.教育与正义:教育正义的哲学想象[M].福州:福建教育出版社,2012:263.
② 张岱年.中国伦理思想研究[M].南京:江苏教育出版社,2009:161.
③ 《王阳明·传习录·卷上》
④ 习近平.习近平谈治国理政(第1卷)[M].北京:外文出版社,2014:173.
⑤ 杨杰.组织行为学[M].北京:北京大学出版社,2008:81.

的责任认知、稳定的责任态度和持续的责任信念,个体就难以产生自身发展需求与社会道德要求相一致的行为动机。

其次,道德责任只有在实践中才能得以强化。道德责任的本质在于实践,王阳明认为:"知之真切笃实处,即是行;行之明觉精察处,即是知,知行功夫,不可分离。"①道德认识和道德行为具有统一性,且知与行的过程合二为一。朱熹认为,认知是行动的先导,没有正确的认知,道德实践是盲目的行为,"论先后,知为先;论轻重,行为重"②,且"知之愈明,则行之愈笃;行之愈笃,则知之愈明"③。道德品质的养成基于认知、重在实践,这些传统道德观中知行合一的理念为新时代责任教育提供了思想启迪与价值导引。认知只有通过真实的生活历练才会转化为个体行动的能力。道德行为是道德认知、道德情感、道德意志的外在表现,也是责任教育的价值旨归,公民只有在具体的责任行动中,才能不断深化对自己社会角色的认同,确立认真负责的责任态度、持续有力的责任意志和承担责任的自信心,使责任知识转化为高度自觉的责任行为,实现责任的实践价值和道德素质的提升。

2. 坚持道德理想教育和善恶规范引导相结合

道德教育的根本作用是引导人学会为人处世,认识和领会合乎人性的善恶是非标准,认知和认同道德规范的价值,实现客观的、自在的善和主观的、自觉的善相统一,使人过一种更有价值、更具意义的有道德生活,活得"更像一个人",促使整个社会生活秩序朝着有利于人的生成发展、自由解放的方向发展,从而"把人们的现实行为放到可能的、应是的、理想的世界中去加以审视,用应是、理想的标准来对它作出善、恶的评价,并以此来引导人的行为"④。

首先,责任教育以传授系统的道德知识、培养稳定持久的自律意识和提升受教育者的担当精神为核心要义。道德教育源于生活又高于现实,旨在引导受教育者全面认识德性的实质、要求、意义和价值目标,培养受教育者稳定的理性认知、内在的道德品质和外在的行为习惯。"道德教育的要旨不在于使受教者了解现实生活中人们的行为是怎样的,而在使他们掌握人们的行为可能

---

① 《王阳明·传习录·卷中》
② 朱熹《朱子语类·卷九》
③ 朱熹《朱子语类·卷十四》
④ 鲁洁.道德教育:一种超越[J].中国教育学刊,1994(6):2-8.

是怎样的？应该是怎样的？道德的理想是什么？人何以接近这种理想？"①要展现人的存在价值和意义为根本指向，从强化道德认知、培养道德情感、锤炼道德意志入手，根据受教育者道德发展的状况、特点和实际需要开展分层次、针对性的道德责任教育，采取知识传授、说服教育、榜样示范、情感陶冶、品德评价和释疑解惑等行之有效的方式方法，充分发挥受教育者的主观能动性，激发个体德性意识的真正觉醒，通过对"为何要追求有道德的生活""如何提升自己的道德修养"以及"应该成为什么样的人"等人生价值的思考和探讨，突出德性对于人之为人的重要意义，引导人们自觉加强德性修养，形成从感性到理性、从社会道德规范到个体道德信念的逐步内化，培养健全自律的道德人格和追求知善、向善、行善的道德生活。

其次，责任实践既是基于对他人和社会利益的自觉认识而表现出来的行为，也是基于行为主体自主选择的结果。道德行为本身是主体从主观愿望、需求和利益出发，在自觉自愿的道德实践中进行行为选择和责任承担，从而使自我价值得以实现的过程。责任实践是道德教育中不可或缺的重要环节，因为责任能力和行为习惯的培养建立在道德经验的基础上，如果个体缺乏必要的生活和实践锻炼，难以产生自觉参与道德实践的强烈愿望。为此，实践锻炼的目的是使受教育者严格遵守道德规范，把社会道德要求内化为个体的行为准则，体认和感悟"应该做什么""应该怎么做"才是合乎道德的，把责任自律意识转化为勇于担当的能力和习惯，引导人们注重把所学知识内化于心，学会担当社会责任。

道德教育与规范引导是相容互补、互为促进的。从切身实践中获得责任感知、体验是道德教育的独特之处，通过为个体在实践中提供标准化、普遍化、系统化的道德规范评判标准，引导人们在面对诸多的道德冲突或多样化的价值取向中，学会正确地作出判断，从而选择一种合理的道德行为。如马克思指出："认真地权衡这种选择，无疑是开始走上生活道路而又不愿在最重要的事情上听天由命的青年的首要责任。"②从某种意义上讲，责任行为实践是道德教育的效果检验和基本目标，旨在引导受教育者在承担具体责任的过程中衡

---

① 鲁洁.道德教育：一种超越[J].中国教育学刊,1994(6):2-8.
② 马克思,恩格斯.马克思恩格斯全集(第1卷)[M].北京:人民出版社,1995:455.

量行为选择的价值与正当性,评判社会规范与个体行为之间的符合度,从而得到情感的升华和能力的拓展,"道德判断的存在表明道德发展具有一个基本的认知结构成分,尽管动机和情感被包含在道德发展之中,但这些动机和情感的发展主要是以思维模式的改变为中介"[①]。可以说,责任履践的经历越多感悟越深,其道德实践的动力就越强烈,越有利于受教育者主体地位的发挥和教育实效性的提升。相反,如果抛开德性践行谈教育,就容易变成空洞的说教,难以实现道德责任教育规范人、引导人、激励人、培养人和促进人的全面发展的根本目标。

---

① 科尔伯格.道德发展心理学[M].郭本禹,等译.上海:华东师范大学出版社,2004:66.

第八章
公民责任担当能力的培养策略

公民承担责任是一切道德行为的基本前提,体现着个体自觉地意识到对他人、社会和国家所负有的责任并勇于担当责任的精神。责任意识和担当能力是相辅相成、相互促进的,共同作用于道德素质的提升,其中责任意识体现着对角色职责的认知程度、对道德规范的内化程度和对道德行为选择的自觉程度,"标志着人从一种无意识的状态转向一种完全自愿的、有意志的状态"①。个体只有充分认识分内应做之事的必为性,理性判断未做分内之事应承担的责任,清晰预判自身行为选择的后果,才会生发出自觉履行责任的情感动机。责任担当则是指个体主动履行责任的能力、对行为后果进行预见的能力、使行为符合道德规范的选择能力,以及将自由意志转化为自律习惯的调控能力。简言之,责任担当是行为选择和对行为后果承担的能力,"责任担当即主体在正确认识责任内涵的前提下,在强烈责任情感和责任意志的动力驱使下,正确履行相应责任的实践过程"②。新时代加强责任伦理建设,不仅是事关塑造什么样的好公民的根本性问题,而且也关系到社会主义事业接班人的道德素质水平。只有把公民责任教育摆在更加重要的位置,以"五爱"教育(爱祖国、爱人民、爱劳动、爱科学和爱社会主义)为基础,加强"四德"(社会公德、职业道德、家庭美德和个人品德)建设,促进社会整体责任意识和担当能力的提升,推动社会文明程度迈向新台阶,这是全面建成小康社会、全面建设社

---

① 李恒威.觉知及其反身性结构[J].中国社会科学,2011(4):67-76.
② 郑士鹏,单宁珍.青年社会责任教育的实践理路[J].中国特色社会主义研究,2019(6):62-68.

会主义现代化强国的战略任务,是适应社会主要矛盾变化、满足人民对美好生活向往的迫切需要,是促进社会全面进步、人的全面发展的必然要求。

第一节 提升公民知行合一的责任意识

道德责任从认知到行为转化的中介,取决于道德认知、情感、意志、信念的共同作用。责任认知是对自己承担责任的正确认识、价值判断以及对社会关系的责任原则、道德规范的理解和掌握,情感是行为选择、道德评价时对社会责任规范所产生的内心体验,意志是在承担责任的过程中克服困难的驱动力,行为则是责任付诸实施的具体行动。责任意识作为一种现代公民的主体意识,既是觉知、意愿和行为相互作用的心理反映,也是"公民对自己在国家政治和法律生活中的地位的认识,在情感上对所属国家和社会群体的认同,在认知上对其自身公民身份所承担的责任、所享有的权利的了解"①。公民意识不会自发生成,必须依靠教育引导和实践养成,责任教育即是有目的、有计划地开展阶段性、层次性和渐进性的担当意识培养,逐步引导公民在提高认知水平、激发责任情感、磨炼道德意志、筑牢责任信念的基础上,促进公民知、情、意、行的相互转化,养成敢于负责、善于尽责和勇于担责的道德自律素质和担当行为习惯。

一、以增强自律意识为责任教育的重点

责任认知是激发道德行为动机的思想基础。公民能否履行责任,首先取决于主体对道德责任的认知和认同,"只有首先意识到自己的自由存在本性,并且在这种意识中确认或意识到自己所担当的功能,才会承担起责任"②。认同社会责任的价值,就会理性地思考道德现象,自觉按社会规范的要求指导行为,并逐步内化为自律意识。相反,如果没有正确的责任认知,就不可能产生相应的履责情感、道德意志、责任信念和行为习惯。因此,公民对道德责任的正确认识、理解和把握,是自律行为的先导和基础,体现出主体的理性觉醒、担

---

① 秦树理.国外公民教育概览[M].郑州:郑州大学出版社,2005:2.
② 曹刚.论道德能力[J].哲学动态,2006(7):58-61.

当精神与价值追求。提升公民的责任意识,基础在教育,关键在自律,根本在实践。

1. 自律意识是责任认知的理性彰显

责任意识集中反映着个体的道德认知、情感、意志和信念,标志着国家主人翁地位的自我觉醒和理性思考。公民意识即"对公民身份资格所涉及的权利和义务的主观认同,包括公民参与意识、权利意识、法律意识、责任意识和政治效能意识等"[①]。责任意识的核心在于将外在的道德规范转化为内在的自律意识和行为准则,蕴含着对个人、家庭、社会、国家要做的分内之事的认识、理解以及对未履行职责而承担相应后果的研判。道德责任作为由认知到行为的转化,既需要主体具有理性自觉意识,认同社会道德的要求及价值,也要具备责任担当的能力。也就是说,只有当个体认识到社会道德要求的意义,并逐步内化为自身的主体意识和发展需要,才能形成发自内心的主动履行责任的道德情感,进而在道德意志的支配下担当起应尽责任。

首先,责任意识不是与生俱来的,而要通过后天的启发教育和社会影响,在道德实践的基础上不断得以形成和发展的。公民教育是促进个体社会化的关键环节,人往往是先接受道德原则教育,掌握区分是非、善恶、美丑的标准,才会在道德情感激励下选择责任行为,并在意志品质支撑下实现由他律向自律、由知向行的转化。"公民意识培育的主要目标就是向公民传授正确的公共知识,传承维持社会稳定应具有的特定价值观、群体认同感,培养对待和处理个体与国家、社会、他人关系需具备的理性精神、价值取向和良善品行。"[②]为此,要通过多种形式强化道德认知教育,提升社会成员承担责任的自觉性、主动性和创造性,"使个体对于在一个民主社会中生活意味着什么这一问题,有一个更为清晰、更负责任的感觉"[③];通过循序渐进、潜移默化的教育手段和方式,使公民由外而内、由低层次向高层次逐步地提升道德责任的品质,不但懂得为什么要认同接受道德原则和规范,而且懂得应该怎样培养责任意识、行为习惯和担当能力,使社会道德转化为人们的日常行为细则,成为个体认同并遵循的内在责任自律。

---

① 章秀英.公民意识评价与培育机制[M].北京:中国社会科学出版社,2012:55.
② 英格尔斯.人的现代化:心理思想态度行为[M].殷陆君,译.成都:四川人民出版社,1985:8.
③ 诺丁斯.教育哲学[M].许立新,译.北京:北京师范大学出版社,2008:44.

其次,个体责任素质的形成离不开丰富的道德知识储备,这也是个体进行认知内化和作出道德选择的基础。从接受外部要求到学会责任自律,是人在社会化过程中必须完成的从认知到行动的转化,"一个有道德的人,必须理解行为所应遵循的准则,这是'知'的方面;更必须在生活上遵循这准则而行动,这是'行'的方面。必须具备这两个方面,才可称为有道德的人"①。责任意识正是在伦理关系中体现出来并在行为实践中逐步确立的,这种利他性使人在相互负责的基础上体悟道德的价值,如列维纳斯所说:"这种关系既不是知识关系也不是自我的意愿的行为,而是一种为他者的他性无限负责的关系。正因如此,这种关系可称为伦理关系。"②公民的社会交往不仅能够加深对责任伦理规范的认知,而且也将在现实而具体的生活实践中增强担当意识,从而在更高层次上实现自身的个体责任与社会责任,通过自觉履责而获得生命价值的实现与内在精神的满足。

2. 道德情感是责任自律的内在动机

责任对于公民不仅是一种约束,更意味着对自我的激励和超越,责任一经行为主体认同,就会产生强烈的责任感,变外在的规范约束为内在的自省自律,从而在心灵深处生成责任伦理的道德情感。"个体的责任感是动机,是个体确定相对稳定的道德判断后的道德情感表现,决定了行为主体是否采取道德行为的起因;个体的责任心是意志,是个体触发道德情感后的道德意志体现,决定了行为主体对道德行为的完成和持续。"③责任情感是人们对所认知的道德是否满足自己的需要而产生的态度体验,是建立在责任认知基础上的道德内化和升华,情感作为责任行为的动机,是个体"从社会形成的道德出发,用道德原则的观点感知各种现实的观点时,人所体验的所有情感"④。

首先,道德情感是责任认知向行为转化的基础。道德情感是主体通过感受、体悟等方式获得情感认同的感性状态,也是对自身所肩负责任的理性反思,蕴含着个体对道德规范的认同和内化后的自觉遵循。换言之,情感激发人对自身行为及其产生的后果进行道德思索、评价与价值判断,强调的是人对社

---

① 张岱年.中国伦理思想研究[M].南京:江苏教育出版社,2009:20.
② LEVINAS E. Totalityand Infinity[M]. Martinus Nijhoff Publishers, 1979:98.
③ 科尔伯格.道德发展心理学[M].郭本禹,译.上海:华东师范大学出版社,2004:199.
④ 马克思,恩格斯.马克思恩格斯全集(第42卷)[M].北京:人民出版社,2017:124.

会责任的理解、认同和主动担当的情怀。作为主体直接把握道德理性知识和伦理关系的内在表现,责任情感浸润和支撑着人们形成善良的道德意愿,有效协调人际关系和解决知与行、情与意之间的矛盾,培育正确的道德判断和行为自律的使命感,担负起个人发展和对社会、国家的应尽责任。"当个人能够意识和体会到自己与更大的集体、共同体密切联系进而产生对集体的依恋时,对集体的归属感、自豪感、责任感、意义感便会自然产生。"①

其次,责任情感是激发内在自律意识的核心动能。责任情感是人们对应履行的责任进行价值判断和道德选择所产生的态度和心理体验,既对个体的行为具有控制、支配、激励和评价作用,也促使责任行为成为一种有目的性、主动性的道德习惯,"道德习惯的实质就在于人的行为已经由良心的呼唤所支配,而这种呼唤的主调则是情感"②。在人的发展过程中,无论是个人的内在心理、生理、活动方面,还是个人的外在社会关系方面,都离不开个体对自身在人类社会和自我发展中所承担责任的一种自律意识。"责任是一切道德价值的基础,在某种意义上,当我们把伦理学定义为通过社会舆论、人们内心信念的力量来调整人与人、人与社会、人与自然之间关系的行为规范的总和时,责任范畴就是这些行为规范的灵魂。"③培育公民敢于担当的责任人格,着力让社会成员了解、认知和明晰公民应尽的责任,明确权利和义务之间的关系,以公民道德教育、社会实践活动和精神文明创建等多种形式为载体,引导人人参与、人人体验道德建设,逐步形成责任意识和确立道德情感,正确把握并自觉承担与公民角色相应的责任,从而实现道德责任与道德权利、个人价值与社会价值、自身发展与社会进步的有机统一。

二、以砥砺意志信念为责任教育的核心

道德意志建立在责任认知和情感的基础上,并经长期的积累和沉淀而成为责任素质的核心。意志的自主性表现在理性选择道德行为及履行道德义务过程中的坚韧毅力,促使个体基于道德认知、道德意愿转化为相应的道德行

---

① GIRUOX H, PURPLE. The Hidden Curriculumand Moral Education Berkeley[J]. British Journal of Social Psychology, 2003, 53(2):12.
② 苏霍姆林斯基.帕夫雷什中学[M].赵玮,等译.北京:教育科学出版社,1999:197.
③ 谢军.论责任的道德价值[J].学术交流,2006(6):31-34.

为。由于责任主体的行为常常会受到欲望、需要等因素的影响和左右。因此,"意志的约束常常表现为对欲望等非理性因素的引导和控制,尤其是在这些非理性因素与道德推理的结论相冲突时,意志的约束作用就显得更加重要"①。同时,责任自律建立在道德信仰的基础上,道德信仰作为人的精神支柱和内在动力,对于道德人格的塑造、道德素质的提升、责任价值观的整合等具有导向作用,能使人克制自己的感性欲望、约束自身的行为,以坚定的意志履行道德责任。

1. 道德意志是公民担当的精神支撑

道德意志是在担当责任中自愿解决问题、攻坚克难的精神源泉,是主体在对自身行为进行调节的过程中理性选择道德行为,并克服各种非理性因素干扰的一种毅力和决心。作为一种综合性和持久性的品质,坚定意志具有独立性、果断性、自制性和坚韧性等重要表征,有助于人们在困难面前不畏缩、不放弃,以乐观积极的态度迎接挑战,善始善终调节和控制自己的责任行为。

首先,道德意志是人们按照道德要求在进行行为抉择的过程中,通过自觉地确定目的、支配行动、克服困难等表现出来的理性精神。恩格斯指出:"如果不谈所谓自由意志、人的责任能力、必然和自由的关系等问题,就不能很好地议论道德和法的问题。"②道德意志只有与现实的人的感性活动相关联,才能实现改变主观世界和客观世界的目的,"自由意志通过责任进入现实,也就是进入外部世界发展的必然性领域。自由是与对必然性的认识和责任相联系的,意志自由只是借助于对事物必然性的认识作出决定的能力。在这里,必然是根据,责任是中介,自由意志就是由虚变实的内在的能动力量。"③意志自由和道德自律相辅相成、互为统一,"自由意志和遵从道德规律的意志,同是一回事"④。

其次,道德意志是连接内在心理与外在行为的关键环节,决定道德行为有所为还是有所不为,使人的道德实践具有明确的目的性和方向性。道德选择"是在理性的功能发挥的基础上进行,人的意志在把可能性转变为现实性的过

---

① 杨宗元.略论道德意志与道德推理的关系[J].重庆理工大学学报(社会科学),2019(1):13-19.
② 马克思,恩格斯.马克思恩格斯选集(第3卷)[M].北京:人民出版社,1995:454.
③ 宋希仁.论道德的"应当"[J].江苏社会科学,2004(4):25-31.
④ 周辅成.西方伦理学名著选辑(下卷)[M].北京:商务印书馆,1996:376.

程中,人必然要根据必然性,根据理性的认识来行动"①。道德意志是责任自律的强大精神力量,促使人形成稳定的心理状态,并在确立道德信念后,外化为道德自律的行为习惯。苏联心理学家戈卢宾科认为:"意志的基本作用首先取决于如何在正确认识的基础上确定目的,然后取决于作出决定,即决定为达到既定目的应该或不应该行动,也取决于为实现目的而选择的手段和途径,最后意志的最积极的作用就是达到目的,完成所作出的决定。"②坚韧意志驱使主体在正确认识责任内涵的前提下,持之以恒地履行应尽义务。

2. 道德信念是责任自律的恒动力

责任素质的提升以培育人的道德信念为最高目标,"所谓道德信念,指的就是人们对社会道德要求体系(传统美德观念、现行道德标准和行为规范)所持的极度信赖和遵从的稳定的心理状态和态度"③。信念作为极为稳定的心理状态和行为倾向,展示出个体对道德价值的敬畏,即"人们基于对道德个体和社会存在发展的价值的认识,以及在道德理想与道德现实的张力作用下产生的对道德(包括道德规范、道德理想和道德人格)的笃信与崇敬,并以此设定人生目标、付诸道德行动的特殊感情"④。责任信念激励人们身体力行将道德原则、规范转化为实际的行为,为人的道德责任评价、判断、抉择提供标准和依据。"人类倾向于建构和坚持为自己需要、愿望和目标服务的信念,这些信念有助于自我提升、自我保护和个人的社会控制的目的,以及导致观念上和社会判断上的偏差。"⑤

首先,道德信念对于责任自律的养成至关重要。信念是人们对人生观、价值观、道德要求和理想追求的深刻笃信,由此形成履行某种道德义务的强烈责任感,产生担当责任的恒久动机。道德信念即"以善恶为标准,依靠社会舆论、传统习惯和内心信念维系,用以反映、调整现实生活中人与人之间以及人与自然之间关系的原则规范、心理意识及行为活动的总和"⑥。信念支配人的道德

---

① 戈卢宾科.必然和自由[M].苍道来,译.北京:北京大学出版社,1984:153.
② 戈卢宾科.必然和自由[M].苍道来,译.北京:北京大学出版社,1984:149.
③ 赵平,李靖.道德信仰及其培育的基本理路[J].道德与文明,2014(6):77-80.
④ 黄明理.社会主义道德信仰研究[M].北京:人民出版社,2006:73.
⑤ SNOW R, CORNO L, JACKSON D. Individual differences in affective and cognitive functions[M]. Handbook of educational psychology. NY: Macmillan, 1996:243-245.
⑥ 秦树理.公民道德导论[M].郑州:郑州大学出版社,2008:17.

行为,使人在道德冲突的情境中明辨是非、善恶,作出合理的行为抉择,通过"情感—认知—评价—行动"的反复践行,促使个体自觉自愿地将道德要求内化为稳定的、持久的内心坚守,从而"固化于行为主体的道德品质中,形成一种道德思维定式,转化为人们的道德行为和道德习惯"①。成为涵盖道德规范、责任观念、责任意志、责任情感和担当行为的完整体系。

其次,责任信念的形成不是一蹴而就的,而是个体对道德责任的接受认可和行为履践中逐步从无到有、从弱到强确立和发展起来的。"道德认同代表了一个相对更明确、更有条理、更容易实现的计划或伦理的前提,这样的伦理前提能够被快速应用,或者自动地出现在做出道德决定的瞬间。"②随着人的主体意识的不断觉醒,人的道德实践日益成为自愿的选择,由外在的他律逐步转化为责任自律,呈现出越来越强的自觉性。麦金泰尔认为,责任自律"起始于认为职责就是必须履行某一角色的观念,角色的履行服务于一个目的,这个目的完全可以理解为正常的人类欲望的表达;发展的第二步可能是把职责视为个人所要做的某件事情,而不论他的个人目的是什么;最后,职责概念与欲望完全分离开"③。从某种意义上说,公民自律意识的觉醒,是主动承担应尽义务的关键,"所谓自觉,也就是指人的主体性的觉醒、自我主体意识的确立"④。只有从内心深处确信责任的道德价值,才能转化为自觉行为习惯,也就是说,"只有当人认识到自己所具有的拓展人的力量的能力,他才能完成如下任务:成为自在自为的人,并通过充分实现人的潜在的诸能力——理性、爱、生产性劳作——而达到幸福"⑤,从而实现道德他律与行为自律、社会责任规范与个体精神追求的有机统一。

三、以提升担当能力为责任教育的旨归

道德判断能力是指在科学的道德认识基础上,运用道德知识对面临的道德问题加以充分辨析,作出符合社会道德要求的行为选择、道德判断和责任评

---

① 张澍军.德育哲学引论[M].北京:人民出版社,2002:291.
② XU Z X, MA H K. How can a Deontological Decision Lead to Moral Behavior? The Moderating Role of Moral Identity[J]. Journal of Business Ethics, 2016,137(3):537-549.
③ 麦金泰尔.伦理学简史[M].龚群,译.北京:商务印书馆,2003:128.
④ 高清海.哲学与主体自我意识[M].北京:中国人民大学出版社,2010:81.
⑤ 马斯洛,等.人的潜能与价值[M].林方,主编.北京:华夏出版社,1987:108.

价的能力,即"在面临道德问题时能够鉴别是非善恶,作出正确道德评判和道德选择并付诸行动的能力"①。责任担当不仅是一种意识,更是一种能力,是人所特有的承担相应责任、履行分内之事的心理特征、道德素质和实践本领,担当的自律性与意志的自觉性所蕴含的道德属性是一致的,直接影响着个人的自由全面发展与思想道德素质进步。

1. 道德选择是责任担当的价值导向

首先,道德判断本身是一种认知过程,是主体运用已掌握的道德知识和内化了的道德规范对行为的善恶进行价值评判的过程。"没有以道德判断为基础的行为一方面不能算作真正的道德行为,另一方面也是不稳定的和随情景变化而变化的;而建立在道德判断基础之上的行为就同道德判断本身一样,具有长期稳定的特质。"②道德源于协调人与人、人与集体关系的需要,"道德责任本质上就是一个关系范畴,是一种隐藏在人与人之间、人与物之背后的抽象存在"③。道德判断取决于个体的认知水平,而"道德规范则是人们根据道德原则而提出的,要求人们在处理各种利益关系时所普遍遵循的具体行为准则"④。主体正是依靠已有的价值观念和社会的道德规范,对道德现象和具体行为进行善恶判定和利益取舍,对符合道德准则的行为予以鼓励,对不合乎道德的行为予以纠正。

其次,道德理解能力、判断能力和抉择能力决定了现实生活中道德行为与社会规范的符合度。"道德能力是人认识各种道德现象,在面临道德问题时能够鉴别是非善恶,并作出正确道德评判和道德选择并付诸行动的能力。"⑤理性分析能力是由被动承担义务向主动履行责任的过程中,"道德感性上升为道德理性的一个认识环节,是对道德现象有所断定的一种思维形式,从道德初识通向道德形成的一座心理桥梁"⑥。道德选择既是主体通过认知和判断,在行为实施中确立趋善避恶的价值观念的能力,也是个体反思自己的道德观念、道德实践促进人格完善的能力,包括对符合道德规范的行为的坚守和对失德行

---

① 蔡志良,蔡应妹.道德能力论[M].北京:中国社会科学出版社,2008:87.
② 魏贤超.道德心理学与道德教育学[M].杭州:浙江大学出版社,1995:27.
③ 郭金鸿.道德责任论[M].北京:人民出版社,2008:109.
④ 陈建兵,黄富峰.论道德判断[J].齐鲁学刊,2006(3):136-139.
⑤ 蔡志良,蔡应妹.道德能力论[M].北京:中国社会科学出版社,2008:87.
⑥ 孙如枫,曾钊新.论道德判断[J].江西社会科学,1995(4):24-30.

为的及时矫正,在诸如荣誉感、获得感、挫折感、羞耻感等道德情感的驱动下,将责任意识升华为道德信念和自觉习惯。没有自由选择,就没有道德行为,正因为道德行为是主体自由选择的结果,所以每个人必须对自己的选择负责,敢于和善于承担责任,在具体的道德实践中锻造坚强意志、自律品质和理想人格。总之,"公民只有不断地加强道德实践,把道德意志转化为道德行动,才能将社会道德规范内化为自己的道德人格,达到提高道德修养的目的"①。

2. 勇于担当是道德人格的决定因素

公民担当能力既是责任意识的外在显现,又可以反过来影响责任意识的确立,"实践能力就是对个体解决问题的进程及方式上直接起稳定的调节控制作用的生理和心理特征的总和,个体实践能力以其解决问题的层次和质量为衡量指标"②。公民在社会中担当的角色不同,因而各自的道德责任要求也不同,个体能够承担多少责任取决于自身的发展状况。如桑德尔所说:"按照道义论的观点,首要的问题不是我们所选择的目的,而是我们选择这些目的的能力。而且这种能力先于它可能确认的任何特殊的目的,它存在于主体自身。"③即使在善恶界限明晰的情况下,是否择善弃恶,仍然需要行为主体自己作出抉择,自主选择是基于敬畏和服从道德规范的一种负责任的理性行为,"一种实践的内在的善或目的就在于那种活动进行和完成得出色和优秀,即它进行和完成得合乎德性或具有德性"④。

首先,责任担当既是个体行为选择能力、责任履行能力和后果承担能力的集中展示,也促使个体在责任认知、情感、信念、习惯的相互作用中形成稳定的道德人格。道德人格即个体道德、意志、气质、能力、兴趣、性格等方面的特定反映,是每个人所独有尊严、价值和道德品质的总和,其中道德品质是人格的基础性和决定性因素,"其善恶性质决定着人格的善恶性质,品质是不是道德的(即德性的),是区别人格是否道德的主要依据"⑤。道德人格作为比较稳定的内在精神结构,支配个体形成一以贯之的行为倾向和生活态度,"道德人格

---

① 张永奇.新时代公民道德人格重塑的社会基础、核心原则与实现路径[J].伦理学研究,2021(3):28-36.
② 刘磊,傅维利.实践能力:含义、结构及培养对策[J].教育科学,2005(4):1-5.
③ 桑德尔.自由主义与正义的局限[M].万俊仁,等译.南京:译林出版社,2004:8.
④ 廖申白.伦理学概论[M].北京:北京师范大学出版社,2009:54.
⑤ 江畅.论当代中国价值观[M].北京:科学出版社,2016:91.

的结构是由个体的道德准则意识、道德责任意识和道德目标意识这三个要素构成的统一体"①。塑造公民的道德人格要坚持主体性、发展性、实践性的原则,引导人们从自身做起、从点滴小事做起,以行动诠释社会责任的内涵,在践履社会责任的实践中磨炼意志,升华道德人格,提高担当本领,使"主体能够意识到自己同社会的本质联系,意识到对社会、他人不可推诿的责任,并把自觉地履行这种责任看作自己的使命"②。

其次,责任担当本质上是一种德性,决定个体道德认知向行为的转化。"个人修养水平至关重要,可以说是安邦治国的基础所在"③,人而无德,行之不远,"高尚品格是道德境界和人格魅力的和谐统一,是职业操守和人生智慧的精神展示,是文明素养和崇高内质的完美体现,是真善美的正能量"④。道德人格只有在责任内化与外化的双向融通中才能得以完善。亚里士多德认为:"德性成于活动,要是做得相反,也毁于活动;同时,成就着德性也就是德性的实现活动。"⑤个体只有将外在社会的伦理规范内化为高度负责的道德人格时,才能超越狭隘的一己私利,承担起对他人、社会和自然的分内之责。"因为情感、道义和信念乃责任伦理发挥作用的条件,即责任伦理的实现需要恒久信念的支撑。这种恒久信念的伦理价值,在于培养个人坚定的责任意识,在某种崇高目标的激励和鼓舞下,形成义无反顾的道义担当,从而塑造现代社会的理想人格。"⑥

第二节　以社会主义核心价值观引领公民的责任实践

社会主义核心价值观与公民责任建设具有内在逻辑上的契合性,"倡导富强、民主、文明、和谐,倡导自由、平等、公正、法治,倡导爱国、敬业、诚信、友善,

---

① 唐凯麟.道德人格论[J].求索,1994(5):45-51.
② 唐凯麟.道德人格论[J].求索,1994(5):45-51.
③ 人民日报评论部.习近平用典[M].北京:人民日报出版社,2015:62.
④ 习近平.在中国政法大学考察时的讲话[N].人民日报,2017-05-04(01).
⑤ 亚里士多德.尼各马可伦理学[M].廖申白,译.北京:商务印书馆,2003:41.
⑥ 程立涛,崔秀荣.论责任伦理的社会价值[J].石家庄学院学报,2007(4):13-17.

积极培育和践行社会主义核心价值观,使之成为全体人民的共同价值追求"①。社会主义核心价值观从国家、社会及个人层面对公民提出了具体、鲜明的担责要求,既体现了社会主义的本质要求,又反映了我国全体人民的共同愿望,是引领公民培育家国情怀、认同社会责任、坚守道德规范、养成担当习惯的行动指南。"社会主义核心价值观只有被普遍理解和接受,才能为人们自觉遵守奉行。"②新时代,培育和践行核心价值观要求公民在权利与责任对等中,明确自己基本的价值立场,履行基本的道德责任。而"培养、塑造有责任意识的公民,则是核心价值观引领下公民道德建设最为明确、直接的目标"③。只有坚持不懈地把核心价值观融入人们的日常生活并贯穿公民道德责任建设的各方面,使之成为人们日用而不觉的道德规范和行为准则,才能引导社会成员不断增强道路自信、理论自信、制度自信、文化自信,追求高尚的道德理想,不断夯实中国特色社会主义的思想道德基础,从而把实现个人理想融入实现国家富强、民族振兴、人民幸福的伟大梦想之中。

一、使核心价值观成为公民崇德向善的基本遵循

核心价值观是民族赖以维系的精神纽带和思想道德基础,承载着民族和国家的精神追求、理想信念,为公共生活的善恶提供价值评判的标准,国无德不兴,人无德不立,如果没有共同的核心价值观,一个民族、一个国家就会魂无定所、行无依归。"核心价值观,其实就是一种德,既是个人的德,也是一种大德,就是国家的德、社会的德。"④国家的发展壮大,需要一代又一代人接力努力,需要很多力量来推动,"人类社会发展的历史表明,对一个民族、一个国家来说,最持久、最深层的力量是全社会共同认可的核心价值观"⑤。社会主义核心价值观涵盖了国家、社会、个人三个层面的价值目标、价值导向和价值追

---

① 中共中央文献研究室.习近平关于社会主义文化建设摘编[M].北京:中央文献出版社,2017:105.
② 中共中央文献研究室.习近平关于社会主义文化建设论述摘编[M].北京:中央文献出版社,2017:108.
③ 中共中央文献研究室.习近平谈治国理政(第1卷)[M].北京:外文出版社,2014:168.
④ 习近平.习近平谈治国理政(第1卷)[M].北京:外文出版社,2014:168.
⑤ 习近平.决胜全面建成小康社会,夺取新时代中国特色社会主义伟大胜利:在中国共产党第十九次全国代表大会上的报告[M].北京:人民出版社,2017:43.

求,三个层面既相互联系、又相互依存,体现了规范性与导向性、包容性与差异性的有机统一,是中华民族伟大复兴中国梦在价值观上的具象化表述,也是当代中国精神的集中体现和凝聚中国力量的道德基础。其中"富强、民主、文明、和谐"体现着国家发展层面的价值目标,"自由、平等、公正、法治"体现着社会建设层面的价值导向,"爱国、敬业、诚信、友善"则体现着公民个体层面的价值准则,既是个人提升道德境界的基本准则,也是社会形成扶正祛邪、惩恶扬善良好风气的根本遵循,对公民责任伦理建设具有道德引领、价值导向、精神激励和行为规范功能。

1. 核心价值观为公民责任意识提供了道德规范

价值观决定着文化的性质和方向,"核心价值观是文化软实力的灵魂,文化软实力建设的重点"①。从根本上说,国家的文化软实力取决于其核心价值观的生命力、凝聚力、感召力。"一个民族、一个国家的核心价值观必须同这个民族、这个国家的历史文化相契合,同这个民族、这个国家正在进行的奋斗相结合,同自身需要解决的时代问题相适应。"②百年未有之变局带来思想大活跃、观念大碰撞、文化大交融,使得提升我国文化软实力的任务更加艰巨,在公共生活领域出现了道德失范、信仰危机、公德意识和社会责任感缺失的现象,一些人价值观错位,"观念没有善恶,行为没有底线,不讲对错,不问是非,不知美丑,不辨香臭,这方面的问题如果得不到有效解决,改革开放和社会主义现代化建设就难以顺利推进"③。为此,要"把培育和弘扬社会主义核心价值观作为凝魂聚气、强基固本的基础工程,作为一项根本任务,切实抓紧抓好"④。引导人们把具有强大凝聚力和引领力的社会主义核心价值观内化为一种责任自律和行为自觉,形成共同的价值准则,"激励人民群众崇德向善、见贤思齐,鼓励全社会积善成德、明德惟馨,为实现中华民族伟大复兴的中国梦凝聚起强

---

① 习近平.在中央政治局第十三次集体学习时强调把培育和弘扬社会主义核心价值观作为凝魂聚气强基固本的基础工程[N].人民日报,2014-02-26(01).
② 习近平.习近平谈治国理政(第1卷)[M].北京:外文出版社,2014:171.
③ 中共中央文献研究室.习近平关于社会主义文化建设摘编[M].北京:中央文献出版社,2017:8.
④ 中共中央宣传部.习近平总书记系列重要讲话读本[M].北京:学习出版社,人民出版社,2014:94.

大的精神力量和有力的道德支撑"①。

首先,核心价值观对人们的道德判断、责任情感和行为动机具有导向作用。社会主义核心价值观是公民道德责任之本和先进文化建设之根,对于人们的道德观念、理想信念和行为方式具有引领作用,因为价值观承载着相应的道德规范,为人们的现实社会生活提供善恶是非的判断标准,作为国家、社会和个人层面的主流价值观,只有得到广泛认同和社会成员的普遍共识,才能内化为公民道德认知、行为选择、责任实践时所遵循的价值准则及信念追求。"把增强全社会的价值判断力和道德责任感作为宣传教育的重要着力点,引导人们辨别什么是真善美、什么是假恶丑,自觉做到常修善德、常怀善念、常做善举"②,有利于助推道德建设落到实处、取得实效,不断提升公民道德建设水平,推动全民道德素质和社会文明达到一个新高度。社会主义核心价值观是公民道德建设的核心内容和本质要求,体现着以人民利益为标准、实现国家强盛人民富裕社会公正的价值追求,核心价值观与公民道德建设相融合,不仅能够使其成为全社会的价值准则,增强公民道德责任感,而且能够促使社会成员在增强认知认同上下功夫,真正内化为道德行为准则,发挥社会主义核心价值观引领风尚、教育人民、服务社会、推动发展的整合功能。

其次,培育公民的责任意识是核心价值观的基础工程。道德是社会关系的基石,是一个国家、民族、社会和谐稳定与发展进步的重要纽带,公民道德涵盖社会公德、职业道德、家庭美德、个人品德建设,能够把核心价值观与人们熟知并践行的道德规范结合起来,以增强人们的价值认同和凝聚社会的思想共识,从而"把社会主义核心价值观日常化、具体化、形象化、生活化,使每个人都能感知它、领悟它,内化为精神追求,外化为实际行动"③。从提升公民的责任意识和道德素质入手,通过强化教育引导、实践养成、制度保障,使核心价值观直接融入社会生活各方面、各领域,能够有效契合中华传统文化以道德为核心的鲜明特征,进一步提升民族的道路自信、理论自信、制度自信、文化自信,树

---

① 习近平.会见第四届全国道德模范及提名奖获得者时强调:深入开展学习宣传道德模范活动为实现中国梦凝聚有力道德支撑[N].人民日报,2013-09-27(01).
② 刘云山.着力培育和践行社会主义核心价值观[J].求是,2014(2):3-6.
③ 中共中央文献研究室.习近平关于全面建成小康社会论述摘编[M].北京:中央文献出版社,2016:116.

牢中国特色社会主义共同理想,从而"转化为人们的情感认同和行为习惯"①,"使全体人民在理想信念、价值理念、道德观念上紧紧团结在一起"②。

2. 核心价值观引领青少年扣好人生的扣子

青少年思想道德建设关系到中国特色社会主义事业接班人培养的重大问题,也是确保民族复兴大业后继有人的历史课题。"青少年阶段是人生的'拔节孕穗期',最需要精心引导和栽培"③,又处在价值观形成和确立的关键时期,"抓好这一时期的价值观养成十分重要"④,就像穿衣服扣扣子一样,如果第一粒扣错了,剩余的扣子都会扣错。"人生的扣子从一开始就要扣好。"⑤为此,要把青少年的核心价值观教育与培养什么样的人、如何培养人紧密联系起来,引导青少年普遍认同、主动接受和自觉遵循核心价值观的道德准则,内化为精神追求,外化为自觉行动,扣好人生第一粒扣子,形成好思想、好品行、好习惯,"争做崇高道德的践行者、文明风尚的维护者、美好生活的创造者"⑥。

首先,加强青少年理想信念教育,牢固树立中华民族伟大复兴中国梦的信仰、信念和信心。理想信念对人的生存和发展具有决定性的意义,是指导人生发展的"压舱石"和"主心骨",是推动公民进行道德修养的信仰支撑和重要动力。"没有理想信念,理想信念不坚定,精神上就会'缺钙',就会得'软骨病'。"⑦以理想信念的培育为核心,就抓住了世界观、人生观、价值观这个总开关和新时代公民道德建设的命脉,通过"着力提高未成年人品质修养,提高他们适应社会、解决实际问题的能力,提高他们承受困难和挫折的毅力,真正从重智轻德的误区中走出来"⑧,引导青少年"把理想信念建立在对科学理论的理性认同上,建立在对历史规律的正确认识上,建立在对基本国情的准确把握

---

① 中共中央宣传部.习近平中国特色社会主义思想三十讲[M].北京:学习出版社,2018:197.
② 本书编写组.中国共产党第十九次全国代表大会文件汇编[M].北京:人民出版社,2017:33.
③ 习近平.用新时代中国特色社会主义思想铸魂育人 贯彻党的教育方针落实立德树人根本任务[N].人民日报,2019-03-19(01).
④ 习近平.习近平谈治国理政(第1卷)[M].北京:外文出版社,2014:172.
⑤ 习近平.青年要自觉践行社会主义核心价值观:在北京大学师生座谈会上的讲话[N].人民日报,2014-05-05(02).
⑥ 习近平对全国道德模范表彰活动作出重要指示[N].人民日报,2019-09-06(01).
⑦ 中共中央文献研究室.十八大以来重要文献选编(上)[M].北京:中央文献出版社,2014:80.
⑧ 习近平.要从战略高度重视未成年人思想道德建设工作[N].学习时报,2013-11-11(01).

上"①,形成中国特色社会主义的共同理想、道德标准和精神支柱,以奋斗姿态走好新时代的"赶考之路","把正确的道德认知、自觉的道德养成、积极的道德实践紧密结合起来,不断修身立德,打牢道德根基"②。

其次,引导时代新人"勤学、修德、明辨、笃实,成为社会主义核心价值观的坚定信仰者、积极传播者和模范践行者"③。社会主义核心价值观是在观照社会现实基础上的指向未来的价值目标,内蕴着国家、社会和个人未来的发展走向,是历史的、具体的和发展的。核心价值观的养成绝非一日之功,要坚持由易到难、由近及远,"润物细无声地运用各类文化形式,生动具体地表现社会主义核心价值观,用高质量高水平的作品形象地告诉人们什么是真善美,什么是假恶丑,什么是值得肯定和赞扬的,什么是必须反对和否定的"④。促进社会主义核心价值观接地气,联系实际和贴近生活,找准与青少年思想的共鸣点和发展需求的交汇点,"把社会主义核心价值观日常化、具体化、形象化、生活化,使每个人都能感知它、领悟它,内化为精神追求,外化为实际行动"⑤。将核心价值的精神实质与青少年成长需求有机对接,促进理性认知向情感认同的升华,使之成为支配个体思想与行为的价值原则,从而保证责任意识培育的自觉性、主动性和持久性。

二、把核心价值观作为公民道德责任的目标导向

社会主义核心价值观居于主导、统领和支配地位,是维护国家稳定、推动社会发展和提升民族精神的强大凝聚力、感召力及重要思想武器。习近平指出:"要把全社会意志和力量凝聚起来,必须有一套与经济基础和政治制度相适应、并能形成广泛社会共识的核心价值观。否则,一个民族就没有赖以维系的精神纽带,一个国家就没有共同的思想道德基础。"⑥核心价值观既是民族

---

① 中共中央文献研究室.习近平关于青少年和共青团工作论述摘编[M].北京:中央文献出版社,2017:21.
② 习近平.在纪念五四运动100周年大会上的讲话[N].人民日报,2019-05-01(01).
③ 中共中央文献研究室.习近平关于青少年和共青团工作论述摘编[M].北京:中央文献出版社,2017:39.
④ 习近平.习近平谈治国理政(第1卷)[M].北京:外文出版社,2014:165.
⑤ 习近平.当好全国改革开放排头兵 不断提高城市核心竞争力[N].人民日报,2014-05-25(01).
⑥ 中共中央文献研究室.习近平关于社会主义文化建设论述摘编[M].北京:中央文献出版社,2017:106.

品格、社会意识、公民道德生成的内在动力,也为人民美好生活的实现提供精神支撑,无论是国家层面的富强、民主、文明、和谐,社会层面的自由、平等、公正、法治,还是个体层面的爱国、敬业、诚信、友善,都渊源于中华民族的优秀文明成果中,积淀着中华民族最深层的理想追求,代表着中华民族独特的道德标识,因为"核心价值观,承载着一个民族、一个国家的精神追求,体现着一个社会评判是非曲直的价值标准"①。民族的进步和国家的发展不仅需要一代又一代人接续努力,而且需要很多力量来推动,核心价值观是其中最持久、最深层和稳定的力量,有利于构筑人们的精神家园,"只有引导人们讲道德、尊道德、守道德,追求高尚的道德理想,才能不断夯实中国特色社会主义的思想道德基础"②。

1. 核心价值观彰显着中华美德的时代价值和永恒魅力

公民道德责任建设是在继承传统基础上开展的,其创新发展离不开对传统美德的扬弃。"在新的历史发展阶段,要完成全面建设小康社会和社会主义现代化的重任,在中国特色社会主义道路上实现中华民族伟大复兴,理应重视弘扬和培育中华民族的责任伦理思想"③。中华传统美德蕴含的丰富思想道德资源,支撑着中华民族生生不息、薪火相传,"为实现中华民族伟大复兴的中国梦凝聚起强大的精神力量和有力道德支撑"④。弘扬社会主义核心价值观,不仅是一种道德素养的培育,更是一种民族精神的塑造,必须从中华优秀传统文化中汲取道德精髓。"只有讲清楚中华优秀传统文化的历史渊源、发展脉络、基本走向,讲清楚中华文化的独特创造、价值理念、鲜明特色,才能增强文化自信和价值观自信。"⑤历史和现实都表明,"一个抛弃了或者背叛了自己历史文化的民族,不仅不可能发展起来,而且很可能上演一场历史悲剧"⑥。

首先,核心价值观具有弘扬民族文化和承载道德风尚的社会功能。核心价值观同一个民族、国家的历史文化相契合,同人民正在进行的奋斗相结合,

---

① 习近平.习近平谈治国理政(第1卷)[M].北京:外文出版社,2014:168.
② 习近平.习近平谈治国理政(第1卷)[M].北京:外文出版社,2014:163.
③ 田秀云,白臣.当代社会责任伦理[M].北京:人民出版社,2008:9-10.
④ 习近平.习近平谈治国理政(第1卷)[M].北京:外文出版社,2014:158.
⑤ 习近平.习近平谈治国理政(第1卷)[M].北京:外文出版社,2014:164.
⑥ 习近平.习近平谈治国理政(第2卷)[M].北京:外文出版社,2017:339.

"不忘本来才能开辟未来,善于继承才能更好创新"①。中华传统美德积淀了民族最基本的文化基因,诠释着中华民族最深层的精神追求,凝聚着民族最深厚的道德共识、思想观念、人文精神和文化自信,以道德的力量塑造起社会文明进步的"四梁八柱",既为引领社会风尚提供了丰富的道德资源,也承载着民族的道德血脉、精神价值。

传统美德蕴含着是非曲直的价值标准,为引领社会风尚提供了深厚的德性根基。习近平总书记指出:"我国古代主张民惟邦本、政得其民,礼法合治、德主刑辅,为政之要莫先于得人、治国先治吏,为政以德、正己修身,居安思危、改易更化,等等,这些都能给人们以重要启示。"②传统美德中的崇德、修身督促着公民道德自律意识的赓续传承,仁义、向善温润着公民友善责任意识的价值认同,格物、致知激励着公民敬业创新责任意识的稳步确立,齐家、治国激发着公民爱国奉献责任意识的竞相迸发,求大同、平天下则催化着公民开放包容责任意识的逐步形成。而明礼、和谐的德性伦理则为和谐社会建设积淀了厚重底蕴,"礼之用,和为贵"③,和谐即《中庸》中所说"万物并育而不相害,道并行而不相悖,此天地之所以为大也",蕴含着天下治理的德治思想和深刻的理性精神,为促进人际关系的和睦、社会秩序的和谐、人与自然的共生提供了基本准则。尤其是"自强不息、敬业乐群、扶正扬善、扶危济困、见义勇为、孝老爱亲等传统美德"④代表着中华民族独特的精神标识,不仅为提升人们的道德修养和家国情怀产生潜移默化的影响,而且孕育了适合不同时代的道德观念与价值取向。无论过去、现在还是将来,这些优秀的道德理念和文化精髓都有其永不褪色的价值,也为新时代公民道德建设提供不竭之源。如习近平总书记所说:"要加强对中华优秀传统文化的挖掘和阐发,努力实现中华传统美德的创造性转化、创新性发展,把跨越时空、超越国度、富有永恒魅力、具有当代价值的文化精神弘扬起来。"⑤

---

① 习近平.把培育和弘扬社会主义核心价值观作为凝魂聚气强基固本的基础工程[N].人民日报,2014-02-26(01).
② 习近平.在中共中央政治局第十八次集体学习时强调牢记历史经验历史教训历史警示为国家治理能力现代化提供有益借鉴[N].人民日报,2014-10-14(01).
③ 《论语·学而》
④ 中央文献研究室.十八大以来重要文献选编(中)[M].北京:中央文献出版社,2016:136.
⑤ 习近平.习近平谈治国理政[M].北京:外文出版社,2014:106.

为顺应新形势的发展要求和新时代公民道德建设的需要,必须充分挖掘优秀传统文化蕴含的价值观念和道德内涵,"阐发中华优秀传统文化讲仁爱、重民本、守诚信、崇正义、尚和合、求大同的时代价值,使中华优秀传统文化成为涵养社会主义核心价值观的重要源泉"①。在去粗取精、去伪存真的基础上,坚持古为今用、革故鼎新,"对传统文化中适合于调理社会关系和鼓励人们向上向善的内容,要结合时代条件加以继承和发扬,赋予其新的涵义"②,实现"创造性转化和创新性发展"③,充分彰显其时代价值和永恒魅力,"使之与现代文化、现代生活相融相通"④,成为全体人民精神生活、责任情感、道德实践的价值准则。

其次,核心价值观之所以有强大的生命力,就在于其牢牢根植于传统文化的沃土中,与人民对美好生活的向往相统一,成为增强民族凝聚力、向心力的精神财富。核心价值观"传承着中国优秀传统文化的基因,寄托着近代以来中国人民上下求索、历经千辛万苦确立的理想和信念,也承载着我们每个人的美好愿景"⑤,把涉及国家、社会、公民的道德要求凝结为共同的价值追求,推动着价值理念和道德观念的与时俱进。马克思、恩格斯指出:"人们每次都不是在他们关于人的理想所决定和所容许的范围之内取得自由的,而是在现有的生产力所决定和所容许的范围之内取得自由的。"⑥

社会主义核心价值观兼顾传统性与现代性、民族性与时代性、先进性与大众性,为传统道德文化注入新的现代元素。以"富强、民主、文明、和谐"为国家价值目标,以"自由、平等、公正、法治"为社会价值准则和以"爱国、敬业、诚信、友善"为个体行为规范,符合中国特色社会主义道德和先进文化发展的内在要求,成为全民族奋发向上、团结和睦的精神纽带,既是"文明礼貌、助人为乐、爱护公物、保护环境、遵纪守法"基本道德规范的具体体现,也是"八荣八耻"社会主义荣辱观的拓展和凝练。"社会主义核心价值观问题绝不仅仅是

---

① 习近平.把培育和弘扬社会主义核心价值观作为凝魂聚气强基固本的基础工程[N].人民日报,2014-02-26(01).
② 习近平.习近平谈治国理政(第2卷)[M].北京:外文出版社,2017:354.
③ 习近平.习近平谈治国理政(第1卷)[M].北京:外文出版社,2014:164.
④ 新时代公民道德建设实施纲要[M].北京:人民出版社,2019:8.
⑤ 习近平.习近平谈治国理政(第1卷)[M].北京:外文出版社,2014:169.
⑥ 马克思,恩格斯.马克思恩格斯全集(第3卷)[M].北京:人民出版社,2002:507.

一个一般性的社会文化和社会道德价值观的问题,而是一个至少涵盖着社会政治意识形态建构、社会思想意识和文化价值观念规导、社会伦理道德规范体系重建这三大层次的,具有社会思想、文化、道德和价值观念之整合诉求的理论建设工程。"①

2. 以核心价值观构筑美好道德生活的精神家园

满足人民日益增长的对美好生活的需要不仅是中国共产党的奋斗目标,而且体现了社会主义的本质要求。美好生活不仅是高水平的物质生活,更意味着高质量的精神生活,提升对真善美的不懈追求。"如果一个民族、一个国家没有共同的核心价值观,莫衷一是,行无依归,那这个民族、这个国家就无法前进。"②社会主义核心价值观进一步明确了"何为美好生活"的道德理念和"如何实现美好生活"的实践路径,建构起美好生活的价值追求,为每一个公民的道德评判、责任选择与践行提供了明确要求和具有操作性的行动指南,极大丰富了公民道德建设的实践体系。

首先,社会主义核心价值观为公民道德建设注入源源不断的活力,才能引领人民美好生活的发展方向。"精神的力量是无穷的,道德的力量也是无穷的。"③道德把握世界的方式是从人的生活需要出发,为调节人与自身、人与人、人与社会、人与自然的关系倡导行为规范,为促进人的发展和社会进步提供善恶、是非、美丑的评价标准,道德随着社会经济关系的发展变化因势而新,没有任何一种道德体系是永恒不变的,恰如马克思所言:"一切划时代的体系的真正内容都是由于产生这些体系的那个时代的需要而形成起来的。所有这些体系都是以本国过去的整个发展为基础的,是以阶级关系的历史形式及其政治的、道德的、哲学的以及其他的后果为基础的。"④社会主义核心价值观的形式和内容都蕴含着导向鲜明的道德共识与规范体系,既反映了中国特色、民族特性、时代特征,也为建构中国精神、中国价值、中国力量提供坚实的思想基础、强大的精神支柱和丰润的道德滋养。

---

① 田海舰.培育和践行社会主义核心价值观多维研究[M].北京:人民出版社,2015:2-3.
② 习近平.青年要自觉践行社会主义核心价值观:在北京大学师生座谈会上的讲话[M].北京:人民出版社,2014:4.
③ 习近平.习近平谈治国理政(第1卷)[M].北京:外文出版社,2014:158.
④ 马克思,恩格斯.马克思恩格斯全集(第3卷)[M].北京:人民出版社,2002:544.

"道德区别于其他社会意识的根本特征就在于它是一种实践精神。"①只有当社会主流价值观被公民接受、认同并持之以恒地加以坚守的时候,才能激发个体产生对"行有所凭"的道德依赖和"行能至圣"的道德向往,使合乎社会规范的行为习惯升华为高尚人格不可或缺的道德信念。如亚里士多德认为:"理智德性主要通过教导而发生和发展,所以需要经验和时间,道德德性则通过习惯养成。"②培育核心价值观在形式上表现为通过灌输和引导来规范公民的道德行为,但实质上,价值认同与践行源于人的自我完善和全面发展的内在需要,因为"德性在完善的个人那里有其绝对价值,但就完善的生活是通过它们实现而言,它们又具有作为手段的价值"③。基于此,坚持以社会主义核心价值观引领公民的道德理想和责任信念教育,将国家、社会、个人层面的价值要求贯穿到道德建设各方面,强化人们对核心价值观的道德认同感和自觉践行力,使主流价值"潜藏于人们的内心深处,流化为日常生活习惯,固化为日常生活行为规范,并成为人们存在意义与行为选择的价值根据"④,从而满足不同层次公民的思想道德和文化价值需求,为国家富强、民族振兴、社会安定、共同致富、人民幸福的美好生活而营造成风化俗的良好环境。

其次,社会主义核心价值观为构筑民族共同体的精神家园提供丰润滋养。培育社会主义核心价值观就要牢固树立中国特色社会主义的共同理想信念,深化改革开放史、新中国历史、中国共产党历史、中华民族近代史、中华文明史教育,激发社会成员的民族自尊心、自信心和自豪感;大力弘扬以爱国主义为核心的民族精神、以改革创新为核心的时代精神和伟大创造精神、伟大奋斗精神、伟大团结精神、伟大梦想精神,构筑中华民族共有精神家园。只有把社会主义核心价值观融入社会发展各方面,强化教育引导、实践养成、制度保障,"利用各种时机和场合,形成有利于培育和弘扬社会主义核心价值观的生活情景和社会氛围,使核心价值观的影响像空气一样无所不在、无所不有"⑤。达到日常化、具体化、生活化"润物细无声"的效果,才能变成日常的行为准则,

---

① 罗国杰.伦理学[M].北京:人民出版社,1989:53.
② 亚里士多德.尼各马可伦理学[M].廖申白,译.北京:商务印书馆,2003:36.
③ 包尔生.伦理学体系[M].何怀宏,廖申白,译.北京:中国社会科学出版社,1988:11.
④ 高兆明.伦理学理论与方法[M].北京:人民出版社,2005:27.
⑤ 习近平.把培育和弘扬社会主义核心价值观作为凝魂聚气强基固本的基础工程[N].人民日报,2014-02-26(01).

增强人们的情感认同,实现从社会意识到个体意识的转化,形成自觉奉行的信念理念。

坚持不懈地把核心价值观贯穿精神文明建设的全过程,体现到文明城市、文明村镇、文明单位、文明家庭、文明校园创建活动各环节,渗透到机关准则、企业规章、社区公约、乡规民约和学生守则等社会生活的各个方面,"充分利用重要传统节日、重大节庆和纪念日,组织开展群众性主题实践活动"①,使道德走向大众、贴近生活,大力倡导"幸福源自奋斗""成功在于奉献""平凡孕育伟大"的理念,弘扬改革开放精神、劳动精神、劳模精神、工匠精神和科学家精神,引导人们把道德规范内化为责任意识、外化为自觉行为,保持昂扬向上、奋发有为的精神状态,在为家庭谋幸福、为他人送温暖、为社会作贡献中丰富道德体验、增进责任情感,从而把全民道德素质提升到一个新境界。

第三节 完善道德责任治理和奖惩机制

制度蕴含了一个社会的公共道德、共同意志和价值理念,作为规约人们社会关系和行为方式的规范体系,制度是促进道德教化的刚性力量和社会有序运转的基本保证。习近平指出:"一个国家选择什么样的治理体系,是由这个国家的历史传承、文化传统、经济社会发展水平决定的,是由这个国家的人民决定的。我国今天的国家治理体系,是在我国历史传承、文化传统、经济社会发展的基础上长期发展、渐进改进、内生性演化的结果。"②制度体系管根本、管长远,具有明确和普遍的价值导向、行为规约性,不仅为新时代公民道德建设提供可靠的道德支撑,而且为道德功能的发挥营造良好的社会环境。"如果没有制度维度作为基础,也就很难有个体道德的价值审视。"③任何制度规定都是以强制执行力作为后盾,促使社会成员在制度规约、支持与保障下逐步养成良好的道德习惯。"治理体系和治理能力是一个国家的制度和制度执行能

---

① 新时代公民道德建设实施纲要[M].北京:人民出版社,2019:18.
② 习近平.完善和发展中国特色社会主义制度 推进国家治理体系和治理能力现代化[N].人民日报,2014-02-18(01).
③ 万俊人.制度的美德及其局限[J].中国人民大学学报,2005(3):16-21.

力的集中体现,两者相辅相成。"①有了好的治理体系才能提高治理能力,提高治理能力才能充分发挥治理体系的效能,推进道德治理体系和治理能力现代化,就要适应时代变化,改革既不适应实践发展要求的体制机制、法律法规,又不断构建新的体制机制、法律法规,实现道德治理体系的科学化、制度化和规范化。

一、实现道德规范他律和公民责任自律的统一

道德责任作为人的自律意识,植根于社会的经济基础和人们的现实生活实践,并被人们的政治、经济、社会和文化关系和制度体系所制约。"道德是法律的基础"②,社会制度规范则为道德提供了善恶标准,一定的制度蕴含着相应的价值观念和公共道德意识。如罗尔斯认为:"每当一个人自愿地接受了该制度所给予的好处或利用了它所提供的机会来促进自己的利益时,他就要承担职责来做这个制度的规范所规定的一份工作。"③社会规范是"一个国家所有公民都必须遵守和履行的道德规范的综合,包括道德核心、道德原则、道德的基本要求等一系列的道德规范"④。道德责任的本质在于主体的自觉和自律,公民道德建设不仅需要制度、规章等外在的他律形式,更依赖于个体良好的内在自律心理机制。新时代公民责任教育要以强化道德自觉和责任自律为核心,持续强化教育引导、实践养成、制度保障,实现规范与慎独、他律与自律、内化与外化的有机统一,才能不断提升公民道德素质,促进人的全面发展,培养和造就担当民族复兴大任的时代新人。

1. 促进道德他律内化为责任自律

道德规范的他律与公民责任自律既相辅相成、相互促进,又相互依存、互融相通,共同保障经济、政治、文化、社会秩序的发展稳定和促进着人与人、人与社会、人与国家、人与自然的关系和谐,成为"一定社会借以调整人们之间利益关系的行为准则,也是评价人们行为善恶的标准"⑤。

---

① 中共中央文献研究室.习近平关于全面深化改革论述摘编[M].北京:中央文献出版社,2014:27.
② 习近平.习近平谈治国理政(第2卷)[M].北京:外文出版社,2017:117.
③ 罗尔斯.正义论[M].何怀宏,等译.北京:中国社会科学出版社,2009:343.
④ 中共中央宣传部.《公民道德建设实施纲要》学习读本[M].北京:中共中央党校出版社,2001:38.
⑤ 田秀云.伦理学概论[M].北京:科学出版社,2009:84.

首先,道德规范的他律对责任自律具有先导作用。"道德不能只是意志的主观性,也不能只是个体的道德,在本质上它是社会的、国家的,是一种社会意识、国家精神、民族精神;也就是说,道德是主观统一于客观,个人统一于社会和国家,本质上是他律的。"①道德渗透到社会生活的各个方面,比制度规约社会生活的领域更宽、范围更广,促使人们对道德责任的敬重,养成自觉守法的自律意识。"道德最重要之处不在于行为,而在于把人们和群体、社会连接起来的感觉,而后者源自人们对某些群体或社会的道德规则的支持。"②责任自律意识不会自发形成,需要通过有目的、有计划、有组织地开展教育引导才能培育公民的道德观和价值观。"承担责任与其说是社会调整和个人教育的结果,不如说它构建了萌生社会调整和个人教育的原初场景,社会调整和个人教育以此为参照,试图重新框定和管理它。"③在个体尚未将道德规范内化为自律意识和道德品格时,公民道德责任教育就显得尤为重要,"教育能够为普遍价值理念和伦理规范的主体内化,提供并建立较为广泛具体而持续有效的传播方式、解释资源、知识和智力支持、接受机制"④,使处于不同教育阶段、有着不同经历的人理解认同和自觉践行道德责任,建构起"有所守"的道德底线和"有所为"的道德追求。公民道德教育不仅要注重"家庭教育、学校教育和社会教育的连贯性、融通性和协调性,内在教育目的与外在教育目的的科学性、协同性和一致性"⑤,融责任教育和德性养成为一体,而且"必要的责任教育应当从孩童时期开始,从而使个体自一出生起就能够逐步地培养起良好的道德意识与行为习惯"⑥。

其次,"道德的基础是人类精神的自律"⑦,道德他律需要公民的自律意识才能实现。马克思指出:"不管是人们的'内在本性',或者是人们对这种本性的'意识','即'他们的'理性',向来都是历史的产物;甚至当人们的社会在他看来是以'外界的强制'为基础的时候,他们的'内在本性'也是与这种'外界

---

① 希仁.再论"道德的基础是人类精神的自律"[J].思想理论教育导刊,2005(6):30-35.
② 约翰逊.见树又见林:社会学与生活[M].喻东等,译.北京:中国人民大学出版社,2008:59.
③ 鲍曼.生活在碎片之中:论后现代道德[M].郁建兴,等译.上海:学林出版社,2002:1.
④ 万俊人.寻求普世伦理[M].北京:商务印书馆,2001:575.
⑤ 檀传宝.学校道德教育原理[M].北京:教育科学出版社,2015:70.
⑥ 罗素.教育与美好生活[M].杨汉麟,译.石家庄:河北人民出版社,1999:57.
⑦ 马克思,恩格斯.马克思恩格斯全集(第1卷)[M].北京:人民出版社,1995:15.

的强制'相适应的。"①个人自律是社会规范之所以能有效发挥作用的内在动力,因为"正义原则的实践、法治体系的完善、公共生活的健康、公共权力的民主、个人权利的尊重都是公民权利的道德承担、社会责任感和追求公共生活的善以及公共道德行动的必要条件,而这些制度的伦理构建都依赖公民的基本德性"②。道德自律是公民责任意识的外在表现,是理性自觉的内在依据和文明素养的重要标志。道德自律是人们在接受社会的道德教化和认同道德规范的基础上,将自觉履行责任作为内在的道德需要、责任情感、价值目标和道德信念,形成自身稳定的道德人格特质和道德行为习惯。"道德内化是指个体在社会实践中,通过对社会道德的学习、选择和认同,将其转化为自身内在的行为准则和价值目标,形成相应的个体道德素质的过程。"③从而外化为行为方式和习惯,实现道德自发到道德自觉的升华。"道德自觉是主体将道德教育内容和社会道德要求转化为自身的理想、信念及行为方式等,从而实现由外部调节到内在自觉从事道德活动并加以不断完善的过程。"④

责任自律是基于对道德律令的敬重而形成的行为法则。"自律性就是任何人和任何理性本性的尊严的根据。"⑤道德自律源于心灵深处,是人类特有的道德自觉,本质上体现出"道德是对规则的尊重"⑥。"对于道德法则的敬重是一种情感,它产生于理智的根据,并且这种情感是我们完全先天地认识的唯一情感。"⑦对道德责任的敬重情感是实践理性的根本动力,"对道德法则的敬重情感……也可以称为道德情感"⑧。正因为履行道德责任的成就感,才激发出个体对行为及后果负责的意志品质、道德信念和内在自律,产生相对稳定的责任行为动机。"通过意志的自律,道德律令将会经历一个由'自觉'而'自愿'的过程。道德律令作为主体自律的表达,并非来自外在的权威,而是生发于主体之意愿。于是,道德律令以绝对命令的形式表现自身,使得道德的行为

---

① 马克思,恩格斯.马克思恩格斯全集(第3卷)[M].北京:人民出版社,2002:567-568.
② 王啸.全球化时代的中国公民教育[M].福州:福建教育出版社,2006:105.
③ 唐凯麟.伦理学[M].北京:高等教育出版社,2001:161.
④ 唐君毅.道德自我之建立[M].桂林:广西师范大学出版社,2005:15.
⑤ 康德.道德形而上学原理[M].苗力田,译.上海:上海人民出版社,2002:89.
⑥ 柯尔伯格.道德教育的哲学[M].魏贤超,柯森,等译.杭州:浙江教育出版社,2003:261.
⑦ 康德.实践理性批判[M].韩水法,译.北京:商务印书馆,1999:80.
⑧ 康德.实践理性批判[M].韩水法,译.北京:商务印书馆,1999:81.

具有了义务的特征。"①

意志自由是主体能够承担责任的前提条件,也是道德他律内化为责任自律的具体体现。"自律是道德主体在社会实践中为实现自身的自由幸福而自觉地内化并遵循社会道德规范所形成的内在约束。"②一个人因为道德自律而产生踏实、满意、喜悦、自豪甚至崇高感,而这些都是幸福感的重要内容。在道德活动中应该怎样做和不应该怎样做,都需要道德意志作出决定、调控行为并支配行动,责任自律中的自觉、自愿、自主、自决也都需要道德意志的支撑,"只有你的行动是取决于你的,你才是自由的,它要求自我决定的存在"③。道德意志来源于信仰的力量,而坚强的意志品质又提升着人的道德信仰,只有在履行责任的实践中不断磨炼道德意志,才能推动个体道德的全面发展。公民"对其行动承受道德责任,并具有道德层面的责任,需要至少满足如下两个标准:意向性(即形成意向的能力)和实现其意志的自由"④。作为个体道德最直接的心理基础,道德意志是自觉意识向自律行为转化的中介,而自觉履行责任的"德性则成为一种在行为中造成正确选择的习惯"⑤。

2. 激发道德良心外化为履责习惯

良心是主体内化的自律准则,其核心是道德责任意识,良心是一种"个人对自己应尽的社会义务和社会责任的主观认同,是个人的自我意识在道德方面的表现,是个人以自律准则的形式积淀下来的道德判断力和自制力"⑥。个体的自律行为不仅体现道德人格的独立性和自主性,而且实现从被动接受道德原则向主动承担责任的转变,"这种转化节点的主要特征是,责任判断是正义和公正的道义判断通往道德行为的桥梁"⑦。

首先,良心是道德自律性最集中的表现形式,能够有效监督、调控并确保责任的履行,这种自制力"并非外在于行为者主观动机集合的东西,而恰恰是

---

① 郭淑新.敬畏伦理:人类自我立法的道德基点[J].理论与现代化,2009(3):74-78.
② 黄月辉.论道德自律的本质[J].湖北社会科学,2005(10):98-100.
③ 哈特.惩罚与责任[M].王勇,等译.北京:华夏出版社,1989:149.
④ 维贝克.将技术道德化:理解与设计物的道德[M].闫宏秀,杨庆峰,译.上海:上海交通大学出版社,2016:68-69.
⑤ 周辅成.西方伦理学名著选辑(上卷)[M].北京:商务印书馆,1996:292.
⑥ 田克俭.良心在道德行为中的作用及良心的形成[J].道德与文明,2004(1):29-31.
⑦ 柯尔伯格.道德教育的哲学[M].魏贤超,柯森,等译.杭州:浙江教育出版社,2003:167.

在行为者内部必然产生且构成真实动机集合的东西"①,促使人们确立善恶评价的价值尺度,认同应尽的社会责任,并自觉坚守道德行为,由潜在的责任意识转化为道德实践,实现从认知到实践、从内在德性到外在德行的统一。马克思指出:"良心是由人的知识和全部生活方式来决定的。"②可以说,一个人没有良心也就没有道德行为;没有良心,道德的行为规范功能很难发挥。在良心的内部构成中,自律性、自主性无疑是最主要特征,因为正是凭借良心对于自己行为的道德反思、评判和自我约束,才使得外在的他律约束逐步内化为责任自律观念。为此,要通过思想教育、社会舆论、风俗习惯、榜样感化等手段,使人们从内心形成道德情感、道德信念和善恶是非观念,自觉用道德责任原则来约束自己的行为,"培育正确的道德判断和道德责任,提高道德实践能力尤其是自觉践行能力"③。

其次,道德实践为自律意识的生成提供了具体的场域、情感的体验、能力的训练和道德人格的提升,"实践不仅是一切伦理关系形成的现实基础,也是道德评价不可或缺的必要途径"④。行为的自觉性、主动性是自律意识的外在体现,责任行为源自道德意识指导下的自由选择,包括自由选择道德目标、自觉开展道德实践以及自主承担行为后果的责任。每个人的责任认知、情感升华、能力提升和价值实现,都是在生活实践中逐步深化的过程。如习近平强调:"所有知识要转化为能力,都必须躬身实践。要坚持知行合一,注重在实践中学真知、悟真谛,加强磨炼、增长本领。"⑤离开了道德实践和亲身体验,就不可能把一种外在的道德规范内化成自己的行为准则,"一个人的价值及报酬,并不取决于它所拥有的抽象能力,而取决于它能否成功地将这种抽象的能力转换成对其他有能力做出回报的人有用的具体的服务"⑥。

---

① 李义天.美德、心灵与行动[M].北京:中央编译出版社,2016:29.
② 马克思,恩格斯.马克思恩格斯全集(第6卷)[M].北京:人民出版社,1986:152.
③ 中共中央文献研究室.习近平关于社会主义文化建设论述摘编[M].北京:中央文献出版社,2017:138.
④ 周启杰.论马克思道德哲学建构的多重维度[J].道德与文明,2018(1):77-85.
⑤ 习近平.在知识分子、劳动模范、青年代表座谈会上的讲话[N].人民日报,2015-04-30(02).
⑥ 哈耶克.自由秩序原理[M].邓正来,译.北京:生活·读书·新知三联书店,1997:95.

二、形成内容连贯和层次分明的责任教育体系

道德教育肩负着塑造现代合格公民和建构美好生活的重要使命,目的在于激发公民的自律意识和道德自觉,提升道德判断与选择能力,培养健全人格和担当素质。为教育引导人们形成好思想、好品行、好习惯,要充分利用和整合教育资源,构建家庭、社会、学校相互配合的责任教育体系,形成家庭广泛参与、学校普及开展、社会共同努力的教育合力。遵循不同年龄阶段的道德认知规律,尊重不同群体在道德认知、道德观念、道德信仰、责任能力等方面的多样性和差异性,把爱国奉献、明礼遵规、勤劳善良、宽厚正直、自强自律为主要内容的个人品德建设作为着力点,"在培育内容上坚持普遍性与特殊性的统一,在培育方式上坚持教化性与规约性的统一"①,引导公民正确认识权力与责任、民主与法治、个人与社会的辩证统一关系,明确自己所肩负的职责和使命,在家庭里做一个好成员,在工作中做一个好建设者,在社会上做一个好公民,自觉把个人的理想追求融入国家和民族的事业中,勇做走在时代前列的奋进者、开拓者。

1. 构建家庭、学校和社会相互衔接的责任教育体系

公民责任教育作为一种主体性教育,旨在发挥受教育者的自主选择、自我判断能力,通过反复的责任锻炼,成为意志自由、行为自觉、责任自律的新时代社会主义建设者与德智体美劳全面发展的合格公民。"社会发展以人的发展为归宿,人的发展以精神文化为内核。"②道德属于人的高层次精神需求,"满足人们对于真善美、自我实现等'高级需要'将成为社会整体发展以及公民道德建设的最重要理由"③。责任教育正是为了满足人的道德发展需要、培养公民的责任自觉意识,引导人们形成对责任的科学认知、道德情感、坚定信念、行为习惯的基础上,增强勇于承担责任的主动性、创造性,进而在履行责任的实践体验中提升获得感、愉悦感和成就感。为此,要充分利用和整合教育资源,构建家庭、社会、学校相互配合的立体教育体系,推进教育的持续连贯与整体

---

① 王淑芹.论社会主义核心价值观建设的原则[J].哲学研究,2019(5):26-32.
② 习近平.之江新语[M].杭州:浙江人民出版社,2007:150.
③ 檀传宝.公民道德建设如何迎接新时代:正确理解《新时代公民道德建设实施纲要》的时代特征[J].人民教育,2020(1):31-32.

化发展,形成社会广泛参与的教育合力。"家庭、学校、机关、企事业单位和社会在公民道德教育方面各有侧重、各有特点,是相互衔接、密不可分的统一整体。"①

首先,家庭教育是责任教育的基础,伴随儿童道德认知形成的全过程,也渗透于家庭生活的方方面面,对个体责任情感和道德品质的培育起着潜移默化的影响。亚里士多德曾说:"一个人的实现活动怎样,他的品质就怎样。所以,我们应当重视实现活动的性质,因为我们是怎样的就取决于我们的实现活动的性质。从小养成这样的习惯还是那样的习惯绝不是小事。正相反,它非常重要,或宁可说,它最重要。"②家庭成员在情感上相互支持、心理上相互依赖的亲密关系,相比学校教育而言,在塑造儿童的规则意识、道德观念、自主个性、行为习惯等方面更具感染性和针对性,"儿童绝大多数的学习发生在日常生活中对他人行为偶然或有意的观察基础之上"③。为此,习近平总书记强调:"广大家庭都要重言传、重身教,教知识、育品德","帮助孩子扣好人生的第一粒扣子"④,既要发挥父母身体力行、严于律己、明德修身、敢于担责的榜样示范作用,增强家长主体责任意识和教育参与,以自身良好道德形象引导孩子如何做人做事;又要营造民主、平等、和谐、尊重的家庭沟通氛围,通过家庭成员之间的日常互动,恪守共同的价值观念,培养青少年对规范、准则的敬畏之情和自尊、自信、自强、自律的道德人格,使遵守道德规范和勇于承担责任的习惯养成内化于心、外化于行,为努力成长为有理想、有道德、有本领、有担当的时代新人奠定坚实的思想基础。

其次,学校教育是责任教育的主阵地和关键环节。古罗马教育家昆体良认为:"在封闭式的离群索居的家庭教育中,不可能培养出能在公共生活中施展才华的人才,只有在学校的群居生活中才能了解社会、熟悉人情,养成适应公共生活的能力和习惯。"⑤青少年正处于世界观、人生观、价值观和责任意识生成的关键时期,是否拥有敢于对自身行为负责的责任意识,既是衡量其道德

---

① 中共中央文献研究室.十五大以来重要文献选编(下)[M].北京:人民出版社,2003:1988.
② 亚里士多德.尼各马可伦理学[M].廖申白,译.北京:商务印书馆,2003:38.
③ 班杜拉.社会学习心理学[M].郭占基,周国韬,等译.长春:吉林教育出版社,1988:39.
④ 习近平.习近平谈治国理政(第2卷)[M].北京:外文出版社,2017:353-355.
⑤ 转引自赵祥麟.外国教育家评传(第1卷)[M].上海:上海教育出版社,1992:150.

素质的重要标准,也是体现学校教育水平的显著标志。学校道德教育要注重引导学生正确认识责任与理想、责任与成才、责任与权力、责任与能力之间的辩证关系,促进德智体美劳和谐发展,为造就大批有作为、敢担当、人格健全、德行高尚的责任公民奠定坚实的文化知识、道德观念和理想信念基础。针对当前道德教育主要以知识传授为主,教育内容方式单一和机械,既缺乏以解决现实道德冲突为旨归的责任选择与承担能力训练,又缺乏对受教育者道德需求、责任认同与情感体验的评价体系,从而导致在化解公共危机的现实需要时知行脱节的结果。为此,"要把立德树人的成效作为检验学校一切工作的根本标准,真正做到以文化人、以德育人"①,把教育引导和实践养成紧密结合起来,将"知行合一"作为道德评价的重要标准,深入开展理想信念教育、公民常识教育、青年志愿者活动、社会公益劳动和道德实践活动,通过创设一种激发主动性、强化感受性、着眼发展性、贯穿实践性的教育氛围,促进青少年思想道德素质、责任担当意识和实践创新能力的协调发展,引导他们把孝心献给父母、把关心献给他人、把爱心献给社会、诚心献给国家。

最后,在社区教育和社会教育中,要从社会成员的思想实际和道德水平出发,充分尊重个体在道德生活、责任认知、道德信仰、实践能力等方面的多样性和差异性,着力提升社会成员的民主、沟通、合作、担当和参与意识,公民只有在实际参与公共事务的实践中,才能应用和验证在学校中所习得的责任伦理知识,把道德规范的要求转化为自己的责任情感和行为习惯。正如马克思所说:"只有当人认识到自身'同有的力量'是社会力量,并把这种力量组织起来因而不再把社会力量以政治力量的形式同自身分离的时候,只有到了那个时候,人的解放才能完成。"②为此,要构建新时代公民责任教育的舆论氛围,广泛开展公民道德教育活动、优秀传统文化教育活动、形势政策教育活动、弘扬时代新风文明创建活动、学雷锋志愿者服务等,实现教育与服务相结合、灌输与引导相结合、理论与实践相结合。同时,强化社会舆论的导向功能,利用图文、短视频、音频节目、专题片、公益广告等大众传媒,广泛宣传和培育社会主义核心价值观,突出爱国、敬业、诚信、友善、尽责、奉献对公民道德教育的引领

---

① 习近平.在北京大学师生座谈会上的讲话[M].北京:人民出版社,2018:11.
② 马克思,恩格斯.马克思恩格斯全集(第1卷)[M].北京:人民出版社,2002:189.

作用,引导公民以国家富强、人民幸福为己任,"把理想信念建立在对科学理论的理性认同上,建立在对历史规律的正确认识上,建立在对基本国情的准确把握上"①,养成遵守社会公德、保护生态文明、自觉遵纪守法、参与民主管理的责任习惯,"成为具有很高的政治责任心和集体主义精神、有坚定的共产主义信念和实事求是专心致志地为人民积极工作的劳动者"②。

2. 健全奖励尽责、惩罚失责的制度保障体系

责任伦理建设既要靠教育倡导,也要靠有效的道德治理。"道德是以人的内心信念、传统习惯和社会舆论来调整处理人与人、人与社会、人与自然关系的行为规范的总和,是社会人伦秩序和个人品德修养的基石。"③任何道德建设都需要一定的制度作保障,道德治理与道德教育在内涵上是相互渗透、相得益彰的关系。马克思主义认为,人的道德需要属于高层次的精神需要,现实生活中的人都处于各种社会关系中,个人道德受范围更大、影响也更广的社会伦理的制约,而社会伦理则以基本制度体系的道德性为核心。

首先,建立赏罚分明、公正合理的责任评价、奖惩、监督体系,为奖励主动担责和惩戒失责行为提供制度保障,有利于督促、引导、规范人们养成从自身做起、从承担应尽责任做起的行为习惯。"通过对遵守道德准则规范的赏与对违反道德准则规范的罚,能很好地实现对道德违规的防范、对道德权威的维护、对道德风尚的倡扬、对道德价值的导向、对社会公正的保障等功能。"④制度保障机制、道德激励机制和政策导引机制,是个体道德责任的生成与实现的外在动力。社会规范的价值与个体的自律动机具有内在的契合,"道德规则处于个体之外,以法律、权威或者其他影响力量而迫使个体遵循道德规则行事,就是道德的他律性;反之,如果道德规则处于个体之内,以一种自我监督、自我完善的力量促使个体自觉遵守道德规则行事,则是道德的自律性"⑤。道德责任本质上是一种自律精神,但一个人的内在道德力量往往需要社会伦理要求的激发,公民的道德认知、情感体验和责任实践,就是个体在对主流道德规范

---

① 中共中央文献研究室.习近平关于青少年和共青团工作论述摘编[M].北京:中央文献出版社,2017:21.
② 邓小平.邓小平文选(第2卷)[M].北京:人民出版社,1994:106.
③ 封德平.论个体道德观念的生成路径[J].四川经济管理学院学报,2010(9):77-80.
④ 黄明理,余龙进.论道德赏罚的伦理功能[J].江西社会科学,1997(8):4-7.
⑤ 徐萍萍.关于自律内涵的道德哲学辨析[J].道德与文明,2014(3):55-60.

的标准尺度、价值理念、约束形式、行为准则等心理认同的基础上,内化于心外化于行的道德自觉。

其次,"建立惩戒失德行为常态化机制,形成扶正祛邪、惩恶扬善的社会风气"①,有利于营造良好道德风尚,引导社会成员自觉履行社会责任。扬善抑恶既是责任伦理的初始要求,也是道德治理的逻辑基点,"道德承担'扬善'和'抑恶'两个方面的社会职能,用'应当—必须'和'不应当—不准'的命令方式,发挥调整社会生活和人们行为的社会作用"②。恩格斯指出:"如果把善恶混淆起来,那么一切道德都将完结,而每个人都将可以为所欲为了。"③只有当个体因违反规则而受到相应的道德惩罚时,公民才会逐渐意识到违反规则所要付出的代价,并因此养成守则的愿望和习惯。"当代中国社会诸如'道德失范'和'诚信缺失'之类的道德领域突出问题,并不一定就是主体故意'失范'和'缺失'的,他们可能本是'尚德'和'讲道德'的人,只因其行为或他者的行为曾出现事与愿违或适得其反的结果而又被社会置之不理,才使转而'失'之于社会倡导的道德规范和行为准则的。"④为此,要充分发挥舆论监督作用,"对违反社会道德、背离公序良俗的言行和现象,及时进行批评、驳斥、激浊扬清、弘扬正气"⑤,对责任缺失的不道德行为予以谴责和惩处,依法依规惩戒各种逃避责任的行为,使一切不负责任的行为因不可逃避的责任追究而受到有效遏制,才能维护社会公序良俗。

最后,对尽到道德义务的人予以肯定鼓励和恰当公正的奖励,"通过自我评价和社会评价的方式,激发人们的道德情感,促使其形成一定的道德信念与道德习惯,坚定地追求和选择善的行为"⑥,使人们自觉把伦理规范内化为合道德性的行为准则,在自觉履行责任后受到应有的回报,产生愉悦感、获得感、成就感等实践体验。道德规范以社会生活的正义秩序及其实现为核心,是个体责任行为的普遍化和群体化,而"个体美德的核心,即是将伦理共同体的伦理性规定这一义务,变为主体的内在自觉并身体力行。换言之,主体自觉将这

---

① 新时代公民道德建设实施纲要[M].北京:人民出版社,2019:24.
② 钱广荣.道德治理的学理辨析[J].红旗文稿,2013(13):29-30.
③ 马克思,恩格斯.马克思恩格斯文集(第9卷)[M].北京:人民出版社,2009:98.
④ 崔宜明.道德哲学引论[M].上海:上海人民出版社,2006:198.
⑤ 新时代公民道德建设实施纲要[M].北京:人民出版社,2019:12.
⑥ 杜振吉.道德的起源与人的需要[J].理论学刊,2003(5):25-29.

种伦理性规定作为自我规定性的内容,即具有了美德"①。

三、规范公民在网络空间的道德责任行为

网络文明是现代社会文明进步的重要标志。随着现代信息技术和数字技术的迅猛发展,互联网深层次嵌入现实社会,深度影响和改变着人们的求知途径、思维方式、交往形式、价值观念和道德观念,网络空间既为公民道德建设和责任实践提供了新的载体,也为现实生活道德治理的延伸拓展了新场域。"新一轮科技革命和产业变革加速演进,人工智能、大数据、物联网等新技术新应用新业态方兴未艾,互联网迎来了更加强劲的发展动能和更加广阔的发展空间。"②互联网的高度开放性成为意识形态渗透与较量的主战场,使得各种社会思潮涌动、价值观念交锋,传统与现代、先进与落后、主流与非主流的各种道德观相互碰撞,形成前所未有的多元并存态势。作为一个自由开放的空间,网络社会没有身份、地域的限制,只有广大网民自觉遵守道德规范,学会懂法、尊法、用法、守法,坚持文明上网、诚信用网,远离不良网站,以正确道德观履行上网责任,才能共同维护网络良好秩序。为此,要加强网络空间道德治理,培育符合互联网发展规律、体现新时代道德建设要求的网络责任伦理,以网络道德建设滋养法治精神,发挥道德对依法治网的支撑作用。同时,推进网络空间法治建设的现代化,把道德责任规范融入依法管网治网中,以法律的刚性约束力助推网络规范的具体化和制度化,推进公民伦理的法治化和规范化,引导社会成员文明上网、诚信用网、尊德守则、理性表达,实现网上网下、线上线下文明建设有机融合、互相促进,构建人人参与、共建共享的网络道德建设新格局。

1. 依法依规维护网络空间的道德秩序

加强互联网领域立法与执法,是提升网络空间道德治理的精准化和实效性的坚强后盾。网络环境下人与人之间的道德关系、交往方式、责任态度、个性行为的多样性与多变性,使得网络空间治理具有明显的技术依赖性、开放无界性、动态多元性特征,一旦失去了法律的约束和保障,网络道德的维系则完全依赖社会成员的责任自律,而网络信息的良莠不齐使人们在道德判断、自主

---

① 高兆明.心灵秩序与生活秩序:黑格尔《法哲学原理》释义[M].北京:商务印书馆,2014:217.
② 习近平.向第六届世界互联网大会致贺信[N].人民日报,2019-10-21(01).

选择和责任实践上极易出现偏差和责任意识弱化。为此,坚持网络综合治理和网德工程建设"双向发力",实现制度规约和道德认同的统一,"制度文化是组织化的群体依照对共同价值观的文化认同,并遵循着制度规范而共同行动的过程中形成的包括人们内心的心理原则、价值取向、理念追求、道德标准和利益调整等的观念体系"①,不断提高管网用网治网水平,健全网络行为规范和管理细则,才能构筑起网络安全屏障,共建共享风清气正的网络家园。

首先,不断完善网络空间治理的法规体系,做到有法可依、有章可循。

网络道德的法治化、制度化具有固根本、利长远的功能。康德指出:"如果一种行为与法律的法则一致就是它的合法性;如果一种行为与伦理的法则一致就是它的道德性。"②法律是成文的道德,道德是内心的法律,法律规范的实施有助于个体的道德教化,而道德规范的认同又提升了个体的自觉守法意识,"社会生活的契约化表现在政治领域必然要求发挥人民在政治生活中的主体作用,让人民充分地参与到国家和社会公共事务的管理,发挥人民主权对公共权力设置及其行为的监督约束作用,让人民的意志法律化、制度化和规范化"③。

要根据网络空间道德责任的要求,注重将那些具有道德底线的伦理规范转换成法律法规,通过立法"把实践中广泛认同、较为成熟、操作性强的道德要求及时上升为法律规范,引导全社会崇德向善"④。即把公民普遍认同和接受、对营造网络生态环境具有重要影响的基本道德规范转化为法律规范,使法律法规更多体现道德理念和人文关怀,"通过法律的强制力来强化道德作用、确保道德底线,推动全社会道德素质提升"⑤,因为底线伦理作为规约社会交往和个体行为的准则,本质上蕴含着对有损于他人利益和集体利益的网络行为进行舆论谴责或处罚的道德律令,"公民有责任既要发现他们自己的个人利益也要发现政治社群的利益,而对这一社群利益,他们负有契约性的自制的责任"⑥。要使网络空间充盈社会主义、爱国主义、集体主义的道德价值和原则,

---

① 王永贵,郑海祥.建构中国特色社会主义的制度文化[J].理论探讨,2012(4):25-29.
② 康德.法的形而上学原理:权利的科学[M].沈叔平,译.北京:商务印书馆,1991:14.
③ 伍俊斌.公民社会建构的基础理论研究[D].北京:中共中央党校,2007:178-179.
④ 习近平.论坚持全面依法治国[M].北京:中央文献出版社,2020:166.
⑤ 习近平.论坚持全面依法治国[M].北京:中央文献出版社,2020:109.
⑥ 奚洁人.科学发展观百科辞典[M].上海:上海辞书出版社,2007:160.

积极构建健康向上、崇德向善的网络文化,才能避免网络道德实践活动与现实道德实践的割裂。

其次,开展网络治理专项行动,依法维护网络道德秩序。坚持德法兼治,两手抓、两手都要硬,使法律规范与道德规范同向共进。"法律和道德都具有规范社会行为、调节社会关系、维护社会秩序的作用,在国家治理中都有其地位和功能。法安天下,德润人心。"①在把握网络空间信息生成传播规律和特点的基础上,有效廓清网络空间道德责任内容、行为与实践的边界尺度,加强网络社交平台、各类公众账号的管理,保障网络用户隐私安全,充分发挥现代信息技术的叠加优势,做好对网络主体道德行为的跟踪、记录与分析,建立网络道德大数据评估制度以及科学的网络舆情研判、监测及预警机制,运用法治思维和方式化解网络道德冲突,加强网上热点话题和突发事件的有效引导,牢牢把握舆论发展的主动权,依法规范传播渠道,实现从"软要求"向"硬规范"的升级,预防逃避责任的行为发生,增加网民失德成本,减少网络谣言及虚假信息的蔓延。

最后,"依法加强对群众反映强烈的失德行为的整治"②,加大对网络谣言、网络诈骗、网络信息泄露、网络暴力等突出问题的治理力度,尤其是事关人民群众切身利益的"食品药品安全、产品质量问题、生态环境、社会服务、公共秩序等领域群众反映强烈的突出问题,要逐一进行整治,让败德违法者受到惩治、付出代价"③。积极开展"清朗""净网""护苗"等专项行动,清理网络诽谤、谩骂、色情、低俗等内容,"坚持严格执法,加大关系群众切身利益重点领域的执法力度,以法治的力量维护道德、凝聚人心"④,运用法律的强制作用规范网络行为,打击网上有害信息的传播,营造天朗气清、生态文明的网络环境。

2. 深入实施网络空间道德工程建设

互联网不仅是人们日常工作学习不可或缺的帮手,更是亿万民众共同的精神家园。蓬勃发展的互联网也是我们正面临的"最大变量",网络空间的便捷性、虚拟性、随意性、隐蔽性和发散性特征,人人都可自由选择路径成为信息

---

① 习近平.论坚持全面依法治国[M].北京:中央文献出版社,2020:165.
② 习近平.习近平谈治国理政(第2卷)[M].北京:外文出版社,2017:134.
③ 新时代公民道德建设实施纲要[M].北京:人民出版社,2019:24-25.
④ 新时代公民道德建设实施纲要[M].北京:人民出版社,2019:23.

发布者、传播者、评论者,如果对各类信息不加核实、审查,就会造成舆论失控,导致道德评价标准的多元化和网民自律意识的淡化,造成网络空间道德责任缺失、规则意识淡薄、价值取向迷惘、虚假信息泛滥、舆论导向偏差等一系列新问题,无形中增加了网络空间道德治理的难度。管得住是硬道理,用得好是真本事,只有充分把握智能化时代信息技术发展的新趋势,把以法治激励守信作为推进数字社会建设的重要内容,积极开展信息平台的违规失信监管,切实增强网上主流舆论传播力、影响力和公信力,守护好清朗的网络空间,真正把互联网变成事业发展的"最大增量",才能让广大网民拥有更多获得感、幸福感、安全感。

首先,以网络正能量引导公民提升道德自律意识。优化网络生态、严把网络导向、繁荣网络文化、传播文明理念,依托微博、微信、公众号、网络自媒体等现代传播手段,丰富主流道德价值内容,创新网络道德话语表达,增强社会主义核心价值观在网络空间的传播力、影响力和感染力,做好"微时代"背景下公民道德建设的"微传播",让科学理论、正确舆论、优秀文化充盈网络空间。"公民道德作为一种治理资源、治理能力、治理行为规范及治理研判的善恶标准,犹如'方向盘'和'控制器',构成现代国家治理的道德指向和精神支柱。"[1]通过组织开展形式多样、内涵丰富、生动活泼的公民道德宣传活动,弘扬主旋律,激发正能量,构建积极健康、向上向善的网络道德共同体,强化主流道德在信息传播中的引导力,以时代新风塑造和净化网络空间,以良法善治引导公民自觉遵守网络秩序和道德规范,形成人人参与、共建共享网络文明新风尚。

其次,培育公民遵法、守德的上网行为习惯。遵法守德意识成为现代人格不可或缺的责任品质,"守法被视为公民的教养和美德,守法本质上是培养与法律的普遍公正观念相适应的情感和气质"[2]。公民的法治意识蕴含了平等、自由、公平、公正、权利、责任等多重价值观的追求,促使个体按照道德规范的要求作出合道德性、合法律性的网络行为选择。"实践经验说明,如果人们的法律意识和法制观念淡薄,思想政治素质低,再好的法律和制度也会因为得不

---

[1] 李兰芬,欧文辉.公民道德建设的"治理"转向[J].苏州大学学报(哲学社会科学版),2014(6):33-40.

[2] 宋希仁.西方伦理学思想史[M].长沙:湖南教育出版社,2006:114.

到遵守而不起作用,甚至形同虚设。"①作为一个自由开放的空间,网络社会没有身份、地域的限制,只有广大网民自觉遵守道德规范,学会懂法、遵法、用法、守法,坚持文明上网、诚信用网,远离不良网站,以正确道德观履行上网责任,才能共同维护网络良好秩序。为此,要注重培养公民的责任意识、规则意识、诚信观念、契约精神,引导网民树立"法律面前人人平等"和"遵守法规制度没有特权、执行法规制度没有例外"②的法治观念,遵循"利己也利人"或"利己不损人"的网络道德行为准则,成为对自己和他人都能负责任的道德个体,增强防范各种垃圾信息、有害信息污染的免疫力,通过人人履行维护网络安全的责任,共建共享健康文明、风清气正的网络生态。

总之,公民责任意识和能力的培养,是在现实生活中循序渐进日益提升的过程,而道德实践则是人类对自身负责的具体体现。道德责任制度建设既为人们价值判断和行为评价提供规范标准和评价尺度,也有利于培养公民的道德素质和提升社会道德水平。道德责任治理是解决现实生活中的道德突出问题和防范失德行为的应时之举,这种治理既是"克服和消除社会风气负向影响、纠正各种错误价值观念、剔除各种不健康的、消极的,甚至是腐败的、丑恶的个人行为的过程,也是不断传播先进的思维方式和价值观念,并进而影响人们的行为选择和行为取向的过程"③。注重把社会主义道德要求体现到立法、执法、司法、守法中,以法治的力量引导人们向上向善,使人们有足够的道德勇气与道德责任去解决道德问题,从不敢违德到不愿违德逐步确立起责任信念。正如马克思所说:"必须实现法律的、伦理的、政治的自由,公民服从国家的法律也就是服从他自己的理性即人类理性的自然规律。"④

使命呼唤担当,使命引领未来。发展社会主义先进文化、广泛凝聚人民精神力量,是国家治理体系和治理能力现代化的深厚支撑。只有高举习近平新时代中国特色社会主义思想伟大旗帜,在全民族牢固树立中国特色社会主义共同理想,在全社会大力弘扬社会主义核心价值观,全面推进社会公德、职业道德、家庭美德、个人品德建设,倡导一切用诚实劳动创造美好生活的责任情

---

① 江泽民.江泽民文选(第 1 卷)[M].北京:人民出版社,2006:512-513.
② 习近平.论坚持全面依法治国[M].北京:中央文献出版社,2020:155.
③ 龙静云.道德治理:核心价值观价值实现的重要路径[N].光明日报,2013-8-10(11).
④ 马克思,恩格斯.马克思恩格斯全集(第 1 卷)[M].北京:人民出版社,1995:228.

怀,倡导一切有利于激发创造活力和奉献社会的担当精神,引导社会成员把道德责任规范的认知维度转化为责任行为自律的实践维度,从而培养造就大批有理想、有道德、有本领、有担当的新时代合格公民,这既是新时代公民道德责任建设的重要使命,也是践行社会主义核心价值观的根本要求。

结　语

　　公民不仅是一个政治概念,而且是一个历史概念、文化概念。公民与人类政治共同体一样历史悠久,虽然在不同的历史阶段和不同社会条件下,公民所涵盖的身份地位内涵各不相同,但公民的概念始终与拥有权利和履行责任密切相关。在漫长的历史演进中,随着社会的发展和人类的进步,公民和国家之间的关系不断发生着变化,公民的概念内涵也处于不断演变与扩充之中,这种演变既体现出公民对国家从依附、独立到逐渐融入的过程,也展现着公民道德责任意识不断增强的趋势。"责任"成为应用伦理学的核心范畴之一,既是对伦理学理论发展需要的反映,也是当今现实社会对伦理规范和道德建设新要求的积极回应。责任作为一种外在的社会规定性,对于个体具有他律性和不可推卸性特征;作为一种内在的道德信仰,体现出个体承担应尽之责的自律性和自觉性特征,成为现实生活中担当责任的强大驱动力;作为一种行为实践,责任担当源自道德意识指导下的自由选择——自由选择道德价值和道德目标,真正意义上的道德行为应该是主体道德意识的真实体现,是自觉自愿的、自为的。

　　培育和践行社会主义核心价值观是公民责任意识教育的核心任务。当今世界随着百年未有之大变局与世纪疫情叠加进入动荡变革期,个别霸权国家采取围堵、施压等强权政治试图遏制他国发展,全球发展面临更加严峻的治理赤字、信任赤字、和平赤字的挑战,增加了我国外部环境的不稳定性和不确定性。中国特色社会主义进入新时代,我国社会主要矛盾转化为人民日益增长的美好生活需要和不平衡不充分的发展之间的矛盾,改革发展稳定任务之重、矛盾风险挑战之多、治国理政考验之大也都是前所未有的。习近平总书记指出："一个民族、一个人能不能把握自己,很大程度上取决于道德价值。如果我们的人民不能坚持在我国大地上形成和发展起来的道德价值,而不加区分、盲目地成为西方道德价值的应声虫,那就真正要提出我们的国家和民族会不会失去自己的精神独立性的问题了。"①道德生活不可避免地会受到社会风俗、道德观念、行为准则和伦理禁忌等条件的制约,如马克思、恩格斯指出:"我们拒绝想把任何道德教条当做永恒的、终极的、从此不变的伦理规律强加给我们的一切无理要求……相反,我们断定,一切以往的道德论归根结底都是当时的社会经济状况的产物。"②由于社会转型期一些领域的道德失范现象、经济生活中的诚信缺失问题、网络空间的道德责任弱化问题以及社会价值判断标准的多元化趋向,加上市场竞争本身固有的盲目性、逐利性给公民责任教育带来严峻挑战。只有坚持不懈地把核心价值观融入人们的日常生活和责任伦理建设中,使之成为日用而不觉的道德规范与行为准则,实现全民道德素质的提升、人的全面发展和社会的文明进步,"培育和弘扬核心价值观,有效整合社会意识,是社会系统得以正常运转、社会秩序得以有效维护的重要途径,也是国家治理体系和治理能力的重要方面"③。

享有权利和履行责任是现代公民身份的重要标志,昭示着人们思想观念正从传统的臣民意识藩篱中走出来,逐步迈向公民意识的形成与确立。习近平指出："人民有信仰,民族有希望,国家有力量。"④实现中华民族伟大复兴的中国梦是现阶段的最高道德理想,既为了满足人民对美好生活的向往,也需要全体人民的共同奋斗。"道德责任归根到底是人类社会本身发展的内在需求,社会成员自觉履行责任是社会稳定、和谐、幸福的关键。"⑤只有普遍提升公民的责任意识和道德素养,引导人们追求讲道德、尊道德、守道德的生活,自觉遵循爱国守法、明礼诚信、团结友善、勤俭自强、敬业奉献的道德规范,才能提升公民道德素质和责任自律意识,促进全体人民在理想

---

① 中共中央文献研究室.习近平关于全面深化改革论述摘编[M].北京:中央文献出版社,2014:88.
② 马克思,恩格斯.马克思恩格斯选集(第3卷)[M].北京:人民出版社,1995:471.
③ 习近平.习近平谈治国理政(第1卷)[M].北京:外文出版社,2014:163.
④ 习近平.习近平谈治国理政(第2卷)[M].北京:外文出版社,2017:323.
⑤ 郭金鸿.道德责任论[M].北京:人民出版社,2008:27.

信念、价值理念、道德观念上紧密团结在一起。当前,影响公民道德责任建设实效性的一个重要因素,在于教育目标不具体,公民教育不普及,教育内容针对性不强,家庭社会和学校教育不衔接。应尽快构建从家庭到学校、从中小学到大学、从社区到社会相互配合、目标明确、层次分明的公民教育体系,有目的、有计划、有步骤地引导公民从对自我的责任到对家庭的责任、从对他人的责任到对社会的责任、从对国家的责任到对民族的责任、从对人类的责任到对自然和未来的责任,由对熟人群体扩展到对陌生群体、由对社区范围扩展到社会范围,由近及远,由浅入深,层次分明,逐步推进,从而把公民道德建设摆在更加重要的位置,引导人们明大德、守公德、严私德,把个人理想融入国家富强、民族振兴、人民幸福的伟大梦想之中,培养和造就一大批担当民族复兴大任的时代新人。

加强公民责任伦理建设是一项紧迫而艰巨的理论与实践问题。道德责任建设以促进社会主义核心价值观的广泛传播为己任,以提升公民对社会主义、集体主义道德的认同内化和践行为终极目标,旨在实现个体至善与制度至善的统一。"如同道德价值体系有一个核心范畴'善'、道德规范体系有一个核心范畴'正当'、道德品质体系有一个核心范畴'德性'以及道德情感体系有一个核心范畴'仁爱'一样"①,道德责任体系的核心范畴则是"担当",这种担当既依赖于公民的自律、自觉、自愿、自省、自为,也需要社会的教育引导、制度约束和文化引领。因为在公共生活领域的担当"精神是孕育于公共社会之中的位于最深的基本道德和政治价值层面的以公民和社会为依归的价值取向,它包含民主、平等、自由、秩序、公共利益和负责任等一系列最基本的价值命题"②,有效培育公民的公共参与意识和担当精神,就要使公民树立公共思维和公共态度,深刻理解个人与他人、自我与社会、权力与责任之间的制衡机制。为此,只有贴近实际、贴近生活、贴近群众,着力构建家庭学校和社会"三位一体"的责任教育网络,在全社会营造公民各守其职、各履其责、各尽所能的文化氛围,完善公民尽责与失责的奖惩机制,才能为公民道德建设和责任文化建设提供有力支撑。

---

① 江畅,张媛媛.试论当代中国道德情感体系构建[J].道德与文明,2016(1):21-26.
② 帕特南.使民主运转起来[M].王列,赖海榕,译.南昌:江西人民出版社,2001:113.

作为对公民道德责任问题的初步尝试性探讨,本文只是探视冰山一角,尤其对于公民道德建设中"公民何以尽责""公民应尽何责""公民应如何尽责"等问题的看法仍显浮浅,有待随着公民教育的普及开展和中国特色社会主义责任伦理的实践探索,一些问题得以深入研究和破解难题。

参考文献

一、著作

[1] 习近平.习近平谈治国理政(第1-3卷)[M].北京:外文出版社,2020.

[2] 中共中央宣传部.毛泽东邓小平江泽民论思想政治工作[M].北京:学习出版社,2000.

[3] 中共中央文献研究室.习近平关于社会主义文化建设摘编[M].北京:中央文献出版社,2017.

[4] 中共中央党史和文献研究院.习近平关于注重家庭家教家风建设论述摘编[M].北京:中央文献出版社,2021.

[5] 新时代公民道德建设实施纲要[M].北京:人民出版社,2019.

[6] 蔡志良,蔡应妹.道德能力论[M].北京:中国社会科学出版社,2008.

[7] 陈根法.德性论[M].上海:上海人民出版社,2004.

[8] 陈付龙.当代中国社会公共生活建设研究[M].北京:人民出版社,2017.

[9] 程东峰.责任伦理导论[M].北京:人民出版社,2010.

[10] 程东峰.责任论:关于当代中国责任理论与实践的思考[M].北京:中国林业出版社,1994.

[11] 崔宜明.道德哲学引论[M].上海:上海人民出版社,2006.

[12] 甘绍平.应用伦理学前沿问题研究[M].南昌:江西人民出版社,2002.

[13] 高国希.道德哲学[M].上海:复旦大学出版社,2005.

[14] 高力.公共伦理学[M].北京:高等教育出版社,2002.

[15] 高兆明,李萍,等.现代化进程中的伦理秩序研究[M].北京:人民出版社,2007.

[16] 高兆明.道德文化:从传统到现代[M].北京:人民出版社,2015.

[17] 郭本禹.道德认知发展与道德教育:科尔伯格的理论与实践[M].福州:福建教育出版社,1999.

[18] 郭金鸿.道德责任论[M].北京:人民出版社,2008.

[19] 郭忠华.公民身份的核心问题[M].北京:中央编译出版社,2016.

[20] 黄明理.社会主义道德信仰[M].北京:人民出版社,2006.

[21] 金生鈜.德性与教化[M].长沙:湖南大学出版社,2003.

[22] 蓝维,高峰,等.公民教育:理论、历史与实践探索[M].北京:人民出版社,2007.

[23] 李德顺,孙伟平.道德价值论[M].昆明:云南人民出版社,2005.

[24] 廖申白.伦理学概论[M].北京:北京师范大学出版社,2009.

[25] 刘湘溶,罗长军.生态文明建设视域下的环境教育[M].长沙:湖南师范大学出版社,2017.

[26] 罗国杰.社会主义道德体系研究[M].北京:中国人民大学出版社,2018.

[27] 缪建东.家庭教育学[M].北京:高等教育出版社,2009.

[28] 秦树理.公民道德导论[M].郑州:郑州大学出版社,2008.

[29] 宋希仁.西方伦理思想史[M].北京:中国人民大学出版社,2004.

[30] 檀传宝.公民教育引论:国际经验、历史变迁与中国公民教育的选择[M].北京:人民出版社,2011.

[31] 唐凯麟,龙兴海.个体道德论[M].北京:中国青年出版社,1993.

[32] 唐君毅.道德自我之建立[M].桂林:广西师范大学出版社,2005.

[33] 田秀云,白臣.当代社会责任伦理[M].北京:人民出版社,2008.

[34] 王啸.全球化时代的中国公民教育[M].福州:福建教育出版社,2006.

[35] 魏长领.道德信仰与自我超越[M].郑州:河南人民出版社,2004.

[36] 魏星河.当代中国公民有序政治参与研究[M].北京:人民出版社,2007.

[37] 魏贤超.道德心理学与道德教育学[M].杭州:浙江大学出版社,1995.

[38] 吴瑾菁.道德认识论[M].北京:社会科学文献出版社,2011.

[39] 夏伟东.道德本质论[M].北京:中国人民大学出版社,1991.

[40] 辛世俊.公民权利意识研究[M].郑州:郑州大学出版社,2006.

[41] 谢军.责任论[M].上海:上海人民出版社,2007.

[42] 许纪霖.共和、社群与公民[M].南京:江苏人民出版社,2004.

[43] 徐向东.自由意志与道德责任[M].南京:江苏人民出版社,2006.

[44] 徐贲.统治与教育:从国民到公民[M].北京:中央编译出版社,2016.

[45] 杨国荣.善的历程:儒家价值体系研究[M].上海:上海人民出版社,2005.

[46] 姚新中.道德活动论[M].北京:中国人民大学出版社,1990.

[47] 叶飞.公共交往与公民教育[M].北京:人民出版社,2014.

[48] 张岱年.中国伦理思想研究[M].南京:江苏教育出版社,2009.

[49] 张琼,马尽举.道德接受论[M].北京:中国社会科学出版社,1995.

[50] 张澍军.德育哲学引论[M].北京:人民出版社,2002.

[51] 章秀英.公民意识评价与培育机制[M].北京:中国社会科学出版社,2012.

[52] 朱小蔓.情感德育论[M].北京:人民教育出版社,2005.

[53] 亚里士多德.尼各马科伦理学[M].廖申白,译.北京:商务印书馆,2003.

[54] 亚里士多德.政治学[M].吴寿彭,译.北京:商务印书馆,2013.

[55] 西塞罗.西塞罗三论:老年、友谊、责任[M].徐奕春,译.北京:商务印书馆,1998.

[56] 约纳斯.技术医学与伦理学[M].张荣,译.上海:上海译文出版社,2008.

[57] 黑格尔.精神现象学[M].贺麟,王玖兴,译.北京:商务印书馆,1983.

[58] 包尔生.伦理学体系[M].何怀宏,廖申白,译.北京:中国社会科学出版社,1988.

[59] 康德.法的形而上学原理:权利的科学[M].沈叔平,译.北京:商务印书馆,1991.

[69]康德.道德形而上学原理[M].苗力田,译.上海:上海人民出版社,2002.

[61]康德.论教育学[M].赵鹏,何兆武,译.上海:上海人民出版社,2005.

[62]施路赫特.信念与责任:马克斯·韦伯论伦理[M].李康,译.上海:上海人民出版社,2001.

[63]哈贝马斯.包容他者[M].曹卫东,译.上海:上海人民出版社,2002.

[64]施韦泽.对生命的敬畏[M].陈泽怀,译.上海:上海人民出版社,2006.

[65]涂尔干.道德教育[M].陈光金,等译.上海:上海人民出版社,2001.

[66]卢梭.社会契约论[M].何兆武,译.北京:商务印书馆,1996.

[67]薇依·扎根:人类责任宣言绪论[M].徐卫样,译.北京:生活·读书·新知三联书店,2003.

[68]马斯洛,等.人的潜能与价值[M].林方,主编.北京:华夏出版社,1987.

[69]麦金太尔.追寻美德[M].宋继杰,译.南京:译林出版社,2003.

[70]西蒙斯.道德原则与政治义务[M].南京:江苏人民出版社,2009.

[71]福克斯.公民身份[M].郭忠华,译.长春:吉林出版集团有限责任公司,2009.

[72]赫尔德.关怀伦理学[M].苑莉均,译.北京:商务印书馆,2014:215.

[73]柯尔伯格.道德教育的哲学[M].魏贤超,柯森,等译.杭州:浙江教育出版社,2003.

[74]科尔伯格.道德发展心理学[M].郭本禹,等译.上海:华东师范大学出版社,2004.

[75]诺丁斯.学会关心:教育的另一种模式[M].于天龙,译.北京:教育科学出版社,2003.

[76]诺丁斯.关心:伦理和道德教育的女性路径[M].武云斐,译.北京:教育科学出版社,2014.

[77]雅诺斯基.公民与文明社会[M].柯雄,译.沈阳:辽宁教育出版社,2000.

[78]托马斯.公共决策中的公民参与[M].孙柏瑛,等译.北京:中国人民大学出版社,2010.

[79]费舍,拉维扎.责任与控制:一种道德责任理论[M].杨韶刚,译.北京:华夏出版社,2003.

[80]特纳.公民身份与社会理论[M].郭忠华,等译.长春:吉林出版集团有限责任公司,2007.

[81]罗素.教育与美好生活[M].杨汉麟,译.石家庄:河北人民出版社,1999.

[82]希特.何谓公民身份[M].郭忠华,译.长春:吉林人民出版社,2007.

[83]休谟.道德原则研究[M].曾晓平,译.北京:商务印书馆,2001.

[84]哈耶克.自由秩序原理[M].邓正来,译.北京:生活·读书·新知三联书店,1997.

[85]鲍曼.后现代伦理学[M].张成岗,译.南京:江苏人民出版社,2003.

[86]斯迈尔斯.人生的职责[M].李柏光,等译.北京:北京图书馆出版社,1999.

[87]马歇尔,吉登斯.公民身份与社会阶级[M].郭忠华,刘训练,译.南京:江苏人民出版社,2007.

[88]斯密.道德情操论[M].余涌,译.北京:中国社会科学出版社,2003.

[89]密尔.论自由[M].程崇华,译.北京:商务印书馆,2005.

[90]马志尼.论人的责任[M].吕志士,译.北京:商务印书馆,1995.

[91]AUHAGEN A E, BIERHOFF H W. Responsibility:The many faces of a social phenomenon[M]. Routledge, 2001.

[92]HEATHER D. What is Citizenship[M].London:Polity Press, 1999.

[93]LEVINAS E. Ethics and Infinity[M]. Pittsburgh:Duquesne University Press, 1985.

[94]KUNG H. A Global Ethic for Global Politics and Economics[M]. Oxford:Oxford University Press, 1998.

[95]YOUNG I M. Responsibility for Justice[M]. Oxford:Oxford University Press, 2011.

[96]HAIDT J. The Moral Emotions[M]. Oxford:OxfordUniversity Press, 2002.

[97]LUCAS J R.Responsibility[M]. New York:Oxford University Press

Inc., 1993.

[98] THOMSOM J J. The Realm of Rights[M]. Cambridge, Mass: Harvard University Press, 1990.

[99] NODDINGS N. Educating Moral People[M]. New York: Teachers College Press, 2002.

[100] ROUTLEDGE I K. The Moral Law: Groundwork of the Metaphysics of Morals[M]. Cambridge: Cambridge University Press, 1996.

[101] BRANDT R B. Morality, Utilitarianism and Rights[M]. Cambridge: Cambridge University press, 1992.

[102] SCHWEIKER W. Responsibility and Christian Ethics[M]. Cambridge: Cambridge University Press, 1999.

二、论文

[103] 徐梓淇.论生态公民及其培育[D].上海:复旦大学,2013.

[104] 曹凤月.解读"道德责任"[J].道德与文明,2007(2).

[105] 陈菲.论道德责任生成的主客观依据[J].学校党建与思想教育,2018(3).

[106] 陈建兵,黄富峰.论道德判断[J].齐鲁学刊,2006(3).

[107] 陈欣.责任意识新探:基于行为博弈论视角[J].南京师大学报(社会科学版),2009(6).

[108] 崔永学.公民道德教育的若干问题研究[J].教育评论,2012(3).

[109] 杜早华,曾建平.论需要的三个层面与人的道德责任[J].伦理学研究,2018(3).

[110] 范晓光.论道德动机的自我性[J].道德与文明,2015(2).

[111] 傅维利.真实的道德冲突与学生的道德成长[J].教育研究,2005(3).

[112] 高湘泽.道德责任的主体必然性与合理性之根据[J].哲学研究,2006(3).

[113] 胡河宁,孙树平.论责任范畴的伦理内蕴[J].石油大学学报(社会科学版),2001(6).

[114]黄月辉.论道德自律的本质[J].湖北社会科学,2005(10).

[115]贾新奇.论自我范导的道德与相互范导的道德[J].理论月刊,2005(7).

[116]江畅,张媛媛.试论当代中国道德情感体系构建[J].道德与文明,2016(1).

[117]江娅.论个人道德责任的根据[J].哲学动态,2010(2).

[118]姜涌.公民的主体意识[J].山东大学学报(社会科学版),2003(3).

[119]金生鈜.公民的伦理身份及其养成[J].北京大学教育评论,2014(2).

[120]李保强.从道德哲学看责任和公民责任教育[J].齐鲁学刊,2007(6).

[121]李兰芬.国家认同视域下的公民道德建设[J].中国社会科学,2014(12).

[122]李萍,钟明华.公民教育:传统德育的历史性转型[J].教育研究,2002(9).

[123]廖加林.尊重:公共生活的基础性道德价值[J].道德与文明,2008(6).

[124]廖申白.公民伦理与儒家伦理[J].哲学研究,2001(11).

[125]林伯海,师晓娟.家风的意蕴及其当代价值[J].思想政治教育研究,2017(10).

[126]刘铁芳.公共生活与公民教育:学校公民教育的内涵与目标[J].河南大学学报(社会科学版),2014(3).

[127]刘毅,朱志方.自由意志与道德判断的实验研究[J].学术研究,2012(3).

[128]龙静云.论我国公民教育中的"四个结合"[J].道德与文明,2010(1).

[129]鲁新安.价值冲突下的道德责任能力建设[J].学术研究,2007(8).

[130]马丽萍.论道德冷漠的形成机制[J].武汉理工大学学报(社会科学版),2015(1).

[131]毛羽.凸显"责任"的西方应用伦理学:西方责任伦理述评[J].哲学

动态,2003(9).

[132]彭定光.论责任、道德责任与政府道德责任[J].湖南师范大学社会科学学报,2016(6).

[133]钱广荣.道德治理的学理辨析[J].红旗文稿,2013(13).

[134]任丑.人权视阈的尊严理念[J].哲学动态,2009(1).

[135]宋晔.责任生成的道德内涵及其实现机制[J].南京师大学报(社会科学版),2003(4).

[136]沈壮海.论家庭美德建设的重要性与紧迫性[J].武汉大学学报(哲学社会科学版),1998(3).

[137]宋希仁."道德的基础是人类精神的自律"释义[J].道德与文明,2000(3).

[138]孙君恒,许玲.责任的伦理意蕴[J].哲学动态,2004(9).

[139]覃青必.论道德自由中人的两种道德责任[J].江汉论坛,2010(1).

[140]唐凯麟.道德人格论[J].求索,1994(5).

[141]田广兰,李兰芬.论现代社会道德责任之基础[J].上海师范大学学报(哲学社会科学版),2020(2).

[142]魏安雄.论主体道德责任[J].现代哲学,1999(1).

[143]王群会,龚群.道德责任归因中的自主性问题[J].天津社会科学,2009(4).

[144]吴锦旗.论公共领域中的公民有序参与[J].理论月刊,2011(8).

[145]谢军.论责任的道德价值[J].学术交流,2006(6).

[146]徐萍萍.关于自律内涵的道德哲学辨析[J].道德与文明,2014(3).

[147]徐向东.自我决定与道德责任[J].哲学研究,2010(6).

[148]杨畅."权利公民"与"责任公民":两种公民身份的澄明与较量[J].大连理工大学学报(社会科学版),2013(1).

[149]杨仁忠.论公共领域对培养当代中国公民意识的独特作用[J].理论探讨,2013(1).

[150]杨明.当代中国公民道德发展的历史与逻辑[J].道德与文明,2014(2).

[151]叶澜.试析中国当代道德教育内容的基础性构成[J].教育研究,

2001(9).

[152]虞法,朱菁.道德责任的四重根[J].中国高校社会科学,2017(4).

[153]余涌.道德权利和道德义务的相关性问题[J].哲学研究,2000(10).

[154]章建敏.道德责任的界定及其实现条件[J].当代世界与社会主义,2010(2).

[155]赵平,李靖.道德信仰及其培育的基本理路[J].道德与文明,2014(6).

[156]张建英,等.公德与私德概念的辨析与厘定[J].伦理学研究,2010(1).

[157]张帅,李杰.责任精神:公民教育的第一要义[J].思想政治课教学,2012(10).

[158]张永奇.新时代公民道德人格重塑的社会基础、核心原则与实现路径[J].伦理学研究,2021(3).

后　记

全面建设社会主义现代化国家、全面推进中华民族伟大复兴，比以往任何时候都更加需要思想的引领、文化的滋养和道德的支撑。党的二十大报告指出："从现在起，中国共产党的中心任务就是团结带领全国各族人民全面建成社会主义现代化强国、实现第二个百年奋斗目标，以中国式现代化全面推进中华民族伟大复兴。"作为人口规模巨大的现代化，中国式现代化既是全体人民共同富裕和物质文明与精神文明相协调的现代化，也是人与自然和谐共生和坚持走和平发展道路的现代化。人的现代化不仅是现代化建设的决定因素，而且是现代化建设的目标所向，正如习近平总书记指出"现代化的本质是人的现代化"，人的现代化归根结底是公民综合素质包括智力体力素质、思想道德素质、科学文化素质、实践创新素质的全面充分发展，其中思想道德素质是核心和灵魂。国无德不兴，人无德不立。新时代只有深入实施公民道德建设工程，加强社会公德、职业道德、家庭美德、个人品德建设，培育和践行社会主义核心价值观，营造人尽其责的文明氛围和明大德、守公德、严私德的社会风尚，推动公民思想觉悟、道德水准、文明素养达到新高度，才能为建设富强民主文明和谐美丽的社会主义现代化强国夯实精神力量和道德根基。

根之茂者其实遂，膏之沃者其光晔。本书获河南省高等学校哲学社会科学优秀著作立项资助出版。郑州航空工业管理学院陈静副教授参与了中西方公民道德教育的比较研究，并承担第四章、第六章共11万字的撰写任务，全书由陈思坤教授统修定稿。河南大学出版社领导对本书出版给予了大力支持，责任编辑张雪彩的悉心审稿为著作增辉不少，书中参考了许多专家学者的论著及相关研究文献,在此一并致谢!

由于作者水平所限,本书难免会有观点不当甚至错误之处,恳请同行专家、学者和广大读者惠于批评指正。

2023 年 4 月